10 ANS DE TOURISME DURABLE

#TourismeDurable

VOYAGEONS-AUTREMENT.COM

Nos partenaires

PARCS NATURELS RÉGIONAUX de Provence-Alpes-Côte d'Azur

TERRITOIRES DE VIE - TERRES DE DÉCOUVERTES

Alpilles, Baronnies provençales, Camargue, Luberon, Préalpes d'Azur, Queyras, Sainte-Baume et Verdon : Les Parcs naturels régionaux sont des territoires composés de communes qui se regroupent autour d'un projet pour protéger et valoriser ces espaces ruraux, pour maintenir la qualité de vie et pour veiller à un développement équilibré entre les activités humaines et la nature. Partez à la découverte des Parcs sur
www.cheminsdesparcs.fr
et de leurs professionnels du tourisme durable sur
www.consommer-parc.fr

COURTIER D'ASSURANCE INTERNATIONAL, AVI INTERNATIONAL SPÉCIALISTE DE L'ASSURANCE VOYAGE

Spécialiste de l'assurance / assistance voyage depuis près de 40 ans, AVI est très présente dans le secteur des séjours longue durée et des tours du monde (tourisme, éducation, au pair, PVT).
Elle distribue ses assurances voyage dans le monde entier et gère l'assurance assistance de + 150 000 voyageurs chaque année.
AVI est aujourd'hui la référence des assurances globe-trotteurs avec ses produits Routard Assurance et Marco Polo.
Depuis 2011 elle s'engage pour le voyage éthique et solidaire avec la Bourse AVI International.
https://www.avi-international.com

L'ASSOCIATION ACTEURS DU TOURISME DURABLE – PARIS, FRANCE

Créée en 2011, l'association Acteurs du Tourisme Durable (ATD) a pour objet d'informer, fédérer, représenter et promouvoir les professionnels agissant en faveur d'un développement durable du tourisme. En 2018, le réseau rassemble près de 150 adhérents et mène un ambitieux plan d'actions : Palmes du Tourisme Durable pour récompenser les acteurs, campagne de communication pour sensibiliser les voyageurs, Tourisme Durable Labs pour imaginer les solutions de demain, catalogue de formation...
www.tourisme-durable.org

HÔTELS AU NATUREL – FRANCE

Hôtels au Naturel est une association d'hôtels à taille humaine intégrés à leur environnement et à l'écart du tourisme de masse. Créée en 1998 à l'initiative de la Fédération des Parcs Naturels Régionaux et d'hôteliers précurseurs en matière de tourisme durable, la marque Hôtels au Naturel fédère aujourd'hui 19 établissements dans 8 Parcs Naturels Régionaux et à proximité. Pour les 20 ans de la marque, chaque hôtelier vous emmène au-delà des clichés et des références en vous dévoilant ce que le territoire ne révèle pas au premier regard. L'attachement aux producteurs et artisans locaux est un maillon qui renforce les valeurs existantes.
www.hotels-au-naturel.com

Tourism for Help®

TOURISM FOR HELP – GENÈVE, SUISSE

Tourism for Help est une association suisse qui promeut le tourisme responsable depuis 2004 pour qu'il devienne une ressource clé dans la réduction de la pauvreté, ceci dans le cadre des principes du développement durable. Elle souhaite que l'impact du tourisme soit conséquent en termes économiques pour une région donnée, tout en préservant les richesses naturelles et humaines. Elle a créé des centres de formation, hôtels et restaurants d'application, au Cambodge, au Mali et au Sénégal. Aujourd'hui, forte de ses années d'expériences et de son équipe pluridisciplinaire, elle entend partager son savoir faire.
https://www.tourismforhelp.com

Greeters

GREETERS – FRANCE

La relation touriste-habitant réinvente le sens de l'hospitalité: le mouvement des Greeters s'inscrit dans cette logique. Les Greeters, bénévoles amoureux et passionnés de leur ville ou de leur région, ont plaisir à accueillir des visiteurs, comme ils accueilleraient des amis. Ils offrent de leur temps pour faire découvrir les endroits qu'ils aiment, les spécificités de leur quartier, raconter leur histoire ou leur quotidien.
www.greeters.online

DéfiSmed

DEFISMED

Association de droit français, elle regroupe des membres sensibilisés par les développements "VERTueux" sur le bassin méditerranéen, actions préservant et valorisant les patrimoines naturels et culturels. DEFISMED entreprend de cartographier, renforcer et mutualiser les formes d'initiatives touristiques VERTueuses émergentes , convaincue qu'elles peuvent jouer un rôle majeur dans le développement durable et le bien vivre de nos territoires.
www.defismed.fr

Val de Loire Écotourisme – Découvrez Autrement

VAL DE LOIRE ÉCOTOURISME

Val de Loire Ecotourisme est un réseau d'éco-guides indépendants répartis sur plusieurs départements, spécialisés en écotourisme et passionnés de patrimoine, dont le but est de développer un tourisme plus respectueux de l'environnement et des acteurs locaux. Retrouvez toutes les actions et les sorties sur le site
www.valdeloire-ecotourisme.fr

Éditions Ecothentic

LES ÉDITIONS ECOTHENTIC

La maison d'édition Ecothentic a été créée en 2014 à Annecy dans le but de contribuer à promouvoir et démocratiser le tourisme durable. *"Nous avons créé la collection My ecothentic guide, guides de voyage axés sur le tourisme durable qui offrent des suggestions de balades en mobilité douce et d'activités, des recettes de cuisine locales, des pages personnalisables et un carnet d'adresses de professionnels engagés dans une démarche environnementale et éthique."*
https://ecothentic.fr

en savoir plus

EN SAVOIR PLUS

Fondée en 1992 à Amiens, En Savoir Plus est une association régionale d'éducation à l'environnement pour un développement durable. Spécialisée dans l'accompagnement de projet, la formation et la sensibilisation, son expertise porte sur la transition énergétique, la biodiversité et les liens entre santé et environnement. RSE, éco-évènement, gestion des déchets, consommation responsable, syndrome du manque de nature... l'association s'adresse à tous types de publics, de la collectivité au citoyen.
www.ensavoirplus.asso.fr

SOMMAIRE

1

UN TOURISME, DES TOURISMES

2

DES PRATIQUES QUI ÉVOLUENT

3

DE PLUS EN PLUS DE DESTINATIONS ENGAGÉES

4

L'EXPLOSION DES LABELS ET DES MARQUES

5

LES CHEVILLES OUVRIÈRES DU TOURISME DURABLE

6

POUR FINIR EN BEAUTÉ

ANNEXES

Pourquoi ce livre ?

PAR GENEVIÈVE CLASTRES

À l'heure où beaucoup d'informations, de reportages, d'analyses circulent sur la toile, à l'heure où Voyageons-Autrement.com fête ses dix ans de virtualité engagée pour et par le tourisme durable, il nous semblait important de fixer sur le papier quelques-uns des articles les plus signifiants de ces dix années d'écriture.

Un portail, c'est à la fois une extraordinaire souplesse, un formidable passeur, mais c'est aussi la sensation de voir jour après jour des lignes et des lignes d'information s'enfouir voire s'enfuir dans un rouleau compresseur virtuel – quand chaque article chasse le précédent.

Il manquait donc une vue d'ensemble à tout cela, une forme d'arrêt sur image structurée qui permette de revenir plus en détail sur le travail de fond réalisé en dix ans, redécouvrir l'émergence des uns, l'engagement des autres, l'envol d'un tel, l'évolution de tel autre, analyser aussi les tendances fortes, la façon dont le durable s'est peu à peu invité dans des univers aussi variés que l'hôtellerie, le transport, les spas, la restauration, le loisir.

Sans jamais prétendre à l'exhaustivité, notre portail s'est efforcé jour après jour de mettre en lumière une multiplicité d'acteurs, des plus petits aux plus grands, des plus classiques aux plus insolites, et ce, avec toujours en ligne de mire un unique objectif : valoriser ceux qui s'engagent, leur donner de la visibilité mais aussi créer de l'exemplarité, désenclaver les bonnes pratiques, relier, fédérer, mettre en lumière, en un mot, encourager en texte et en image toutes les initiatives durables.

Certes, le terme "durable" semble bien pauvre pour englober des engagements très divers, il recouvre une multiplicité d'actions si variées, des degrés d'implication si variables et laisse sourdre bien des débats… Toutefois, si nous ne sommes pas dupes du long chemin qu'il reste à accomplir, il faut néanmoins reconnaître qu'une certaine quête pour aller de l'avant s'est mise en place. Nombre des acteurs du tourisme tentent de mettre du sens à leurs pratiques, cherchent à les améliorer. Et dans le même temps, de plus en plus de voyageurs s'interrogent sur leurs façons de voyager, d'aller à la rencontre du monde, des mondes.

Les sujets sont infinis, l'environnement, le changement climatique, les différents labels, la part du social, du solidaire, les territoires, l'engagement des régions, des politiques, l'évolution de nos façons de bouger, de consommer, de voyager. Voyageons-Autrement.com n'en est qu'un reflet sûrement imparfait mais un reflet malgré tout. Cela méritait donc que l'on s'y s'arrête, que l'on revienne sur les grandes causes du tourisme durable, responsable, éthique, social, solidaire..., que l'on dévoile tous ces acteurs qui nous ont accompagnés et que nous avons suivis au fil des ans, ces villes, ces régions, ces parcs, ces pays qui se sont peu à peu engagés, ces personnalités qui ont tant donné, en temps, en investissement personnel.

Il y a mille et une histoires sur le portail, et il n'a pas toujours été facile de choisir au sein des quelques 4 000 articles en ligne à ce jour. Nous avons malgré tout tenté de sélectionner les meilleurs, ou tout au moins les plus significatifs. Et ce, dans l'optique de faire émerger une forme de "tableau" du tourisme durable sur dix ans. Bien sûr, nous n'avons pas pu tout garder, mais l'essentiel est là, notre essentiel, qui ne demande qu'à continuer, à se prolonger, pour poursuivre encore et toujours un travail de fourmi accompli jour après jour, un travail de sensibilisation et d'information au cœur du monde du tourisme. ■

Dilemme : Information ou communication ?

Je me souviens de cette intervention faite dans une grande école de communication où j'avais commencé mon allocution par une question à l'auditoire. *"D'après vous, quelle est la différence entre information et communication ?"*. Grand blanc. Pas un étudiant pour me répondre. Timidité ? Ignorance ? Indifférence ? J'ai fini par reprendre la parole pour expliquer à ces jeunes gens ce qui me semblait toutefois être la base de leur métier futur, n'étaient-ils pas inscrits dans une grande école de communication... ! ?

Alors, information ou communication ? A Voyageons-Autrement.com, la question s'est souvent posée et se pose encore. Les deux forcément. Communication lorsque nous rédigeons des articles en partie financés par des acteurs auxquels nous offrons à la fois une tribune et une visibilité. Communication aussi lorsque nous sommes invités à un voyage de presse, à une soirée privée, etc. Mais information lorsque nous réussissons à dégager des budgets grâce à nos partenariats, lorsque nous pouvons faire des enquêtes indépendantes et libres de toute pression, lorsque nous choisissons aussi les voyages et les acteurs que nous souhaitons défendre, et taisons les actions que nous récusons.

Communiquer, informer, deux termes, deux réalités complexes, et un monde de l'information de plus en plus ambigu car de plus en plus imbriqué dans des intérêts économiques et politiques évidents.

A Voyageons-Autrement.com, nous avons donc fait un choix très simple : informer et communiquer sur ce qui nous semble juste, aller dans le bon chemin, ouvrir de nouvelles perspectives. Certes, nous ne sommes pas à l'abri de nos propres contradictions ni de nos propres limites mais une chose est sûre, informer, orienter, fédérer, relier restent nos priorités. Et ce en toute bienveillance.

Qui se cache derrière Voyageons-Autrement.com ?

Quand deux compères créent un portail : Romain Vallon et Christophe Luce.

Romain Vallon

Si Voyageons-Autrement.com a une identité si marquée, si singulière, il le doit sûrement à son fondateur, Romain Vallon, ostéopathe à Bourg-les-Valence. Personnalité sensible, Romain s'intéresse à l'homme, à son parcours : comprendre pour soigner, écouter pour débloquer. Attentif à l'humain, Romain l'est tout autant au monde. Entrepreneur engagé, il sonde la société, tente d'en corriger les excès, s'interroge sur son rôle de citoyen. Lorsqu'il fonde Voyageons-Autrement.com avec son complice Christophe Luce, il a déjà à son actif la création de plusieurs portails et notamment Consom-Acteur, centré sur le commerce équitable et le soutien aux entreprises citoyennes. Voyageons-Autrement.com va vite devenir Le portail de la société ID Croisé, un fantastique outil, une danseuse de plus en plus chronophage qui lui permet de faire ce qu'il aime : sensibiliser le grand public au tourisme durable, s'engager vers les autres, fédérer, valoriser, bâtir, participer à la création de richesse. Certes, il y a des jours moins faciles que d'autres où le bâton de pèlerin pèse bien lourd, où les fonds et les forces s'épuisent. Dix ans ne se parcourent pas en un souffle et l'ostéopathe en a pourtant à revendre, lui qui aime aussi courir les chemins et battre la campagne. Personnalité discrète qui ne cherche ni les flashs, ni les lumières si ce n'est pour les acteurs qu'il défend, Romain Vallon mène et anime Voyageons-Autrement.com depuis dix ans et plus...

Christophe Luce

A la fois discret et chaleureux, tranquille et hyperactif, Christophe est le "Monsieur Technique" de l'aventure Voyageons-Autrement.com, aventure née d'une rencontre (encore une preuve des bienfaits de la rencontre !) autour d'un - ou plusieurs ? - verre entre amis. Cofondateur du portail, personne mieux que Christophe ne vous racontera l'histoire du logo de Voyageons-Autrement.com ! Incarnation de la "zénitude", il reste un développeur web passionné, impliqué à 200 % pour le site qu'il a intégralement développé et fait évoluer, en étroite complémentarité avec Romain. Côté perso, il troque volontiers sa souris d'ordinateur contre une raquette de tennis ou une planche de snow-board, une binette pour cultiver durablement son potager, ou encore une casserole pour mitonner de généreux petits plats pour sa famille et ses amis. Au final, Christophe cultive l'art de vivre sereinement, avec lui-même et avec les autres, dans le partage et la générosité.

Depuis 2008, Voyageons-Autrement.com c'est :

- 4270 articles en ligne
- 240 articles publiés sur le portail partenaire de TV5MONDE
- 11 591 643 pages vues
- 3 901 766 visiteurs uniques
- 79 000 fans facebook (54% au féminin)
- 11 000 followers sur twitter
- 29 204 lectures pour l'article le plus lu : Traverser l'Europe à Vélo
- Plus de 1500 partenaires et 8799 voyages référencés
- Près de 4 millions de personnes qui ont voyagé sur 12 millions de pages

Une équipe soudée qui s'est peu à peu étoffée

En dix ans, Voyageons-Autrement.com a connu de nombreux visages mais l'équipe est toujours restée réduite et soudée, en dépit de la diversité géographique des différents contributeurs. Pendant les premières années, cinq personnes ont principalement été impliquées. Romain Vallon le créateur, initiateur et coordinateur (Bourg-les-Valence), Christophe Luce (Beauvais) à la technique, Sébastien Répéto (Bordeaux), community manager très innovant, Geneviève Clastres (Paris) et Sandra Bordji (Somme) à la rédaction, parfois épaulées par les autres compères. A noter aussi Sébastien Athané, le tout premier rédacteur du portail qui a rédigé les articles qui ont initié l'aventure entre 2008 et 2010.

Au fil des ans, d'autres passionnés rejoignent le bateau le temps d'une virée, d'une croisière, certains sont toujours à bord... : Grace Daya (Paris) à la vidéo, Alphée Adimi (Toulouse) qui a concocté nombre de nos newsletters et bien des rédacteurs tels Manuel Miroglio (Mexique), Jérome Bourgine (région parisienne), Mélusine Lau (Normandie), Guillaume Chassagnon (Alpes), Florie Thielin (Lyon), Aurélia Dumté, Mélanie Darrieumerlou, Sophie Squillace, Chloé Goudenhooft, Vanessa Beucher, Martine Galati…
Aujourd'hui, Voyageons-Autrement.com a une équipe plus élargie, certains sont partis, d'autres reviennent ; mais tous sont passionnés et convaincus, des professionnels engagés et prêts à quelques sacrifices pour que le portail continue à voguer de sa belle vie…

Faire connaissance avec les journalistes du portail

Alphée Adimi

par Alphée Adimi

Quand il s'agit de me présenter, j'aime à dire que je suis béninoise de nationalité, ivoirienne de cœur, toulousaine d'accent et grecque de prénom, tout ça pour exprimer mon côté citoyenne du monde. Grande optimiste et avide de découvertes, je mets un point d'honneur à ce que ma vie soit riche d'amitié et de belles rencontres. Touche à tout dans la rédaction web, la communication digitale, l'organisation d'évènements, la Mode, le blogging, l'Afrique tient une place de choix dans mon cœur et dans mes projets. Je prends plaisir à découvrir et à m'inspirer. Chasseuse de talents, j'adorerai !

Destinations de cœur : le Maroc, le Sénégal et l'Australie !

Coup de cœur tourisme responsable : L'humanité du projet de la Kasbah du Toubkal dans le haut Atlas marocain.

Sandra Bordji

par Sandra Bordji

J'ai commencé à écrire pour Voyageons-Autrement.com en 2011 sur une destination que je connais bien, puisque j'y vis et y accueille des touristes : la baie de Somme. Rédactrice pour le site durant quatre années, je réalise articles et synthèses de colloques. Aujourd'hui, je me consacre à plein temps à mon activité d'écrivaine publique, d'hébergeuse touristique, de militante associative et de mère de trois enfants.

Coup de cœur tourisme responsable : la baie de Somme ("zéro carbone") bien sûr ! Et aussi les bords de Somme et de Loire à vélo…

Jérôme Bourgine

par Jérôme Bourgine

Passionné par la nature, l'être humain et le voyage, *"métaphore parfaite de l'existence"*, Jérôme et son épouse Sandra ont été parmi les premiers à déposer leur liste de mariage dans une agence de voyages avant d'accomplir un tour du monde d'un an avec leurs trois enfants. Journaliste et écrivain, Jérôme a toujours (sur)vécu de sa plume. *"Sans plume, j'ai du mal à m'envoler. Or, on est là pour ça, pas vrai ?… prendre un peu de hauteur"*. Dans ses écrits, il s'applique à partager l'enthousiasme suscité par ses plus belles découvertes et rencontres.

Destinations de cœur : France, Guyane, Ouest américain.

Coup de cœur tourisme responsable : *"Le Cabaret vert"*, festival de Charleville Mézières 100% durable.

Guillaume Chassagnon

par Guillaume Chassagnon

Mmmmm, je crois que le lieu dans lequel je vis n'est pas anodin, Isérois depuis quelques temps mais entre Drôme et Ardèche de souche et de cœur, là où les montagnes, grandes ou petites, minérales ou vertes de forêts, sont une véritable passion et une source d'exploration pas encore tarie. Pluri actif, je travaille souvent avec des enfants dans le domaine de l'animation et leur faire découvrir des coins que j'aime est un plaisir non feint.

Destinations de cœur : Le Vercors, la Chartreuse, les massifs Alpins mais aussi le Massif Central… autre destin ! Le Canada (dans sa globalité, des grands espaces aux Rocheuses en passant par les lacs du Manitoba et le Québec).

Coup de cœur tourisme responsable : un accompagnateur ou un guide naturaliste pour parcourir les sentiers de randonnées. Et avec eux si possible un conteur car j'aime les belles histoires.

Geneviève Clastres

par Geneviève Clastres

Ancienne guide conférencière sur les routes de Chine et d'Asie, je me suis passionnée dès les années 1990 pour le Guizhou puis le Yunnan, provinces très pauvres, enclavées, d'une richesse humaine et culturelle exceptionnelle, qui m'ont profondément interrogée sur les formes de tourisme que nous pratiquons. Mon engagement pour le tourisme durable date de ces années de terrain. Le temps a passé et j'ai peu à peu troqué les avions pour les stylos. Je mélange aujourd'hui les mots et les sons pour faire des livres pour petits et grands, des guides de voyage, des articles, le tout dans des magazines, journaux, sur le web... Bref, je me régale à mêler mes passions entre écriture, journalisme engagé, enseignement, interprétariat (用中文) et une aventure artistique exceptionnelle avec Li Kunwu que je co-représente.

Destinations de cœur : Chine du Sud, Cuba, Lozère, Casamance, Cerdagne.

Coup de cœur tourisme responsable : La formidable boîte à outils que représente Voyageons-Autrement.com

Mélusine Lau

par Mélusine Lau

Je m'appelle Mélusine et j'approche (aïe) des 30 ans. Depuis quelques années, je suis l'heureuse créatrice et gérante d'un petit restaurant végétalien, Casse-Noisette, situé au Havre. Amoureuse de la nature, des animaux, de sport (dans la nature et... avec mon chien!), de rock, de voyages proches comme plus lointains, j'ai emprunté ma devise à Pierre Rabhi : *Vivons dans la "sobriété heureuse"*. J'aime le fait d'être bien en me contentant de peu !

Destinations de cœur : L'Ardèche, que je ne connaissais que de nom et de réputation avant d'y vivre six mois en 2014. Je l'ai parcourue de long en large dans le cadre d'un stage et j'en suis tombée amoureuse.

Coup de cœur tourisme responsable : L'auberge éco-responsable El Alternativo créée en Colombie par une ex de ma promo LPTES, Nina Brotot.

Sébastien Athané, le tout premier rédacteur du portail

"Défricheur" est sans doute le qualificatif qui convient le mieux pour présenter Sébastien Athané. Passionné de développement durable, Sébastien a toujours eu à cœur de diffuser largement les pratiques durables. Spécialisé dans les questions liées aux déplacements, il s'intéresse ensuite à la consommation en intégrant l'équipe de ConsomActeur dès son origine. Lorsque Romain et Christophe lui proposent de développer le volet "Tourisme durable" au sein du site, il sait qu'il devra partir d'une feuille blanche. Pas de problème pour cet autodidacte exercé à la vulgarisation et à la sensibilisation au développement durable. Il s'attelle avec succès à la définition des différents concepts (tourisme durable, participatif, solidaire, etc.) pour défricher le sujet et le rendre accessible, raison d'être de Voyageons-Autrement.com. Après deux années intenses au sein du portail, il quitte l'aventure pour "s'attaquer" à un autre aspect du développement durable, celui de l'écoconception des bâtiments.

Manuel Miroglio

par Manuel Miroglio

Voyager, entreprendre, partager... 3 mots qui ont inlassablement guidé mon parcours jalonné de diverses expériences en tant qu'entrepreneur, organisateur d'évènements, conférencier international, consultant-formateur, professeur et journaliste spécialisé sur les questions du tourisme responsable/durable. Installé depuis 8 ans au Mexique, je partage mon temps entre l'enseignement, la formation professionnelle, l'entreprenariat avec la Ruta PiCaSo et mes conférences en Amérique Latine. Dans mes articles, j'aime recueillir la parole des héros du tourisme "soutenable" que je rencontre sur mon chemin...

Destinations de cœur : Mexique, Costa Rica

Coup de cœur tourisme responsable : Los Pueblos Mancomunados dans la Sierra Norte du Mexique, Rancho Margot au Costa Rica.

Sébastien Repéto

par Camille

Passionné de montagne et de sports outdoor, Sébastien a choisi de lier plaisir et travail en devenant le Community Manager de Voyageons Autrement, aussi rédacteur à ses heures, avant de s'envoler fonder son entreprise de consultant en e-tourisme. Perpétuellement connecté, ce pyrénéen de corps et de cœur s'applique, chaque jour, à sortir des sentiers battus pour les clients de son agence My Destination. Si vous le croisez, parlez-lui de trail, de ski ou de réseaux sociaux.

Destinations de cœur : Pyrénées, Catalogne, Madère, Dolomites, Cambodge, Côte Ouest de l'Australie, Ile de Koh Mook.

Coup de cœur tourisme responsable : c'est plutôt une philosophie de voyage : toujours chercher à rencontrer un habitant local qui saura donner les bons conseils, les itinéraires bis...

Sophie Squillace

par Sophie Squillace

Expatriée-nomade depuis 2010, j'ai découvert les dessous du tourisme en Inde et en Mongolie, en travaillant dans des agences de voyages locales. Je partage mon expérience en rédigeant des guides de voyages et des articles sur les initiatives responsables et originales. La plupart du temps sur les routes d'Asie en moto et en duo, je conçois le voyage comme un équilibre entre l'aventure et les rencontres.

Destinations de cœur : Inde, Népal, Sri Lanka.

Coup de cœur tourisme responsable : la descente du Gange en bateau à bord du Tarangini. Un beau projet de l'équipe de Ganga Boat Ride & Cruise de Varanasi.

Florie Thielin

par Florie Thielin

Originaire d'un petit village de la vallée de la Loire, je rêvais de partir à la découverte du monde. Mes études en marketing du tourisme m'ont permis d'allier l'utile à l'agréable. J'ai ainsi vécu en Russie, Allemagne, Polynésie française, Nouvelle-Zélande et Espagne. En 2014 je me suis envolée pour une grande aventure : un voyage à sac à dos à travers 16 pays d'Amérique Latine. J'ai voyagé du Mexique au Chili, pendant deux ans, en troquant mes compétences en communication digitale et vidéo pour le gîte et le couvert avec des initiatives engagées pour un tourisme responsable. De retour en France, installée à Lyon, je continue sur ma lancée comme journaliste, consultante et formatrice sur le sujet.

Destinations de cœur : L'Amérique Latine, en particulier le Guatemala et le Pérou.

Coup de cœur tourisme responsable : Le collectif Hopineo qui propose des accompagnements, outils et ressources pour découvrir et développer un meilleur tourisme, plus responsable.

Envie de voyager durable ?
Une nouvelle invitation à la découverte
voyage.tv5monde.com
TV5MONDE

1

UN TOURISME, DES TOURISMES

Tout domaine a son jargon, souvent opaque pour ceux qui ne sont pas directement issus du "milieu". Le tourisme "engagé" n'échappe pas à cette règle, avec une infinie terminologie qui ne cesse de s'étoffer : responsable, durable, éthique, solidaire, social, vert, rural, écotourisme, participatif, volontaire... Evidemment, chaque terme recouvre des notions bien précises, des nuances intéressantes que nous allons tenter d'éclairer au fil de ces pages…

Le seul véritable voyage, ce ne serait pas d'aller vers d'autres paysages, mais d'avoir d'autres yeux.

Proust

A partir du moment où l'on a "fait" du tourisme, on a aussi voulu "faire" un autre tourisme. Prôner la différence, un autre regard sur le voyage, fut très tôt un moyen de donner un peu de sens à une industrie touchant l'homme et son environnement. (...)

Mais, comment faire pour ne pas reproduire par le voyage les mêmes erreurs que les modèles déchus des sociétés développées polluantes ? On reprochera au tourisme d'être plus massif, plus déstabilisant. On le traitera de néocolonialiste, de perturbateur de la vie locale, détruisant l'environnement et le milieu ambiant, entraînant mœurs répréhensibles et chocs culturels : peur des pêcheurs et ostréiculteurs de voir leurs plages polluées par le tourisme, peur des élus et autorités locales de ne pouvoir faire face aux charges impliquées par l'affluence touristique (infrastructure, eau, énergie, plan sanitaire), peur et surenchères des différents acteurs commerciaux impliqués dans le jeu touristique et dont les intérêts divergent.

On peut tout reprocher au tourisme, et pourtant, l'OMT définit sa mission comme la promotion et le développement d'un tourisme garant de la paix et de l'entente internationale, favorisant le développement économique et le commerce international. Le tourisme désenclave aussi des régions fermées, renforce la position de la femme, valorise les cultures les plus méconnues, ouvre à la connaissance de l'autre, combat la xénophobie, élargit les horizons locaux, oblige les hommes à se parler, etc.

A nouveau, le balancier se met en marche, les débats éternels de reprendre. Le tourisme est un fait ! Comme toute chose, il porte en son sein toutes les contradictions de nos sociétés, les énumérer et prétendre à l'exhaustivité en la matière serait une tâche sans fin. Par contre, tenter d'analyser les initiatives et projets qui ont été proposés ça et là semble intéressant. Depuis longtemps déjà, différents acteurs se penchent sur ces questions. Dès la fin des années 60, le Conseil Oecuménique des Eglises et d'autres associations à vocation plus militantes dénoncent les excès d'une industrie de masse. Des initiatives locales sont encouragées, relayées aujourd'hui par les institutions et de nombreuses associations formant un réseau complexe qui ne cesse de s'étoffer. Labels, codes, déclarations de bonnes intentions, réunions au sommet, initiatives privées, fondations, sites internet, etc. ; tourisme équitable et développement durable sont conjugués à tous les modes, tout un chacun tentant de mettre un peu de sens dans un monde complexe et polymorphe.

Très tôt donc, un vocabulaire se fait jour. Tourisme alternatif, tourisme intégré, tourisme solidaire, soutenable, durable, équitable, responsable. Tourisme de nature, tourisme naturel, vert, écotourisme. Au sommet de la Terre de Rio, en juin 1992, l'adjectif "durable" ou "sustainable"[1] s'impose.
Dix ans plus tard, à Johannesburg, on reparle de développement durable du tourisme. Tous ces qualificatifs ne font en fait que traduire les multiples alternatives de toute une frange "résistante" visant à créer ou soutenir des projets de développement en marge d'un tourisme plus conventionnel. Ainsi, l'exemple des campements intégrés au Sénégal en 1971[2] fut longtemps la référence majeure des chercheurs, administrateurs et autres promoteurs du tourisme dans les pays en voie de développement. (...)

Extrait de l'ouvrage "Aux voyageurs du monde" Geneviève Clastres – 2008. Version actualisée.

[1] *Lire Du modèle "Intégré" au modèle "Soutenable", Georges Cazes, (Tourisme, Touristes, Sociétés, L'Harmattan, 1998)*
[2] *Voir Chapitre III : "Tourisme Yin/Yang", article sur "Les campements intégrés du Sénégal".*

Tourisme responsable

Le tourisme responsable regroupe l'ensemble des pratiques touristiques engagées, qu'elles soient vertes, solidaires, éthiques, sociales, etc. Il vise à trouver des voies d'améliorations pour les trois grands piliers de l'activité touristique que sont l'environnement, l'économique et le social. Si le terme peut paraître moralisateur, il n'est là que pour aider à faire évoluer en positif ce qui est parfois déjà là en germe. Le plaisir du voyage reste bien sûr la règle première.

Parce qu'il a toujours souhaité être le plus représentatif possible, le portail Voyageons-Autrement.com s'est positionné comme le *"premier portail d'information sur le tourisme responsable"*. Les articles sélectionnés ci-après font donc référence au tourisme responsable mais croisent aussi d'autres formes de tourismes qu'elles soient solidaires, sociales ou durables, etc.

Décroissance assumée pour notre première partie !

En dix ans, les articles de notre portail ont permis d'illustrer de nombreuses facettes du tourisme durable. Nous avons choisi de vous les livrer "bruts", tels qu'ils ont été écrits au temps t, ce qui implique forcément qu'ils ne sont pas forcément à jour. Mais là est notre choix, et c'est aussi ce qui permet de remonter peu à peu au fil des ans, le paysage touristique tel qu'il a évolué et que nous l'avons perçu. A noter que pour cette première partie, plus "technique", nous avons choisi un ordre chronologique décroissant – en commençant par les articles les plus récents – ce sera ensuite l'inverse pour l'ensemble des autres parties de l'ouvrage.

Il était une fois la Charte Ethique du Voyageur

Sophie Squillace | 18 janvier 2018

Les belles histoires sont toujours agréables à conter, encore plus lorsqu'elles sont à l'origine d'un engagement sérieux pour le tourisme responsable. De la sensibilisation de quelques randonneurs à celle d'un plus large public, retour sur un texte fondateur.

Tout commence en 1995, lorsque certains membres d'un groupe de touristes partis en Ethiopie avec l'agence Atalante transgressent l'accord commun stipulant de ne pas prendre de photos des ethnies rencontrées. Cet incident engendre des débats et amorce une volonté de sensibiliser les voyageurs. Atalante rédige alors un véritable "code de bonne conduite" à destination des touristes dans le but de respecter les pays et populations visités. **En 1996, la première Charte éthique du voyageur voit le jour** avec une idée clé : expliquer plutôt qu'interdire, responsabiliser plutôt que culpabiliser.

Transformer le "touriste" en "voyageur"

"Nous sommes toujours un invité", voilà ce que l'on peut trouver dans les 6 pages de la Charte historique. Le texte reprend les principes du tourisme responsable, c'est-à-dire agir positivement en suivant les trois grands axes du développement durable : les aspects environnementaux, économiques et socioculturels. La version initiale est structurée selon quatre "mantras" :

- Le respect est le gage d'une meilleure rencontre.
- L'argent, les biens, la nourriture n'ont pas partout la même valeur.
- Seule reste l'empreinte de nos pas.
- Le patrimoine culturel inscrit l'histoire des générations futures.

> ***Nous sommes toujours un invité.***

Plusieurs conseils, a priori du simple bon sens, mais trop souvent oubliés ou négligés par les touristes. La création de cette charte connait un large impact, elle est diffusée rapidement par l'éditeur Lonely Planet et le magazine Grands Reportages, qui partagent le même principe : ***"Il n'y a pas de mauvais touristes, mais des voyageurs mal informés."***

Tous acteurs d'un tourisme responsable ?

Romain Vallon | 28 octobre 2014

Vendredi 17 octobre, une conférence sur le tourisme responsable s'est tenue sous le chapiteau du Grand Bivouac d'Albertville. Sous l'égide d'ATR et animée par Pierre Bigorgne (Grands Reportages/Trek), elle a permis de faire un petit état des lieux sur les évolutions et prises de positions de chacun des acteurs, en présence de Vincent Fonvielle (La Balaguère/ATR), Laurent Besson (Vision du Monde/ATES), Christophe Leservoisier (Cheval d'Aventure), Franck Michel (anthropologue) et Geneviève Clastres (journaliste Voyageons-Autrement.com).

Le tourisme responsable, qu'est ce que c'est ?

Tourisme durable, responsable, éthique, équitable, alternatif, solidaire, social… autant de termes qui finissent par noyer tout un chacun. Il était donc salutaire de faire un petit point – demandé par Pierre Bigorgne à notre journaliste Geneviève Clastres. Alors, pour ne pas vous "refaire la conférence", on vous reprécisera juste que le tourisme responsable (ou durable), tend à agir positivement et dans une démarche de progrès permanent sur trois grands axes du développement touristique : les aspects environnementaux, économiques et socioculturels.

L'idée, un bon équilibre entre chacun de ces pôles soit :

- exploiter de façon optimum les ressources de l'environnement qui constituent un élément clé de la mise en valeur touristique, en préservant les processus écologiques essentiels et en aidant à **sauvegarder les ressources naturelles et la biodiversité** ;
- respecter l'authenticité socioculturelle des communautés d'accueil, conserver leurs atouts culturels bâtis et vivants et leurs valeurs traditionnelles et **contribuer à l'entente et à la tolérance interculturelles** ;
- assurer une activité économique viable sur le long terme offrant à toutes les parties prenantes des avantages socioéconomiques équitablement répartis, notamment des emplois stables, des possibilités de bénéfices et des services sociaux pour les communautés d'accueil, et contribuant ainsi à la **réduction de la pauvreté**.

Les prémices du Tourisme responsable

Il ne faut jamais oublier que certaines formes de tourisme responsable avaient déjà été mises en place dans les années 1960 avec Christian Saglio et Adama Goudiaby via les campements intégrés de Casamance (Sénégal), et que tout au long des années 1980 puis 1990, de nombreuses initiatives, associations, codes ont peu à peu vu le jour.

Toutefois, pour ce qui est des premières prises de conscience des professionnels du tourisme français – il était intéressant d'entendre le témoignage de Christophe Leservoisier (Cheval d'Aventure), qui, lorsqu'il était directeur d'Atalante, en 1997, créa la Charte Ethique du Voyageur. Il est de fait rapidement rejoint par l'éditeur Lonely Planet, les magazines Grands Reportages et Trek et la marque Aigle, qui tous diffusent cette charte.

ATR et l'évolution d'ATR

La conférence avait aussi pour objectif de faire un point sur ATR et ses différents membres, représentés par Vincent Fonvielle, son directeur qui a clairement expliqué la volonté d'ATR d'ouvrir l'association à d'autres professionnels, que ce soit des T.O plus importants (Kuoni et Asia sont en ligne de mire) ou d'associations de voyages plus modestes (appel du pied à son voisin d'ATES Laurent Besson).
En outre, au-delà des professionnels du voyages, ATR cherche également à s'ouvrir à d'autres acteurs : journalistes, associations diverses, universités, voyageurs, etc.

Dans la salle, le journaliste Pierre Roux (Outdoor Expert) fait remarquer que les membres actuels d'ATR sont fortement dépendants de deux grands groupes et particulièrement de VDM (Voyageurs du Monde, Terres d'Aventures, Allibert, Nomade aventure, Chamina Sylva, etc.) – l'autre pôle étant tenu par Géophyle (Club Aventure) – il s'interroge sur l'indépendance de l'association – une vraie question qui explique l'envie mais aussi, le besoin d'ATR de se diversifier, pour retrouver plus d'indépendance, et donc, quelque part, de démocratie, au sein de son propre groupe.

Une jeune résidente de la Villa Marco Polo – qui vient de créer un site "Birmanie responsable" – interroge également Mr Fonvielle sur les positions d'ATR quant à la Birmanie et les possibilités d'intégrer ATR – qui se montre ouvert à toute initiative – Gérard Guerrier (Allibert), dans la salle, rappelant qu'il n'est pas contre le voyage en Birmanie

> **“ *Certes, il est vrai que le tourisme responsable est aussi et parfois du marketing mais, pourquoi pas si cela peut donner des idées à d'autres, si cela crée de l'exemplarité, de l'élan.***

si l'on a la garantie que l'ensemble des services locaux utilisés (transports, hôtels, restaurants, etc.) n'appartiennent pas à la junte.

Quant à un rapprochement entre ATR/ATES

Interrogé à son tour, Laurent Besson n'est quant à lui pas opposé à un rapprochement entre ATR et ATES mais il a besoin de voir la forme que cela peut prendre, d'autant que l'ATES a récemment amélioré sa grille de critères responsables en renforçant notamment ses contrôles terrain auprès des réceptifs pour être sûr que les valeurs de l'association sont bien respectées in situ.

En outre, on peut s'interroger sur la complexité à mettre en place des lignes de critères sachant s'adapter à des acteurs aussi différents que les membres de l'ATES – quelques 1 000 voyageurs par an au total – quand ATR en représente 200 000 par an. Vincent Fonvielle a parlé de différents niveaux ou de seuils progressifs la diversité des profils interroge.

Le tourisme responsable – outil de communication voire greenwashing ?

Interrogée, Geneviève Clastres a donné sa position qui rejoint celle du portail : *"Certes, il est vrai que le tourisme responsable est aussi et parfois du marketing et de la "com » mais, pourquoi pas si cela peut donner des idées à d'autres, si c'est pour le mieux, si cela crée de l'exemplarité, de l'élan."* La limite reste bien sûr le greenwashing –soit quand la communication dépasse l'action et le fond – et c'est pourquoi il est bon d'avoir certaines garanties – ce qui légitime l'action d'ATR et de l'ATES, et de l'ensemble des référentiels et labels sérieux. Certes, tout est toujours améliorable – mais des T.O qui se réunissent depuis 2002 et qui, depuis plus de dix ans, investissent sur leur capital temps et personnel – sont forcément sincères et motivés. Ce qui n'empêche pas d'ailleurs d'autres acteurs de faire du tourisme responsable sans forcément s'en revendiquer...

Quand les acteurs du tourisme responsable s'assoient autour de la table

Aurélia Dumté | 29 novembre 2012

Deux jours pour échanger sur le tourisme responsable, et une journée pour découvrir la dimension locale de l'écotourisme. Le deuxième Forum National du Tourisme Responsable (FNTR) se déroule du vendredi 30 novembre au dimanche 2 décembre à Montpellier. L'occasion pour tous les acteurs de se rencontrer, d'en apprendre plus sur les uns et les autres, sur les actions, les organisations, les idées nouvelles... Mais aussi pour le public néophyte d'appréhender une autre manière de visiter le monde, de chez soi aux antipodes.

Le tourisme, un domaine porteur à Montpellier

Cette année, Voyagistes et Voyageurs éco-responsables (VVE), l'association organisatrice, a décidé de poser ses valises à Montpellier. Après tout, le tourisme est l'un des domaines les plus porteurs dans la région Languedoc Roussillon. A Montpellier donc, et plus exactement à l'Université Montpellier 2 Sciences et Techniques du Languedoc (UM2). Une université qui, bien que centrée sur les sciences dures, organise très régulièrement des évènements autour de l'environnement. *"Nous faisons de la science pour quelque chose, pour les acteurs de la société. Le milieu académique a évolué, nous ne sommes plus une tour d'ivoire centrée sur elle-même"* assure Olivier Thaler, Maître de conférences en biologie à l'UM2. *"Nous abordons ici les sciences environnementales : l'écologie, l'eau, l'énergie. Des sciences où l'on travaille sur l'impact des activités humaines, tout comme les acteurs du tourisme responsable"*, ajoute l'universitaire.

Quatre thématiques abordées et un programme chargé

Quatre thématiques seront abordées afin de définir au mieux le concept de "Responsable" : **"Connaître l'écovolontariat"**, avec entre autres Céline Arnal, fondatrice et directrice de l'association Cybelle Planète et Laurence Dupont voyageuse écovolontaire, vendredi matin. L'**"Ecotourisme et la préservation de la biodiversité"**, avec

Olivier Thaler ou encore Jean-Pierre Lamic, organisateur du FNTR. Samedi matin, quatre spécialistes interviendront autour de la question de la **"Solidarité et du tourisme communautaire"**, dont Bernard Scheou, membre de l'association Echoway. Puis, le moyen métrage de Daniel Truel, "Autour des Annapurna" sera projeté. Pour finir, la thématique **"tourismes et territoires"** sera discutée samedi après-midi, avec entre autres Sylvain Salamero, acteur de l'écotourisme pyrénéen.

Une journée sur le terrain avec les acteurs locaux

Pour ce deuxième Forum, l'association VVE, représentée par son directeur Jean-Pierre Lamic, propose également deux nouveautés : le Trophée du Voyageur et voyagiste éco-responsable élira le touriste le plus engagé. *"L'association est perçue comme un groupement de voyagistes, mais nous sommes aussi le premier groupement de voyageurs éco-responsables. Nous réunissons aujourd'hui 1 210 adhérents"* affirme Jean-Pierre Lamic.

En sus, le dimanche sera consacré à la démonstration concrète d'un tourisme responsable avec une journée d'application sur le terrain animée par un voyagiste heraultais, Languedoc Nature, qui applique l'écotourisme local depuis huit ans. Il propose une sortie Garrigue : *"l'approche d'un milieu méditerranéen emblématique, parcourir la garrigue à pied, clé d'entrée du territoire"* avec Luc David ou une sortie Charbonnière, *"à la rencontre d'un patrimoine méconnu"* avec Martial Acquarone.

Après ces trois jours plongés dans le monde des acteurs responsables du tourisme, à Montpellier ou sur Voyageons-Autrement.com, vous ne prendrez plus l'avion comme avant, et voyagerez... autrement !

Présentation de la Coalition Internationale pour un Tourisme Responsable

Jerome Bourgine | 26 août 2015

La Coalition Internationale pour un Tourisme Responsable (CITR) regroupe près de 335 ONG réparties dans 90 pays à travers le monde, tous professionnels et experts du tourisme, engagés pour un tourisme responsable.

Objectifs et rôle de la CITR :

- sensibiliser et convaincre les décideurs nationaux et internationaux de l'intérêt de s'engager dans un tourisme responsable
- dénoncer les impacts négatifs du tourisme
- accompagner des acteurs impliqués dans une stratégie de tourisme responsable
- médiatiser l'importance du Tourisme Responsable, notamment avec la Journée Mondiale du Tourisme Responsable. La coalition organise tous les 2 juin la journée Mondiale pour un tourisme responsable.

Tourisme durable

A l'image du tourisme responsable, le tourisme durable recouvre les trois grands champs que sont l'économique, le social et l'environnemental. Il prend également en compte la dimension de territoire et l'idée que le tourisme puisse être un levier de développement local pour les populations des régions concernées. Le respect des hôtes, des populations rencontrées, la consommation responsable mais aussi l'attention à impacter de le moins possible les zones visitées sont autant d'autres valeurs à considérer.

Tourisme durable : quels bénéfices pour les professionnels du secteur ?

Florie Thielin | 13 février 2017

Toute démarche pour un tourisme durable doit être guidée par une certaine passion pour sa destination (versus la seule motivation de pur opportunisme, cherchant à gagner toujours plus d'argent, le plus rapidement possible). Les valeurs de respect et de partage doivent être à la base de chacune des décisions que l'on prend au quotidien. Bien entendu, toute entreprise a aussi besoin de trouver un équilibre financier pour être pérenne. Quels sont alors les bénéfices qui découlent de cette démarche pour les professionnels du tourisme?

Assurer un futur pour les générations à venir sur la planète

La "Terre" est une hôtesse bien généreuse qui nous reçoit "chez elle" durant quelques années, le temps de notre vie. N'est-ce pas la moindre des choses de faire en sorte que les générations futures (dont nos enfants, petits-enfants...) puissent en profiter de la même manière ? Le grand bénéfice, qui se cache derrière tous les autres, est le sentiment d'apaisement que chacun peut ressentir lorsqu'il sait au fond de lui-même que chacun de ses actes, au quotidien, vont dans le bon sens, le sentiment d'avoir fait sa part (mode de pensée si cher au Mouvement Colibris). Le développement d'un tourisme "durable" a un important rôle à jouer en ce sens. Les Nations Unies ont d'ailleurs reconnu le tourisme comme secteur clef pour atteindre, ensemble, les objectifs de développement du millénaire.

Assurer le futur du tourisme au sein de sa destination

Devenir un acteur du changement positif pour la planète **passe d'abord par des actions en local**, au sein de sa propre destination (quartier, ville, région, pays...). C'est avoir envie qu'habitants et voyageurs puissent profiter de la richesse culturelle et naturelle locale pour de nombreuses années encore. De nombreux sites vantent non seulement leur nature préservée, leur riche biodiversité, mais aussi la culture et la sympathie de la population locale.

Protéger l'environnement et veiller à l'équilibre d'une relation gagnant-gagnant avec les différents partenaires de la destination est donc primordial lorsque l'on adopte **une vision à long terme** du développement de l'activité touristique.

Offrir aux voyageurs une meilleure expérience

Chaque bonne pratique "durable" est forcément source de "bénéfices clients". En mettant en place ces bonnes pratiques, **la qualité des services offerts est améliorée, et ainsi la satisfaction des visiteurs**. En communiquant sur ces bénéfices clients en amont de la réservation (sur le site internet de l'hôtel etc...), on augmente la valeur perçue par les potentiels visiteurs. Indirectement, ces pratiques durables permettent aussi de **conforter ses bénéfices**. Si nous sommes, bien entendu, contre le *greenwashing* (communication mensongère pour verdir l'image de son entreprise), nous n'encourageons pas non plus le *greenhushing* (faire pleins de belles choses et ne pas le communiquer). Communiquer sur ses bonnes pratiques permet de sensibiliser en douceur, et souvent aussi, d'en inspirer d'autres, **engendrant ainsi un effet multiplicateur**. Mais tout est dans la forme... d'où l'importance de mettre en avant les bénéfices clients et de les argumenter.

> “ ***Le grand bénéfice, qui se cache derrière tous les autres, est le sentiment d'apaisement que chacun peut ressentir lorsqu'il sait au fond de lui-même que chacun de ses actes, au quotidien, vont dans le bon sens.***

Rendre les employés fiers de leur entreprise

Lorsque l'on s'engage dans une démarche de tourisme durable, on s'engage aussi **à chercher le bien-être de ses collaborateurs**. Les employés d'une entreprise en sont les premiers ambassadeurs. Dans le secteur touristique, où l'on vend des services, des expériences, la part de l'humain est d'autant plus importante. Des employés, heureux et fiers de travailler dans leur entreprise, resteront certainement plus longtemps. Ils seront d'autant plus passionnés, aimables avec les clients, efficaces pour mener à bien les missions qui leur sont confiées. **Tout cela a une répercussion directe sur la bonne santé de l'entreprise** : lorsque la satisfaction client augmente, ces mêmes clients reviennent, recommandent autour d'eux et le chiffre d'affaires augmente. En outre, en ayant moins souvent besoin de recruter de nouveaux employés, l'entreprise réduit ses coûts de recrutement, de formation initiale, etc… et entretient un cercle vertueux !

Réduire ses coûts

Pour optimiser la rentabilité d'un établissement, ne faut-il pas faire des économies ? Avec une meilleure gestion de l'eau et des énergies, en limitant le gaspillage alimentaire, l'entreprise fait d'une pierre deux coups ! **L'investissement en vaut généralement la chandelle**.

Se différencier, inspirer confiance, attirer les voyageurs sensibles au durable

Lorsque l'on joue la carte du tourisme durable jusqu'au bout, on peut alors se démarquer de la concurrence. Les bonnes pratiques permettent alors de **traduire par des actions concrètes son engagement**. Il en résulte alors de belles histoires à partager, des histoires qui pourront inspirer voyageurs et professionnels du tourisme, sensibiliser sur certaines problématiques, montrer qu'une autre manière de faire est possible. Cela donne aussi du grain à moudre aux journalistes, blogueurs… **On fait alors naturellement parler de soi**, on attise la curiosité de certains, et surtout, on inspire confiance. Enfin, certains voyageurs sensibles aux enjeux du développement durable choisiront peut-être de séjourner chez vous plutôt qu'ailleurs en découvrant votre engagement. Mais le message que vous souhaitez faire passer reste : *"Venez chez nous, profitez, on s'occupe du reste!"*. Le voyageur comprend alors qu'avoir choisi de dépenser son argent chez vous plutôt qu'ailleurs lui offre une expérience plus agréable, plus authentique et qu'indirectement il participe lui aussi à un monde meilleur et donc *"à assurer un futur pour les générations à venir sur la planète"*… soit le premier "bénéfice" de notre courte liste. La boucle est bouclée !

Biodiversité et tourisme durable : thème de la Journée internationale de la diversité biologique

Romain Vallon | 23 mai 2017

A l'occasion du 22 mai, l'ONU célèbre la Journée internationale de la diversité biologique sous le thème "Biodiversité et tourisme durable", car la diversité des espèces, des écosystèmes et des paysages attire le tourisme et favorise la croissance économique. Selon les Nations Unies, un secteur touristique bien géré peut aider à réduire les menaces pesant sur les populations clés (faune et flore) et peut maintenir ou accroître la biodiversité grâce aux recettes du tourisme. Par conséquent, le tourisme durable peut contribuer à la croissance économique mais aussi à la préservation de la biodiversité.

Le tourisme durable en pratique : 20 exemples innovants dans les Grands Sites de France

Geneviève Clastres pour TV5MONDE - site partenaire | 31 octobre 2016

Alors que le ministère en charge du Tourisme annonce un objectif d'accueil de 100 millions de touristes étrangers par an d'ici 2020 (85 millions en 2015), les Grands Sites de France ont mis en place des modes de gouvernance permettant de concilier développement touristique et respect de l'environnement. Ces paysages remarquables, sites classés emblématiques de notre pays, connaissent tous de fortes fréquentations posant la question de la gestion touristique. Un guide, réalisé par ce même Réseau des Grands Sites de France, détaille aujourd'hui quelques bonnes pratiques : *"Le tourisme durable en pratique : 20 exemples innovants dans les Grands Sites de France."*

Un guide à destination des professionnels du tourisme

Le présent ouvrage a pour but de concrétiser les recommandations des Grands Sites de France en matière de tourisme, en s'appuyant sur vingt expériences de gestionnaires exposant leur méthodologie et leurs résultats. Il s'adresse à tous les acteurs du tourisme, publics et privés, ainsi qu'aux élus et aux responsables locaux qui œuvrent pour des territoires vivants et accueillants. **Au travers d'expériences concrètes sur ces sites et espaces à forte valeur paysagère** (Baie de Somme, Marais poitevin, Dune du Pilat, Sainte-Victoire, Gorges du Gardon, Bibracte-Mont Beuvray, etc.), il vise tous les territoires ruraux, littoraux ou de montagne **qui disposent d'un caractère singulier et d'atouts patrimoniaux facteurs d'attractivité et souhaitent développer un tourisme durable, adapté à leur potentiel** : allongement de la saison et de la durée du séjour, amélioration des relations entre élus et acteurs du tourisme, fédération des acteurs, mobilisation des habitants, travail sur la qualité des prestations, promotion de l'emploi et des savoir-faire locaux, gestion des flux touristiques, etc.

L'exemple du massif du Canigó

Parmi les nombreuses fiches présentes dans le guide, celle du massif du Canigó illustre la création d'une destination intégrant les valeurs d'un Grand Site de France, et ici plus spécifiquement, la réhabilitation environnementale d'une destination soumise à de fortes pressions touristiques. Premier promontoire des Pyrénées, à égale distance de Toulouse, Barcelone et Montpellier, le pic du Canigó est depuis toujours un haut-lieu touristique et un emblème pour dix millions de Catalans. Les acteurs locaux ont souhaité faire de ce lieu une destination d'écotourisme centrée sur les itinérances.

Dès les années 2000, une régulation du flot des véhicules limite l'accès motorisé au massif et un réseau de 750 kms de sentiers (les "tours" et "boucles" du Canigó), est balisé. L'ensemble de ces efforts aboutit à la labellisation "Grand Site de France" en 2012. Cette reconnaissance facilite l'émergence d'une destination dédiée aux activités de pleine nature associant, au-delà du pic, le piémont et les balcons qui offrent les plus beaux points de vue sur la montagne.

En outre, la démarche se poursuit aujourd'hui par un travail d'animation de terrain, avec différents groupes de travail (Offices de tourisme, Gouvernance sentiers, Gardiens de refuge, Professionnels des activités de pleine nature, etc.) qui se réunissent régulièrement. Elle s'est notamment appuyée sur l'atout que représente ce paysage de montagne au climat méditerranéen permettant d'élargir la saison hors de l'été et de donner à voir des sites et paysages moins classiques que les habituels "pic, village d'Eus, abbaye de Saint-Martin du Canigó"… qui concentrent la masse des visiteurs sans effet de renvoi d'un site à l'autre, ni de dynamisation de l'économie locale. Les touristes butinaient l'offre du territoire, ils n'y restaient pas. Il fallait trouver le fil conducteur, créer du sens.

Une multiplicité de cas concrets au cœur des Grands Sites de France

Le guide expose ainsi une vingtaine de cas concrets ; de la démarche qualité initiée par le Marais Poitevin à Sainte-Victoire, qui a mis sur pied une charte des manifestations de pleine nature pour maîtriser les impacts écologiques de ces événements de plus en plus nombreux ; de la construction d'une offre d'accès et de découverte de la Baie de Somme sans voiture, à la valorisation des services et produits du terroir pour les producteurs d'Aven d'Orgnac mais aussi de Saint-Guilhem-le-Désert (gorges de l'Hérault). Chaque exemple est là pour illustrer une thématique particulière, telle la communication et l'information aux visiteurs, qui s'est traduit par une promotion mutualisée du territoire à Bibracte-Mont Beuvray ou par la mise au point d'une carte patrimoniale et touristique au Cirque de Navacelles. En œuvrant à préserver et faire vivre un patrimoine naturel et culturel remarquable, les Grands Sites de France permettent ainsi au visiteur de découvrir dans leur intégrité la beauté et la singularité des lieux. La fréquentation touristique y repose néanmoins sur un délicat équilibre, conjuguant maîtrise des impacts et volonté de faire partager les valeurs du site.

Vers une Europe du tourisme durable?

Marie Secrétant | 30 mars 2015

Saviez-vous que l'Union Européenne soutient depuis quelques années déjà le tourisme durable ? Avez-vous constaté au niveau local le développement de projets concrets financés par l'EU en faveur du tourisme durable et responsable ? Si vous pensez que non, vous pourriez changer d'avis avec l'initiative Eurovélo, supportée et financée en grande partie par l'EU.

Les débuts du tourisme durable dans le monde

Reprenons dès le début, quand le mot tourisme durable est apparu dans le jargon politique et est devenu petit à petit une priorité pour les gouvernements et pour l'Union Européenne. Vous savez probablement que l'année 1936 a marqué le début de la démocratisation du tourisme avec la création des congés payés en France. Le développement effréné du tourisme, spécialement sur le bord de mer, a commencé à être critiqué par l'Eglise dès 1970 (réunion du "World Council of Churches" en 1970 à Tutzing en Allemagne) qui créa ensuite le premier code éthique du tourisme.

En 1987, l'Organisation Mondiale du Tourisme introduit pour la première fois le terme de tourisme durable et réalise en 1999 le Code éthique Mondial du tourisme (1). Les années 2000 marquent le lancement de la montée du tourisme durable dans les priorités politiques au niveau mondial et européen. L'ONU déclare 2002 "Année internationale de l'écotourisme". Et les conférences et les initiatives se succèdent.

Mais en Europe, qu'est-ce qui est fait ?

Avec le traité de Maastricht en 1992, l'UE donne la possibilité à la Communauté européenne de prendre des mesures dans le tourisme, afin de contribuer à atteindre les objectifs de convergence (emploi, développement durable, cohésion sociale, économique...). Il faut attendre encore 15 ans et donc le traité de Lisbonne en 2007 pour que le tourisme apparaisse clairement dans le texte. Depuis, le tourisme figure dans les compétences d'appui, de coordination ou de complément de l'Union aux états membres (article 6 du TFUE). Et le tourisme durable

> **"*En 1987, l'Organisation Mondiale du Tourisme introduit pour la première fois le terme de tourisme durable et réalise en 1999 le Code éthique Mondial du tourisme*"**

dans tout ça ? L'UE, au travers principalement de la Commission Européenne travaille depuis maintenant plus de 10 ans sur cette thématique. Ces documents de travail, appelés "Communication", sont l'illustration de l'importance qu'occupe la durabilité: Communication 2003 "Orientations de base pour la **durabilité du tourisme** européen", Communication 2007 "Agenda pour un tourisme européen compétitif et durable" et enfin Communication 2010 "L'Europe, première destination touristique au monde – un nouveau cadre politique pour le tourisme européen". Véritable document de référence, 7 des 21 actions sont dédiées au tourisme durable.

Et aujourd'hui, qu'a-t-il été fait ?

La Charte Européenne du tourisme durable et responsable

Ayant l'ambition de rassembler les documents et chartes existants, la **Charte européenne souhaite définir des lignes de conduites communes à tous les acteurs du tourisme** (public, privé, société civile) en Europe. En 2012, la Commission Européenne a lancé une consultation auprès de tous les acteurs du tourisme et a récolté 104 avis sur une première proposition de charte. Et depuis.... Impossible de faire approuver ce document par les décideurs. Lobbying de l'industrie du tourisme ? Changements politiques ? Nous le saurons avec l'entrée en action de la nouvelle Commission (en place depuis le 1er novembre 2014).

Les indicateurs de gestion durable des destinations touristiques ETIS (European Tourism Indicators System)

En février 2013, la Commission Européenne a lancé officiellement l'outil ETIS qui permet aux managers de destinations de gérer ces dernières de la manière la plus durable possible. Basé sur 27 critères obligatoires et 40 facultatifs, l'outil est mis à disposition gratuitement en ligne et est désormais testé par 28 destinations dans 16 pays européens, phase test qui se finira en décembre 2014 pour une éventuelle adaptation. Affaire à suivre....

Les itinéraires cyclables

Les itinéraires Vélo et surtout le réseau Eurovelo sont représentatifs de cette initiative. Depuis 2011, le réseau européen du cyclisme a commencé à se développer et ne fait que croître depuis. Le **cyclotourisme** est supporté par les politiques nationales et européennes. De fait, Eurovelo est rentré comme un réseau de transport dans le groupe du **parlement européen en 2012** (au même titre que le réseau routier par exemple). En France comme partout en Europe, le réseau cyclable grandit chaque jour un peu plus.

Ecotourisme

> Pour reprendre la définition du TIES, Société Internationale d'Ecotourisme, première organisation à s'être engagée pour la promotion de ces valeurs : *l'écotourisme est une forme de voyage responsable dans les espaces naturels qui contribue à la protection de l'environnement et au bien-être des populations locales.* Evidemment, il y aurait de nombreux développements à apporter à ces quelques lignes et en ce sens, nous vous avons sélectionné quelques articles.

Las Terrazas, un projet d'écotourisme au cœur de Cuba

Geneviève Clastres | 10 mars 2016

Dans les années 1970, Cuba entreprend la reforestation de la zone montagneuse de la Sierra del Rosario, au cœur de la cordillère Guaniguanico, à quelques cinquante kilomètres de La Havane en direction de Pinar del Rio. Aujourd'hui, les paysans qui vivaient dans cette zone se sont regroupés en une communauté, Las Terrazas, et travaillent au maintien de l'environnement reconstitué et à l'organisation d'un projet écotouristique qui a pour pivot différents lieux de visites ou de séjours.

Genèse d'un petit paradis cubain

Las Terrazas n'a pas toujours été le havre de paix qu'il est devenu aujourd'hui. Pendant la colonisation espagnole, beaucoup d'arbres sont coupés, une déforestation massive qui se poursuit avec l'implantation du café sur la zone par les Français au 19e siècle. Sur place, on peut encore découvrir l'ancienne propriété caféière qui domine la colline – le Cafetal – (240m au dessus du niveau de la mer) et les anciennes ruines de caféiers "Buena Vista". On se trouve alors sur le point le plus étroit de l'île (31 kms), un bout de terre occupé jadis par une famille française et ses esclaves sénégalais, dont on visite encore les "barracons", de toutes petites pièces en pierre où hommes et femmes vivaient séparés, avec de minuscules fenêtres pour les offrandes aux dieux. Les esclaves travaillaient dans les plantations qui s'étendaient jusqu'aux abords de la rivière San Juan, s'occupaient des arbres, jusqu'à cette année de 1946 où un typhon sonne le déclin de la plantation.

Un site naturel protégé

En 1949, les rebellions sont légions, la concurrence du Brésil se fait de plus en plus forte, le site est abandonné. Quelques paysans locaux l'occupent alors pour produire du charbon puis, en 1968, un projet spécial sonne sa renaissance. Sept millions d'arbres sont replantés, 24 espèces scellant une alliance entre les plantes vernaculaires et l'introduction de nouvelles essences. En outre, les champs commencent à être travaillés en terrasse, une technique agricole qui donnera son nom au lieu : **"Las Terrazas"**. L'opération est un succès. En 1985, Las Terrazas, inscrite à l'Unesco, devient **la première réserve naturelle protégée de Cuba**. L'ensemble compte plus de 5 000 hectares, des espèces rares tel l'arbre des Caraïbes ou le *mahagua* (un bois dur qui sert à faire les battes de baseball) et une biosphère extrêmement diverse avec des fleurs luxuriantes, des animaux endémiques comme le cerf blanc, le lapin du Mexique, un boa inoffensif, foultitude d'oiseaux dont le *"sorsal"*, colibri emblème du site, et même l'une des grenouilles les plus petites au monde (16 mm) !!

Une communauté cubaine soudée

Toutefois, Las Terrazas ne serait pas vraiment ce qu'elle est devenue sans sa communauté, fondée en 1971, qui a permis de **lier cette zone naturelle exceptionnelle à une organisation sociale basée sur la solidarité et la mise en commun des besoins**. Instaurée avec les paysans du cru, cette organisation est aussi un modèle d'intégration qui compte aujourd'hui près de 1 000 personnes. **La majeure partie vit du tourisme** mais Las Terrazas possède aussi son école (260 élèves de primaire et collège), plusieurs restaurants, une "maison pour tous" avec sa salle des fêtes... Pour les visiteurs de passage, le site propose de nombreuses activités : équitation, baignade dans les baignoires naturelles de la rivière San Juan, canoë, tyrolienne, activités manuelles, randonnées, etc. Et on ne sera pas étonné que l'un des restaurants soit totalement bio avec un cuisine solaire, une carte en papier recyclé, des produits entièrement naturels, à l'image de tout un système vertueux où l'habitat est pensé pour être durable et laisser le maximum de place à la végétation, des plantes que l'on se partage en toute convivialité. On peut ainsi cueillir des oranges directement sur l'arbre quand on le souhaite, déguster du café produit localement, déjeuner dans un restaurant de cuisine paysanne…

Et demain ?

Pour l'heure, **le site vit principalement du tourisme**, introduit depuis 1984 dans le projet, 70 % de ses membres travaillant dans le secteur contre 30% pour la santé, l'éducation et l'agriculture. Pour avoir accès à Las Terrazas, les visiteurs doivent s'acquitter d'un droit d'entrée. Moly, guide locale : *"Grâce à ce projet d'écotourisme, nous avons du travail et gardons les jeunes générations ici. Chaque jour, en haute saison (de novembre à avril), nous accueillons près de 600 visiteurs, des Français, Allemands, Américains, quelques Chinois mais aussi beaucoup de Cubains."* Las Terrazas possèdent **plusieurs hébergements** – l'hôtel Moka, des cabanes en bois – mais ne souhaitent pas non plus multiplier les hôtels, d'autant qu'il existe aussi des maisons long séjour pour les résidents du moment. Quant aux habitants de la communauté, ils vivent dans de petits appartements qu'ils ne possèdent pas, la propriété privée étant proscrite du site.

Et afin d'arrondir les fins de mois, **beaucoup produisent de l'artisanat** qu'ils proposent aux visiteurs : sculptures en bois, bijoux, jeux, essences de plantes, poupées, etc. **Le produit de la vente revient à 70% à l'artisan** qui en reverse donc 30% pour la communauté. Quelques artistes vivent également sur place et accueillent les visiteurs, à l'image d'Ariel Gato Mirando qui produit du papier recyclé. *"A l'origine, je n'ai pas eu le choix. Pendant la période spéciale, nous manquions de tout. Pour étudier, un de nos professeurs nous avait appris à faire du papier".* Aujourd'hui, Ariel reçoit les visiteurs et leur propose sa production artistique et artisanale.

> **66**
>
> ***Grâce à ce projet écotourisme, nous avons du travail et gardons les jeunes générations ici.***

Epilogue

Alors, Las Terrazas, **un modèle d'organisation sociale au cœur de la nature ?** C'est en partie vrai, mais le futur n'est pas non plus sans interrogations. La communauté croît. Les enfants sont si bien qu'ils ne souhaitent pas partir. Or le problème de place commence à se faire sentir. Les maisons sont petites pour des familles qui ne cessent de s'agrandir. Des défis de demain que les nouvelles générations devront avoir à l'esprit, même s'il serait souhaitable que ces petits coins de paradis s'étendent et se reproduisent à l'infini...

Les priorités de l'écotourisme

Aurélia Dumté | 7 décembre 2012

Qu'est-ce que l'écotourisme et qu'implique cette notion ? Jean-Pierre Lamic, directeur de VVE et Olivier Thaler, maître de conférence en biologie à l'UM2 ont tenté d'y répondre. Ce qui est sûr, c'est qu'être un écotouriste, c'est continuer à appliquer les règles du quotidien à l'étranger, respecter les personnes rencontrées, s'informer sur les lieux visités et, peut-être..., éviter de prendre l'avion.

L'écotourisme par Jean-Pierre Lamic, directeur de VVE

Lors de la conférence de vendredi dédiée à la notion d'écotourisme, tous ne semblent pas avoir les mêmes priorités. Jean-Pierre Lamic aborde le thème en posant une question : ***"L'écotourisme, c'est quoi ? Existe-t-il une forme frelatée nuisible à la biodiversité ?"***. Sa définition montre que l'écotourisme ne se rapporte pas uniquement à la nature, mais à bien d'autres valeurs : *"C'est un tourisme axé sur la nature et qui possède une composante éducative. Une forme de développement qui contribue au bien-être des communautés locales et encourage leur participation. Un tourisme qui contribue à la protection du patrimoine humain, naturel et culturel."*

> ***Un touriste responsable sait que le voyageur moyen dépense 300 litres d'eau par jour, soit cinq fois plus que la consommation usuelle en France.***

Un guide, une microéconomie et consommer toujours moins

Sur le terrain, la composante éducative se traduit par la présence d'un guide, qui explique, détaille, prévient et informe le voyageur sur le territoire visité : les us et coutumes des peuples, les informations naturalistes, etc. Par exemple, des personnes visitant seules les îles Galapagos pourraient vouloir s'écarter du chemin et, sans en avoir conscience, marcher sur un nid et le détruire. Avec un guide, ces incidents peuvent être évités. Pour ce qui est du bien être des communautés, l'écotouriste se doit de participer à une microéconomie, que **l'argent investi dans son voyage ait des retombées directes sur le village visité**, sur les familles rencontrées. Un touriste responsable sait que le **voyageur moyen dépense 300 litres d'eau par jour, soit cinq fois plus que la consommation usuelle en France**. Quand on est en vacances, avons-nous le droit d'oublier toutes les règles que nous nous imposons au quotidien dans notre pays, comme éviter le gaspillage ? Évidemment non.

L'écotourisme, c'est aussi à côté de chez soi

Enfin, peut-on prendre l'avion et être un touriste responsable ? N'oublions pas que l'écotourisme n'a pas forcément lieu que dans des destinations exotiques, mais que l'on peut être un écotouriste sur notre propre territoire...

Megan Epler Wood, pionnière et visionnaire de l'écotourisme

Manuel Miroglio | 7 août 2012

Megan Epler Wood a été la fondatrice, présidente et directrice de l'IETS (International Ecotourism Society) pendant douze ans avant de créer sa propre société de consulting EplerWood International, spécialisée sur les stratégies de tourisme durable dans les pays en voie de développement. Première professeure à enseigner le tourisme durable à la Harvard University Extension School, elle est également co-directrice de la fondation Planeterra. Retour sur le parcours passionnant d'une femme énergique et engagée qui a donné ses lettres de noblesse à l'écotourisme dans le monde.

VA : Comment vos débuts professionnels ont-ils influencé la création de l'IETS ?

Diplômée d'un Master en biologie, spécialité vie sauvage, j'ai commencé à travailler pour l'ONG WWF des Etats-Unis à Washington sur des questions globales de préservation de la nature. Son Président, Russel Train, était un écologiste reconnu qui avait été à la tête de l'Agence nationale de protection de l'environnement. Très bien introduit dans ce milieu, il a su rassembler de grandes personnalités comme Russell Mittermeier, l'actuel président de l'ONG Conservation International et Edward Osborne Wilson, un grand biologiste, chercheur et écrivain. Toutes ces rencontres avec ces grands personnages m'ont bien sûr fortement marquée.

VA : Comment vous est venue l'idée de créer l'IETS ?

Mon travail au sein du WWF Etats-Unis m'a évidemment influencée. Grâce à une bourse Fulbright en Sciences de la communication, j'ai vécu avec mon mari dans la forêt tropicale de Colombie qui était à l'époque menacée et nous avons réalisé un documentaire d'éducation environnementale. De retour à Washington, j'ai produit avec The National Audubon Society, l'une des plus anciennes sociétés de préservation de l'environnement, "The environmental tourist". Ce documentaire, réalisé au moment de la création de l'IETS en 1990, m'a permis de mener des recherches sur les problématiques liées à l'écotourisme et de rencontrer les pionniers de ce secteur. L'IETS est alors rapidement devenue une ONG internationale centrée sur la diffusion de l'écotourisme comme outil de préservation et de développement durable, et ce en connection avec le monde du tourisme.

VA : Quelle était la situation de l'écotourisme il y a 20 ans ? Comment a-t-elle évolué au fil des ans ?

Au début des années 90, les environnementalistes étaient très sceptiques sur le bien-fondé de ce tourisme dit écologique. Cette forme de tourisme pouvait abîmer les parcs nationaux. Le Kenya et le Costa Rica étudiaient la manière de protéger leurs parcs alors qu'ils les transformaient en attractions écotouristiques et que le tourisme augmentait. L'IETS plaidait pour une augmentation des tarifs d'entrée dans les parcs. Le résultat d'une de nos premières campagnes à succés fut de convaincre le Costa Rica de les augmenter et d'investir davantage de fonds dans leurs parcs nationaux.

Au milieu des années 90 est apparue la tendance des écolodges. Le premier forum international sur les écolodges fut organisé à Maho Bay Camps, à Saint John, dans les îles vierges US. A l'époque, Stanley Sevengut fut le premier constructeur d'écolodges avec du matériel recyclable. Les débats portant sur l'amélioration des techniques d'écoconstruction permirent à l'IETS de publier deux livres sur la construction des écolodges afin de diffuser ces connaissances aux professionnels.

En 1996-1997, ce fut l'organisation de conférences au Kenya, en Equateur et en Malaisie pour discuter de l'amélioration des bénéfices apportées aux populations locales par l'écotourisme. L'IETS montait ces événements avec des ONG locales et organisait des ateliers avec des professeurs et des spécialistes afin qu'ils puissent former les professionnels du tourisme sur place.

> ***Les grandes destinations écotouristiques sont le Costa Rica, les Iles Galapagos, l'Afrique du Sud, le Botswana, l'Inde...***

VA : Avez-vous des chiffres-clefs sur l'écotourisme ? Quelles sont les destinations-phares de l'écotourisme aujourd'hui ?

La dernière étude sérieuse de l'Organisation Mondiale du Tourisme en 2002 évaluait à 5% le nombre d'écotouristes qui voyageaient des Etats-Unis vers des destinations internationales. Les grandes destinations écotouristiques sont le Costa Rica, les Iles Galapagos, l'Afrique du Sud, le Botswana, l'Inde...

Le Costa Rica regorge d'endroits dans ses forêts tropicales pour admirer ses oiseaux endémiques et pratiquer le tourisme d'aventure. Les îles Galapagos sont l'un des plus grands refuges de la vie sauvage au monde. Les voyageurs peuvent y observer ses légendaires tortues, ses colonies de pingouins, de fous à patte bleue ou d'albatros et découvrir son extraordinaire vie sous-marine. L'Afrique du Sud a de magnifiques parcs naturels et réserves marines. Le Botswana est célèbre pour le Delta de Okovengo, grand sanctuaire de la vie sauvage. L'Inde a de superbes réserves de tigres et une grande variété d'oiseaux à observer...

VA : Le public est-il plus conscient de l'impact de ses vacances de nos jours ?

Même si la plupart des gens connaissent le terme d'écotourisme aujourd'hui, il y a toujours un grand écart entre l'intérêt déclaré et le passage à l'acte, le fameux Green gap. Seulement 1% du total des voyageurs choisit réellement sa destination de vacances en fonction de pratiques de tourisme responsable.

VA : Quels sont les principaux défis auxquels fait face le tourisme responsable actuellement ?

Trouver des moyens de créer des techniques de gestion dans le secteur touristique et au niveau gouvernemental, afin de réduire les impacts du tourisme en se fondant sur des ententes de commerce international ou d'autres avantages qui ne soient pas entièrement soumis aux impératifs du marché. Ces dernières années, de grandes sociétés hôtelières ont investi dans le développement durable afin de réduire les coûts. Elles ont développé de vastes programmes visant à la réduction de la consommation d'énergie, la préservation de l'eau et le contrôle et la gestion de leurs déchets solides. Il y a aussi eu des avancées dans le marché du tourisme de luxe, comme Six Senses, qui développe des directives strictes de durabilité écologique afin de protéger les paysages, la flore et la faune, selon les critères du tourisme durable.

Toutefois, de nombreux gouvernements ne considèrent pas encore le tourisme responsable comme une priorité et ne le prennent pas suffisamment en compte dans leur politique touristique nationale. Cela vient d'être démontré par la récente annulation du méga-projet Cabo Pulmo en Basse-Californie au Mexique, qui était destiné à être

> *Seulement 1% du total des voyageurs choisit réellement sa destination de vacances en fonction de pratiques de tourisme responsable.*

construit sur l'une des seules barrières de corail de cette réserve marine vulnérable. Les gouvernements continuent de promouvoir d'énormes développements touristiques de ce type attirés par les bénéfices économiques mais doivent encore démontrer que leurs projets respectent les standards du tourisme durable.

VA : En 2003, vous avez fondé EplerWood International et avez rejoint Planeterra Fundation, quelles sont vos principales activités sur ces deux projets ?

Avec ma société de consulting EplerWood International, j'ai été impliquée dans divers projets de tourisme durable auprès de gouvernements, du secteur privé et d'ONG dans de nombreux pays. Planeterra Fundation est la fondation de G Adventures, le plus grand opérateur canadien de voyages d'aventure dans le monde avec plus de 100 000 voyageurs annuels. Cette dernière soulève des fonds auprès de ses voyageurs et partenaires et travaille uniquement sur les destinations visitées. Elle soutient des projets d'écotourisme communautaire et de petits fournisseurs locaux grâce à de petites bourses et la mise en réseau avec le secteur du voyage.

Tourisme équitable et solidaire

> Le tourisme équitable et solidaire met au centre du voyage l'homme et la rencontre et s'inscrit dans une logique de développement des territoires. L'implication des populations locales dans les différentes phases du projet touristique, le respect de la personne, des cultures et de la nature et une répartition plus équitable des ressources générées sont les fondements de ce type de tourisme. En ce sens, le tourisme équitable et solidaire utilise donc une partie des bénéfices générés pour les réinvestir dans des projets de développement local.

Rencontre avec Romain Eliot, co-fondateur de Terres des Andes

Geneviève Clastres | 26 février 2014

Au mois de novembre dernier, Terres des Andes remportait le prix du "commerce équitable" du concours Ekilibre organisé dans le cadre du mois de l'Economie Sociale et Solidaire. Nous avons eu envie d'en savoir un peu plus sur cette association de voyage, en rencontrant l'un de ses deux fondateurs, Romain Eliot.

VA : Pouvez vous rappeler à nos lecteurs l'origine de Terres des Andes ?

En 2007, je pars en congé sabbatique avec Paul pour découvrir l'Amérique du sud. Le hasard nous amène à collaborer comme volontaires avec l'association Enfants des Andes alors présente au Pérou depuis près de 20 ans. Nous y donnons des cours de français et participons à la création d'un centre d'accueil pour enfants. A notre retour en France, nous nous investissons de plus en plus auprès de l'association et **en 2011, décidons de monter notre propre structure, Terres des Andes**, une agence de voyage associative ayant pour but de faire partager notre passion pour le voyage et contribuer au financement de projets de développement local. A l'origine, le Pérou était le seul pays concerné mais à présent, nous organisons des groupes vers la Bolivie, l'Equateur, le Mexique, le Guatemala, et même le Maroc pour avoir repris l'activité d'une agence de voyage solidaire. **Aujourd'hui, Enfants des Andes et Terres des Andes sont deux structures indépendantes**. En outre, la diversification de notre activité d'organisateur de voyages avec des destinations comme le Maroc va nous obliger à changer de nom pour plus de clarté.

VA : Quels sont les petits plus "responsables" de TDA ?

Nous avons un fond de développement qui finance des projets tels que celui d'Enfants des Andes au Pérou. En outre, **nous travaillons sur une base équitable avec tous nos prestataires** (hôtels, collectifs, restaurants,

> ***L'idée est évidemment que les bénéfices générés par l'activité touristique profitent à l'économie locale et ne retournent pas vers les pays du nord.***

transports) qui sont systématiquement des partenaires locaux. Terres des Andes est également membre de l'ATES, premier réseau français de Tourisme Equitable et Solidaire, qui regroupe une vingtaine de voyagistes respectant une grille de critères éthiques rigoureux. L'idée est évidemment que les bénéfices générés par l'activité touristique profitent à l'économie locale et ne retournent pas vers les pays du nord. Enfin, au sein d'Enfants des Andes, **nous formons des guides péruviens**, à la fois aux langues étrangères (anglais et français) mais aussi au métier de guide proprement dit. Ils se forment au guidage pendant trois ans, un métier valorisant qui leur permet d'apprendre des choses aux voyageurs et dépasse quelque peu le cliché des relations entre le nord et le sud.

VA : Combien de voyageurs partent chaque année avec TDA et idéalement, quel serait le nombre souhaité ?

En 2013, nous avons fait partir une centaine de voyageurs. En 2014, on en espère environs cent cinquante. L'idée est de progresser d'une centaine de voyageurs chaque année. 2014 s'amorce très bien. Nous avons plusieurs groupes confirmés, que ce soit au Maroc, en Equateur ou au Pérou.

VA : Vous avez eu fin 2013 le premier prix "commerce équitable" du concours Ekilibre. Comment avez-vous décidé d'investir la somme reçue alors ?

Nous avons reçu 5 000 € que nous avons surtout investi dans la communication afin de nous faire mieux connaitre. En sus, d'ici quelques mois, nous prévoyons une campagne de communication pour accompagner notre changement de nom.

Les Philippines autrement : rencontre avec Maxime Guillien, fondateur des voyages Hiraya

Sandra Bordji | 9 décembre 2011

Passionné de voyages, Maxime Guillien, fondateur des voyages Hiraya, a tout plaqué pour se lancer dans l'aventure du voyage solidaire. Diplômé d'une école de commerce, travaillant ensuite dans la finance, il n'a jamais perdu le goût du voyage et en a fait aujourd'hui son activité à plein temps. Mais, attention, pas n'importe quels voyages... Des voyages qui ont du sens. Des voyages comme on les aime chez Voyageons-Autrement.

VA : Comment sont nés les Voyages Hiraya ?

Je suis parti de mon expérience de voyageur, car j'ai constaté que les voyages, tels qu'ils sont conçus la plupart du temps, manquent de sens. Cette dimension est devenue essentielle pour moi, et c'est tout naturellement que je me suis tourné vers le voyage équitable et solidaire. J'ai quitté mon emploi afin de me consacrer au développement de voyages responsables. J'ai réalisé un gros travail en amont, de réflexion, de prospection et de coordination avec les ONG locales avant de créer, début 2011, les voyages Hiraya. La taille de notre structure fait que, pour l'instant, les Philippines constituent l'unique destination proposée.

VA : Pourquoi avoir choisi les Philippines ?

L'Asie du Sud-Est est une destination très importante du tourisme mondial, et, curieusement, les Philippines se situent en dehors des sentiers touristiques traditionnels. En y voyageant durant plusieurs semaines, je me suis rendu compte que ce pays, préservé du tourisme de masse, était véritablement extraordinaire. Les habitants y sont chaleureux et accueillants, ce qui est un aspect essentiel pour le tourisme solidaire. Les rencontres dans les villages y sont authentiques, et non pas axées sur des relations économiques, et le fait que les Philippins parlent anglais facilite l'échange et la rencontre.

VA : Quel est le concept des Voyages Hiraya ? D'ailleurs, que signifie "Hiraya" ?

Il y a énormément de dialectes aux Philippines, et Hiraya est un mot issu du tagalog, compris dans tout le pays. Il est même plus qu'un mot, un concept qui englobe tout ce qui est le fruit de l'imagination, du rêve et de l'espoir. Dans ce sens, il correspond tout à fait aux valeurs qui nous animent : l'imagination et le rêve pour l'aspect voyage, et l'espoir de changer des petites choses, à notre portée, en apportant une aide aux personnes que l'on rencontre.

VA : En quoi les voyages que vous proposez sont à la fois solidaires et d'aventures ?

Le séjour Hiraya est une combinaison équilibrée entre l'aspect solidaire du voyage et la découverte des paysages, de la faune et de la flore, extrêmement riches aux Philippines. Côté solidaire, Hiraya a un partenariat avec une ONG locale, Black Pencil Project, qui connaît très bien le terrain. Lors de nos treks, nous traversons de petits villages isolés, difficiles d'accès mais au sein desquels se trouvent des écoles. Sur la base du travail d'identification des besoins de ces écoles réalisé par Black Pencil Project, nos treks sont l'occasion d'acheminer du matériel scolaire de base, dont les écoles manquent cruellement, faute de moyens et d'accès. Un pourcentage du séjour Hiraya est reversé à Black Pencil Project pour financer l'achat de crayons, de craies, de cahiers, de gommes, etc. C'est un partenariat gagnant-gagnant, car au lieu de se contenter de traverser les villages lors du trek, nous nous y arrêtons pour y déposer le matériel, nous rencontrons les enfants et des activités sont organisées : musique, chants, danse, parties de volley, créations artistiques, etc. Il s'agit d'un véritable temps d'échange et de rencontre.

VA : Concrètement, comment s'organisent les séjours Hiraya ?

Différents circuits sont proposés, mais les séjours peuvent être conçus sur mesure, selon les critères de temps, de budget et d'attentes des voyageurs. Les groupes sont limités à 6 personnes. L'hébergement se fait en partie en structures classiques et en partie chez l'habitant. Les départs se font toute l'année, en dehors de la saison des pluies.

VA : A terme, étendrez-vous le concept Hiraya à d'autres destinations que les Philippines ?

Nous travaillons actuellement au développement de notre concept au Cambodge, qui est un pays beaucoup plus touristique. Notre objectif reste le même : proposer des voyages en dehors des sentiers touristiques traditionnels, avec un aspect solidaire important. Nous avons déjà identifié une ONG locale avec laquelle nous allons travailler. Il s'agit d'un gros travail de logistique, de prospection et d'organisation, mais nous espérons proposer cette destination au printemps prochain.

Zoom sur Alter Enga, initiateur de tourisme solidaire, équitable et durable

Valérie Desaint | 2 mars 2011

Lors du 12e Salon International du Tourisme de Nantes, Voyageons-Autrement.com souhaitait faire plus ample connaissance avec l'un des voyagistes représentés sur le Village du Tourisme Solidaire. Rencontre avec Anaïs Bourgoin, coordinatrice de ce Village Solidaire et chargée de développement pour Alter Enga.

VA : Comment est né Alter Enga ?

Née en 2005 de l'initiative de **Joël Rezé**, un voyageur lavallois engagé qui a pensé à permuter le concept du Tourisme en l'adaptant à la population locale, l'association humanitaire Alter Enga s'est ensuite convertie en agence associative de "tourisme solidaire et équitable". Son principe est de vendre des voyages dont un pourcentage va directement à la population locale. Ainsi, ce tourisme évite les intermédiaires et la spéculation et permet à la population locale d'être acteur de son **propre développement**.

VA : Que propose Alter Enga ?

Selon les paroles de Guy Ménard, Directeur d'institut de formation à Laval : *"[...] Un tourisme équitable, qui veille à assurer une juste rémunération des populations locales et tend à limiter le nombre d'intermédiaire. Un tourisme responsable qui s'engage à limiter les impacts négatifs (écologiques, culturels...) que peuvent avoir les voyageurs sur l'environnement d'accueil. Un tourisme alternatif qui cherche à favoriser des échanges interculturels et permet de financer les projets de développement des populations locales. [...]"*. Et donc des voyages touristiques basés sur l'échange authentique, sur le partage de vrais moments de vie et de l'espace géographique authentique. Le confort est basique mais non absent. Le partenariat passé avec les acteurs locaux garantit la sécurité et la convivialité. (...)

> **Un tourisme alternatif qui cherche à favoriser des échanges interculturels et permet de financer les projets de développement des populations locales.**

Anaïs nous précise qu'il n'y a là AUCUNE démarche de charité ni de don : *"Les gens pensent souvent qu'il faut "donner" pour aider. Nous leur faisons découvrir qu'en voyageant avec Alter Enga, ce sont les moments de partage qui comptent. C'est le prix du voyage (pourcentage reversé aux partenaires ou aux projets de développements locaux) qui sert de tremplin. Les acteurs locaux ne sont pas dessaisis de leurs initiatives. Les touristes rencontrent d'ailleurs ces acteurs locaux puisque ce sont eux qui les accueillent... La mise en place des activités économiques est une prise de décision conjointe, souvent issue des besoins locaux, et non imposée par un désir humanitaire d'apporter un mode de développement "modèle", vue par des yeux extérieurs. Nos projets concernent des domaines tels que la Santé, l'Education, l'Agriculture,... dans le but de créer des activités qui vont permettre aux populations de rester vivre correctement sur place, de se soigner, d'envoyer leurs enfants à l'école et d'exploiter leurs terres pour ne pas migrer"*.

Tourisme social

Le tourisme social défend le droit aux vacances pour tous : toutes les bourses (plus ou moins garnies), tous les citoyens (jeunes et moins jeunes), tous les profils (valides ou invalides). Pour illustrer ce thème cher à notre portail, nous avons sélectionné un éventail d'articles qui montrent la diversité de ce sujet et englobe autant les villages vacances, les colloques de l'Organisation Mondiale du Tourisme Social, les actions de l'UNAT ou les colonies de vacances...

Tourisme social et solidaire : des vacances accessibles à tous

Le tourisme dit "social" a ceci d'officiel qu'il constitue l'un des chevaux de bataille du Ministère de l'économie. Pour l'Etat, le tourisme social *"a pour objectif de permettre à chacun de partir en vacances et de pratiquer des activités de loisirs"*, et donc de rendre effectif le "droit aux vacances", apparu en 1936 suite aux revendications de la classe ouvrière. Si, aujourd'hui, la grande majorité des Français bénéficie de ses cinq semaines de congés payés, nombre d'entre nous n'ont pas toujours les moyens de quitter leur chez-soi et de vivre des vacances dignes de ce nom...

Pour un Français sur deux, le mot "vacances" rime avec "absence"...
Souvent associé au terme "solidaire", le tourisme social est représenté en France par l'Union Nationale des Associations de Tourisme (UNAT), qui défend depuis 1920 le droit aux vacances pour tous. En rassemblant les principaux acteurs touristiques à but non lucratif (associations, mutuelles, fédérations...), **l'UNAT est la tête de réseau du tourisme social et solidaire dans l'hexagone.** Il vise à proposer un tourisme plus écologique et plus humain, en adéquation avec les moyens financiers de chacun, et de participer ainsi au développement des territoires, pour lesquels le tourisme est bien souvent un levier économique indispensable.

Les Karellis : un exemple de tourisme social et associatif en montagne

Guillaume Chassagnon | 6 novembre 2017

Non, la montagne n'est pas forcément réservée à une élite, et elle peut aussi accoucher de belles destinées. Il est un exemple, durable et pérenne qui plus est, qui démontre que la neige, les sommets, sont aussi adaptés à des budgets plus modestes et à des familles, hiver comme été. Cette utopie touristique a un nom : les Karellis.

Une coopération unique entre collectivité et monde associatif

Rendez-vous en Maurienne, vallée savoyarde, plus précisément dans la campagne de Montricher-Albanne. Sur ces alpages bien exposés à 1 650 mètres d'altitude, s'est jouée une jolie histoire au début des années 70 : une utopie qui a mené ce joli coin de montagne à devenir un des fiefs du tourisme associatif made in France. Un rendez-vous unique entre une volonté de **lutter contre la désertification rurale et celle de promouvoir un tourisme montagnard sans subir les assauts de promoteurs avides d'espaces vierges à construire...** et donc en conséquence de lutter contre une envolée des prix...

Sauver le village via un tourisme maitrisé

Fin des années 50, l'école de Montricher ferme, l'activité agricole périclite dangereusement. Que faire pour enrayer cela sans tomber dans les abus des spéculateurs fonciers ? Le salut viendra d'un homme, Pierre Lainé, qui apporte aux élus une notion peu courue en ces temps : le développement harmonisé. Les élus de l'époque, courageux et visionnaires, abattent une carte maîtresse, à savoir l'achat par la commune de terrains qui seront ensuite cédés aux associations. Le développement harmonisé, c'est François Perroux et Joseph Lebrat, deux économistes qui ont pensé un schéma de développement et d'aménagement destiné à des zones d'économies fragiles ou faible. Pierre Lainé, fondateur de l'association Renouveau, va ainsi transposer cette théorie au tourisme, avec l'absolue nécessité de l'épanouissement entier de la zone touchée : économiquement, socialement et culturellement.

La coopération entre la municipalité et l'association Renouveau permet à la commune de ne pas revendre le foncier. Renouveau est le concessionnaire pour 30 ans (renouvelé en 1997). La commune aura un droit de regard sur son évolution. L'association met alors en place un bail emphytéotique (de très longue durée) avec les centres de vacances associatifs adhérant au projet.

> **« *L'importance de créer des emplois destinés aux locaux et, chose innovante pour l'époque : une grande importance faite au bien-être des saisonniers.* »**

Cette convention sera aussi le lien entre Renouveau et les autres structures associatives qui vont venir se greffer à l'utopie Karellis. Et la ligne directrice reste la même :

un lieu de vacances à taille humaine, le souhait d'accueillir du public à des coûts raisonnés, le refus d'avoir des créations de lits privés, le respect absolu des lois sociales pour tous. Tout cela est débattu démocratiquement entre prestataires sous l'égide d'un conseil supérieur des Karellis, c'est à dire un organe qui régit et décide des orientations et projets de la station. Originalité, si tous les prestataires (hébergeurs, école de ski et remontées mécaniques) proposent, débattent et votent, seuls les élus ont un droit de veto.

Une station créée aussi pour le bien-être des saisonniers

Condition *sine qua non* à la création de la station : l'importance de créer des emplois destinés aux locaux ou régionaux, et, chose innovante pour l'époque, une grande importance faite au confort et au bien être des saisonniers. Ayant pu observer de graves manques au sein d'autres stations, Pierre Lainé en lien avec les responsables de la commune et les hébergeurs, s'attache ainsi au respect des lois sociales (repos des salariés, attention particulière aux surcharges d'heures, formation continue) ainsi qu'à l'emploi local. Un lotissement est créé, ainsi que des commerces… et il y a maintenant plus de 650 habitants dans le village et une image plutôt bonne dans la région, marquée par le dynamisme et les idées novatrices des habitants.

Quelles concrétisations pour les touristes?

Premier but : faire venir en montagne, hiver comme été, des populations qui ne pouvaient pas s'y rendre. Ainsi, quand vous venez passer un séjour aux Karellis, tout est fait pour que celui-ci soit le plus complet possible. Exemple : le forfait de ski est intégré à votre semaine hivernale, et les hébergeurs achètent en grand nombre les forfaits auprès des remontées, ce qui fait évidemment baisser les prix. On trouve des semaines à 500 euros pour un adulte en pension complète avec forfait 6 jours, les animations, la nursery si besoin, les clubs enfants. L'été, c'est encore moins onéreux puisque les séjours sont, selon les semaines, de maximum 400 euros avec piscine, remontées, animations… La station est sans voiture et labellisée Famille plus. Un tourisme été-hiver très prisé et une station où la frime n'a pas lieu d'être, un esprit différent dans ce coin de montagne où l'utopie, le rêve sont devenus quotidiens.

Les colonies de vacances : un enjeu de poids pour une société apaisée et harmonieuse

Geneviève Clastres | 23 novembre 2016

A l'heure où bien des parents rêvent de souffler quand dans le même temps de nombreux enfants ont des envies d'ailleurs sans pouvoir toujours les satisfaire, réjouissons nous que les "colonies" de vacances soient toujours là et bien là ! Certes, elles ont évolué, tout comme la société et le profil des familles, mais elles restent encore et toujours une extraordinaire occasion de faire vivre aux plus jeunes des temps de loisirs et de découvertes doublés de projets sociaux et éducatifs qui ont un grand mérite : permettre à l'enfant de se construire hors du cadre familial et lui offrir une expérience de vie en communauté qui, quelle qu'elle soit, le transformera durablement et le fera grandir. Or un enfant épanoui, si on le multiplie par le million d'enfants et d'ados qui partent en colo chaque année, c'est autant de futurs citoyens armés pour imaginer une société apaisée et harmonieuse.

La colo n'a pas dit son dernier mot…

Il faut changer notre regard sur les colonies. Et d'ailleurs, beaucoup d'organisateurs lui préfèrent d'ores et déjà le terme "séjour de vacances" et des vocables apparentés qui ont le mérite d'éviter un lexique quelque peu poussiéreux qui tendrait à nous ramener à ces séjours d'un mois aux confins de la Creuse ou de la Dordogne, empilés dans des dortoirs à 18, à griller des saucisses au feu de bois… finalement d'excellents souvenirs, mais pas toujours facile à faire "comprendre" à une société de plus en plus axée sur les loisirs et le plaisir faciles. Et pourtant, loin des idées reçues, les colos n'ont pas dit leur dernier mot. Elles ont même décidé de se rebeller, à l'image de nos vignerons condamnés par le phylloxéra à la fin du 19e et qui ont su rebondir, s'unir, mutualiser pour mieux se diversifier. Lors du dernier colloque de l'UNAT, le 18 novembre dernier, Patrick Drouet (Président de la commission vacances-ados de l'UNAT) l'a bien spécifié : *"On parle toujours du passé, de la fin des colos, mais qui communique sur une vision moderne des colonies, les nouvelles mobilités, le développement des courts séjours, mieux vaut moins de colos mais plus de qualité !"*

Les jolies colonies de vacances, merci la CAF, merci l'UNAT…

Car la colonie, c'est bien plus qu'un "séjour de vacances", c'est un lieu de mélange, de mixité sociale, mais aussi la possibilité pour de nombreuses familles d'envoyer leurs enfants en vacances grâce au soutien des

> **"La colonie, c'est un lieu de mélange, de mixité sociale, mais aussi la possibilité pour de nombreuses familles d'envoyer leurs enfants en vacances.**

CAF, des CE, des collectivités territoriales. A Toulouse par exemple, grâce à un programme d'aide au départ initié dès 1996, axé sur un partenariat avec la SNCF, l'UNAT, la CAF et la région Midi-Pyrénées, près de 37 000 jeunes de 6 à 14 ans ont pu partir en vacances jusqu'à aujourd'hui. Et au-delà des collectivités territoriales, de nombreux projets pilotes sont à l'étude, à l image de B-Come, mis en place par l'association Citizen Corps, qui propose un programme citoyen à des jeunes de 15 ans alliant séjour sportif, découverte du territoire et défi d'action citoyenne. A l'image aussi d'associations telles Maison de Courcelles, qui développe des séjours où l'enfant est accompagné, peut prendre son temps, afin d'évoluer à son rythme et pas toujours à marche forcée en enchaînant les activités. Et si les organisateurs de séjours n'ont cessé de se multiplier, avec une immense variété d'organismes, publics et privés, des fourchettes de prix très larges, 88% des familles n'aurait pas pu faire partir leur enfant en colonie sans une aide ou une prise en charge partielle du prix du séjour. En 2015, l'enveloppe des CAF pour l'aide au départ a totalisé 22 millions d'euros en 2015 sans compter le budget additionnel dédié aux équipements.

Les colos : bien s'informer & qui contacter ?

Reste pour les parents à trouver la formule la plus appropriée à leur besoin quand on sait que chaque année, en France, 42 000 séjours sont organisés par des associations (65%), des collectivités territoriales (17%), des privés (11%) ou des comités d'entreprise (7%). Le choix est donc vaste, évidemment plus facile pour les bourses les mieux garnies, mais vaste malgré tout quand plus d'un million d'enfants et d'ados partent en colo chaque année. Côté collectivités territoriales, les informations sont souvent à chercher auprès des mairies, qui possèdent parfois des centres de vacances qu'elles arrivent tant bien que mal à garder dans leur patrimoine, à l'image de la ville de Gentilly, qui se bat pour conserver ses trois centres, ce qui lui permet de faire partir chaque année plus de 300 enfants. Du côté des organismes sociaux, on reconnait avoir du mal à toucher toutes les familles qui

auraient pourtant droit à des aides. Dans un entretien qu'il nous avait accordé l'an passé, Patrick Drouet soulignait le rôle crucial des assistantes sociales en ce sens ainsi que celui des salariés de services jeunesse/enfance des communes ou des comités d'entreprise. Pour les séjours privés, le recours à internet est plus évident mais il faut ensuite arriver à démêler les offres des nombreux sites et en ce sens, l'UNAT a mis en place un portail qui regroupe de nombreux séjours tous publics.

Un zeste de philosophie et une cuillère à soupe d'harangue publique

Reste à donner les moyens aux colonies de continuer à exister pour tous les publics ! Et c'est là un réel enjeu de société… Lors du colloque du 18 novembre, Olivier Prévot (maître de Conférences en sciences de l'éducation) a exposé qu'un enfant passe 20% de son temps dans sa classe – et donc que 80% du temps restant est dédié au périscolaire, aux loisirs et au temps parental. Alors que faire de ce temps ? Comment l'appréhender ? On imagine qu'il est bien difficile pour un éducateur quel qu'il soit (animateur du périscolaire, moniteur de colonie, parent, grand-parent, etc.) de répondre seul à ce temps libéré. **Les colonies apparaissent alors naturellement comme l'une des solutions pour imaginer des temps utiles, éducatifs, porteurs de sens** (le débat sur contenu des colonies mériterait évidemment un autre article plus affiné), pour prendre aussi le relais de l'école et des parents. Car elles permettent à la fois de soulager les parents (couples en manque de temps à deux, parents isolés…) qui ont bien besoin de répit mais aussi de donner d'autres référents aux enfants, de les rendre autonomes, de leur offrir des ailleurs, des occasions d'échanger avec des jeunes issus d'autres quartiers, d'autres horizons, et ainsi de se faire une idée plus complète du monde.

Il faut donc plus que jamais remettre au goût du jour le bonheur des colonies, mieux communiquer sur les organisateurs, qui ils sont, où les trouver, associer aussi les parents trop peu entendus, trop peu écoutés, et faire en sorte que les pouvoirs publics et les élus s'emparent aussi de la question. **Car, la colonie rejoint ici l'enjeu de l'école, de l'éducation, et d'une société qui court après ses problèmes en oubliant de les anticiper**. *"Il faut passer du curatif au préventif"* a exprimé Mr Prévot. *"Il faut du courage et des choix politiques"* ont redit à la tribune les élus de Toulouse présents au colloque. *"Il faut également être malin, mutualiser, collaborer, coopérer"* clame l'UNAT. De fait, quelle société voulons-nous pour demain ? Une société ultra sécurisée, de repli sur soi, de peurs ou une société harmonieuse, de mélange, de partage ? Partir en colonie, c'est déjà un début de réponse… !!?

Paroles d'acteurs aux rendez-vous de l'UNAT

Romain Vallon | 3 juin 2016

Le village Club Cap'Vacances de La Grande Motte accueillait du 18 au 20 mai 2016 les 9es Rendez-Vous de l'UNAT. L'occasion de mettre le tourisme social et solidaire en avant, comme une promesse d'avenir ! Au fil des cafés débat, tables-rondes et autres ateliers, nous avons croisé de passionnants acteurs de ce tourisme militant, nous leur donnons ici la parole.

Jean-Claude Tufferi – Coordinateur de l'ANCAV-TT revient sur les chiffres très différents entendus concernant le public qui ne part pas en vacances : 40% pour certains 53% pour d'autres !

Jean-Claude Tufferi : Pour rappel jusqu'en 2005, l'INSEE éditait chaque année une étude sur la situation de nos concitoyens face à la problématique du départ en vacances. Le constat était une dégradation régulière du nombre de français et françaises pouvant partir en vacances, ce qui a amené le gouvernement de l'époque à supprimer cette étude annuelle. Le chiffre de plus de 50% date de cette période et pour nous, au regard du vécu des salariés et de leurs familles, il n'a pu que se dégrader.

Aujourd'hui, aucun outil statistique ou enquête ne peut traduire la réalité, c'est pourquoi nous demandons le rétablissement de l'étude INSEE. A ce jour, nous n'avons toujours pas été entendus et cela est fort dommageable car personne ne peut se prévaloir de détenir la vérité sur cette question. Pour notre part, nous restons attachés au chiffre de 50% jusqu'à ce qu'une analyse sérieuse, indépendante et incontestable nous démontre le contraire.

Emilie Cassar, responsable d'Arvel Voyages revient sur l'atelier "Collaboratif, participatif, circulaire, etc. Imaginatif le TSS ?"

Par essence, les associations du tourisme social et solidaire sont construites dans leur projet autour du faire ensemble, du partage d'expériences, de la rencontre.

Aurélie Duthoit, consultante en économie collaborative, co-fondatrice de babyloan, auteure du livre *"Petit manuel d'économie collaborative à l'usage des entreprises"* s'est appliquée à montrer la force de ce mouvement sociétal de fond qui questionne nos potentiels. D'ailleurs, nous ne sommes plus consommateurs dit-elle, ni même consom'acteurs mais nous devenons des prosommateurs "des producteurs et des consommateurs". Voilà déjà une belle problématique, comment intégrer davantage nos adhérents dans nos process de production de voyages, comment mieux faire vivre nos communautés de voyageurs ou de vacanciers autour de leurs expériences de vie avec nous, comment mieux valoriser et faire vivre l'authenticité de nos contenus qui tendent à créer du lien.

Sylvain Crapez, délégué général de l'UNAT Nationale sur nos questions concernant la communication de l'UNAT et de ses membres :

La question de la communication des acteurs du Tourisme Social et Solidaire ne doit pas se limiter à une "classique" démarche commerciale même si la promotion du produit peut et doit aussi s'appuyer sur les pratiques classiques. Bien entendu, la question des valeurs portées est essentielle et elle fonde notre singularité à travers les différents secteurs du réseau : les villages vacances, les auberges de jeunesse et centres internationaux de séjour, les centres de vacances pur les enfants et adolescents et les voyagistes.

> ***Faire valoir notre ancrage territorial car nous prônons un tourisme réparti équitablement sur tous les territoires et soucieux de la préservation de ses ressources environnementales.***

Car s'il nous faut sans cesse "faire la preuve" de notre professionnalisme dans un marché touristique ultra concurrentiel, il est impératif de faire valoir notre manière d'entreprendre car l'emploi n'est pas chez nous une variable d'ajustement, notre ancrage dans l'ESS car les excédents réalisés sont réinvestis dans l'objet social de nos structures, notre ancrage territorial car nous prônons un tourisme réparti équitablement sur tous les territoires et respectueux de ses richesses et soucieux de la préservation de ses ressources environnementales.

C'est enfin, un tourisme de l'ouverture aux autres et de la découverte par ses pratiques culturelles, sportives, éducatives et, à ce sujet, la place de l'animation, le rôle des circuits courts ont été soulignés lors de nos rencontres.

Vous le voyez donc, nous ne manquons pas d'actions à faire valoir et notre singularité rime aussi avec diversité des publics accueillis car l'UNAT milite pour l'accès aux vacances pour tous et tout au long de la vie.

Faire valoir notre ancrage territorial car nous prônons un tourisme réparti équitablement sur tous les territoires et soucieux de la préservation de ses ressources environnementales.

Laurent Arcuset, universitaire et directeur de la Licence Pro Tourisme et économie solidaire d'Avignon revient sur l'atelier traitant du "Bien manger, les nouvelles approches alimentaires, les circuits courts : pour une démarche écoresponsable

Cet atelier co-animé par Patrice Cochet, directeur général de Cap France et Charlotte Bouland, déléguée régionale de l'UNAT Centre Val de Loire, a démontré qu'il est possible de proposer une restauration durable dans les villages de vacances.

Cap France a lancé une expérimentation au sein de 10 villages volontaires consistant à rédiger un cahier des charges ambitieux (respect de la saisonnalité des produits, utilisation de 80% de produits frais locaux, diminution des quantités de protéines animales, traçabilité des produits...), à former les équipes, visiter les villages pour appréhender le contexte, analyser les cycles et les contenus des menus... Les résultats de la démarche, déployée l'été dernier, sont très encourageants. L'analyse des ratios économiques démontre qu'elle n'engendre pas de surcoût ; dans certains villages des économies ont même été enregistrées. Par ailleurs, l'enquête clientèle fait ressortir un fort taux de satisfaction. Une grande majorité des clients déclarent que la restauration durable constituera un élément important dans le choix futur de leur hébergement et favorisera la fidélisation.

Rencontre avec Jean Marc Mignon suite au 26e Congrès mondial du tourisme social

Geneviève Clastres | 13 janvier 2015

Président de l'Organisation Internationale du Tourisme Social (O.I.T.S.), Jean-Marc Mignon nous livre ses impressions suite au dernier Congrès mondial du tourisme social qui s'est tenu en octobre dernier à Sao Paulo.

VA : Le congrès mondial du tourisme social de Sao Paulo est le tout premier à être organisé en Amérique du Sud en 50 ans d'existence. A l'heure du bilan, êtes-vous satisfait de ce congrès et a-t-il permis de vous apporter un plus vaste éclairage sur tout ce qui se fait en matière de tourisme social dans cette partie du monde ?

Je crois pouvoir dire que le congrès de Sao Paulo a été l'un des congrès les plus remarquables de ces 10 dernières années. Il nous a permis de constater le grand dynamisme des acteurs de tourisme social de cette partie du monde où, en effet, l'OITS n'avait jamais organisé de congrès depuis sa création, il y a 51 ans. La participation très forte des brésiliens et une bonne participation des autres pays de la région, a permis de faire un large tour d'horizon des bonnes pratiques en cours en Amérique latine. La visite du village de vacances de Bertioga, le plus ancien du Brésil, a en outre permis de toucher du doigt cette réalité sur le terrain, et de constater combien il accueillait les publics de classe modeste et moyenne en faveur de qui nous avons l'ambition d'agir.

VA : Le thème du congrès portait sur le tourisme de développement, l'unité dans la diversité. A la lumière des différents échanges, pensez-vous que le tourisme puisse effectivement jouer ce rôle de levier de développement local pour cette partie du monde ? En outre, avez-vous constaté de grandes différences ou plutôt des convergences dans la manière dont l'Amérique du sud appréhende le tourisme social ?

Ce qui nous a le plus frappés est la façon revigorante par laquelle nos collègues sud-américains, et tout particulièrement brésiliens, placent le tourisme social dans ce concept plus large d'un "tourisme de développement", dans une approche "inclusive" comme ils aiment à l'exprimer. Et je crois que cela va rester l'un des éléments centraux et durables de ce congrès, car cette vision nous amène à nous poser la question de notre propre approche du tourisme social, souvent trop axée sur le seul concept des vacances pour tous.

Il ne fait pas de doute, me semble-t-il, que le tourisme est perçu en Amérique du sud comme un levier de développement possible… évidemment en y associant les dimensions sociale, solidaire et durable et en mettant la femme et l'homme au cœur de leur action.

Nous avons aussi été frappés par la montée en puissance rapide du tourisme domestique au Brésil. Mais, dans le même temps, nous avons été interpellés par les syndicats sur les conditions de travail parfois très critiquables de certains personnels des chaînes hôtelières ce qui a amené l'OITS à soutenir ces combats. Comme nous le savons, le tourisme peut être essentiel pour le développement de bien des pays…mais est aussi porteur de bien des maux auxquels il reste essentiel de trouver des remèdes.

VA : Pourriez-vous citer un exemple en matière de tourisme social sur le continent américain, découvert lors des différentes allocutions, et dont pourrait s'inspirer l'Europe ?

L'un des ateliers les plus dynamiques a concerné le tourisme des seniors et nous avons eu la présentation de programmes mis en place au Brésil, au Chili, en Uruguay ; mais ces programmes ne diffèrent guère de ce qui existe en Europe, notamment avec le programme IMSERSO du gouvernement espagnol, le programme d'Inatel au Portugal… ou même maintenant le programme de l'ANCV en France.

En revanche, nous avons appris que des dispositifs ont aussi été mis en place au Chili et en Uruguay en faveur des jeunes et ceci pourrait servir d'exemple pour bien des pays d'Europe où le taux de départ des jeunes adultes s'est sérieusement érodé du fait de la difficulté à accéder au marché du travail.

VA : Enfin, VA était présent lors du congrès mondial d'Essaouira d'octobre 2012 qui s'était achevé par un appel assez émouvant pour le Mali matérialisé par une motion d'appui, l'OITS a-t-il poursuivi ses contacts avec l'Association malienne de promotion du tourisme social et solidaire (AMPTS) ?

Lors de notre congrès d'Essaouira, nous avions effectivement adopté une motion de soutien à nos amis maliens, après le beau témoignage de notre ami Moustaph Barry, représentant de l'AMPTS. Nous restons bien sûr en contact avec l'association, qui est membre de l'OITS, mais, depuis Essaouira, nous avons aussi ouvert une antenne de notre section Afrique à Bamako, et c'est notre collègue malien, Bassirou Diarra, qui est le coordinateur de la section ; l'OITS soutient en outre financièrement notre jeune section Afrique… même si cela reste modeste.

La situation politique du Mali ne permet cependant pas de relancer une activité tourisme dans le pays, même si certains programmes de coopération ont repris. L'organisation de l'Afrique et sa division en grandes zones géographico-linguistiques ne facilite pas le développement de notre présence sur ce grand continent, mais nous y travaillons avec opiniâtreté et plusieurs pistes de partenariat intéressantes émergeant tant en Afrique de l'Ouest qu'en Afrique australe ou dans le Maghreb.

Tourisme et handicap

Bien que partie intégrante du tourisme social, nous avons souhaité réserver un espace dédié au thème du tourisme et handicap, car il est aujourd'hui encore trop peu pris en compte dans les politiques publiques. Pour l'heure, près de 5 500 établissements sont porteurs de la marque Tourisme & Handicap. En 2016, 2 260 sites touristiques ont obtenu la marque pour les 4 familles de handicaps, ce qui représente 41% des sites (soit une progression de 5% depuis 2015). En outre, il existe de fortes disparités territoriales, avec par exemple plus de sites labellisés en Vendée que dans toute l'Ile-de-France.

Vitoria-Gasteiz : une ville espagnole à la pointe de l'accessibilité

Mélusine Lau | 30 juin 2017

Située dans le pays basque espagnol, Vitoria-Gasteiz a tout d'une ville exemplaire en termes de durabilité et de responsabilité : non contente d'avoir été élue *"European Green Capital"* en 2012 et d'avoir récemment reçu le label Biosphere, elle démontre aujourd'hui qu'elle sait également accueillir les personnes en situation de handicap. La politique de la ville est particulièrement portée sur la question de l'accessibilité, en en faisant une destination où il fait bon vivre, mais également bon visiter lorsque l'on voyage avec son handicap !

Une ville engagée pour les personnes en situation de handicap

En décembre 2013, la ville de Vitoria-Gasteiz a adhéré au Réseau des villes pour l'accessibilité, qui veille au respect des principes établis par la Convention Internationale relative aux Droits des Personnes Handicapées. Les efforts effectués depuis ont été de nombreuses fois reconnus et récompensés, en premier lieu celui qui permet à cette ville historique (le centre a conservé une large partie de son passé médiéval) d'être accessible à des personnes à mobilité réduite : des rampes mécaniques et un ascenseur ont été créés pour pouvoir permettre à tous d'accéder aux ruelles étroites du centre historique.

Côté transports, tous les bus sont équipés de rampes automatiques, et les sons et affichages sont adaptés aux personnes atteintes de handicaps visuels ou auditifs. 8% des taxis sont adaptés, soit plus que le minimum requis par la législation actuelle, qui est de 5%. Quant aux tramways, ils sont équipés pour recevoir les fauteuils, mais également tous les autres types de handicap : à chaque arrêt, il est possible d'accéder à des informations en braille, à des interphones pour les personnes non-entendantes, à une hauteur des panneaux d'information accessible, etc.

La culture et la nature à la portée de tous

Les musées, quant à eux, sont tous accessibles et à tous les handicaps : physique, visuel, auditif, intellectuel et organique. Ceux qui aiment le sport pourront notamment s'essayer au canoë-kayak ou au cheval, voire au basket en fauteuil !

Ce n'est pas pour rien que Vitoria-Gasteiz est reconnue comme ville verte : elle dispose notamment de ce qu'elle appelle son "anneau vert", constitué de six parcs qui entourent la ville et offrent de vrais lieux de détente et de nature. Tous ses parcours sont **accessibles aux personnes à mobilité réduite.** Aux alentours se trouvent également la voie verte suivant l'itinéraire de l'ancien chemin de fer Pays Basque – Navarre, ainsi que le Parc naturel de Valderejo, équipé d'un itinéraire éducatif de cinq kilomètres adapté aux personnes atteintes de déficiences visuelles, qui comprend des panneaux d'information, en basque et en castillan, avec texte en braille et illustrations en relief qui expliquent en termes généraux les particularités de la faune et de la flore les plus typiques de cet espace naturel, et dispose également de différents itinéraires pour les personnes en fauteuil roulant.

Jean-Pierre Brouillaud : l'illusion du handicap…

Jérôme Bourgine | 18 mai 2016

Ayant appris à 15 ans qu'il serait définitivement aveugle, Jean-Pierre Brouillaud se révolte et part sur les routes. Voyageant d'abord pour fuir, il découvre rapidement que le voyage possède un puissant goût d'inconnu. Or, l'inconnu, Jean-Pierre adore ça. Embarqué sur les chemins de Katmandou, il multiplie ensuite les expéditions aux quatre coins du globe, démontrant par l'exemple *"L'illusion du handicap"* (son blog). Dans son livre "Aller voir ailleurs", Jean-Pierre Brouillaud nous invite à porter un autre regard sur le monde… et sur la cécité !

VA : Vous êtes devenu totalement aveugle à 15 ans. Qui est également l'âge auquel vous avez commencé à voyager. Vous courriez après quoi au départ ou plutôt, vous fuyiez quoi ?

J'ai perdu la vue entre 15 et 16 ans, sans qu'il y ait de date précise. A cet âge, j'étais incapable de regarder les choses en face, pas même la cécité (!) J'éprouvais donc une puissante envie de fuir ma réalité, envie davantage nourrie encore par les premières émissions radiophoniques destinées aux jeunes qui parlaient de voyage, comme Campus sur Europe 1. En les écoutant, je m'échappais et découvris également qu'il existait un ailleurs, une vie différente et des gens qui vivaient autrement, la fameuse "beat generation"…

VA : Quelle dimension du voyage vous a alors happé et durablement contaminé ? Qu'est-ce que vous avez rencontré, dont vous n'avez plus pu vous passer ?

J'ai effectué une rencontre cruciale : j'ai rencontré l'inattendu, le "pas savoir", le nouveau. Agé de 16 ans et demi, sans le sou, installé dans mon duvet dans une salle de gare ou assis au bord d'un trottoir, je me retrouvais au milieu du monde, de tous les possibles. Personne ne m'attendait, j'entendais les gens tripoter leurs clés avant de s'enfermer chez eux tandis que rien ne me retenait et que je n'avais aucune idée de ce qui allait m'arriver, ce qui, pour moi que certains considéraient comme perdu, revenait à avoir tous les avenirs ouverts…

VA : On était alors en plein dans les années hippies, les chemins de Katmandou. Vous êtes parti avec qui, vous avez fait quoi et que vous en reste-t-il ?

La première fois, je suis parti seul avec 300 francs en poche (45 euros). Je me suis posté porte d'Orléans avec un carton sur lequel était inscrit Katmandou ! Et j'ai fini par arriver à… Créteil. Puis Istanbul qui n'avait rien à voir avec la capitale civilisée d'aujourd'hui, c'était encore l'Asie brute et le tintement de clochette des porteurs d'eau de Sultanahmet demeure pour moi un formidable souvenir de voyage (l'un des premiers).

J'ai la chance de percevoir les choses en synesthésie, en couleur (comme Rimbaud nous l'a appris : "A noir, E blanc…", le fameux poème) ce qui fait que les sons se traduisent pour moi en impressions riches et précises. Je suis rentré après quelques semaines puis suis reparti en stop à 18 ans jusqu'en Afghanistan où une dysenterie amibienne m'a fauché en route. Nouveau retour, nouveau départ : Inde et Népal dans le flot de mes semblables. On voulait tous être différents et, en rupture de société, on était tous semblables. J'étais encore un adolescent et il m'a fallu du temps pour comprendre que ce que nous pratiquions n'était pas le vrai voyage.

Cela dit, je ne renie absolument pas l'élan collectif initial qui nous a poussés à vouloir autre chose. Cet élan sincère vers le beau, vers l'amour et le partage m'ont permis de me diriger, peu à peu, vers ma propre singularité. Contestataire, oui, mais amoureux de la vie et ce lien affectif collectif m'a été précieux. J'aurais pu, sinon, tomber dans une forme de contestation bien plus violente et radicale, style Brigades rouges.

VA : Vos voyages ont-ils eu un but ou bien avez-vous avant tout voyagé pour "être ailleurs", parce que vous vous sentiez mieux ou plus en vie, en mouvement ?

Les premiers voyages furent mus par l'instinct de survie, des sortes de réflexes vitaux. Je me suis ensuite, lentement, créé voyageur et quand j'ai commencé à conscientiser un certain nombre de choses, j'ai apprécié de partir sans but. Ainsi ai-je sillonné l'Afrique. Ou bien, avec un ami, on partait sur la fascinante magie sonore de quelques mots.

> **Et puis j'ai découvert que l'autre était aussi un miroir, une projection de mes peurs et c'était déjà bien plus intéressant...**

"La Cité d'or des Incas" par exemple nous a conduits tout droit en Amérique latine, au cœur de la forêt vierge, parmi les chercheurs d'or. Mais généralement, le voyage était si long qu'on perdait le but en cours de route. Ensuite, le travail de deuil et de résilience progressant, j'ai de plus en plus voyagé en conscience. On est sur terre pour progresser, se transformer jusqu'à être en paix avec soi-même quand on a accompli ce pour quoi on est là. Depuis quelques années, je voyage avec ma fille (qui a maintenant 20 ans), pratiquement dans un but éducatif, je dirais. Je souhaite lui transmettre certains fondamentaux, sur place, concrètement, comme l'adaptabilité ou l'incessant travail qu'il nous faut effectuer sur la peur, le grand ennemi. On se balade donc un peu partout sur la planète, en stop. Mais plus le temps passe et plus je nourris des projets de voyage ayant un but, un sens.

VA : Aveugle, j'imagine que l'on doit souvent devoir s'en remettre à l'Autre (avec un A majuscule). Comment s'est passé votre rapport à l'Autre, cet étranger croisé en voyage à qui on demande sa route ou un service.

L'Autre a longtemps été ma peur ; ma peur projetée à l'extérieur. A 13 ans, lorsque j'ai entendu ma mère affirmer dans la pièce à côté : *"Jean-Pierre va devenir aveugle. Il ne trouvera jamais de femme plus tard"*, j'ai vécu "l'Autre" comme un enfer. Puis, j'ai découvert que l'autre était aussi un miroir, une projection de mes peurs et c'était déjà bien plus intéressant. Aujourd'hui, l'autre est de plus en plus un prolongement ; il est à la fois moi-même et autre chose. Il reste un miroir mais devient surtout une aventure. Mais "l'Autre" africain par exemple n'est pas le même que l'Autre européen. En Europe, les gens sont gênés par la différence, en Afrique, les personnes différentes sont naturellement intégrées dans les communautés, de véritables communautés qui se demandent toujours : pourquoi ? Pourquoi un aveugle ? Quel est le sens caché ? Plutôt que de se dire : cela n'a rien à voir avec nous, c'est juste une question d'ADN, de spécialiste, laissons cela.

VA : Qu'est-ce que le fait de voyager vous a fait découvrir d'essentiel sur vous et sur la vie ?

Le rapport à l'autre justement. Je ne voyage pas pour les paysages, c'est clair. Je suis dans la sensation : les pieds sur le sol, les insectes autour, l'ambiance… Je voyage pour les sensations, les rencontres et de plus en plus aussi pour pouvoir mettre des mots sur ce que je ressens. Si on me largue quelque part sans que je sache où je me trouve, je vais chercher des mots pour m'éclairer ; chercher à déduire d'après la chaleur qu'il fait, les odeurs, la qualité de l'air. C'est une écoute, une attention, être présent et laisser entrer les sensations, regarder les pensées qui s'y associent et trouver ensuite les mots pour les rapporter aux autres maintenant que je suis devenu un écrivant. Un vrai bonheur.

VA : Votre devise : "amoureux de l'inconnu, voyageant pour l'aimer davantage". Cela signifie quoi, au juste ?

La vie est une aventure permanente. C'est l'histoire, vraie, de cette communauté de crapauds où tous les mâles prennent la route la plus courte pour aller se reproduire et en conséquence passent tous sur une certaine route où ils se font écraser. Seulement il y a toujours un crapaud qui ne prend pas la route commune et arrive au but ; on ne sait pas pourquoi, mais c'est ainsi. Il n'y a que le semblable qui reconnait le semblable. Cyril Dépraz, un journaliste de la radio suisse est venu me voir pour enregistrer une émission de radio et m'a également posé la question à propos de cette devise. Je lui ai dit : j'ai des cache-yeux, des sparadraps, une canne blanche ; je vous les mets et vous me suivez. Il s'est transformé en aveugle et je l'ai guidé en ville jusqu'à un restaurant que je connaissais où on s'est installé et avons réalisé l'interview. Quand je lui ai rappelé la formule à ce moment-là, il m'a dit qu'il la comprenait et l'appréciait parfaitement car jamais, m'a-t-il dit, il n'avait été aussi présent à un déjeuner de sa vie. L'inconnu : cqfd…

VA : J'ai adoré l'expression de Patrice Franceschi qui a écrit la préface de votre ouvrage : "Vivre, c'est transformer l'expérience en conscience". Vous avez vécu de formidables expériences de vie. Quelle conscience en avez-vous retiré ?…

Plus on est vivant, plus on se couche léger. Je pense qu'au moment de sa mort, si on a vraiment vécu sa vie, on doit partir en paix, avec la sensation d'avoir bien vécu. Le pire doit être de se dire : *"si j'avais osé"*, *"je n'ai pas osé vivre"*. J'aime beaucoup être en relation avec les jeunes pour tâcher de leur transmettre cette envie-là, leur dire : lâche tes supputations et pars à la rencontre de l'autre, ne commence pas à diviser la vie entre des choses qui seraient utiles et d'autres non.

La Grange de Romanet : l'Ardèche version grand cœur

Guillaume Chassagnon | 29 octobre 2015

A la rencontre de Philippe Cordier, le propriétaire de cette bâtisse de la campagne nord-ardéchoise. Une eco-reconstruction unique, énergies renouvelables et éducation environnementale en pôle et, en sus, une accessibilité totale pour toutes et tous. C'est à Satillieu que cela se passe. On en profitera pour respirer un grand coup dans ce territoire paisible et si beau, en toutes saisons.

Un travail de titan pour un rendu exceptionnel

Philippe Cordier et son épouse sont originaires des Hautes Alpes, ils ont longtemps cherché un lieu et un bâtiment qui pourraient accueillir leur futur projet. Et ils ont trouvé *"dans une zone pas trop éloignée des centres urbains, dans un village où subsistent encore commerces, médecin…."*, un ancien corps de ferme dont des parties datent du 18ᵉ voire du 17ᵉ siècle. Cette ferme n'était plus en activité depuis 30 ans et le couple l'a acquise en 2007 et s'est lancé dans des travaux herculéens ! *"On a récupéré un ensemble en piteux état avec une toiture de 500 m² à rénover totalement. On a été aidé et conseillé par l'ancien fermier, qui a occupé les lieux durant 54 ans, et qui a de suite bien réagi à notre projet de redonner vie à ce bâtiment. On voulait une éco-construction aboutie avec des matériaux ancestraux comme le chanvre, la pierre, le bois ou encore la chaux."*

Économie d'énergie à la pelle

Pour mener à bien leur projet, c'est-à-dire tout maîtriser pour arriver à un résultat vraiment économique, Philippe et Martine ne vont pas chômer : production d'énergie (chauffage et eau chaude) via des panneaux solaires et une chaudière à granulés de bois, adhésion à Enercoop (coopérative proposant une énergie propre et durable), etc. Restait le problème de la consommation d'eau : *"On a une des rares installations complètes de toilettes sèches touristiques sur le département, en espérant que cela puisse créer des vocations"* s'enthousiasme Philippe *"on a couplé cela avec une installation de plantes utiles pour filtrer et épurer les eaux usées ou grises, on a aussi de nombreux bacs pour récupérer l'eau de pluie. Et chez nous pas besoin d'amener son nécessaire de toilette, on fournit notre propre gel-douche qui est un shampoing ne dégradant pas notre nature. Enfin, les petits déjeuners sont préparés avec des produits locaux et bio, nous faisons aussi travailler nos voisins restaurateurs, commerçants… Une démarche qui passe aussi par le dialogue, la sensibilisation. Si quelques-uns ont été surpris au début, nous n'avons eu que des compliments par la suite"*.

Accessibilité et randonnée pour tous !

Philippe est accompagnateur moyenne montagne, il a même fondé avec Enrique Ferrer le bureau montagne du Nord Ardèche. *"Nous nous sommes dit que ce serait bien que tout le monde puisse profiter de nos installations et vu que nous sommes dans un pays de randos, que tous les publics y aient accès."* Ainsi, le couple équipe 2 des 3 chambres pour accueillir au mieux des personnes appareillées ou se déplaçant avec difficulté. Les chambres sont en attente du label Tourisme et Handicap. Philippe a investi dans une joëlette (un mode de transport sur une roue, tout terrain, guidée par deux personnes) et *"j'aimerais que beaucoup de personnes découvrent notre Ardèche grâce à elle"*. On veut bien le croire, elle est si belle (dit l'Ardéchois pas totalement objectif….).

Tourisme rural

Le tourisme rural porte en son nom son essence, celle de la campagne, de la nature mais aussi celle du monde paysan et du territoire qui le fait vivre. Nombre de réseaux y sont associés à l'image des gîtes ruraux qui égrainent la campagne, des tables d'hôtes mais aussi de pratiques telles le vélotourisme, la randonnée, le camping à la ferme, etc. D'après les données de 2016 de la Direction Générale des Entreprises (DGE), il représente près d'un tiers de la fréquentation touristique française, soit 30 % des nuitées.

Tourisme & Patrimoine Rural – Thématique de la 4e Journée Mondiale du Tourisme Responsable

Sébastien Athané | 2 avril 2010

Fragilité des Territoires Ruraux
Dans de nombreuses régions françaises, dans les pays du Nord ainsi que dans les pays émergents, les territoires ruraux sont de plus en plus fragiles face à l'urbanisation grandissante et face aux crises écologiques et agricoles. Maintenir des activités dans les campagnes, sur ces territoires fragiles, riches en patrimoines diverses, est une priorité pour attirer des habitants, de l'économie et du dynamisme.
Le tourisme doit s'inscrire dans un véritable projet de territoire afin de valoriser les patrimoines ruraux qu'ils soient culturels, naturels, humains, ethniques ou architecturaux autour de produits touristiques attractifs et innovants.

Tourisme rural dans le monde : les montagnards à la rescousse !

Jérôme Bourgine | 20 octobre 2017

Née du savoir-faire mis en commun par trois organismes alpins dont la mission originelle était de lutter contre l'exode rural, Tetraktys est aujourd'hui une agence aidant des territoires ruraux du monde entier à mettre en œuvre des projets de développement (souvent touristique) bénéficiant aux populations locales. Un travail formidable. Rencontre avec son directeur, Raphaël Trouiller…

VA : Raphaël, pouvez-vous nous résumer votre parcours et nous dire comment vous en êtes arrivé à diriger Tetraktys ?

Au terme d'études liés au développement durable, j'ai choisi un master dédié au développement touristique à l'international. Parti à cette occasion au Sénégal étudier divers projets de tourisme durable, je suis tombé, à Dindefello sur une initiative mise en place par Tetraktys que j'ai trouvée extrêmement convaincante. Aussi, dès mon retour, ai-je filé les voir et après avoir insisté encore et encore, ils ont fini par m'accorder un stage, durant lequel il s'agissait de capitaliser l'ensemble de leurs actions à Madagascar. Assistant chef de projet en 2005, je suis devenu chef de mission en 2007, chef de projets pour une partie de l'Afrique en 2008, directeur des programmes en 2012 et DG l'année suivante. 12 ans déjà que je suis à Tetraktys. Et je n'arrive plus à en partir !…

VA : Comment est née cette structure assez étonnante ?

De la volonté commune de 3 structures alpines, la Grande Traversée des Alpes, l'AFRAT (Association pour la Formation des Ruraux aux Activités de Tourisme) du Vercors et enfin le CRET (Centre de formation aux métiers de la montagne). Confrontés à l'exode rural massif de la jeunesse alpine, ces trois organismes avaient accumulé un savoir-faire considérable en matière de développement du tourisme rural dont ils furent pionniers. Sollicités par de nombreux pays, ils étaient déjà intervenus ensemble les uns et les autres à l'occasion d'un gros programme mis en place avec le Maroc et qui s'étala sur presque une décennie. Puis en Pologne. Aussi, au début des années 90, décidèrent-ils de créer une seule et même structure plutôt que de se concurrencer. Ainsi naquit Tetraktys.

VA : Quel est le but de Tetraktys ? Quels en sont les valeurs et principes de fonctionnement ?

Notre vocation est d'être un réseau spécialisé dans l'export du savoir-faire alpin en matière de tourisme rural et de montagne. Le but est de travailler avec des équipes aussi légères que possible, en partenariat systématique avec les locaux sur lesquels on s'appuie et qu'il s'agit avant tout de renforcer, outiller. L'originalité tient au fait que toutes nos missions sont assurées par un binôme composé d'un ancien expérimenté et d'un plus jeune, compagnonnage qui vaut également pour les missions que nous effectuons en France. Dans tous les cas, la finalité est de rendre les populations locales maîtresses de leur développement, gérant entre autre elles-mêmes en direct plutôt que de s'en remettre à des intérêts privés, non locaux, qui privent toujours la population d'une grande partie des bénéfices générés…

VA : Où travaillez-vous, qui fait appel à vous et quels sont vos domaines d'intervention ?

Maghreb, Afrique de l'Ouest, Moyen-Orient, Asie, Amérique latine, France… Nous œuvrons autour de trois axes majeurs : le tourisme durable qui est notre cœur de métier, l'aménagement (notamment concernant l'accès – essentiel – à l'eau potable et sa gestion équitable), l'éducation enfin afin de montrer qu'il existe une mondialisation positive tout en cassant l'isolement des plus démunis.

VA : Quand vous travaillez sur une thématique touristique, s'agit-il toujours de tourisme durable ?

Oui. C'est en tous cas ce qu'il nous semble. Le plus important étant de travailler avec les communautés et de les impliquer dès le départ dans les rouages du tourisme. Le cœur de notre action est de rendre les territoires et populations acteurs, et de leur donner les outils pour le rester. Quant à l'aspect environnemental, on fait de notre mieux, avec les moyens dont les territoires disposent sur place. Des améliorations peuvent sans doute encore être apportées de ce côté comme en ce qui concerne le volet sociétal où nous faisons tout pour trouver un équilibre entre les différents secteurs d'activité mais où des progrès sont certainement possibles.

> **Le cœur de notre action est de rendre les territoires et populations acteurs, et de leur donner les outils pour le rester.**

VA : Vous semblez par ailleurs beaucoup fonctionner en mode partenariat et collaboration…

C'est un principe. Chaque projet et ses actions doivent être portés par une organisation locale, villageoise si possible : coopérative, collectivité, etc. Tout projet doit être validé par les autorités locales et porté à la connaissance des associations présentes. Et nous travaillons de plus en plus en consortium avec d'autres associations, ONG, voire T.O. Au point que nous ne sommes plus seuls sur aucun projet en court actuellement.

VA : Pouvez-vous nous parler d'un ou deux chantiers dont vous êtes particulièrement satisfaits, voire fiers ?

Au Laos, dans la province de Khammouane, se trouvent des grottes extraordinaires. Ayant vu à la télévision que de telles grottes pouvaient se visiter, le gouverneur local nous a demandé de les aider. Après avoir vérifié que ces espaces naturels étaient propres à la visite, nous avons lancé le projet : parcours, sécurisation, aménagements, formation des acteurs locaux… Le tout en confiant la gestion à un groupement des différents villages, autrefois concurrents, plutôt qu'à un acteur privé. Résultat : les grottes accueillent aujourd'hui 25 000 visiteurs par an et chaque famille possède au moins un membre investi dans l'activité. Là aussi donc, une agence de développement nous accompagne, pour modéliser l'exemple. Car la société civile est encore très peu présente au Laos ; les grottes ayant reçu le prix du développement durable national, plusieurs organismes souhaitent s'en inspirer.

J'aimerais dire un mot également d'un projet qui paraissait fou au départ et qui est devenu une aventure humaine, une réussite extraordinaire. Le Sentier d'Abraham, en Palestine. Avec d'autres, nous avons mis en place là-bas un itinéraire culturel de randonnée qui traverse tout le pays, du nord au sud : tracé, étapes, hébergements, guides…

> *Les grottes accueillent aujourd'hui 25 000 visiteurs par an et chaque famille possède au moins un membre investi dans l'activité.*

on est parti de rien et aujourd'hui, tous les voyagistes marcheurs commercialisent cette randonnée qui plaît énormément et génère des revenus conséquents pour les locaux. Tout en rétablissant l'image de ce pays, à la population extrêmement accueillante. L'AFD et l'Union Européenne, impressionnées par le résultat, vont d'ailleurs nous accompagner pour la suite…

VA : Vous produisez également des reportages photos et vidéo, des expositions. Pourquoi ?

Ces outils sont d'abord remis aux communautés locales pour créer leur banque de données. Ils servent également par ici à montrer la beauté du monde et à faire un peu de publicité pour ces territoires. Et puis, c'est tout simplement de l'éducation à la citoyenneté mondiale, pour rapprocher les peuples, que les gens sachent à quel point, partout sur la planète, leurs contemporains sont volontaires et accueillants.

VA : Comment rêvez-vous l'avenir de Tetraktys ?

En termes de solidarité internationale, tout est question de moyens, donc de choix politiques. Et ceux-ci, depuis quelque temps ne vont pas forcément dans le bon sens alors même que les problématiques sur lesquelles nous intervenons sont essentielles. Et le travail effectué indispensable dans une vision à long terme. J'espère donc que non seulement nous allons continuer d'œuvrer, de plus en plus, mais en accédant le plus vite possible à des territoires comme la Syrie ou le Mali où il est aujourd'hui impossible d'agir parce qu'ils sont encore trop en souffrance…

VA : Savez-vous pourquoi l'association a choisi ce nom – imprononçable – de l'antique pyramide pythagoricienne ?

Le mot signifie "harmonie" en grec et l'harmonie est le but que nous visons dans nos projets de développement territorial. De plus, dans la Tetraktys : 1 + 2 + 3 + 4 = 10, la décade, le tout. Ce qui signifie qu'en partant du plus petit et en s'associant avec les autres, on touche au but. Enfin, parce qu'effectivement imprononçable, une fois qu'on y est parvenu… on ne l'oublie plus !

Accueil paysan - Agriculture et culture(s) se mêlent avec plaisir en Provence Alpes Côte d'Azur

Guillaume Chassagnon | 6 décembre 2017

Connaissez-vous le réseau Accueil Paysan? Celui-ci fête ses 30 ans en cette année mondiale du tourisme durable, comme un joli pied de nez. La durabilité, Accueil Paysan la met en œuvre depuis 3 décennies en proposant de s'intégrer dans la vie d'agriculteurs du monde entier, avec comme privilège de découvrir leurs métiers et nos superbes campagnes françaises. Focus en ce mois de décembre sur la délégation PACA de ce mouvement que nous saluons haut et fort! Le premier regard se porte sur le lien fort qui unit les accueillants avec des artistes ou artisans. On apprend tous les jours avec Accueil Paysan.

Bienvenue à la ferme : réseau de tourisme rural et d'agritourisme

Sébastien Athané | 12 mars 2010

Les agriculteurs de *Bienvenue à la ferme* vous proposent des gîtes, chambres d'hôtes, fermes auberge, goûters, produits du terroir, camping et fermes pédagogiques. Le réseau d'agritourisme, créé en 1988, réunit 5700 adhérents en France métropolitaine et dans les DOM TOM. Des fermes ouvertes au public avec : dégustations ou activités de loisirs, visites d'exploitation ou locations, d'emplacements de tente ou de camping car.

Le réseau Bienvenue à la Ferme – un tourisme rural durable

Les agriculteurs proposant un hébergement Bienvenue à la Ferme doivent respecter une charte d'éthique intégrant des critères environnementaux.

Des séjours à la ferme Vacances d'enfants :

- Vacances à la ferme et découverte des joies de la vie au grand air.

Ferme de découverte :

- Découverte de l'exploitation agricole et de son environnement économique, humain et naturel.

Ferme pédagogique :

- Activités visant à expliquer les réalités du monde agricole.

Ferme équestre :

- Initiation à l'équitation, attelage, découverte du cheval, randonnée, compétition, voltige…

Camping à la ferme :

- Séjour dans un cadre naturel et agréable, situé à proximité de la ferme, en bénéficiant de vastes emplacements.

Les gîtes d'étape, gîtes ruraux et chambres d'hôtes :

- Hébergement avec la double certification des Gîtes de France et de Bienvenue à la ferme.

Volontariat

Nous avons "volontairement" choisi le terme de volontariat plutôt que celui de volontourisme suite aux nombreuses polémiques qui ont récemment agité ce secteur. De fait, il y a volontariat et volontariat, et il faut être extrêmement vigilant au moment de choisir la mission que l'on souhaite accomplir puisque l'idée de base est d'allier à la découverte d'autres horizons une dimension plus humaine, voire humanitaire, qui peut parfois s'avérer une faste fumisterie. Attention donc aux fausses belles missions, aux intermédiaires vénaux, aux faux orphelinats, aux projets bidons qui n'ont pour objectif que d'enrichir de grosses structures peu scrupuleuses. Il existe toutefois et heureusement des acteurs sérieux et engagés qui font un travail remarquable !

Le touriste et l'orphelin

Mélusine Lau | 15 août 2017

Aurait-on pu croire que les séjours de tourisme solidaire dans des orphelinats étaient en réalité une façon très peu éthique de récolter de l'argent et, au passage, d'exploiter des enfants ? La "tendance" de ce type de tourisme social et solidaire est aujourd'hui mise à mal par plusieurs études qui démontrent que les orphelinats sont rarement ce qu'ils prétendent être, que les orphelins ont bien souvent une famille, et que derrière ces soit-disant associations caritatives se cache trop fréquemment une triste histoire d'esclavage moderne…

Des orphelins… avec famille

Lorsque l'on s'intéresse au tourisme solidaire et que l'on désire apporter son aide dans des pays en développement, on tombe très souvent sur des propositions liées à des orphelinats. On vous invite apporter votre aide, votre temps libre, vos capacités d'enseignement… et votre argent ! Le tout, pour aider de pauvres orphelins à sortir de la misère et permettre aux associations qui les recueillent, grâce à vos généreux fonds, de prendre soin d'eux. Malheureusement, des spécialistes des droits de l'homme dénoncent de plus en plus ces pratiques douteuses qui cachent trop souvent des enlèvements d'enfants et différentes formes d'esclavage (mendicité, abus sexuels….).

On estime qu'à l'heure actuelle, sur les huit millions d'enfants recensés comme orphelins dans le monde, 80% aurait au moins un parent vivant : ces orphelins ont été le plus souvent volés ou achetés à leur famille, sans jamais se soucier de leur âge. Les "vraies" associations insistent ainsi sur le fait qu'en deçà de l'âge de douze ans, le moins déséquilibrant pour un enfant véritablement orphelin est de lui trouver une famille d'accueil, au sein de laquelle il pourra s'épanouir et trouver des repères. Les orphelinats qui accueillent parfois des dizaines de très jeunes enfants sont de fait à étudier avec la plus grande attention... car ces situations parfois devenues banales devraient en réalité être exceptionnelles.

> **Sur les huit millions d'enfants recensés comme orphelins dans le monde, 80% aurait au moins un parent vivant.**

De l'esclavage moderne

Ainsi, certaines personnes peu scrupuleuses ont simplement vu là un moyen de faire des affaires : devenus attractions touristiques, les orphelins sont traités comme des bêtes de foire pouvant rapporter gros. Profiter de la misère pour s'enrichir, l'idée n'a malheureusement rien d'original, mais sans doute les touristes occidentaux sont-ils peu informés de ce genre de pratiques... Il n'est ainsi pas rare de voir des enfants mendier dans les rues, inviter les voyageurs à visiter leur orphelinat ou se mettre à danser dans la rue, sans parler du tourisme sexuel et des nombreux trafics qui les menacent.

Des pays comme le Cambodge, l'Indonésie (Bali) ou Haïti sont touchés de plein fouet par ces pratiques illégales et immorales. A Haïti, des "chercheurs d'enfants" sont recrutés et payés par les directeurs d'orphelinats, qui reçoivent des sommes mirobolantes de la part de fonds privés étrangers pensant faire une bonne œuvre. La situation est préoccupante, même si des efforts ont été faits récemment par le gouvernement, qui a mis en place une commission spéciale destinée au trafic d'enfants. Au Cambodge, le gouvernement a lancé, en 2011, une campagne intitulée *"Children are not Tourist Attractions"*, mais sans résultats concluants.

L'ONG Tourism Concern, ainsi que l'ATES, encouragent les voyageurs à ne pas visiter les orphelinats : *"Lorsque je rencontre des gens qui désirent visiter des orphelinats au Cambodge, je leur demande s'ils feraient pareil dans leur propre pays. Que vous dirait-on si vous vous rendiez dans des centres sociaux à Londres, Sydney, Berlin ou Tokyo en disant que vous désirez jeter un œil aux résidents, souvent vulnérables et traumatisés, afin d'avoir de belles histoires à raconter à vos amis, de voir comment vivent les enfants, de leur faire quelques câlins et de prendre de chouettes photos pour votre page Facebook ? Bien sûr que la réponse serait non. La majorité des gens ne penseraient même pas cela comme acceptable d'avoir de telles pratiques dans leur pays..."*, explique l'un des membres de Tourism Concern.

ADN "Tourisme durable" : Céline Arnal

Geneviève Clastres | 8 mars 2017

Profondément méditerranéenne, Cécile Arnal aime la mer et particulièrement la Grande Bleue qu'elle sillonne depuis toujours pour la beauté de ses grands fonds et cette population de cétacées qu'elle ne se lasse pas d'observer. Plongeuse, amatrice de voile, chercheuse en écologie marine, il était impensable que sa vie soit ailleurs. Océanologue un temps, elle découvre l'écovolontariat lors d'un séjour à la Barbade et décide courant 2005 de fonder Cybelle Planète afin de conjuguer sa formation scientifique et son envie de partager ses connaissances. Depuis, sous la houlette de son association, de plus en plus de volontaires participent à des sorties en mer, suivent des programmes de préservation de la biodiversité ou collectent des données afin d'observer l'évolution de la biodiversité marine.

Un ancrage scientifique avant le grand plongeon

Scientifique de formation, Céline Arnal se spécialise sur le comportement animal et l'écologie marine. Son expérience lui permet alors d'enchaîner les missions scientifiques et, c'est à force de voyager, notamment dans les pays anglo-saxons, qu'elle découvre le monde de l'écovolontariat alors quasiment inconnu en France. *"Les chercheurs utilisaient les données récoltées par les écovolontaires, un moyen pour eux d'agir concrètement ; et j'ai pensé qu'on avait tous un jour ressenti ce besoin d'action concrète."* La jeune femme est justement à un tournant de sa vie. La recherche fondamentale est passionnante mais il lui manque cette sensation de s'investir concrètement, d'avoir un pied dans une action directe pour la biodiversité et l'environnement. **Le déclic va venir d'une nouvelle mission, alors qu'elle travaille en océanologie et participe à une expédition en mer pour la création du sanctuaire marin de Pelagos**. Cette zone de protection marine située entre l'Italie, Monaco et la France s'inscrit dans un programme de

> **“** ***Les chercheurs utilisaient les données récoltées par les écovolontaires, un moyen pour eux d'agir concrètement ; et j'ai pensé qu'on avait tous un jour ressenti ce besoin d'action concrète.***

protection des mammifères marins. Lors de sa réalisation, Céline encadre plusieurs sorties en mer avec des bénévoles qui aident au recensement des cétacés. Ce statut d'éco-guide achève de la convaincre de l'intérêt des actions participatives. Elle comprend que sa place est là : **monter des programmes participatifs pour travailler en lien avec la recherche et la protection de la biodiversité. En 2005, elle crée Cybelle Planète**, l'implante à Villeneuve-lès-Maguelone, entre Montpellier et Sète, et prend la barre. Cap sur l'écovolontariat !

Cybelle planète : une vague ascendante

Lorsque Cybelle Planète est créée, l'écovolontariat est presque inconnu en France. Il y a tout à faire. Très vite, Céline rejoint un réseau hollandais, **Ecovolunteer** (qui n'existe plus aujourd'hui), qui lui permet de nouer des partenariats avec l'étranger. En 2007, elle peut se verser son premier salaire et peu à peu, son activité se met à croitre. *"Quand j'ai créé Cybelle Planète, c'est en totale inconscience, j'y ai mis mon énergie, ma passion, j'avais juste envie d'avoir un métier qui me plait, de faire quelque chose de plus concret pour la biodiversité, de répondre à d'autres questions, et petit à petit, je suis entrée dans le monde associatif, j'ai rencontré des gens, et cela m'a donné envie d'aller toujours plus loin dans le participatif."* L'époque est aussi à l'émergence d'internet, du collectif, qui va aider à faire connaitre l'activité. En 2008 Céline recrute sa première salariée. Elles sont aujourd'hui cinq et **l'an dernier, Cybelle a fait partir 350 volontaires sur un panel de 22 missions œuvrant à la préservation de la biodiversité** : projets de recherche et d'étude, refuges d'animaux, Parcs Naturels....

Panthera Sanctuary : une réserve en pleine Amazonie

Le Panthera Sanctuary a vu le jour en 2011 de l'initiative d'un couple franco-péruvien, désireux de participer à la préservation de la forêt amazonienne. Réserve de 30 ha, située au Pérou, elle a pour objectif d'appliquer les principes du développement durable sur place et de protéger espèces animales et végétales de la déforestation et du dépeuplement. Bien que récente, elle bénéficie déjà d'une belle notoriété avec un soin tout particulier à appliquer le principe de réciprocité entre les savoir-faire amérindiens et occidentaux, de nombreux membres de la réserve étant issus de la communauté amérindienne locale. Et si vous êtes tentés par une aventure humaine et écologique, le Panthera Sanctuary accueille des écovolontaires pour les aider dans leur ample tâche.

www.panthera-sanctuary.com

L' écovolontariat, un pavé dans la mer ?

Toutefois, et ce malgré la progression constante de son activité, **Céline a conscience que l'écovolontariat reste peu connu voire mal compris du grand public**. Afin de tenter d'y mettre un peu de sens, **elle crée courant 2013 le "Collectif Francophone d'Ecovolontariat"** avec quelques collègues tels Volontaires pour la Nature et Project Abroad : *"J'en avais marre de baigner dans le vague, que l'écovolontariat reste une activité mal définie. J'ai eu envie de rencontrer d'autres structures pour que l'on soit le plus nombreux possible à participer à cette réflexion. Notre objectif n'était pas de créer un label ou une grille contraignante mais un outil qui donne des valeurs de base pour les structures d'écovolontariat."* **Une fois de plus, Céline privilégie le participatif, près de 400 personnes assistent à un débat en ligne et la charte voit le jour**. Une définition est adoptée, qui stipule que *"L'écovolontariat est une action solidaire et participative qui consiste à aider, durant son temps libre, un projet lié à la préservation et à la valorisation de la diversité animale, végétale, environnementale, et culturelle. L'écovolontaire est un citoyen engagé et bénévole et ne peut, à ce titre, recevoir de contrepartie financière pour son action."* **Au moment où les dérives du tourisme humanitaire ou volontourisme sont régulièrement dénoncées dans les médias, la vigilance de Céline Arnal semble avoir été prémonitoire.**

L'évidence durable

Quant au tourisme durable, c'est une évidence pour Céline : *"Nous sommes adhérents à VVE depuis le début, on répond complètement à leurs critères."* De fait, comment imaginer une association qui propose des voyages visant à rejoindre des structures locales pour aider à la préservation de la faune et de la flore oublier l'angle environnemental ? ***"Tout est évidemment pensé dans le respect de la nature, l'héberge-***

ment, la nourriture, ce n'est pas qu'on veut vendre de l'écologie mais c'est le cœur du projet." Cybelle dispose aussi d'une grille de référence pour ses partenaires sur la thématique du durable. Et si Céline Arnal accepte et assume totalement le fait que l'écovolontariat a aussi une dimension touristique, ne serait-ce que par l'agrément tourisme que se doivent d'avoir toutes les structures, ce n'est pas le cas de tous ses collègues, qui ont encore trop tendance à diaboliser ce mot. ***"Pour moi l'écovolontariat est un mode de tourisme participatif et solidaire, une forme de tourisme responsable,*** *mais la majorité de mes collègues a encore peur de ce mot. Toutefois, je n'ai pas l'impression d'être un opérateur de tourisme, je suis chercheur, et pour ne pas perdre cette base qui me passionne, j'ai entrainé dans l'aventure les volontaires intéressés."* Céline ajoute, taquine, que **le tourisme durable, comme la Journée de la Femme, sera une victoire le jour où cela n'existera plus** et où l'on n'en parlera plus…

Les yeux vers un horizon toujours plus participatif

Enfin, au-delà de l'écovolontariat, Céline a aussi créé tout **un programme de science participative, Cybelle Méditerranée, qui consiste à suivre l'état de la biodiversité du large**, à récolter des données grâce à la participation des citoyens, et à les mettre librement à la disposition des scientifiques. *"Nous faisons non seulement participer les écovolontaires mais aussi les plaisanciers qui, grâce à une application mobile, peuvent nous signaler leurs observations."* Ce programme citoyen permet donc à tout un chacun de s'impliquer, sans forcément monter sur un des voiliers de l'association, et **aide à constituer une importante base de données sur la faune marine**. Et Céline Arnal ne compte pas s'arrêter là sur le participatif, imaginant aussi l'amener jusqu'à l'intérieur de son association, qui comprend donc aujourd'hui cinq salariés. *"J'ai quatre salariés avec qui j'ai envie de faire de plus en plus de participatif, me délester pour que ce projet, à l'image du Collectif d'Ecovolontariat, devienne le projet de plein de gens au-delà de moi…"*

Tourisme collaboratif

Les acteurs traditionnels du tourisme ont intérêt à être sacrément inventifs ou tout au moins à posséder une bonne capacité d'adaptation car il n'est pas un jour qui passe sans que naisse une nouvelle idée, une tendance "in", une start-up maline, un site internet innovant prêt à vous changer la vie. Evidemment, on pense avant tout aux ténors qui ont révolutionné tout un pan de l'activité touristique à l'image d'Airbnb ou d'Uber. Ce serait toutefois oublier bien d'autres acteurs plus discrets et sûrement plus vertueux, une multitude de petites structures désireuses de changer la donne et de faire du tourisme autrement à l'image des Greeters, de Guest in the City, de Wikicampers et de bien d'autres encore...

Pour ou contre Airbnb ?

Geneviève Clastres | 30 juillet 2016

New York bouillonne, Berlin l'interdit, Paris l'encadre, les hébergeurs classiques ne peuvent plus l'encadrer. Qui est-ce ? Airbnb bien sûr. La plate-forme de location en ligne n'en finit pas de faire parler d'elle. Manne pour les uns, concurrence déloyale pour les autres, le problème n'est pas si simple qu'il en a l'air, et pose plus largement la question des droits et devoirs d'une économie collaborative (ou pas !) de plus en plus menacée par les dérives de quelques spéculateurs qui s'enrichissent au détriment de professionnels étouffés par les taxes et les normes.

Une progression fulgurante

Pour la jeunesse qui l'a souvent adopté comme un mode pratique et facile pour se loger au quatre coins du monde, il est difficile d'imaginer un monde sans Airbnb. Et pourtant, le portail fête à peine ses neuf ans et, en moins de dix ans, s'est imposé comme le premier hôtelier mondial avec plus d'1,5 millions de chambres à louer à travers la planète, un véritable tsunami qui pose forcément question. Rien qu'à Paris, première destination touristique du groupe, le loueur en ligne propose plus de 50 000 chambres, contre 80 000 pour les hôtels traditionnels.

Les plus

Pratique pour les usagers qui trouvent un panel d'offres alléchantes à tous les prix à travers la planète, Airbnb est aussi le petit plus qui va arrondir les fins de mois de nombreux utilisateurs, qui loueront une chambre, un appartement, deux trois fois dans l'année, histoire de s'offrir à leur tour des vacances ou des ailleurs que leur niveau de vie ne leur aurait pas forcément permis, et parfois en utilisant à leur tour Airbnb comme client... En outre, **le portail crée du lien, des échanges, des voyageurs du monde entier sont susceptibles d'arriver du jour au lendemain au pied de votre palier**. Le

tout donne une seconde vie à des appartements qui se voient ainsi régulièrement entretenus, nettoyés, ripolinés. En outre, l'utilisation elle-même du portail est souple, pratique, sans contrainte, que ce soit pour le loueur ou le futur occupant. Et vous finissez par devenir un vrai ambassadeur de votre quartier, dénichant les meilleurs restaurants, boutiques et choses à voir ou à faire pour vos futurs hôtes. Bref, du gagnant-gagnant non ? Attention toutefois…

Les moins

Tout irait pour le mieux dans le meilleur des mondes si le mieux n'était pas parfois l'ennemi du bien. Et Airbnb en est un illustre exemple, avec un succès fulgurant qui a fini par bousculer toutes les règles du jeu. Résultat pour les villes, un marché locatif de plus en plus maigre et problématique qui a poussé la ville de Berlin à interdire purement et simplement le loueur tant il était devenu difficile de se loger dans la cité. Le problème s'était déjà posé en 2014 à New York, avec la création du collectif "Share Better" dénonçant les effets pervers du site, de par la pression induite sur les loyers les plus bas, avec de nombreux New-Yorkais peinant à trouver des appartements abordables. Pour apaiser le conflit, Airbnb avait alors rayé de ses listes 2000 logements ne répondant pas à ses standards. Autres perdants, les hébergeurs plus classiques, qui n'en peuvent plus des normes et des taxes et se plaignent régulièrement de la concurrence déloyale qu'Airbnb fait régner sur le marché. La principale organisation patronale de l'hôtellerie-restauration (UMIH) dénonce notamment "l'industrialisation" des pratiques, d'après eux, 20 % des annonces parisiennes de réservation sur le site américain émaneraient de multipropriétaires et représenteraient un tiers du chiffre d'affaire d'Airbnb. Et, il est à souligner qu'Airbnb ne nuit pas uniquement à des intérêts privés, elle pourrait aussi avoir un impact désastreux sur l'emploi, car si la plateforme fait travailler quelques 3 000 salariés, elle pourrait de son côté coûter leur poste à des milliers de salariés de l'hôtellerie à travers le monde.

> “
> ***Un marché locatif de plus en plus maigre et problématique qui a poussé la ville de Berlin à interdire purement et simplement le loueur.***

L'entre-deux ?

Alors, Airbnb, économie de partage ?… ou pas ? Interviewé par Le Monde en juin 2015, Michel Bauwens, ancien chef d'entreprise qui étudie depuis une dizaine d'années l'économie collaborative, précise : *"Il faut faire attention au vocabulaire que l'on emploie. L'"économie de partage" que j'appelle "pair-à-pair", où les individus s'auto-organisent pour créer un bien commun, a un potentiel émancipatoire important. Mais Uber (ici Airbnb !) ne relève pas de cette "économie collaborative" ou "de partage". (...) Cela entraîne des déséquilibres, et avec eux la précarité. Quand Uber (ici Airbnb toujours) s'installe à Paris, les profits vont à ses actionnaires de la Silicon Valley. Ces entreprises sont compétitives car elles concurrencent les hôteliers et les taxis en parasitant l'infrastructure déjà existante. Elles n'ont pas à investir dans la construction d'automobiles ou d'hôtels. Cela leur donne un énorme avantage car elles captent une plus-value du fait de cette efficacité. Il y a là un vrai danger, en raison de la façon dont ce phénomène est encadré..."*

Les tentatives d'encadrer, de légiférer, d'équilibrer...

Conscients de l'importance de légiférer, les pouvoirs publics, qui dans un premier temps n'ont pas voulu fermer la porte à un nouveau mode de consommation inter-personnes plébiscité par la population, cherchent aujourd'hui des solutions pour remettre de l'équité dans la chaine des valeurs. A Paris, depuis l'automne 2015, la mairie a imposé à l'entreprise américaine le paiement d'une taxe de séjour pour les logements en location. En outre, la **loi Lemaire** tente actuellement d'imposer l'enregistrement des loueurs en mairie, et les sites de locations saisonnières seront tenus de transmettre à l'administration fiscale toutes les données relatives à leurs clients avec un maximum de jours autorisés à la location portés à 120. A Berlin, outre l'interdiction de louer un logement s'il ne fait pas partie d'une habitation plus grande, la mairie, qui n'a toutefois pas les moyens de tout contrôler et de tout amender... a appelé à **généraliser la délation entre voisins**. Triste retournement des choses quand on sait qu'Airbnb était censé créer du lien...

D'autres voies sont possibles, plus équitables

Pour remettre de l'équité et de la raison dans un débat qui s'enflamme parfois, certaines voies s'esquissent, différentes, qui montrent que le collaboratif bien géré et repensé peut être une solution pour tous quand il ne profite pas qu'à des intérêts particuliers, des actionnaires privés, et ces grandes plateformes que l'on ne nomme plus. Ainsi, à Séoul, la municipalité a choisi d'interdire Uber au profit d'une application locale, qui proposera des fonctions similaires mais appliquées aux taxis officiels, évitant ainsi qu'une société américaine gère les transports d'une ville asiatique. Autres voies, plutôt que des plateformes venues de l'autre côté des océans qui captent les données, créer des coopératives d'usagers, ou municipales, et stimuler ainsi l'économie locale. Michel Bauwens cité par le Monde : *"On pourrait imaginer que les usagers s'unissent pour créer des coopératives de données, des plateformes non plus capitalistiques comme aujourd'hui, mais collectivistes, où chacun serait propriétaire ou copropriétaire de ses données et du revenu qu'elles génèrent. Une plateforme vide n'a aucune valeur. Ce sont les utilisateurs qui co-créent sa valeur et pourtant trop souvent 100 % de cette valeur d'échange est captée par les propriétaires de l'outil. Il s'agit de passer d'un capital extractif, qui capte la valeur des communs sans rien reverser, à un capital génératif où ceux qui contribuent à ce commun créent leur propre économie éthique."*

"*Il s'agit de passer d'un capital extractif, qui capte la valeur des communs sans rien reverser, à un capital génératif où ceux qui contribuent à ce commun créent leur propre économie éthique.*"

En guise de conclusion

Alors, pour ou contre Airbnb ? Finalement, l'idée est excellente. Certains en profitent légitimement à leur petit niveau. Le problème vient toujours des marges, des excès, et c'est là qu'il faut rééquilibrer les choses. Et puis, à nous d'être inventifs, d'imaginer d'autres voies, d'autres modes de location, pourquoi pas un, dix, vingt Airbnb éthiques et locaux, un fairAirbnb comme il y a un fairBooking, une alliance juste qui prenne aussi en compte les intérêts des villes, du marché locatif, des hébergeurs, sans toutefois étouffer la souplesse de ces portails qui ouvrent la porte vers d'autres voies, et qui poussent aussi des professions bien en place à se remettre en cause et s'ouvrir vers les nouvelles clientèles. Le débat est vaste et nous n'avons fait que l'esquisser, mais sur notre portail, vous le savez, on tente toujours et encore de trouver le Graal de l'équité. Alors à vos idées, la société civile est un formidable vivier !

Airbnb et Cie : un enfer pavé de bonnes intentions ?

Jérôme Bourgine sur TV5monde - Site partenaire | 19 juillet 2017

Au-delà même d'une concurrence déloyale vis-à-vis des modes d'hébergement traditionnels à laquelle le législateur a commencé de s'attaquer, les plateformes de location entre particuliers, détournées de leur vocation d'origine et utilisées de manière industrielle à des fins de pur profit, posent un problème majeur : la désertification accélérée des centres-villes ! Arrêt sur images.

Le crowdfunding vous connaissez ?

Romain Vallon | 16 septembre 2017

Le crowdfunding vous connaissez ? Le crowdfunding est un terme anglais pour désigner un "financement participatif". Une nouvelle façon pour les entreprises, les associations, parfois les particuliers de récolter des fonds. Dans la plupart des cas, c'est l'association d'un grand nombre de personnes investissant un petit montant qui permet aux porteurs de projets de trouver les fonds demandés. Ce mode de financement est également un moyen de fédérer le plus grand nombre de personnes autour de son projet. Nous vous présentons ici des crowdfundings en lien avec le secteur du tourisme durable.

Mettre en ligne des images du Vercors d'avant-guerre pour la mémoire : les archives du Père Gavet

Le plateau du Vercors regorge d'histoires, tragique mais aussi plus heureuse. Vercors TV, tv associative du beau plateau Vertacomicorien. Le père Gavet est l'ancien curé du village d'Autrans célèbre notamment pour le ski nordique (la foulée Blanche s'y déroule chaque année). De 1928 à la fin des années 40, il a filmé la vie quotidienne de son village. Une richesse patrimoniale rare et superbe que Vercors TV souhaite mettre en valeur et diffuser au plus grand nombre (….).

Classes nature "Mon Voisin Eléphant" par Des Eléphants & des Hommes

Encourager les enfants à devenir les meilleurs protecteurs des éléphants de leurs régions ! Depuis sa création, l'ONG Des Eléphants et des Hommes organise des classes nature pour les enfants et les enseignants des régions où vivent les éléphants. Ce programme éducatif, "Mon Voisin Eléphant", fait partie de l'ensemble d'actions mis en œuvre pour la conservation des éléphants et l'amélioration de la coexistence Humain-Eléphant. (…)

Pourquoi ces classes nature ?

"Nous ne protégeons que ce que nous aimons. Nous n'aimons que ce que nous connaissons." (Baba Dioum, 1968). Les éléphants sont en voie de disparition et les protéger demande un effort sur plusieurs générations. Il est donc indispensable, que la jeunesse des pays où vivent les éléphants, les connaisse et les apprécie pour qu'elle s'implique de manière active dans leur conservation.

THERE IS NO PLANET B par Acteurs du tourisme durable

Nous pensons que c'est le bon moment pour mener un plan d'actions ambitieux et y associer le plus grand nombre, professionnels et voyageurs, pour ainsi accélérer le déploiement d'un tourisme plus durable ! Pour poursuivre la dynamique de ses actions de ces dernières années, ATD a besoin chaque année de 50 000 € pour fonctionner : un salaire, une gratification de stage, un loyer, une facture d'internet et de téléphone. Mais ATD est une association qui perçoit de moins en moins d'aides financières de l'Etat, et les seules cotisations de leurs adhérents ne leur suffisent plus pour mener à bien leurs actions.

Chakapata Ecolodge au Pérou : à la suite de l'incendie

Samedi 29 juillet, après avoir reçu notre premier groupe pour une fin de semaine de yoga, l'hôtel a pris feu dans l'après-midi, ne nous restent aujourd'hui que des cendres …

Wikicampers : le camping-car quand je veux, où je veux

Guillaume Chassagnon | 20 juin 2016

Grâce à l'idée de génie de Fanny Couronné et Marion Woirhaye, deux jeunes voyageuses, il est désormais possible via le riche site wikicampers de trouver près de chez soi un véhicule pour partir sur plusieurs jours, et il est aussi possible de proposer son camping-car à la location. L'économie collaborative et numérique fonctionne ici à plein régime.

Un parc important de véhicules en France et une idée en or

L'aventure Wikicampers est née il y a 4 ans. Deux jeunes amies ayant suivi le même cursus universitaire partent en périple, indépendamment l'une de l'autre, chacune à l'autre bout du monde. Fanny est en Nouvelle Zélande, pays où le voyage en camion aménagé est très répandu et Marion en Amérique du Sud. Ce sera le déclic pour Fanny : *"le camping-car est un excellent moyen de faire du tourisme nomade et, en Nouvelle Zélande le marché de la location était en plein essor"*. Dès lors le projet prend forme, renforcé par l'idée que les deux copines se font de l'essor du tourisme collaboratif. *"On a toutes 2 pratiqué le couch-surfing, le co-voiturage, louer des appartements chez des particuliers, il fallait renforcer cela avec notre volonté de créer une entreprise via internet donc"*. A cela, les créatrices se rendent compte que la France possède un immense parc de 350 000 véhicules de tourisme itinérants (camping-car, van, fourgon aménagé) et que mettre en relation ceux qui ont et ceux qui veulent serait une belle idée… Wikicampers naît en 2011, et en 2016, c'est déjà un référentiel de 1 200 véhicules et 11 salariés !

Mais alors comment ça marche?

C'est finalement archi simple : un ordinateur, un permis de conduire (de plus de 5 ans, assurance oblige) et un âge minimum de 23 ans sont requis pour devenir un utilisateur d'un des véhicules.

De l'autre côté, il faut un propriétaire possédant un bien en bon état, mais là, pas de restriction quant au modèle : en effet du très moderne "intégral", à la capucine, en passant par le très populaire combi d'une marque Allemande, le marché est large et non restrictif. Seul le bon état est primordial, ce point est d'ailleurs contrôlé : sécurité et fiabilité du site oblige, de même **un important service client a été organisé, celui-ci se veut irréprochable et joignable rapidement par téléphone** ou mail *"une raison d'être"* pour Fanny et Marion et l'ensemble des salariés. Ensuite l'inscription est très simple, une photo dudit véhicule de loisirs, un descriptif avec la date de mise en service, le numéro de carte grise, le nombre de couchages, de kilomètres et ensuite ce sera à vous de fixer le tarif de la location (en lien étroit avec Wikicampers pour ne pas être totalement hors-jeu et ainsi perdre de potentielles locations). Ensuite, le voyageur curieux rentre en contact avec le propriétaire, et un rendez-vous est fixé. Celui-ci est très important, il va permettre de se connaitre et de connaitre le camping-car. Une prise en main sera nécessaire A vous l'aventure! Le règlement s'effectue uniquement via le site, facile tout ça. En moyenne la somme à la journée oscille entre 70 et 80 euros : selon le véhicule notamment.

Une assurance spéciale

J'entends déjà les réticents : *"et on fait quoi si par mégarde le véhicule est abîmé ?"*. Aucun problème, tout est prévu. Le site vous fait prendre une assurance tout risque le temps de la location qui se substitue à celle du

> **Ici, on voit l'émergence de tout ce que le collaboratif peut amener : du lien, des contacts, des idées et du partage.**

locataire et du propriétaire. Donc pas de problèmes des deux côtés et une assurance personnelle qui n'aura pas à intervenir. Les premiers bilans sont très positifs, côté locataires comme propriétaires. De plus, vous pouvez partir où bon vous semble, aucune limite de kilométrage, en revanche, si vous quittez le territoire Français, vous devrez souscrire à un surcoût d'un euro par jour pour l'assurance.

Wikicampers vous offre plus qu'une location

Fanny et Marion voulaient apporter autre chose qu'une simple mise en relation entre deux personnes et un produit. Et c'est chose faite : le site fourmille d'idées, de conseils. Un blog propose par exemple des itinéraires, mais aussi des partages d'expériences, des bons coins pour dormir, des trucs et astuces, etc. Une véritable malle aux trésors qui sera, à coup sur, un élément majeur de votre voyage et de sa construction. Ici, on voit l'émergence de tout ce que le collaboratif peut amener : du lien, des contacts, des idées et du partage. Et si les locataires y gagnent, les propriétaires dans tout cela? Les responsables nous parlent de 3 000 euros glanés si le véhicule est loué 5 semaines, plutôt intéressant donc.

Déjà 4 ans pour Wikicampers et 1 200 références, une volonté affichée de continuer à se développer (30 à 40 petits nouveaux chaque semaine), un site qui a boosté la location et qui donne une image dynamique à ce tourisme nomade. On sent toute la passion d'une équipe qui se met en quatre pour ses clients. Toujours basé au Pays Basque, à Bidart précisément, Wikicampers est fidèle et le site vous offre la liberté… de partir quand vous le souhaitez. Le rêve à portée d'un clic.

Guest in the City : ces hôtes qui partagent leur talent avec vous...

Jérôme Bourgine | 11 octobre 2016

Mettre en relation les visiteurs de passage avec des locaux désireux de partager leur passion, telle est l'idée, magnifique, gouvernant le site que viennent de lancer Véronique et Frank, eux-mêmes voyageurs en quête d'un peu plus d'humanité ordinaire. Rencontre avec Frank qui nous explique ici le pourquoi du comment de cette *nouvelle forme de tourisme collaboratif* amenée, d'évidence, à se développer à l'avenir.

VA : Guest in the City, dont la baseline est : *"activités et repas entre particuliers"*... Voilà bien une idée dans l'air du temps. Sur quel principe le site fonctionne-t-il ?

Guest in the City est une plate-forme collaborative mettant en relation des particuliers désirant vivre et voyager autrement. Avec Véronique, nous avons vécu 4 ans aux Etats-Unis et beaucoup voyagé pour découvrir ce pays magnifique. On a pu constater combien il était difficile d'entrer en relation avec des gens du cru vous ouvrant sur la vie quotidienne locale. Aussi, à notre retour en France, nous avons réfléchi à comment faciliter ce contact. Comment permettre à un voyageur de converser avec d'autres personnes que les éternels réceptionnistes, chauffeurs, serveurs, avec lesquels la relation est avant tout professionnelle ?... Cela nous a amenés à proposer aux voyageurs d'entrer en contact avec des particuliers qui leur feront partager, le temps d'un repas, d'une activité ou d'une excursion une expérience plus chaleureuse et authentique.

VA : Les offres proposées vont bien sûr évoluer et se multiplier, mais quelles sont les grandes catégories présentes sur le site pour le moment ?

Comment mieux vivre la convivialité qu'autour d'un repas préparé avec savoir-faire et cœur ? C'est donc naturellement par cette proposition que nous avons commencé, y ajoutant rapidement les visites guidées (balades à pied ou à vélo), puis les cours de cuisine donnés par des passionnés et enfin, bien que cela ne fût pas prévu au départ, le bien-être. Car nous avons été contactés par des personnes qui proposaient des massages assis (tête, nuque et dos, comme il en est proposé dans certains aéroports). Deux de nos hôtes (les personnes qui reçoivent chez elles, celles qui voyagent étant nos "visiteurs") nous ont également proposé du jardinage, qui pourrait donc bien être la prochaine activité.

VA : *"Entre particuliers"* signifie que l'on n'a pas affaire à une entreprise, mais certaines personnes n'en sont pas moins des professionnels de ce qu'elles proposent, non ? Ou bien n'est-on, chez Guest in the City, qu'entre amateurs ? Comment avez-vous tranché cet aspect important ?

Au départ, nous pensions réserver le site exclusivement aux particuliers, mais dans le même temps, nous sommes une jeune start-up et notre souci premier est d'atteindre un nombre suffisant d'hôtes et de propositions pour que l'internaute dispose d'un vrai choix. Alors, nous n'avons pas repoussé *systématiquement* les quelques professionnels qui se sont présentés, surtout si ces personnes proposent un lien fort avec les invités.

succès se comprend : un étranger, au pays du bien manger et du bien vivre, quelle expérience tentante ; c'est l'occasion de poser mille questions, préparer son programme, etc. Les Français pour leur part recherchent surtout une expertise : cours de cuisine, randonnées et activités spécifiques.

VA : Quel est le modèle économique du site ?

La commission, tout simplement. Les hôtes passent sur le site une annonce payante et lorsque des visiteurs réservent en ligne – par exemple deux dîners à 10 € chacun, soit 20€ au total – une commission de 15%, soit 3 €, y est ajoutée.

VA : Quelles propositions les internautes semblent-ils plébisciter et quelles ont été vos premières surprises depuis le lancement du site ?

Que les repas aient été plébiscités en premier ne nous a pas réellement surpris. En revanche, nous avons été surpris par l'engouement d'une clientèle majoritairement étrangère. Est-ce en raison du nom de notre site, anglophone ? Peut-être. En tous cas, cela nous incite à traduire les annonces d'un maximum d'hôtes, service que nous proposons gratuitement. Dans le même temps, ce

VA : Qui sont, majoritairement, les clients privilégiés de Guest in the City?

Là aussi, nous avons été surpris... d'attirer des gens plus jeunes que nous ne le pensions. Mais à la réflexion, c'est normal puisque ce sont justement ces personnes nées avec internet et pratiquant l'économie collaborative depuis des années déjà qui vont être les plus à l'aise sur ce genre de pratiques. Quant aux hôtes, ils sont un peu plus âgés, la cinquantaine souvent, disposant de temps ou ayant changé de vie pour gagner en authenticité. Sans oublier un certain nombre d'étudiants proposant des balades savantes pour se faire un peu d'argent de poche.

VA : Guest in the City, est-ce que cela signifie que cela ne fonctionne qu'en ville ?

Non, cela fonctionne surtout en ville, mais pas que : nous avons déjà des offres du côté d'Annecy, en montagne et également dans la campagne bretonne, à côté de Vannes. En fait, le concept prend dans toutes les régions touristiques, suffisamment fréquentées par des visiteurs.

Juliette Costantini, Serial wwoofer des Amériques – Extraits

Manuel Miroglio | 13 avril 2012

Le woofing est une forme de voyage par le volontariat qui séduit de plus en plus d'adeptes. Lancé en Angleterre en 1971, le mouvement du wwoofing (Willing Worker on Organic Farms) s'est progressivement étendu à une quarantaine de pays. Envie de faire un break dans sa vie, de découvrir le monde autrement, de sortir des sentiers battus, de s'immerger dans la réalité rurale des pays, de vivre des expériences interculturelles fortes, de s'initier aux écotechniques ou au jardinage bio, de voyager longtemps tout en optimisant son budget de voyageur... C'est un peu pour toutes ces raisons qu'un beau jour Juliette Costantini a pris son baluchon pour aller découvrir les Etats-Unis, le Canada et le Mexique en mode wwoofing.

VA : Dans quel style as-tu décidé de faire ton voyage ?

J'ai voulu alterner des moments de voyages et de travail dans des fermes qui pratiquaient le wwoofing pour sortir des sentiers battus. Je voulais prendre le temps de vivre la vie locale et pouvoir rencontrer les habitants. J'ai prévu un budget de 600 euros par mois dédié essentiellement aux transports. J'ai voulu cette flexibilité pour choisir les endroits. J'ai ainsi alterné wwoofing, couchsurfing et hébergement chez des amis et de la famille dans trois pays: le Canada, les Etats-Unis et le Mexique.

VA : Qu'as-tu apprécié dans tes expériences de wwoofing ?

Cela me faisait une pause dans le voyage pour me permettre de réfléchir à l'étape suivante et cela m'a permis d'acquérir de nouvelles compétences et connaissances. Au Canada dans une ferme bio sur l'île de Vancouver, j'ai participé à la récolte des fruits et des légumes. J'ai ainsi appris à faire le tri, le contrôle qualité, la vente sur un marché local. J'ai passé trois semaines dans les montagnes de Catedral Lake park, dans l'éco lodge la plus haute du Canada. Je faisais du housekeeping (ménage, préparation des chambres, aide-cuisinière et finalement cuisinière pour 40 personnes).

> ***« Cela me faisait une pause dans le voyage pour me permettre de réfléchir à l'étape suivante.***

Mon copain Aurélien, lui, coupait du bois avec un indien. Nous étions une équipe moitié volontaires, moitié salariés. J'ai apprécié car j'ai eu l'impression que les propriétaires n'utilisaient pas tant les volontaires comme main d'œuvre. J'ai eu une réflexion éthique sur la place du volontariat. Il y avait tout de même un équilibre pour assurer la gestion du lieu. (...)

VA : Où as-tu utilisé le couchsurfing (réseau mondial d'hospitalité) ?

J'ai pratiqué le couchsurfing au Canada chez une dame d'une cinquantaine d'années qui revenait du Nepal... la deuxième fois, c'était à Zacatecas au Mexique où j'ai été logée chez une étudiante à qui j'ai appris à faire des crêpes. On m'avait indiqué qu'un groupe de couchsurfers se réunissait dans un bar... Un d'entre eux m'a servi de guide dans la ville. Des rencontres très sympas !

Le Tourisme dans tous ses états

Au-delà des différentes formes de tourisme apparentées au tourisme responsable, de nombreuses pratiques touristiques ne cessent d'éclore ici et là qui croisent ou rejoignent parfois des acteurs engagés autrement, différemment. Pas un jour sans un suffixe ou un qualificatif pour venir désigner ces nouvelles tendances : tourisme culturel, participatif, vegan, blog tourism… Petit medley du tourisme "dans tous ses états" !

Le tourisme culturel à l'honneur au plus haut niveau de l'état

Geneviève Clastres | 6 janvier 2017

Le 16 décembre dernier, les premières Rencontres du tourisme culturel (RTC) se sont tenues en grande pompe au Centre Pompidou (Paris). Politiques, élus, administrateurs de site, collectivités, musées, voyagistes, universitaires, experts, un grand raout visant à positionner encore et toujours plus la France comme une destination d'exception, l'étendard culturel accolé au tourisme pour imprimer notre "French Touch", celle qui marque les esprits et attire les visiteurs. Au cœur de ces échanges, des débats de fond sur tourisme et culture, l'un ne va-t-il pas sans l'autre ? Mais aussi, des annonces, des débats, et un souhait largement partagé que nous scandons en boucle sur notre portail : favoriser une meilleure répartition et un véritable ancrage territorial du tourisme culturel.

Le tourisme culturel nouvel étendard des politiques publics ?

Ministre de la culture et de la communication, Audrey Azoulay a ouvert les Rencontres par un plaidoyer en faveur du tourisme culturel, inscrit dans une nouvelle stratégie ministérielle et dotée de crédits spécifiques. Le tourisme au secours de la culture ? Ou l'inverse ? **Le constat en tout cas que deux mondes tentent enfin de se rapprocher, deux mondes qui souvent n'en font qu'un**, car peut-on vraiment dissocier tourisme et culture ? Appelée en renfort pour tenter de le définir voire de le mesurer lors de la première table ronde au titre symptomatique de ce nouveau mariage "Culturel et Tourisme font cause commune", Maria Gravari-Barbas, universitaire capée sur le sujet et directrice de l'IREST, a exprimé combien il était difficile d'évaluer un tourisme culturel qui, d'après l'OMT, représenterait autour de 38% du tourisme car : *"Le tourisme culturel peut-il constituer un segment spécifique de l'industrie touristique ? Pour moi, visiter une favela est aussi une expérience éminemment culturelle. Et pour un visiteur chinois, un grand magasin parisien le sera aussi…"*

Ne pas confondre tourisme culturel et tourisme dans les lieux culturels…

Dans les faits, plusieurs chercheurs refusent cette catégorie car pour eux, le tourisme est culturel dans son essence, et donc pas la peine d'y accoler une épithète qui tendrait alors au pléonasme, bien que personne ne soit dupe des messages cachés. Car en accolant culture et tourisme, on permet aussi à deux mondes de se rapprocher, et notamment à de grandes institutions culturelles parfois un peu frileuses vis-à-vis des hordes de touristes

> **Comment gérer des flux que certains sites ne peuvent absorber ? La question classique, la parabole de Versailles, de Venise, du Machu Picchu…**

de baisser le menton vers des masses qui peuvent effrayer. Philippe Bélaval, Président du Centre des monuments nationaux : *"Je fais partie de ceux qui pensent que le tourisme est éminemment culturel mais il ne faut pas confondre le tourisme culturel et le tourisme dans les lieux culturels"*. Et de fait, de pointer une question fondamentale, la gestion du tourisme de masse dans des sites patrimoniaux pas toujours adaptés. Et d'ajouter : *"On ne peut pas être convaincu de la valeur universelle des biens si l'on accepte qu'ils soient fréquentés par le monde entier"*. Et c'est pourtant bien ce que souhaitent de nombreux sites, pour qui le tourisme est aussi synonyme de recettes, d'argent frais, et donc de consolidation de budget au moment où régions et collectivités ont bien du mal à boucler les boucles…

Des tentatives de solutions

Alors, si la culture est un nouvel hameçon pour faire venir toujours plus de visiteurs, comment gérer des flux que certains sites ne peuvent absorber lorsqu'ils sont trop à mordre à l'hameçon ? La question classique, la parabole de Versailles, de Venise, du Machu Picchu… **Des réponses s'esquissent, des Chauvet bis, des Lascaux 4, avec leur lot d'effets pervers** à l'image de ces sociétés qui les gèrent et qui sous-paient des guides souvent mal formés alors que la formation des professionnels est aussi une priorité annoncée par la ministre. Mettre des quotas, des files d'attente, des tarifs prohibitifs ? Pas évident à marier avec la nouvelle stratégie "Tourisme culturel" non plus, qui souhaite également (et c'est tant mieux !) *"viser de nouveaux publics, en particulier les plus jeunes et les populations les moins favorisées"*. Une autre solution s'esquisse alors, que l'on a plaisir à entendre dans la bouche de la ministre tant on la répète d'un article à l'autre depuis près de dix ans : viser les territoires, déconcentrer le tourisme et faire en sorte que l'effet d'attraction des grands sites serve ensuite à valoriser des espaces moins connus mais au potentiel tout aussi riche. *"Aujourd'hui, 20% du territoire concentre 80% des visiteurs. (…) Il demeure des richesses trop mal connues en région. Pour cela, il faut prendre en compte une diversité de situations entre des initiatives très repérées et d'autres moins connues du grand public"*. Et d'annoncer la nomination d'un Référent tourisme dans chaque direction régionale des affaires culturelles. Un premier pas intéressant, un premier pas que l'on ne manquera pas de suivre à la trace…

France Amérique Latine : Découvrir le continent sud-américain à travers ses luttes sociales

Sandra Bordji | 15 décembre 2013

S'il est un continent où la société civile est actuellement en pleine effervescence, c'est bien l'Amérique Latine : s'y élaborent des revendications novatrices (ethnicité, droits des peuples autochtones, mouvement des paysans Sans-Terre, etc.) mais aussi de nouveaux liens entre les gouvernements (de gauche) et les mouvements sociaux.

Cette actualité s'enracine dans une histoire des luttes sociales riche et mouvementée. Depuis 1970, France Amérique Latine, association de solidarité internationale et de défense des droits de l'Homme, s'efforce de faire connaitre la culture des peuples d'Amérique latine, et de dénoncer les atteintes portées à leurs droits civils, politiques, économiques et culturels. De nombreux projets de développement, des programmes d'aide d'urgence et des rencontres euro-latino-américaines de jeunes sont également à porter à son actif. Dans la continuité de cet engagement, France Amérique Latine s'est dotée depuis 1986 d'un service voyages, destiné à faire découvrir ce continent à travers l'histoire et l'actualité de ses luttes sociales.

France Amérique Latine : 43 ans d'engagement pour les droits des peuples sud-américains

Créée en novembre 1970 dans le contexte des mouvements sociaux chiliens et l'accession au pouvoir de Salvador Allende, France Amérique Latine est avant tout une association politique, au sens noble du terme : fondée par des syndicats et des partis politiques français de gauche, son objectif initial est de faire connaître et de s'inspirer de l'expérience chilienne d'union populaire autour d'une l'alliance des partis de gauche ayant permis l'élection d'Allende.

Par la force des événements, cette vocation première va rapidement évoluer, puisque, avec le coup d'état de 1973 mené par Augusto Pinochet, la prolifération des dictatures militaires dans de nombreux pays d'Amérique Latine et les exactions contre les peuples qui en découlent, France Amérique Latine devient une association de défense des droits de l'Homme, élargie au continent sud-américain.

Et, même si les dictatures sont tombées depuis, l'association poursuit son combat pour les droits (en se portant partie civile lors du procès Pinochet tenu en 2010 en France, en continuant de dénoncer l'impunité des généraux...), tout en développant des activités de promotion des cultures sud-américaines. Outre un festival de cinéma latino-américain organisé chaque année au printemps, des conférences proposées tous les deux mois à la Maison de l'Amérique Latine, **l'association organise depuis plus de 20 ans des séjours à fort contenu social et politique**.

Des voyages pour comprendre, soutenir et inspirer...

"Deux types de voyages sont proposés par France Amérique Latine" explique Sarah Pick, déléguée générale de l'association. *"Il s'agit d'une part de voyages d'actualité, organisés en partenariat avec le journal l'Humanité, et d'autre part, de séjours axés sur la solidarité avec les communautés indigènes".*

Côté voyages d'actualité, l'année 2013 a été marquée par le 40e anniversaire du coup d'Etat au Chili : un séjour a donc été organisé en septembre dernier, avec au programme la visite de lieux emblématiques de la dictature de Pinochet (Villa Grimaldi, Londres 38…) mais aussi la rencontre avec des étudiants du mouvement qui secoue le pays depuis 2011, réclamant la fin de la privatisation de l'éducation et plus largement l'abrogation de la constitution, mise en place par Pinochet et toujours en vigueur. La réforme de cette constitution est d'ailleurs l'un des engagements de campagne de Michelle Bachelet, à nouveau candidate à la présidence du Chili (2nd tour le 15 décembre 2013). *"Le contenu de ces voyages cherche toujours à faire le lien entre le passé et l'actualité des mouvements sociaux"* explique Sarah Pick. *"Lors de ce séjour, les participants ont également pu rencontrer les habitants de Caimanes, en lutte contre une entreprise minière et le gouvernement chilien depuis 2003 pour mettre fin à la contamination et à la déviation de leurs ressources en eau."*

L'autre axe des séjours est la rencontre et la solidarité avec les communautés indigènes. Ces séjours solidaires sont organisés tout au long de l'année, en lien avec les associations locales, sur des thématiques différentes (agro-écologie, éducation, droit des femmes…) Par exemple, le projet mené actuellement en Bolivie, dans la région de Tarija : il s'agit d'un appui à la création d'une radio communautaire en direction des femmes paysannes, dans le but de leur donner la parole, elles qui n'ont jamais l'occasion de s'exprimer dans les médias traditionnels. Autre projet, au Brésil, pour la construction d'une crèche pour les enfants de paysans sans terre.

"Tous ces projets émanent du terrain", explique la déléguée générale de l'association. **Grâce à son ancrage historique, dans le cadre de la défense des droits de l'Homme, France Amérique Latine connaît bien les associations locales, et a l'habitude de travailler avec elles.**

Les bénéfices des séjours permettent à France Amérique Latine de communiquer sur ses projets, afin de récolter des fonds tout en faisant connaître le plus largement possible la cause des communautés autochtones. *"L'objectif est également de donner l'envie aux voyageurs, une fois revenus en France, de s'impliquer dans le projet, en le faisant connaître et en se mobilisant pour trouver des fonds. Ils permettent de montrer une autre réalité, d'autres problématiques, ancrées dans la vie quotidienne, afin de revenir de là-bas avec de nouvelles idées, qui, pourquoi pas, inspireront de nouvelles solutions ici…"*

> **Le contenu de ces voyages cherche toujours à faire le lien entre le passé et l'actualité des mouvements sociaux.**

Voyager végéta*ien… ou le tourisme responsable dans l'assiette

Mélusine Lau | 23 mai 2016

Depuis quelques mois, le végétarisme prend de plus en plus de place dans les médias, les supermarchés, les restaurants… Tendance, mode d'un jour ou début d'un réel changement ? Il est encore trop tôt pour le dire, mais toujours est-il que le mouvement grossit, que les consciences se réveillent, et que de plus en plus de personnes s'interrogent sur l'aspect éthique (ainsi que sanitaire) de leur assiette. Moi-même végéta*ienne depuis plusieurs années (oui, je vais vous expliquer la signification de cette * !), je me suis dit qu'il serait bon de faire un point sur tout ce que l'on peut voir et entendre, et de se demander si, et comment, on peut aujourd'hui voyager de façon "gastronomiquement responsable"…

Végétarien, végétalien, végane/vegan… késako ?

Si l'on n'est pas végé soi-même ou simplement si l'on ne s'est pas spécialement penché sur le sujet, il est facile de s'y perdre dans tous les termes employés – et surtout, de lire des bêtises ! **Première erreur souvent lue ou entendue : les végétariens mangent du poisson. Hé non ! Un végétarien s'abstient de consommer toute chair animale**, ce qui inclut par définition viande et poisson. Les personnes ayant arrêté la viande mais continuant à manger du poisson sont appelées "pesco-végétariennes" : c'est moche et un peu long, mais au moins, c'est clair ! **Les végétaliens, eux, ne mangent aucun sous-produit d'origine animale :** œufs, lait, fromage, miel… Quant aux véganes (version francisée du mot anglais *vegan*), ils poussent en quelque sorte le végétalisme jusqu'au bout : le véganisme se transforme alors en véritable mode de vie, en éthique, qui consiste à ne consommer aucun produit issu du monde animal, tous registres confondus : exit cuir, laine, soie, certains cosmétiques ou colorants alimentaires…

Le terme végéta*ien est une manière assez commode de rassembler ces différents modes de consommation : il condense végétarisme et végétalisme, et permet d'évoquer de façon plus globale le fait de ne plus mettre d'animaux dans son assiette, quel que soit le "stade" auquel on se trouve (en effet, on devient généralement d'abord végétarien, avant de souvent devenir végétalien).

La majorité des personnes qui se tournent vers le végéta*isme le font avant tout par amour des animaux. Toutefois, les raison liées à l'environnement (la production de viande de bœuf demande, par exemple, 11 fois plus d'eau que celle du soja…) sont également très souvent invoquées, ainsi que celles liées à la santé ou encore à la faim dans le monde (cette même production de soja, qui sert généralement à nourrir les animaux, ne devrait-elle pas avant tout nourrir les êtres humains ?…).

Bref, les végétariens, végétaliens et véganes souhaitent juste rééquilibrer le rapport homme / animal, tentent à leur échelle de limiter la souffrance des animaux, sont bien souvent des gentils (c'est naïf dit comme ça, mais c'est vrai !), des sensibles, des optimistes, parfois des utopistes… et, si vous pensez encore qu'ils mangent de l'herbe, allez faire un tour sur tous les blogs et autres sites de cuisine végé… de quoi se refaire un avis sur le sujet !

Une impressionnante montée en puissance

Aujourd'hui, entre les vidéos d'abattoirs révélées par l'excellente association L214 ou les scandales sanitaires autour de la viande, le végéta*isme prend de l'ampleur, apparaît (enfin) sur le devant de la scène, quitte à passer pour une mode – à tendance bobo dans certains cas bien caricaturaux. Cela étant, la France reste le pays de la charcuterie et du fromage, et où l'on apprend aux jeunes cuisiniers à mettre l'animal au centre de l'assiette : un contexte tel que, même si les lignes bougent, elles le font bien tardivement par rapport à de nombreux autres pays, anglo-saxons en tête !

Mais ne soyons pas négatifs et concentrons-nous plutôt sur les évolutions visibles apparus depuis quelques mois... Certains supermarchés et certaines marques, par exemple, ont lancé leurs "steaks végétaux" et autres substituts à la viande, jusqu'ici accessibles presque exclusivement en magasins biologiques. Il y a du bon et du moins bon, mais l'effort est là et se doit d'être encouragé, notamment dans l'idée de rendre ces produits accessibles au plus grand nombre ! (...)

Ok, mais c'est quoi le lien avec le voyage responsable ?

Hé oui, on peut être végé et aimer voyager ! Et comme, rappelons-le, les végés sont gentils, sensibles, optimistes,... ils voyagent autrement : ils voyagent responsable ! De fait, se rendre à l'étranger en s'appliquant à ne consommer aucune chair animale voire aucun sous-produit d'origine animale, c'est déjà responsable... Ce témoignage d'amour et d'empathie envers la nature et les animaux mène souvent vers à discussions passionnantes, des questions de personnes surprises et désireuses d'en savoir plus... une façon simple et agréable de "semer des graines"...

Alors certes, voyager végéta*ien, cela se prépare et nécessite un minimum d'organisation, mais cela permet aussi (et surtout) de découvrir un pays autrement, de faire de belles rencontres... Et ainsi, cet article sera suivi, dans les prochains mois, par des expériences du "Voyager végé" vécues dans des pays étrangers... histoire de voir comment l'on peut, sous un angle encore jamais abordé sur Voyageons-Autrement.com, voyager autrement par le biais de ce qu'on met dans son assiette !

Les Globe Blogueurs, pour relier l'Homme à la nature

Florie Thielin | 18 mai 2017

Amoureux des grands espaces et fascinés par les hommes qui les habitent, Seb et Laura ont créé en 2013 leur blog, Les Globe Blogueurs, à la suite d'un voyage de 10 mois à travers l'Amérique Latine. Progressivement s'est affirmée la volonté de s'en servir comme un outil pour transmettre leur envie de (re)créer un lien fort et durable entre l'homme et la nature. Pour cela, ils utilisent une arme non létale redoutable : l'émerveillement. Gagnants du trophée Blog Expert WAT 2017 et finalistes au Clic d'Or organisé par l'Adonet, ils ont accepté d'ouvrir le bal de notre dossier consacré aux blogueurs de voyage engagés pour un tourisme plus responsable.

VA : Une anecdote de voyage liée aux problématiques de tourisme durable ?

Nous avons vécu des moments formidables sur l'île d'Ometepe au Nicaragua. Ce bout de terre volcanique situé dans un lac d'eau douce est en soit exceptionnel. Mais c'est aussi son insularité, son isolement qui rend sa visite unique : un tourisme essentiellement organisé par les locaux, un nombre de voyageurs raisonnable par rapport à la taille de l'île et des activités non exclusivement liées au tourisme.

Lors de notre séjour, nous avons pu discuter longuement avec des guides locaux. Nous nous sommes rendus compte à quel point cet équilibre était fragile, voir menacé. Outre un projet d'aéroport non concerté avec les habitants, tourné vers des "gros" investisseurs, nous avons eu l'occasion de creuser avec eux d'autres sujets plus insidieux, sur lesquels les voyageurs ont le pouvoir d'agir. (…)

Dans nos voyages, nous préférons aller vers des établissements tenus par des acteurs insérés économiquement et culturellement dans la vie locale. Ce n'est pas toujours évident à savoir à l'avance quand on voyage pour de courtes durées, alors nous allons plus volontiers vers les établissements tenus par des locaux. Ce n'est pas un gage de qualité, soyons clairs, mais on se donne de meilleures chances de voir notre argent distribué localement. Et surtout, c'est le meilleur moyen de découvrir la culture locale, de moins s'enfermer dans une bulle "touristique". Et voyager en mode "local", ce n'est pas seulement pour nous une question d'éthique, c'est surtout un moyen de faire de belles rencontres pour de beaux voyages !

> ***Ils utilisent une arme non létale redoutable : l'émerveillement.***

VA : Votre définition du tourisme responsable ?

Dans la notion de tourisme responsable il y a l'idée de prise de conscience, de réflexion critique sur nos manières de voyager. C'est une première étape selon nous pour prendre des décisions qui iront vers des formes de tourisme supportables, voire bénéfiques pour l'environnement et les populations. Cette prise en compte des facteurs environnementaux, économiques et sociaux peut paraître à première vue complexe. **Loin de nous l'idée d'être parfaits en toutes circonstances, le tourisme responsable doit être vu comme un processus, une démarche qui nous pousse, chaque jour un peu plus, à faire des choix plus conscients.** Et il ne se limite pas selon nous à l'éco-tourisme, il intègre aussi la dignité des personnes et les enjeux économiques. C'est un formidable outil pour relier l'homme à la nature, afin de trouver des alliances profitables à tous, épanouissantes et émancipatrices.

VA : Et à travers votre rôle de blogueur-voyageur ?

Quand nous voyageons et qu'une situation nous pose des questions, nous ne l'éludons pas dans nos articles. Nous ouvrons au contraire le sujet pour permettre aux personnes d'y réfléchir et de se forger leur propre avis. Nous ne souhaitons pas être moralisateurs, mais partager notre point de vue. Le manichéisme n'a pas sa place dans ce genre de débat et c'est surtout susciter l'intérêt et la réflexion qui nous intéresse. Nous avons travaillé pendant longtemps dans l'éducation populaire, ça laisse des traces ;)

Concernant notre manière de voyager, nous essayons de ne pas multiplier les voyages courts qui impliquent de l'aérien. Nous préférons voyager moins souvent ou moins loin afin de minimiser cet impact. Ainsi lors de notre premier voyage au long cours, nous nous sommes concentrés sur une région du monde afin d'éviter les trajets en avion. Pour le prochain, nous allons procéder de la même manière.

Passionnés de nature, nous respectons scrupuleusement les sentiers balisés,

nous ne nourrissons pas les animaux sauvages, nous choisissons des prestataires qui ont une démarche éco-responsable. Nous évitons les activités polluantes ou qui perturbent la nature (survol en hélicoptère, jet ski, activités intrusives avec des animaux…). Sur le versant humain, nous sommes respectueux des croyances et traditions, nous consommons local et nous sommes attentifs à ce que les prix que nous payons soient justes ! (attention aux ravages à la négociation à outrance ou le voyager toujours moins cher…).

> **“ *Loin de nous l'idée d'être parfaits en toutes circonstances, le tourisme responsable doit être vu comme un processus, une démarche…***

Pour nous, une belle photo ne justifie pas de faire une croix sur nos principes. Une photo n'est que le reflet d'une histoire. Nous misons plus sur l'authenticité et la sincérité que sur le caractère sensationnel. Par exemple, même si nous aimons les images filmées à l'aide de drones, leur usage nous pose des questions sur la pollution sonore dans les espaces naturels et les nuisances susceptibles de perturber les animaux. Nous aimons la nature pour les instants de contemplation extraordinaire qu'elle offre et en ce sens, s'ils se démocratisent, les drones risquent de gâcher ces instants d'émerveillement.

Enfin, en tant que blogueurs, nous refusons les partenariats avec des marques dont les valeurs ne sont pas en adéquation avec les nôtres et qui prônent des formes de tourisme peu respectueuses de l'environnement ou des hommes.

VA : D'autres blogs de voyage à nous recommander ?

- **Planet addict**, un blog très documenté et qui va loin sur la question du zéro déchet en voyage, le choix des vêtements et articles de voyage selon leurs propriétés écologiques et bien des sujets encore !
- **One chai** est pour moi un blogueur qui illustre à merveille le respect des populations locales, le fait de prendre son temps en voyage et de privilégier l'être plutôt que le faire. Loin de tout sensationnalisme, il capte l'essence même du voyage : la curiosité, l'envie et les rencontres.
- **Les voyages de Mat** est un autre exemple à mettre en avant. Il a choisi de voyager durant 18 mois… en France. Le voyage de proximité, savoir voir le beau au pied de chez soi, voyager lentement sont des valeurs qui nous parlent. A notre échelle, nous aimerions davantage nous en inspirer.

SideWays : la preuve par l'exemple…

Jérôme Bourgine | 20 juin 2017

Pour démontrer que l'on peut voyager et vivre autrement, un couple de journalistes arpente depuis 4 ans l'Europe à bord d'une camionnette bleue et réalise d'excellents reportages sur des personnes inspirantes vivant, elles, déjà, dans un autre monde ; celui d'après le Grand Virage. Apéritif…

Cela fait 4 ans à présent qu'Hélène et Benoit sillonnent l'Europe (mais surtout la France) à bord de leur petit "camion bleu" transformé en camping-car (en studio depuis peu) pour nourrir **Side Ways**, la web-série itinérante dans laquelle, eux-mêmes *"enquête d'un autre monde"*, ils proposent des portraits filmés de personnes inspirantes. Car, oui, découvre-t-on en visionnant leur travail, il est possible de vivre sans argent, oui, il est possible de faire confiance à ses clients tout en vivant de sa passion ; il est possible de produire de la nourriture saine (presque) sans effort… autant de coups de projecteurs sur des initiatives représentant autant de "possibles" qu'il est ensuite libre à chacun de s'approprier à sa manière.

En quête d'utopies réalistes (et d'ailleurs : réalisées !)

Si vous ne connaissez rien du travail de ces deux journalistes qui se sont mis au RSA pour pouvoir, concilier leurs envies et leurs actes, leur philosophie personnelle et leur quotidien (notamment en se détachant le plus possible de la pression pécuniaire : ce sont les internautes qui produisent chaque reportage), filez regarder cet épisode, le 8, l'histoire de Daniel, ce garçon passionné par la boulange (à 3 ans, il ressortait la nuit pour aller admirer, fasciné, le boulanger voisin pétrir son pain !) qui se retrouve employé dans une boulangerie industrielle, finit par démissionner et devient assistant social quelques années pour pouvoir mûrir en paix son Grand Projet : fabriquer le pain idéal, le meilleur pain du monde. Des années de réflexions et essais… suite à quoi, Daniel ouvre sa boulangerie, fabrique son pain chaque matin puis file dans son potager (son autre grande passion), laissant la boutique ouverte et la caisse… sur le comptoir ! **Pour s'émerveiller, chaque soir, d'y trouver PLUS d'argent que le prix des pains emportés par les clients ne le réclamerait.**

Mais il y a aussi l'histoire de ce berger qui promène ses troupeaux à… Bagnolet, à deux encablures du périph, à la grande joie (et surprise initiatique) des enfants. Cette épicerie participative de Nantes, exemplaire. Robert Coudray, cet autre facteur Cheval qui fait chanter ses mains merveilleusement pour affermir, via ses constructions impossibles, le droit de rêver. Juan Anton et sa "forêt comestible" (depuis qu'ils l'ont rencontré, nos deux reporters itinérants ont rajouté des jardinières derrière et dans leur camionnette – des tomates ! – apprenant de chaque rencontre). Il y a ces anonymes qui se regroupent pour acheter des logements mis à disposition des sans-abris ou encore Pavlik, leur premier "sujet" qui vit, lui, complètement SANS argent et leur a alors fait prendre pleinement conscience et confiance en leur propre rêve : oui, mettre son talent au service du monde et espérer en retour de celui-ci (rencontres, internautes) qu'il pourvoie à leurs besoins, était bel et bien réalisable. Cette économie du don, fraternelle et "frugale" n'était pas un fantasme…

Bref, c'est l'histoire de gens qui voulaient raconter la belle histoire d'autres gens, tous promoteurs d'utopies réalistes et qui, du coup, sont eux-mêmes devenus une belle histoire. De belles histoires.

PHOTO © JULES TOULET - PROJET DE REFORESTATION AU PÉROU

2

DES PRATIQUES QUI ÉVOLUENT

Au cours de ces dix dernières années, au-delà de suivre l'actualité du tourisme durable, nous nous sommes attachés à faire des focus sous forme de dossiers de dix à quinze articles nous permettant d'aller plus loin sur les pratiques favorisant une découverte douce des territoires. Parmi ces dossiers, le vélotourisme et la montagne ont suscité un vif intérêt et montré les transformations en profondeur de notre façon d'appréhender l'espace. De nombreux thèmes ont également été plébiscités : la randonnée et l'itinérance, le changement climatique, les questions de compensation carbone, le transport, la mer, les océans, les parcs naturels ou nationaux ; ainsi que les tendances fortes du monde du tourisme mettant en exergue l'émergence du voyage en direct, l'apparition de clusters, start-up, labs, et autres innovations d'un secteur jamais à court d'idées.

L'envolée du cyclotourisme

Avec un maillage cyclable de près de 13 000 kms pour un objectif de 21 000 kms à l'horizon 2030, 35 000 emplois concernés, plus de 8 millions de séjour vélos vendus et quelques deux milliards d'euros de retombées pour les territoires, la France est définitivement devenue une terre d'accueil pour le vélotourisme. Un secteur qui a vraiment connu un développement conséquent ces dix dernières années et auquel nous avons consacré de nombreux dossiers année après année afin de valoriser l'ensemble des acteurs impliqués et le développement des routes du vélo.

Le vélotourisme passe le grand braquet !

Jérôme Bourgine | 26 juin 2013

Parce qu'il permet de découvrir des régions entières de manière autonome, à un rythme humain autorisant flâneries et rencontres, avec très peu d'impact négatif sur l'environnement, le vélotourisme connaît dans notre pays un succès croissant, relayé très dynamiquement par des territoires pour qui ce mode de tourisme n'offre que des avantages. Petit état des lieux de la planète "petite reine".

Le vélotourisme durable par nature

Il y a deux ans, la famille Levert a loué des bicyclettes sur son lieu de vacances (on en trouve désormais partout) pour faire un petit tour dans le coin. Chemin faisant, elle a croisé les Allgreen, touristes anglais qui, de leur côté, avaient loué des vélos pour 3 jours et opéraient une boucle itinérante, trouvant cela "terrific !". L'an dernier donc, les Levert ont fait la même chose et cette année, leurs propres montures solidement arrimées à la voiture, ils découvrent la Vendée au fil d'un circuit organisé de 8 jours...

Ainsi en arrive-t-on aujourd'hui au joli chiffre de **plus de 8 millions de séjours vélo-touristiques vendus en 2011 en France** (3,7% de l'ensemble des séjours). En quelques années, cette pratique vivement recommandée par les écologistes comme par les médecins a fait des émules dans toutes les classes sociales et parmi toutes les catégories de vacanciers, des seniors aux bandes de copains en passant par les familles, portant le vélo au rang de second sport le plus pratiqué en vacances.

Il faut dire que notre pays offre de ce côté là un **formidable terrain de jeu, constituant la seconde destination mondiale du tourisme à vélo !** Car nous ne faisons que découvrir ce que les étrangers savent depuis longtemps : un quart des visiteurs de notre pays (un quart !!) le découvrant déjà "à bicyclette".

Pas étonnant donc de voir l'offre se structurer et gagner en qualité autour d'un label **"Accueil Vélo"** regroupant des prestataires de services passionnés et très axés sur la dimension humaine de l'accueil et du conseil. Pas étonnant non plus de voir que les territoires français considèrent désormais le vélotourisme comme un puissant facteur d'attractivité et misent d'autant plus sur cette formule qu'elle fidélise remarquablement.

Les territoires à la rescousse

Tout part d'une règle économique très simple : **"1€ investi dans l'infrastructure de voies cyclables touristiques = 1€ de retombées économiques locales"**. Sachant qu'en plus, un vélotouriste dépense en moyenne 65 €/jour là où un touriste "classique" n'en dépense que 54, le calcul est vite fait. En 2010, 7 000 km de voies cyclables supplémentaires ont été aménagées et on arrivera bientôt à un total de 20 000 km dans l'hexagone.

2012 fut une année touristique maussade ? En rapportant 15 millions d'euros de retombées, le superbe programme **La Loire à Vélo** a tout simplement sauvé la saison. Une réussite exemplaire que ce programme a initié voici une dizaine d'années, dans le but de relier entre eux tous les points d'intérêt du Val de Loire par un réseau de pistes parfois sublimes (certaines ne longeant pas le fleuve, mais étant aménagées au-dessus !).

Une référence absolue, sans être pour autant une première, "Le Tour de Bourgogne à vélo" existe depuis 15 ans et l'Alsace à vélo fait découvrir ses vignobles depuis fort longtemps également. Depuis, les grands itinéraires se multiplient, la Vélodyssée (1 250 km !) inaugurée récemment part de la frontière espagnole, remonte toute la côte atlantique et conduit jusqu'en... Angleterre ! En tout, près de 20 programmes régionaux d'envergure, avec une forte implantation dans l'Ouest du pays (moins de côtes raides !).

Devant cette manne, les territoires se mobilisent, créent de nouveaux circuits, thématiques entre autres, communiquent, se fédèrent en **réseaux** et récompensent les plus belles initiatives, pour le plus grand profit des voyageurs et d'acteurs touristiques qui, eux aussi, sont entrés dans la danse. Car, le vélo, c'est bien beau, mais quand on est une petite famille recomposée comptant 5 enfants, on en fait quoi des bagages ?!... On se les fait porter à l'étape suivante, tout simplement.

Vers l'horizon et au-delà...

Les formules à la disposition du voyageur couvrent en effet à présent tout le spectre de cette "niche" en passe de se faire chenil. De la location simple d'un gîte (avec vélos !) débouchant sur des "sorties liberté" en étoile, jusqu'au circuit "tout compris" (hébergement, restauration et même guide-accompagnateur). Que l'on choisisse de relier ses étapes par la route ou en coupant à travers champs et montagnes en VTT. Au nombre des **principaux acteurs** présents sur ce marché citons, pour les ballades en France et vélo traditionnel : Rando Vélo, La Bicyclette Verte ou encore Le Vélo Voyageur. Et du côté du VTT, le spécialiste Arcanson, Terre d'Aventure et Velorizons, filiale d'Allibert. Autant de TO qui proposent à leurs clients de découvrir par ce moyen les coins les plus beaux et les plus sauvages, de France ou du monde entier, à commencer par l'Italie, très prisée sur deux roues ou encore l'Allemagne, deux pays où l'on promeut cette forme de tourisme depuis de longues années déjà.

Il faut dire que sur ce secteur répondant à l'essentiel des critères d'un tourisme durable (respect de l'environnement, contact avec l'habitant, retour économique vers ce dernier...), les Français (90 km/an/personne) ont encore une longueur de retard sur les autres Européens qui en sont, eux, à... 300 km en moyenne. Tant mieux, cela signifie que cette formule de voyage possède encore devant elle une marge de développement considérable.

Côté pratique, enfin, depuis le printemps dernier, les touristes à vélo dispose d'un site de référence particulièrement bien renseigné et pratique : France Vélo Tourisme.

On parle de vélotourisme pour désigner la pratique occasionnelle et vacancière du vélo. Le cyclotourisme est quant à lui structuré autour d'une fédération et de clubs, recouvrant une pratique déjà plus sportive...

EuroVelo et Grands itinéraires cyclables en France

Geneviève Clastres | 3 juillet 2013

Pédaler sur les routes d'Europe, de France et de Navarre c'est possible, c'est sain, et même économique ! En outre, au-delà de l'aspect sportif, c'est l'occasion de découvrir un territoire, son patrimoine et ses habitants à un rythme raisonnable. Sain, durable, économique, et si le vélo était l'avenir de l'homme ? Pas impossible, quand on voit les moyens que déploient pays, régions, et départements pour aménager de nouvelles routes, voies, via, et autres espaces. De l'Europe à l'hexagone, présentation des itinéraires aménagés (ou en cours...) pour faire du vélo un trait d'union vagabond et durable entre pays et régions du monde.

Le projet EuroVelo

Depuis 1995, **EuroVelo est un projet porté par l'European Cyclists' Federation** (ECF), il comprend un réseau de 14 itinéraires (45 000 kilomètres) qui, à l'horizon 2020, devraient encore s'étendre pour représenter 70 000 kilomètres. Géré directement par l'ECF, le projet est coordonné dans chaque pays par des relais nationaux, soit 23 coordonnateurs ou centres nationaux de coordination pour EuroVelo, qui se doivent de soutenir et d'encourager la mise en œuvre des itinéraires. Ces derniers traversent au minimum deux pays d'Europe et s'étendent sur au moins 1 000 kilomètres de réseau routier secondaire, voies vertes et Véloroutes, avec la validation de l'ECF.

Pour l'heure, très peu d'itinéraires ont été réalisés entièrement au niveau européen, seuls EuroVelo6 et 15 sont à peu près finalisés. **Un site internet permet de mieux les connaitre et de les appréhender**, avec des informations vélo glanées dans 42 pays européens (météo, risques d'inondations, stations recommandées, réglementations en vigueur, etc.) mais aussi, les différents sites à ne pas manquer, le patrimoine culturel, les bons plans, et, évidemment, la progression du réseau dans les différents pays.

Ces différents itinéraires peuvent être empruntés par des cyclistes confirmés qui font des traversées ou tout simplement une excursion d'une journée. De nombreux guides et cartes sont diffusées par les pays partenaires via les centres nationaux de coordination (en France Les Départements et Régions Cyclables) pour aider les vacanciers. L'EuroVelo12, Véloroute de la mer du Nord et l'EuroVelo13, Véloroute du rideau de fer (en cours de réalisation) font partie des plus emblématiques.

Les Grands Itinéraires Cyclables en France

En France, l'objectif d'EuroVelo est d'atteindre 6 180 km pour sept itinéraires complets d'ici 2020. Parmi ces sept itinéraires, trois ont été entièrement finalisés (EV1, 6 et 15), les autres sont en cours de réalisation. Ils se poursuivent ensuite dans un ou plusieurs pays voisins et, pour certains, reprennent des itinéraires emblématiques au niveau national dont une partie des voies vertes ou plan vélo nationaux (exemple de la Loire à Vélo repris par l'EuroVelo 6).

EuroVelo 1 : La Vélodyssée

L'un des rares à être achevé à 100% en France. Depuis le port de Roscoff, la Vélodyssée longe presque exclusivement la côte atlantique jusqu'à Hendaye avant de filer vers l'Espagne (elle arrivait d'Angleterre, également engagée – départ d'Ilfracombes).

EuroVelo 3 : Véloroute des pèlerins

Cet itinéraire traverse l'hexagone en diagonale. Il est en création et n'a pas de site et d'offre touristique aboutie. A terme, 1586 kilomètres sont prévus depuis Jeumont dans le nord jusqu'à Saint-Jean-Pied-de-Port en passant par Senlis, Paris, Orléans, Poitiers, Bordeaux, Dax, etc.

EuroVelo4 : VéloRoute de l'Europe Centrale

L'itinéraire suit les côtes de la Manche puis de la Bretagne (Roscoff) jusqu'au Nord-Pas-de-Calais (Dunkerque, Calais). Certains tronçons sont encore en projet et d'autres rattachés au Tour de Manche et Cycle West, un circuit déjà existant. A terme, 1 398 kilomètres sont prévus.

EuroVelo5 : La Via Roma Francigena

Longeant le nord de la France, cette "via" est encore en cours de structuration. Elle passe notamment par Calais, Béthune, Lille et Roubaix puis rejoint l'Alsace et Strasbourg. A terme, 584 kilomètres sont prévus.

EuroVelo6 : VéloRoute des Fleuves

L'itinéraire, entièrement finalisé, longe la Loire et reprend l'ensemble du tronçon de la Loire à Velo avant de rejoindre la Bourgogne (sur une partie du Tour de Bourgogne à vélo) puis la Franche-comté. En tout, 1 269 kilomètres sont couverts.

EuroVelo8 : VéloRoute de la Méditerranée

Le parcours est pour l'heure en projet, à peine ébauché, il permettra de relier les villes méditerranéennes de Narbonne à Nice (depuis l'Espagne et en allant vers l'Italie). En tout, 830 kilomètres sont prévus.

EuroVelo15 : La route du Rhin

Le parcours, géré en coopération avec l'Allemagne, suit le Rhin depuis la ville d'Huningue jusqu'à Lauterbourg. La partie française, entièrement finalisée, couvre 207 kilomètres.

Les véloroutes et voies vertes

Au-delà des tronçons cyclables repris dans les itinéraires EuroVelo, la France compte plusieurs parcours de dimension nationale tel les emblématiques ViaRhôna, Loire à Vélo et Tour de Bourgogne. Ils sont alors coordonnées par une région, un ou plusieurs départements voire des associations spécialisées. Il est difficile de tous les citer ici, en voici quelques-uns.

L'Avenue Verte London-Paris

Depuis 2012, un itinéraire balisé permet de rallier Paris et Londres à vélo via la Normandie et une liaison transmanche Dieppe-Newhaven. Côté français, on rejoint Paris par des petites routes balisées et voies vertes via l'Eure, l'Oise, le Val-d'Oise, les Yvelines, les Hauts-de-Seine et la Seine-Saint-Denis.

La Véloscénie

Dernier né des grands itinéraires à vélo français, plus de 440 km de pistes cyclables, voies vertes et petites routes balisées de Paris au Mont Saint-Michel, en passant par la tour Eiffel, Notre-Dame de Paris, la cathédrale de Chartres, l'intimité du Perche et le bocage normand.

La ViaRhôna

La ViaRhôna est un incroyable parcours cyclable qui reliera à terme la frontière Suisse à la Camargue en suivant le plus beau des guides : le Rhône. L'itinéraire alterne les voies vertes et les voies partagées, en tout, près de 200 kilomètres de voies vertes et 78 kilomètres de véloroutes à trafic faible.

Le Tour de Bourgogne à vélo

Premier réseau régional de véloroutes, le Tour de Bourgogne vise à devenir, à terme, une boucle en continu de plus de 800 kilomètres mettant en liaison les quatre départements bourguignons afin de valoriser leurs principaux attraits (patrimoine, cités, de caractère, vignobles, services, hébergeurs, etc.). L'ensemble emprunte des voies

vertes, des chemins de halage, des chemins de vignes, des voies ferrées désaffectées et des petites routes de campagne.

A découvrir aussi le développement de la Véloroute de l'Entre Deux Mers avec l'aménagement des berges du canal du Midi, les véloroutes et voies vertes de Bretagne, etc.

Les trésors méconnus de la France à vélo

Geneviève Clastres | 21 mars 2014

Trois millions de français utilisent le vélo dans leurs déplacements quotidiens, dix-sept millions en font au moins une fois par semaine. A l'orée de 2014, on estime à près de 10 000 kilomètres l'étendue des "véloroutes" et voies vertes qui sillonnent notre hexagone. Et pourtant, ce mode de transport durable, sain, économique, démocratique, ce bicycle proche du territoire et de ses intérêt, cette monture d'acier qui se pourrait être l'avenir de l'homme reste toujours un bien méconnu, un allié sous-évalué, n'en déplaise au ministre des transports, Frédéric Cuvillier, qui, lors de l'élaboration du plan vélo tout juste dévoilé, s'est lui-même déclaré surpris de l'impact économique du vélo, quelques deux milliards d'euros de retombées pour les territoires. Alors, à quand une prise de conscience réelle de l'enjeu vélo par l'ensemble des élus et des institutions ? Le deux roues ne demande qu'à décoller…

Plan Vélo en roue libre

L'actualité est toute fraîche. Le 5 mars dernier, Frédéric Cuvillier, a présenté **les 25 mesures du tout nouveau plan vélo.** Au-delà des points qui concernent le code de la rue (généralisation des double-sens cyclables, sanctions augmentées pour les véhicules garés sur les places dédiées au vélo, possibilité pour les cyclistes de quitter la droite de la chaussée en cas de danger, etc.) ou **l'intermodalité** (facilité de correspondances entre train et vélo, places de stationnements sécurisées réservées aux cycles dans chaque gare…), le plan prévoit de développer les itinéraires de loisir pour faire passer d'ici à 2020 la part des séjours à vélo de 3 à 6 % dans l'ensemble des séjours touristiques. A la clef, la création de quelques 12 000 emplois touristiques et près de 2 milliards de chiffre d'affaire supplémentaires.

Pour les Départements & Régions cyclables (DRC), l'ensemble de ces mesures visant à promouvoir le tourisme à vélo vont dans le bon sens mais il manque le volet financement. Directeur de France Vélo Tourisme (FVT), Philippe Coupy est quant à lui déçu d'un plan où le volet tourisme n'est pas à la hauteur des enjeux économiques. Sans compter qu'une promotion puissante du tourisme à vélo aurait un impact positif sur l'image du vélo et encouragerait sa pratique auprès d'un large public.

L'avenir nous tend les pédales…

Alors, que faire à l'avenir ? Un document des DRC préconise entre autres de mettre en place une véritable **politique nationale pour la promotion du tourisme à vélo** en France avec le soutien d'Atout France et la reconnaissance de la filière vélotourisme. Il appelle également à plus d'engagements et de financements étatiques. Interrogé, Philippe Coupy (FVT) précise : *"Il manque encore bien des choses, une continuité sur l'ensemble des itinéraires incluant l'interface avec les villes, nombre d'infrastructures, et surtout, une visibilité institutionnelle.* ***Beaucoup d'élus ne connaissent pas ou peu le projet France Vélo Tourisme or depuis quelques années, il se passe beaucoup de choses à l'initiative de nombreux acteurs publics et privés****"*. Toutefois, sans budget, il sera difficile d'avancer et de rattraper le train de retard que l'on a sur des pays comme la Suisse, l'Allemagne ou l'Autriche. *"La fondation Suisse Mobile dispose d'un budget de 2 millions d'euros par an soit proportionnellement plus de 10 fois le budget français actuel."* Certes, rattraper un train à vélo n'est pas simple, mais vu le décollage du vélotourisme en France, on peut espérer que le miracle finisse par se produire.

Comment le vélo-tourisme relance la pratique quotidienne du vélo…

Jerome Bourgine | 26 août 2015

Les acteurs du tourisme à vélo sont unanimes : l'engouement actuel pour cette forme de mobilité active durant vacances et loisirs possède un effet secondaire tout aussi bénéfique. Partout en France, la multiplication des infrastructures, signalisations et autres VAE (Vélo à Assistance Electrique) contribuent de manière sensible à relancer la pratique quotidienne du vélo. Reste, au niveau institutionnel, à en tirer les conclusions qui s'imposent et à agir en conséquence…

Le Vélo dans le monde, maillon fort d'une chaîne sociale pour un développement durable !

Geneviève Clastres | 29 juin 2015

Le vendredi 5 juin, à l'occasion de Velo-City, une table ronde passionnante s'est tenue à la cité internationale des congrès de Nantes. Elle a confirmé l'importance du rôle à jouer pour le vélo au nord comme au sud, mettant en lumière combien la bicyclette, au-delà d'être un enjeu de développement durable, est également un atout d'égalité sociale et de désenclavement sociétal pour de nombreux pays pris dans une course au développement, une course certes effrénée, mais trop peu analysée et remise en cause.

Parce qu'il faut que les roues tournent !

Il y a encore 20 ans, les villes chinoises étaient envahies par des centaines de bicyclettes filant le long des artères. Vingt ans plus tard, les voitures ont envahi le monde urbain. La pollution aussi. Les klaxons ont remplacé les sonnettes. La rue qui était alors un espace accueillant et ouvert s'est refermée sur le flot des voitures. A chaque siècle son encre. Et ce besoin de reproduire les mêmes modèles qui ont pourtant montré leur limite. Irréversible ? Sûrement pas. **Les choses bougent et les Chinois sont bien conscients qu'il est urgent de revenir à des schémas plus durables**. Cyclicité des cycles. En Afrique, les choses aussi ont besoin d'évoluer et de changer d'angles. Urbaniste et enseignante à l'Université de Makerere, Kampala (Ouganda), Amanda Ngabirano regrette que **le vélo ne soit pas plus reconnu en Afrique**. *"La plupart des leaders africains ne comprendraient pas pourquoi nous sommes là à discuter de vélo. La différence entre les pays du nord et les pays du sud, c'est qu'au sud, les vélos sont invisibles"*. Dans le mouvement d'urbanisation qui touche l'Afrique, la mobilité est un point critique, la priorité est donnée à la voiture. Les vélos ne sont pas reconnus. Les cyclistes sont surtout des pauvres et aucune infrastructure n'est prévue pour leur donner un peu d'espace, un peu d'air.

Ces villes mutantes qui pédalent de l'avant

A Istanbul aussi, on aimerait bien donner un coup de pédale de plus pour le vélo. Directrice exécutive Embarq Türkiye, Arzu Tekir s'interroge sur comment intéresser et motiver plus de personnes sur les avantages du vélo, afin de créer **un environnement durable pour les habitants**. *"A Istambul, il n'existe pas d'infrastructures pratiques. Et pourtant, grâce au vélo, les gens deviennent égaux, s'approprient équitablement la cité."* Dans le monde entier, villes et décideurs sont en pleine réflexion. Chacun à son niveau, à son stade de développement. Certes, les villes du nord sont en avance mais là aussi, le vélo a du s'imposer. Vice-présidente de la Communauté urbaine de Bordeaux et maire de Bruges(France), Brigitte

> ***Il faut nous aider à faire prendre conscience aux décideurs africains que le vélo doit être pris au sérieux.***

Terraza explique comment sa ville s'est peu à peu engagée pour la petite reine : ***"Il y a quinze ans, Bordeaux s'est engagé dans un vaste programme de développement du tramway et des pistes cyclables**. Il s'est accompagné d'une campagne pour inciter les habitants à reprendre leur vélo. On a joué sur l'image du vélo mais aussi, on a mis en place une politique de tarification encourageante (pour 1 € de plus, accès au vélo en libre service). Cela a boosté l'image du vélo dans la métropole."* Bordeaux a également fait sortir de terre de grands parkings de proximité à la sortie des rocades, ce qui a permis de faire le relais avec le Vélo Service.

Tirer les sonnettes d'alarme

Amanda Ngabirano en est convaincu. **En Afrique** aussi, pris sérieusement, **le vélo pourrait être un allié pour aider les enfants à aller à l'école**, favorisant ainsi l'accès à l'éducation. Il a un grand rôle à jouer. Economique, sain, facile, il pourrait aussi permettre aux femmes qui n'ont pas toujours le droit de conduire de retrouver du travail. Au-delà du simple mode de transport, il représente **un véritable enjeu social et d'égalité des sexes**. Mais, pour cela, il y a beaucoup de travail à faire, de combats à mener, et Amanda se sent bien seule, elle qui arpente les salons, les conférences, en appelle à l'aide des organisations locales, nationales, à la communauté mondiale du vélo. *"Dans la plupart des pays d'Afrique, il y a beaucoup à faire. Mais il faut nous aider à faire prendre conscience aux décideurs africains que le vélo doit être pris au sérieux. La classe moyenne n'en a même pas idée. Chez nous, si un cadre supérieur arrive au bureau à vélo, il sera considéré comme un original."* **Malheureusement, pour l'heure, le budget transport de pays africains comme l'Ouganda ou le Kenya est à 100% consacré à la voiture**. Et dans le monde, nombreux sont les pays à se heurter à des résistances en tout genre. Depuis la salle du congrès, Raoul (Vénézuela), explique que pour lui, le vélo est un espoir, mais que le gouvernement n'est pas très aidant lui qui va jusqu'à payer l'essence pour les voitures. Jacky (Melbourne) se plaint quant à elle des nombreuses frilosités du monde politique australien.

Tous en selle !

Envers et contre tout, les choses changent peu à peu. A Istanbul, le ministère a lancé un plan stratégique de développement sur dix ans. En outre, le département de la santé a décidé de donner un million de vélos aux villes qui développeront les infrastructures adéquates. Arzu Tekir : *"Nous avons aussi un système de partage des vélos que les gens adorent, le "Bike sharing system". Tous les dimanches, de grandes artères sont fermées à la circulation et les gens peuvent faire du vélo. C'est un vrai succès."* Dans la salle, une représentante de Singapour témoigne également de l'implication de son gouvernement pour le vélo : *"On est petit, mais le gouvernement fait beaucoup pour le vélo. Pour 2020, notre challenge est de faire de Singapour une 'cycling nation'"*. Un autre témoignage enchaîne sur les initiatives prises au Brésil, où là aussi un programme spécifique pour le vélo est en train d'être mis en place.

> ***Si la France pédalait autant que les Allemands, on ferait 15 milliards d'euros d'économie de santé et on augmenterait de 27% le chiffre d'affaire du tourisme lié au vélo.***

Parce qu'il y a aussi des freins...

Chacun se bat donc avec ses armes mais le degré de maturité "vélo" d'un pays à l'autre reste très variable. Amanda Ngabirano : *"Chez nous, l'addiction aux voitures est trop forte, les gens veulent posséder leur véhicule. Malheureusement, pour les plus pauvres, 50 % des revenus passe dans les transports."* **Socialement, le vélo pourrait être un moyen de casser le fossé entre les riches et les pauvres,** mais les programmes peinent à démarrer. Amanda : *"En Ouganda, la population est très jeune. A petite échelle, le bicycle sharing commence, surtout pour les étudiants. Au Kenya au contraire, c'est très frileux. A Nairobi, les rues sont pleines d'inhospitalité, elles ne sont pas faites pour les humains."* Même dans des villes comme Bordeaux, plus sensible à ces problématiques, les choses ne sont pas toujours gagnées. Brigitte Terraza : *"Malgré les investissements, près de 70 à 75% des transports se font toujours en voiture. Nous menons une réflexion sur comment inciter les locaux à utiliser le vélo. C'est un changement de vie qui est en jeu."* En ce sens, la municipalité ne lésine pas. **A Bordeaux, quand un nouveau citoyen arrive, un conseiller en mobilité de la ville prend de suite contact avec lui** et l'encourage à utiliser le vélo. En outre, la ville compte également sur le tourisme et le développement de grands circuits de randonnées à vélo dans la région pour que le vélo loisir devienne peu à peu un élément du quotidien.

Sortir la tête du guidon...

Et si on levait enfin la tête. Tout près de chez nous, les choses changent... les Départements et Territoires Cyclables de France font un gros travail de lobbying pour faire voter des textes qui favorisent les deux roues. Début juin, une loi a ainsi été votée pour que les entreprises donnent une prime aux salariés qui viennent au travail en vélo. Certes, il y a cinquante ans, le patron arrivait en voiture et les ouvriers à vélo. Aujourd'hui, c'est presque l'inverse. Mais gageons que la loi aidera à retourner la situation. De même, France Vélo Tourisme aide à la mise en place de véloroutes et voies vertes. Là aussi les choses progressent. Il n'est jusqu'aux voyagistes pour proposer à présent des catalogues entièrement centrés sur le vélo, à l'image de Terdav. Alors, certes, on voit encore trop de publicités pour les voitures quand les encarts consacrés au vélo restent rares, mais tout le monde sait aussi que le vélo est un succès pour l'économie (4 milliards d'euros pour le PIB de Grande-Bretagne !), qu'il fournit des emplois (35 000 en France !), qu'il implique des investissements. D'après le magazine TerraEco, si la France pédalait autant que les Allemands, on ferait 15 milliards d'euros d'économie de santé et on augmenterait de 27% le chiffre d'affaire du tourisme lié au vélo. Finalement, pédaler c'est résister !

The Sun Trip Tour, une échappée à vélo électrique solaire en Auvergne et en Rhône-Alpes

Guillaume Chassagnon | 21 novembre 2016

C'est à une belle aventure que vous convie Florian Bailly : 15 jours en juillet au travers des richesses naturelles, patrimoniales et routières de la région Auvergne-Rhône-Alpes ; 15 jours en vélo à assistance électrique solaire. Une façon de montrer que ce mode de déplacement novateur et d'avenir convient à tous les âges et à tous les dénivelés. Une expérience où itinérance et convivialité vont prendre tous leurs sens. Un excellent moyen de promouvoir le vélo à assistance électrique solaire.

"On a voulu se pencher et créer un concept aménagé sur un plan régional s'adressant à un panel plus large" explique, enthousiaste Florian Bailly. Et c'est vrai que concevoir un tracé dans la nouvelle entité Auvergne-Rhône-Alpes permet de satisfaire les adeptes de paysages merveilleux, de cols mythiques et de patrimoines multiples.
Les participants passeront par l'Auvergne, l'Ardèche, le Vercors, la Chartreuse, goûteront même un petit détour en Suisse. *"Il y aura des cols mythiques à gravir, pour l'aspect incontournable des lieux, mais aussi pour montrer que les VAE solaires sont adaptés à des cyclistes ayant une pratique classique du vélo, pas forcément de grands sportifs donc".* Au menu, rien de moins que le Puy de Dôme, le col de l'Iseran et ses 2 770m d'altitude, le Petit et le Grand Saint Bernard.

En outre, il est possible d'accueillir, comme lors des Sun trip internationaux, des personnes porteuses de handicaps ou âgées, le VAE permet de vivre des choses exceptionnelles. Il y aura donc des étapes obligatoires tous les deux ou trois jours et quelques passages obligés. Mais entre ceux-ci, les candidats seront libres comme l'air, et c'est bien là l'originalité de cette opération.

Chrystelle Beurrier, présidente des Départements & Régions Cyclables, revient sur les 20es Rencontres du réseau !

Geneviève Clastres | 30 septembre 2016

Les 22 et 23 septembre dernier, les Départements & Régions Cyclables (DRC) ont tenu leurs 20es Rencontres en Alsace, territoire emblématique pour le vélo. Afin de marquer durablement ce 20e anniversaire et dans l'optique de 2030, de nombreuses collectivités se sont engagés dans une déclaration "Les territoires à vélo". Retour sur cet évènement avec Chrystelle Beurrier, présidente des DRC.

VA : Quel est l'objectif de la déclaration "Les territoires à vélo" ?

L'idée était de fédérer et de réinscrire des objectifs à l'horizon 2030 avec quatre points essentiels : achever le maillage cyclable de notre territoire avec d'ores et déjà 12 700 kms réalisés pour un objectif de 21 000 kms ; continuer notre chantier éducatif visant à faire du vélo un outil de mobilité à part entière, une réponse face au défi climatique mais aussi un outil de santé et de bien-être ; faire de la France la première destination mondiale pour le tourisme à vélo, et l'on sait que les retombées économiques sont considérables ; fédérer tous les acteurs nationaux pour porter la France au rang des grandes nations cyclables et participer à une **ambition européenne** pour le vélo.

VA : Quels sont les territoires les plus engagés ?

L'Alsace et La Loire à Vélo sont deux territoires pilotes. Ils ont pu constater que leurs investissements généraient de vrais retours. Par exemple, en Alsace, les retombées concrètes des touristes à vélo sont de 105 € par jour et par personne. Quant à La Loire à Vélo, elle accueille 935 000 cyclistes par an. Ces deux territoires ont commencé tôt leur schéma de développement et d'itinéraires et en récoltent aujourd'hui les résultats.

VA : Une table ronde a initié une prospective pour 2030, quels sont les projets ?

L'idée est d'aller plus loin dans tous les domaines. Par exemple, développer toujours et encore le vélo à assistance électrique, et donc les bornes rechargeables. Autre chantier, le label "Accueil Vélo", à étendre plus largement sur le territoire national. Plus anecdotique mais intéressant, on a évoqué l'idée de selles plus larges, pour le confort du cycliste. La question de l'éducation au vélo a également été posée, ainsi que celle des gares et du lien vélo-train pour faciliter l'usage du vélo partout en France. On aimerait qu'en 2030, tous les enfants aient appris à faire du vélo, quand c'est loin d'être le cas aujourd'hui.

VA : La préoccupation du vélo pour tous est partagée par de nombreux acteurs – des partenariats sont-ils envisageables ?

Nous travaillons beaucoup avec la Fédération française des Usagers de la Bicyclette (FUB), qui a produit des référentiels sur l'usage du vélo pour inciter les scolaires. Par exemple, une fiche sur les sorties scolaires à vélo vient d'être publiée. De même, il serait intéressant de généraliser les permis vélo à toutes les écoles.

VA : Les DRC et les Voies Navigables de France (VNF) ont également signé un partenariat ...

Tout à fait, nous travaillons au développement des voies vertes sur les berges des voies navigables et avec Voies Navigables de France, nous avons signé un accord pour faciliter l'aménagement des berges au regard des territoires et des propriétaires fonciers. En ce qui concerne les propriétaires privés, il reste parfois des points durs mais tout est question d'information, de concertation, de bon sens.

Cinécyclo : les aventures solidaires de Vincent Hanrion

Sophie Squillace | 17 octobre 2017

Fin 2015, Vincent Hanrion effectue un voyage de 3000 km à travers le Sénégal pour expérimenter un cinéma itinérant à vélo électriquement autonome. Son film, *"L'étranger et l'enfant peul"* raconte ce périple extraordinaire de 6 mois, la naissance d'une amitié et d'un projet plein d'avenir. Embarquez au festival du Grand Bivouac du 20 au 22 octobre 2017 pour découvrir l'aventure Cinécyclo !

Rendez-vous aux Ecrans de l'Aventure

Lauréat de la bourse Aventure Labalette de La Guilde en 2015, Vincent sera présent cette année avec Yoro et leur film sera diffusé samedi 7 octobre à 14h entre Solar Impulse, l'impossible tour du monde, en présence de Bertrand Piccard et Octobre Blanc, sur les sommets de la Révolution, la dernière aventure de Sylvain Tesson au Tadjikistan. Parallèlement, une exposition photographique dédiée au Cinécyclo Tour du Sénégal se tiendra sur les grilles du jardin Darcy, sur le chemin entre les cinémas Olympia et Darcy où sont projetés les films du festival. Comme nous le rappelle Vincent : *"Cette 26e édition ne présente pas moins de 13 films d'aventure en avant-première, c'est un évènement exceptionnel, l'occasion de voir les meilleures productions audiovisuelles, de rencontrer les professionnels de l'image, les aventuriers et les voyageurs."*

La montagne s'engage

> À la fois terrain de jeu et environnement sauvage, manne économique et espace naturel fragile, le milieu montagnard subit une forte pression touristique. Toutefois, en dix ans, le paysage a grandement évolué : apparition de nouveaux labels (Flocon Vert, Alpine Pearl), développement de plans climats dans les stations de ski, réflexion sur des outils pour pallier au changement climatique… les chantiers sont nombreux et quelques personnalités émergent, que nous avons eu beaucoup de plaisir à rencontrer.

Une Montagne de solutions durables

Sébastien Repéto | 1er janvier 2013

Cet hiver, Voyageons-Autrement.com vous propose un dossier montagne, qui répertorie et interroge les acteurs et les destinations proposant une approche différente. Tour d'horizon des démarches de tourisme durable en montagne.

Destination de montagne, quels engagements ?

Avec plus de 300 stations de ski, la France est le premier domaine skiable d'Europe et représente 30% de l'offre mondiale. Une véritable manne financière que se partagent communes et groupes privés, et qui profite bien souvent à l'activité économique des vallées environnantes. Cependant, on ne peut résumer la montagne à ses stations de ski. D'autres activités, plus douces, y sont pratiquées comme la randonnée en raquettes, le ski de fond ou le ski de randonnée. Depuis toujours, l'homme et la montagne entretiennent une relation basée sur un équilibre fragile.

Pour préserver cet équilibre, **120 personnalités ont décidé de lancer un Appel pour nos montagnes**. Conscients des menaces qui pèsent sur les montagnes et les hommes qui y vivent et en vivent, les signataires de cet appel souhaitent un changement de cap. Une remise en question des modèles économiques mis en place *"dont les montagnes ne peuvent désormais plus absorber les dérives et fuites en avant en tout genre."* Les stations elles, essaient dans le pire des cas de se verdir un peu, et dans le meilleur, de réinventer leur organisation afin de limiter au maximum leurs impacts environnementaux et sociaux.

S'engager est une bonne chose, mais encore faut-il être capable d'analyser ses actes pour continuer de progresser. Pour cela, 44% des stations de ski ont fait le choix de mettre en place un **Système de Management Environnemental (SME)**, tel l'EMAS, la norme ISO 14 001 ou encore la certification Green Globe. L'objectif d'un SME est de prendre en compte l'impact environnemental de ses activités, d'évaluer cet impact et de le réduire. La sensibilisation du personnel en matière de tri des déchets, d'économie d'énergie ou encore de transport est au cœur de cette démarche.

Du côté des communes, 48 ont fait le choix de signer la **Charte Nationale des Stations de Montagne en faveur du Développement Durable**. Lancée en 2007 par l'association nationale des maires et des stations de montagnes, elle a pour objectif d'aider les communes à passer à l'action. Diagnostic, concertation et amélioration continue constituent le socle de huit plans d'action et 130 engagements que les stations signataires s'engagent à mettre en place.

Les labels du tourisme durable en montagne

Une vingtaine de stations sont labellisées Village de Neige par les Stations Vertes. Ce label assure d'une bonne qualité d'accueil, des animations et des loisirs en pleine nature, le tout respectant les valeurs de l'écotourisme. Cet hiver, l'association Mountain riders lance le **label Flocon Vert** afin d'aller plus loin dans la valorisation des stations éco-engagées. Il a pour objectif de garantir l'engagement durable des destinations touristiques de montagne, qui doivent répondre à 31 critères pour obtenir le précieux sésame.

Dans les Alpes, 28 stations ont fait le choix de se regrouper autour du réseau **Alpine Pearl**. Initié en 2006 par 17 communes, ce réseau européen en regroupe aujourd'hui 28, dans six pays différents. Les Gets et Pralognan la Vanoise sont les deux stations françaises du réseau. Protection du climat et vacances écologiques caractérisent ces perles des Alpes qui toutes s'engagent pour la mobilité douce en montagne, l'utilisation d'énergies alternatives, l'accessibilité à des vacances écologiques, et la valorisation du patrimoine local, tant gastronomique que culturel.

Organiser un séjour responsable à la montagne

Pour toutes celles et ceux qui souhaitent organiser leurs déplacements en montagne de façon responsable, il existe aujourd'hui des solutions.

Tout d'abord, consulter **l'éco-guide des stations** de montagne édité chaque hiver par l'association Mountain Riders. Les stations y sont notées selon leurs engagements dans les Transports, l'Energie, l'Aménagement, l'Eau, les Déchets, le Social, et le Territoire.

Le transport est la première source de pollution en montagne. Pour limiter son impact, il existe des **services de co-voiturage** dédiés aux skieurs comme par exemple les sites www.skivoiturage.com ou encore www.go-shred.com. Pour ceux qui souhaitent partir en randonnée, Mountain wilderness, propose la plate-forme Changer d'approche sur laquelle on trouve plus de 10 000 itinéraires en montagne accessibles en transports en commun.

Pour vos vacances en famille, faites confiance aux éditions Elka qui font référence dans le domaine pédagogique avec leurs Carnets de Vacances dans les Alpes. Une sensibilisation ludique à l'environnement montagnard par le biais de jeux et de quizz.

Enfin, certains tours opérateurs sont spécialistes des séjours en montagne. La plupart sont labellisés ATR (Agir pour un Tourisme Responsable) dont Allibert Trekking, La Balaguère ou encore Chamina Voyages. L'association VVE regroupe quant à elle de nombreux acteurs du tourisme de montagne qui s'engagent au quotidien, pour qu'enfin nous ayons une approche différente de la montagne.

Le tourisme pyrénéen face au défi climatique

Geneviève Clastres | 2 juillet 2013

Le séminaire de clôture de Transversalis Action 3 mené par l'ISTHIA s'est tenu mardi 25 juin à Foix. A l'heure où les Hautes Pyrénées sont touchées par des inondations dramatiques, il a permis de mettre en lumière les différentes actions visant à adapter les choix touristiques au changement climatique et à réfléchir à un tourisme facteur de développement durable pour le territoire pyrénéen. Au-delà de la question du changement climatique, celle de quel tourisme pour quel développement dans nos montagnes est posée.

Le changement climatique : des complaintes aux solutions !

Directeur adjoint de l'ISTHIA (Toulouse 2) et universitaire passionné de montagne, Pierre Torrente a piloté l'Action 3 du programme Transversalis. Pour lui, **pas question d'avoir une vision catastrophiste du changement climatique**, au contraire, il faut s'adapter, proposer des réponses et des outils, avoir une vision dynamique des choses : *"Dans la question du tourisme, le changement climatique peut aussi être une opportunité. L'important, c'est surtout la phase de transition, trouver des réponses de bon sens et ne pas hésiter à faire appel aux technologies les plus avancées"*.

L'ISTHIA boucle ce jour l'Action 3 du programme Transversalis, visant à répondre à la question du tourisme et développement durable dans les territoires pyrénéens. Vaste question pour trois années d'actions concertées, la mise sur pied d'une plateforme d'information des métiers du tourisme de montagne pyrénéen et un outil d'aide à la décision pour les porteurs de projets touristiques, qu'ils soient publics ou privés, permettant de mieux apprécier les potentialités d'un tourisme vecteur de développement, prenant en compte le changement climatique et ses enjeux. Les projets ne manquent pas dans cette Ariège dynamique qui tient à jouer son rôle dans les débats en cours sur l'avenir de ses massifs. Au-delà de Transversalis, la création prochaine d'un Centre International des Montagnes du Sud (CIMES) est annoncée par Marc Caballido, Vice-Président de la Région Midi Pyrénées, une région qui compte déjà depuis 2010 un observatoire du changement climatique, l'OPCC.

Le changement climatique : de la recherche au terrain !

Professeur des universités en aménagement et urbanisme touristique à Pau (UPPA), Vincent Vles travaille sur les stations touristiques et leur mutation depuis trente ans. Il déplore que *"trop souvent, on demande aux collectivités de s'adapter au changement sans préciser clairement ce que l'on met derrière les mots."* Difficile, de fait, d'appliquer les résultats des études scientifiques aux réalités des stations, des régions, aux contraintes des décideurs politiques et des opérateurs de terrain. L'Institut de la Montagne de Chambéry a privilégié la confrontation, du coup son projet n'y a pas résisté ; le projet futur de CIMES devra méditer cet échec, potentialiser la production de savoir. Aux chercheurs, aussi, de sortir de leur tour d'ivoire et d'aller sur le terrain.

La rencontre entre la connaissance et les opérateurs doit avoir lieu si l'on veut avancer. Et les chiffres sont là, car, depuis les années 2000, l'information sur le changement climatique ne cesse de progresser. Postdoctorante à la Maison des Sciences de l'Homme Aquitaine et au Mirail de Toulouse, Mihaela Marc dresse le décor des Pyrénées, montrant que le tourisme d'hiver reste le principal moteur économique du territoire avec, pour 2012/2013, 23,7 millions d'euros de chiffre d'affaire générés par les remontées mécaniques dans les Pyrénées Orientales. Et si le changement climatique n'est pas signifiant sur une saison, il le devient bel et bien si l'on remonte aux années 60. A la fois victime et bourreau, le tourisme se doit donc de repenser ses activités. Quand on sait qu'une station de ski située à 1 500 mètres d'altitude a moins de 60 jours d'enneigement par saison alors qu'elle a besoin de 100 jours de neige pour être rentable, on comprend l'importance des enjeux. Certes, il y a les canons à neige et les inévitables débats qui vont avec, la neige artificielle rebaptisée neige de culture pour dédramatiser un terme devenu péjoratif (problème de gestion de l'eau)… mais une chose est sûre, le modèle de développement basé sur le tout ski a du mal à être remis en cause au vu des retombées économiques directes et indirectes que l'activité génère.

> **« *Quand on sait qu'une station de ski située à 1 500 mètres d'altitude a moins de 60 jours d'enneigement par saison alors qu'elle a besoin de 100 jours de neige pour être rentable.* »**

Le changement climatique, et demain ?

Quelles solutions pour demain ? Ambivalence. Soit l'on s'entête à dire que le tout ski n'est pas fini et on continue sur quinze-vingt ans jusqu'à ce que… Soit on tente de diversifier, de se réapproprier le territoire, autant de façons d'imaginer une meilleure mise en tourisme. Dans les années 80, certaines stations avaient tenté de sortir du tout ski (snowboard, raquette) puis du tout neige (avant que la neige artificielle ne pallie au déficit d'enneigement) mais sans succès. Dans les Alpes, la réponse semble être le développement d'immenses stations rentables mais à quel prix ! **Les Pyrénées**

ne sont pas les Alpes. Les stations ont une identité forte, beaucoup sont à taille humaine, voire familiale, fréquentées par une clientèle de proximité. Pour l'heure, la plupart sont soutenues économiquement par des régions ou collectivités conscientes de l'attractivité touristique qu'elles représentent et de toute la chaine professionnelle qu'elles font vivre mais le syndrome alpin plane. Comment faire pour garder son âme quand le ciel ne répond plus ? Certains s'appuient sur la neige de culture, d'autres font des provisions une année sur trois pour pallier aux mauvaises saisons et garder les emplois. De fait, chaque station a sa réalité propre et il faudrait pouvoir affiner au cas par cas. **Celles qui sont sur des versants ensoleillées ont sûrement intérêt à imaginer d'autres futurs** et l'exemple du Mas de la Barque (et bien d'autres encore) dans les Cévennes est sûrement à méditer. Pour d'autres, l'avenir semble plus facile. Enfin, il y a aussi la possibilité de changer nos habitudes, nos réflexes de vacanciers. Pour 2060, Mihaela Marc nous propose de revenir à des modèles d'antan, quand on allait en montagne l'été pour chercher la fraîcheur.

« Comment faire pour garder son âme quand le ciel ne répond plus ?

Peut-on alors imaginer un futur où les vacanciers privilégieraient la mer l'hiver et la montagne l'été, une inversion des tendances certes intéressante sur le tableau mais pour l'heure difficilement imaginable. Le futur des Pyrénées serait méditerranéen ? Qui sait…

Le Val d'Arly, pour "voyager" à la montagne

Sandra Bordji | 24 février 2014

Lorsque l'on est une petite destination de montagne, au cœur de la Savoie Mont-Blanc, concurrencée par la proximité de stations de renommée internationale telles La Clusaz ou Megève, comment se démarquer ? Comment faire en sorte qu'un territoire discret, aux atouts paysagers et humains indéniables mais bien loin des standards du "ski de masse", attire les amoureux de la montagne et des sports de glisse ? Eh bien, en restant lui-même, tout simplement...

Le Val d'Arly, Terre de Savoirs

Savoir-Faire, Savoir-Être, Savoir-Vivre... Voici ce qui caractérise ce territoire savoyard situé entre Aravis, Pays du Mont-Blanc et Beaufortain. Dans le Val d'Arly, ces savoirs se déclinent à travers la rencontre et l'échange, le respect de la nature et la préservation des traditions montagnardes, et se transmettent aux visiteurs. L'accueil y est personnalisé, les relations entre vacanciers et locaux sont chaleureuses. En témoigne la fidélité des visiteurs : il n'est pas rare de croiser sur les pistes des parents, qui, après avoir initié leurs enfants au ski dans le Val d'Arly, perpétuent cette transmission mais cette fois en tant que grands-parents !

Pour favoriser la rencontre et la convivialité, **le Val d'Arly met en place diverses animations**, comme "Monte dans ma Dameuse", pour découvrir le travail essentiel des dameurs, ou "Skie pas tout seul", déclinaison montagnarde du covoiturage, pour les skieurs en solo qui souhaitent partager les joies de la glisse avec d'autres. Une déclinaison "ados" de ces rendez-vous est également organisée pendant les vacances scolaires.

En intégrant le **Pays d'Art et d'Histoire des Hautes Vallées de Savoie**, le Val d'Arly affirme son attachement à son patrimoine culturel et architectural. Les savoir-faire agropastoraux continuent d'y être préservés et valorisés. Le travail du bois, l'élevage mulassier ou encore le fumage au feu de bois des charcuteries sont autant d'activités montagnardes traditionnelles qui se perpétuent.

La coopérative fruitière du Val d'Arly, à Flumet-Saint-Nicolas, a été fondée il y a plus de quarante ans par des agriculteurs locaux : Reblochon et Beaufort continuent d'y être produits selon une démarche qualitative bien plus que quantitative. La transmission fait partie intégrante de cette démarche : dans son nouvel espace culturel interactif, les visiteurs découvrent tout le processus de fabrication du Reblochon, de la collecte du lait à l'emballage du fromage. Le film "Carnet de Voyage", road-trip poétique au cœur du Val d'Arly, est également présenté dans la salle de projection de la coopérative.

Et côté glisse et activités ?

Traditions et authenticité, cela ne signifie pas pour autant faire une croix sur les sports de glisse ! Bien au contraire. Deux domaines skiables sont accessibles au départ du Val d'Arly : "l'Espace Diamant", avec ses 185 km de pistes et des panoramas exceptionnels face au Mont-Blanc, et "Les Portes du Mont-Blanc", avec plus de 100 km de pistes reliant la Savoie et la Haute-Savoie, ainsi qu'un domaine nordique olympique, pour les pratiquants de ski nordique. De quoi satisfaire les skieurs qui pourront même s'adonner à de nouvelles activités : Snake Gliss, snowscoot, Yooner, Ski Joering, Vélo Ski, initiation au biathlon ou encore Taxi Ski pour les personnes à mobilité réduite. On retrouve la philosophie du lieu dans l'opération "Ski Découverte", des cours d'initiation gratuit pour les skieurs débutants, dispensés avant l'ouverture des pistes, histoire de s'initier en toute sérénité.

Des animations originales ponctuent également la saison d'hiver : sculptures sur glace, soirées découverte du monde, snow dance, trail des neiges, festival "Les Aigles à Ski", un spectacle unique et étonnant... Dans le cadre du festival "Théâtre d'hiver", des troupes animeront les pieds de pistes, les navettes et les restaurants dans lesquels il s'agira de pièces interactives, à la manière d'enquêtes policières, que les convives-spectateurs seront amenés à résoudre, tout en dégustant fondues, tartiflettes, gourres ou farçons ! Vous l'aurez compris, la montagne, dans le Val d'Arly, ne se vit pas comme une simple consommation de loisirs : ce territoire a su préserver son identité et s'ouvrir aux activités de sports d'hiver, sans perdre son âme... montagnarde.

Nouvelle perle française pour Alpine Pearls

Sandra Bordji | 31 janvier 2014

Le 1er janvier, Termignon a fait son entrée dans le réseau Alpine Pearls, regroupant 29 destinations européennes engagées en faveur d'un développement durable dans les Alpes. Ce village d'altitude de la Haute Maurienne Vanoise, situé au cœur du Parc National de la Vanoise, devient donc la 3e "Perle" française. Une entrée dans le réseau que Voyageons-autrement.com ne pouvait pas manquer.

Termignon, porte d'entrée du Parc National de la Vanoise

Le petit village de Termignon s'étend sur 18 000 hectares, à l'est du département de la Savoie. Avec 85 % de son territoire situé dans le **Parc National de la Vanoise**, Termignon constitue une porte d'entrée incontournable de cet espace naturel exceptionnel et s'implique fortement dans sa gestion. Comme tous les parcs nationaux, la Vanoise assure des missions de protection, de sensibilisation et d'éducation à l'environnement, et participe au développement local durable.

Intégrer le réseau Alpine Pearls, naturellement...

Au vu des solutions d'écomobilité déjà mises en place dans le village, Termignon a dès le départ rempli un bon nombre de critères Alpine Pearls en matière de mobilité douce :

accessibilité ferroviaire (gare de Modane) et liaison par bus (sur le site Haute Maurienne Vanoise, rubrique "Comment venir ?", les informations "Sans ma voiture" sont d'ailleurs en tête de liste), navettes, Skibus, liaisons piétonnes, Trotti'bus (hippomobile), Estibus, vélos électriques, auto-stop organisé… En Haute Maurienne Vanoise en général, et à Termignon en particulier, le séjour sans voiture est largement facilité. *"Nous souhaitons aller encore plus loin dans la démarche, en développant les espaces piétonniers et la création de stationnements en dehors du village"* indique le maire.

En matière d'énergies renouvelables, la marge d'amélioration est encore plus importante, et Termignon compte bien l'investir : l'installation d'une chaudière à bois pour la mairie et des actions d'économie d'énergie sur les éclairages publics sont d'ores et déjà en cours. Le développement des circuits courts sera également au programme auprès des professionnels de la restauration et du tourisme. *"Nous avons communiqué très en amont de l'adhésion auprès de la population et des professionnels pour présenter la démarche Alpine Pearls. La philosophie du réseau correspond tout à fait à la sensibilité locale en matière de protection de l'environnement"* précise Rémi Zanatta. D'autant que les habitants, comme les touristes, ont à y gagner en matière d'aménagement, de services et de confort de vie.

Les démarches Alpine Pearls de Pralognan-la-Vanoise et Termignon feront-elles des émules parmi les stations-villages voisines ? La 4e Perle française sera-t-elle en Haute Maurienne Vanoise ? Jamais deux sans trois dit-on : à suivre donc !

Colloque International sur le développement durable des stations de montagne des Alpes

Geneviève Clastres | 7 janvier 2015

Les 15 et 16 janvier 2015, Mountain Riders co-organise le colloque international "Measuring, Labeling and Communicating Sustainability in Alpine Tourism" à Choir en Suisse. Parmi les points abordés, celui de la labellisation "développement durable" des destinations montagne mais aussi la mise en place d'un réseau visant à mettre en commun les différents acteurs œuvrant pour le développement durable en Montagne. Aux côtés de nombreux intervenants internationaux (ONG, universitaires, représentants touristiques…) venus partager leur expérience, Laurent Burget (Mountain Riders) exposera la mise en place du **label Flocon vert**.

Les Diablerets, Perle des Alpes Vaudoises : modèle pour les déplacements alternatifs

Guillaume Chassagnon | 9 novembre 2016

A l'instar de sa comparse Val-Cenis Termignon en Maurienne, la station village des Diablerets répond parfaitement au cahier des charges d'Alpine Pearls : à savoir promouvoir et agir pour une mobilité douce et une préservation d'une architecture typique et harmonieuse. Et ce, parce que Les Diablerets sont leaders dans un tourisme durable été-hiver, sans omettre la qualité de vie des habitants, heureux de profiter d'un panel d'avantages impressionnants. Découverte d'un village de 1500 âmes aux commerces ouverts toute l'année qui aime à choyer ses touristes !

Une perle Suisse en pointe dans les offres de mobilités douces

Les Diablerets se situent dans le canton de Vaud, qui tire son nom du massif éponyme. Le village, typique, sis non loin du lac Léman à une altitude de 1 200 m. Les pistes, quant à elles, s'élèvent jusqu'à 3 200 m (le ski sur glacier est d'ores et déjà possible). Entre chalets boisés, obligatoires sur le territoire (règlement communal oblige), qualité de vie, gastronomie et alpages se cache aussi un autre pan de la vie du village : **sa politique de mobilité et ses atouts touristiques quelle que soit la saison**. Une politique qui profite autant aux visiteurs qu'aux habitants. Et c'est bien ce qui fait sa force. La 30e perle mérite bien son label !

Un dispositif réfléchi, complet, offrant un riche panel de solutions

Il est des montagnes où dépaysement ne rime pas avec isolement. L'exemple de la seule station suisse romande labellisée Alpine Pearls est saisissant. Une gare dans le centre village, avec des trains directs en provenance de grandes villes à fréquence régulière : si vous venez de Genève par exemple, la ligne cheminera entre Léman et vignes classées de Lavaux. Même joie quand vous venez de la ville d'Aigle, la ligne est bien connectée avec les grandes villes européennes. Un trajet fatiguant en voiture qui devient à lui seul un petit bonheur à partager. Les fameux cars postaux, fierté et fleuron des déplacements de nos amis Helvètes, sont aussi très présents dans le village. Ainsi une ligne à l'année relie le centre village avec Gstaad, avec dépose devant le point de départ des remontées mécaniques pour le somptueux Glacier 3 000. Une autre rejoint Villars via le col de la Croix (celle-ci estivale par contre). Des taxis sont aussi sur Les Diablerets. Quant à la mobilité interne, elle est tout simplement assez incroyable et très facile d'usage.

> *Au final, la voiture est presque inutile lors de vos vacances aux Diablerets !*

Un mini bus **(le Diablobus)** circule été comme hiver, il relie avec facilité le centre village avec les hameaux alentours (pour l'été du moins). Il permet aussi de gagner son lieu d'hébergement. Il sert autant aux touristes qu'aux locaux (petites courses, médecins, etc.). Son utilisation est gratuite avec la **Free access card**, dispositif conçu pour offrir des

avantages à toutes les personnes payant une taxe de séjour (hôtes, résidents temporaires). Le village possède une borne de rechargement pour voiture électrique, et deux pour les VAE. Au final, la voiture est presque inutile lors de vos vacances aux Diablerets !

Les Diablerets, une riche offre touristique pour tous et un village qui vit bien

Classée **Perle Premium** pour la randonnée, la station-village offre plus de 250 km de sentiers balisés. Alors, des alpages fleuris aux sommets, il y a de quoi s'amuser et prendre une bouffée d'air pur. La randonnée, ça marche aussi en hiver, puisque la station est la reine de la randonnée en raquettes, on parcourt alors des paysages d'une beauté à se damner, quand on s'appelle Les Diablerets cela semble presque normal ! Une offre de marche en montagne adaptée à tous les niveaux et à tous les âges, avec de la performance, des lacs de montagnes, des fromageries d'alpages.

Mais Les Diablerets sont "Premium" pour une raison beaucoup plus originale. En effet, la luge est ici une référence et une joie

> *La montagne peut être un sacré territoire d'expériences de vies différentes.*

pour petits et grands. En saison, une piste de 7 km est aménagée avec un dénivelé de 560 m, sensation et amusement sans limite ! Le domaine skiable est immense, relié à Villars. Le Glacier 3 000 est un des phares locaux : la montée en téléphérique à 3 000 m d'altitude est grandiose, que dire de la vue sur la Jungfrau, le Mont Blanc ou les sommets Valaisans. Là se trouve aussi la fameuse passerelle suspendue de 107 mètres reliant deux sommets : attention au vertige ! Et la piste de luge sur rail la plus haute au monde…

Frédi Meignan portrait d'un homme libre

Guillaume Chassagnon | 7 juin 2017

Il est des rencontres qui nous font grandir, nous sentir plus vivant : c'est le cas quand on parle avec cet immense acteur engagé qu'est Frédi Meignan. Gardien de refuge, patron d'un lieu culturel convivial, président d'association, ce touche-à-tout a mille choses à nous dire. Un entretien emprunt d'humanisme, un plaidoyer pour que les montagnes redeviennent un lieu d'expériences et d'apprentissages de la vie.

Un Parisien qui vit, pense et agit montagne

Entre ciel et terre, la famille Meignan se partage entre le Promontoire à plus de 3 000 m d'altitude dans les Ecrins et l'auberge de la Gélinotte dans le très sauvage massif de Belledonne. Une vie d'engagements, de passions et de combats. Parler de montagne avec Frédi, c'est comme ouvrir un immense livre d'images, les sourires et l'enthousiasme en plus.

VA : Les stations de montagne seraient sur le déclin ?

Ce n'est pas moi qui l'invente, ce sont les chiffres d'Atout France et de son conseiller montagne, Jean Berthier. *Il y a eu l'an dernier 4,8 milliards d'euros dépensés dans le périmètre station et 6,2 milliards sur tout ce qui ne touche pas de près ou de loin à l'univers station*, c'est révélateur d'un changement qu'il faut analyser. Il y a une baisse des ventes de forfaits, c'est indéniable, à côté de cela les pratiques évoluent. Un exemple frappant : ce printemps, dans mon refuge (le Promontoire, ndlr), on a explosé le nombre de nuitées pour les skieurs de randonnées, je n'ai pas dit augmenté mais bien explosé. Ce n'est pas un épi-phénomène, mes collègues ont vécu la même chose en avril-mai. Regardez les traileurs, les pratiquants de raquettes, il y a des éléments qui font réfléchir sur l'évolution des pratiques et le tourisme en montagne aujourd'hui. Nous (avec Mountain Wilderness) avons soutenu l'opération Montagne Debout collectif citoyen pour une montagne en transition et son questionnaire sur les relations entre citoyen et montagne. 7 000 personnes l'ont déjà rempli et pourtant, il est plutôt long, ça prouve aussi des choses.

Le ski, soyons clairs, a permis à des vallées de vivre, mais son développement a ébloui beaucoup d'élus ou d'acteurs du tourisme sans se soucier des impacts. J'ai un exemple frappant montrant l'évolution des vacances à la neige : Courchevel, à sa création, a été conçu avec une visée sociale, une volonté de permettre à des citadins ne connaissant pas ce milieu de venir profiter de l'air pur à moindre coût… on voit ce qu'il en est advenu malheureusement. 90% des investissements vont aux stations qui ont un système très développé avec des lobbys, des structures fortes. Notre tourisme, plus doux, est, reconnaissons-le, désorganisé, isolé, diffus. Il y a un vrai travail à faire pour que des investisseurs s'y intéressent, que les acteurs soient plus soudés donc plus forts. Il faut, et c'est une nécessité, une transition touristique.

Vers une montagne ouverte

Frédi Meignan, comme bon nombre d'acteurs, souhaite une montagne vivante, lieu de connaissances et d'apprentissage : *"Que faut-il exactement ? Une société complètement déconnectée de la nature, qui ne la fréquente plus, ou une montagne ouverte, avec un impact doux, de l'éducation. Quand on aime ses enfants, on les protège. A nous de faire aimer et découvrir les montagnes pour que le public puisse lui aussi les protéger".* Pour cela, l'éducation et la réflexion sont primordiales. Je préfère un impact doux à gérer plutôt qu'un abandon pur et simple de l'usage de ce formidable terrain d'apprentissage qu'est la montagne.

Il y a quelques mois, on s'est battus contre un projet de piste sur un secteur vierge à Chamrousse : les Vans, très prisé des randonneurs. J'émets une idée : à la place de construire une piste à 6 ou 7 millions d'euros qui servira 3 ou 4 mois dans l'année, **pourquoi ne pas construire 3 refuges pas très hauts en altitude qui accueilleraient des enfants, des classes de découvertes sur 8 mois** et permettraient une découverte de la nature, feraient bosser un nombre impressionnant de socios-professionnels et ouvriraient des champs incroyables. Des astronomes, scientifiques, animateurs natures, musiciens, bergers pourraient venir partager leurs savoirs. Là, on est dans le développement d'un tourisme durable, ouvert et où le public sortirait avec des connaissances.

Plaidoyer pour un travail en commun des acteurs du tourisme durable Alpin

Président de Mountain Wilderness, Frédi Meignan souhaite un travail en synergie entre les acteurs du tourisme. *"Bien sûr, on va continuer à monter au créneau pour les sujets qui nous touchent, mais notre rôle ne s'arrête pas là, on doit proposer, investir dans de l'humain, de l'animation. Être attractif sans investissements lourds."* Mountain Wilderness est une association qui porte la voie d'une autre montagne. Elle réfléchit sur des partenariats, des rencontres avec le monde économique, politique, pour faire bouger les lignes. Elle travaille autour du tourisme en transition depuis un certain temps. Reste à fédérer tous les acteurs qui proposent des innovations, s'engagent et veulent sortir de ce tourisme hors sens. Les associations comme MW ont un rôle à jouer dans la construction d'un tourisme censé, conscient. Cet autre tourisme est là, présent, mais il reste discret et peu d'investisseurs, publics ou privés, s'y intéressent. A nous de réformer, proposer et agir !

Côté mer et océan

> Côté mer et océan, le tourisme durable a aussi le vent en poupe, que ce soit par la réflexion sur l'érosion du littoral, la pollution des eaux, la fragilité des dunes, l'importance de la biodiversité, des marais et zones humides, mais aussi, via des chartes, des propositions d'écovolontariat pour préserver la faune marine et encore bien des initiatives à découvrir sur nos lignes…

Des croisières éco-responsables en Méditerranée avec Croisière-Med

Sandra Bordji | 3 janvier 2012

Être bercé par le clapotis de l'eau, admirer les calanques méditerranéennes et observer les dauphins danser le long de votre embarcation, ça vous dit ? Et si, en plus, cette aventure marine respecte des engagements éco-responsables en faveur de la préservation du milieu marin, vous êtes définitivement conquis ? Eh bien, c'est exactement ce que vous propose Croisière-Med, à bord de son *"LoopLoop"* écologique. Alors, pied marin ou pas, on embarque !

Un bateau conçu pour limiter son impact environnemental

Quelle que soit la croisière (à la journée ou pour plusieurs jours), *LoopLoop* appareillera de Marseille, direction l'Île du Levant (au large d'Hyères), le Cap Canaille (entre la Ciotat et Cassis) ou encore l'Île Rousse (en Corse), selon un circuit élaboré à la carte en fonction des envies des clients et de la durée du séjour. Équipé de panneaux solaires visant à une utilisation la plus réduite possible du moteur, le *LoopLoop* de Croisière-Med est également muni de cuves de rétention des eaux usées. A son bord, les ampoules sont bannies au profit de leds, moins gourmandes en énergie. Bref, tout est prévu pour limiter au maximum l'impact de la croisière sur le milieu marin.

Au-delà de ces équipements spécifiques, **le mode de vie à bord répond tout autant à des exigences environnementales** : tri sélectif des déchets, consommation raisonnée de l'eau, etc. *"Les clients de Croisière-Med ne vivent pas ces règles de vie comme des contraintes. La croisière doit rester un moment de plaisir et de détente, tout en ayant conscience de l'impact de ses activités sur le milieu marin, qui est un espace naturel fragile"*, explique Florent Vicaire, fondateur de Croisière-Med. Pour officialiser encore davantage cet engagement éco-responsable, il a signé la Charte de l'Eco-Marin, de l'Association environnementale Echo Mer.

La Charte de l'Eco-Marin : les 13 commandements de l'écocitoyenneté marine

Romain Vallon | 3 janvier 2012

Les actions d'Echo Mer sont diverses et variées : revalorisation des déchets produits par l'activité nautique (voiles, fanions, etc.) par le biais du projet "Textile en mer", mobilisation pour l'interdiction de l'épandage de produits phytosanitaires, notamment à proximité des cours d'eau, sensibilisation du grand public au développement durable, etc.

La Charte de l'Eco-Marin

Créée en 2001, l'Association Echo Mer œuvre pour un nautisme respectueux de l'environnement. Avec la création de la **Charte de l'Eco-marin**, l'association Echo-Mer amène les usagers de la mer à s'engager, afin que la mer *"ne devienne pas un espace sacrifié, un lieu pollué ou réglementé à outrance"* en axant leur démarche sur l'information et la responsabilisation. La Charte est conçue comme une feuille de route des pratiques éco-responsables en mer, allant ds écogestes classiques aux consignes plus techniques adaptées au nautisme, en passant par la vigilance en faveur de la protection de la faune et de la flore marines.

Les rêves bleus de Défismed

Guillaume Chassagnon | 20 octobre 2015

C'est un plaisir non dissimulé d'interviewer Eric Raulet, coordinateur et co-fondateur de l'association Défismed, un homme enthousiaste, ouvert et croyant que "sa" Méditerranée et celle de ses amis et collaborateurs, impliqués tous à 200 % par Défismed a un avenir et que celui-ci peut s'enrichir d'un tourisme respectueux pour la nature.

Un dispositif d'accompagnement total pour les pouvoirs publics et collectivités

Après 2 ans de gestation, Medd In Heritage est enfin né. Cette entité, portée par des membres de Défismed, répond aux besoins des acteurs publics dans leurs volontés de développer harmonieusement le tourisme avec, et c'est unique, un volet attractivité. La période de vaches maigres en terme de subventions notamment, doit permettre de rationaliser l'offre et favoriser une cohérence dans un axe éco-touristique fort. Oui mais voilà, si de nombreux cabinets de consulting offrent de l'accompagnement, peu proposent de mutualiser un savoir faire sur les territoires de l'aire méditerranéenne entière. Ici, universités, experts et professionnels confirmés vont œuvrer ensemble pour aider ces collectivités ou acteurs privés. Du diagnostic précis aux outils permettant de renforcer l'attractivité du ou des territoires, l'offre de Medd In Heritage se veut complète. L'objectif est de lier fermement développement économique et transition touristique dans un but simple et beau : protéger la Méditerranée.

La société civile mise en avant dans ses choix d'un tourisme VERTueux

C'est une des volontés d'Eric Raulet, que les citoyens lambda s'emparent de ce tourisme durable, le fassent vivre, comme acteurs, consommateurs et le fassent connaitre hors des frontières étatiques ou sociétales. Plusieurs axes vont être mis en place pour que tout un chacun puisse s'exprimer sur l'écotourisme ou même en devienne un acteur : du succès du 1er MOOC de l'été dernier, un taux de 10% d'inscrits ayant suivi les cours jusqu'au bout (la moyenne pour un MOOC se situe aux alentours de 5%), ce qui en fait le record pour la plate forme de formation en ligne FUN. *"C'est un bel exemple de mobilisation de la société civile, qui peut se retrouver sur la notion d'ecotourisme par ce biais ci"* explique Eric Raulet *"de plus, on va lancer en 2016 notre 1ère opération de crowfunding en faveur d'un tourisme harmonieux dans les aires naturelles protégées"*. Ce programme, dénommé "Peer to Parks", débutera au début de l'année.

Les Aires naturelles protégées : de MEET à MED INN PARKS : Défismed réajuste ses réseaux

C'est l'un des sujets de prédilections de Défismed. Cette année marque la fin de MEET (projet réunissant 9 pays en vue de la construction d'offres éco-touristiques dans des aires naturelles protégées). Pour ne pas que cette action de 4 ans s'arrête d'un coup, Défismed a proposé le prolongement de ce réseau : ce sera **MED INN PARKS** : il s'agira de promouvoir l'écotourisme participatif au sein de gestionnaires d'aires naturelles protégées. Au travers de dispositifs et d'accompagnements, les projets seront encadrés par des experts. Une recherche de financement pour un grand séminaire est d'ores et déjà mis en place : il concernera 10 aires très investies et répondra à un appel à projet des Nations unies.

L'Irlande, engagée pour l'écotourisme maritime !

Mélusine Lau | 13 octobre 2016

L'an dernier, en partenariat avec les World Responsible Tourism Awards, l'Irlande a organisé ses premiers trophées du tourisme responsable, sobrement intitulés Irish Responsible Tourism Awards. Ceux-ci mettent en avant les bonnes pratiques touristiques de tour-opérateurs, hôtels, structures de loisirs, chambres d'hôtes ou encore restaurants du pays, tous engagés dans une démarche de développement durable. Parmi les lauréats de 2015, nombreux sont ceux à travailler en lien avec la mer, élément particulièrement présent dans l'esprit et le mode de vie des Irlandais.

Du tour-opérateur à la plus petite structure locale

Les Irish Responsible Tourism Awards ont été créés afin de répondre à une demande grandissante de la part des prestataires comme des touristes, de développer le tourisme durable en Irlande, et que celui-ci bénéficie d'une meilleure visibilité. Ainsi, le jury demande aux candidats de faire preuve d'un réel engagement en faveur du tourisme responsable, et de participer au développement du tourisme local.

Les candidats sont répartis dans huit catégories : meilleur tour-opérateur, meilleur petit hôtel ou chambre d'hôtes, meilleure initiative liée aux transports, meilleur engagement lié à l'environnement côtier ou maritime, meilleure destination touristique durable, meilleure mise en valeur du patrimoine culturel, meilleure initiative en matière d'alimentation locale, et enfin, meilleure activité de pleine nature ou d'aventure.

Toutes catégories confondues, il apparaît que de nombreuses structures en lien avec le maritime ont été récompensées - logique, pour une île ! Les exigences du jury sont entre autres la réduction de l'impact sur l'environnement local (politique de traitement des déchets, économie d'eau...), la communication et sensibilisation autour du développement durable, l'assurance d'un travail authentique et honnête, et, plus généralement, le fait de pouvoir être ambassadeur des bonnes pratiques touristiques et devenir ainsi un exemple auprès des autres structures.

> *« **Ces trophées du tourisme responsable irlandais ont permis aux acteurs locaux de l'écotourisme de se faire connaître, et prouver ainsi que beaucoup agissent pour préserver la beauté sauvage des côtes irlandaises.** »*

A l'aube des années 1990, le gouvernement irlandais a su prendre conscience de la richesse et de la fragilité que représentaient les côtes et la mer bordant le pays, et a ainsi déclaré les côtes irlandaises sanctuaire pour les baleines et les dauphins venant s'y nourrir - une première à l'échelle de l'Europe. C'est de cet élan pour la préservation de la faune et de la flore maritime locale que se sont créées des structures permettant d'approcher les cétacés, ou plus simplement de profiter des plaisirs de la mer, sans toutefois lui porter atteinte.

Parmi les lauréats des Irish Responsible Tourism Awards se trouvent plusieurs compagnies écoresponsables permettant d'observer les mammifères comme Dolphin Watch, situé sur la côte ouest : une entreprise de passionnés, qui mène des actions concrètes comme la mesure et la réduction du carburant utilisé par le bateau, ou l'implication dans le mouvement "Leave no trace", qui encourage à diminuer au maximum son impact sur les lieux visités. Dans son sillage, Whale Watch West Coast, médaille d'argent dans la catégorie du meilleur tour-opérateur, a instauré un "code de conduite", qui oblige équipage et usagers à suivre des règles strictes lors des sorties en mer, afin de perturber le moins possible l'activité des cétacés.

Côté activités de pleine nature liées à la mer, Tralee Bay Wetlands Centre & Nature Reserve est une réserve de loisirs préservée et pédagogique, où l'on peut observer les oiseaux, faire un safari bateau ou suivre un parcours valorisant faune et flore locales, tandis qu'Atlantic Sea Kayaking, dont le couple de propriétaires est très impliqué dans la préservation de l'environnement, offre aux touristes des sorties kayak en mer.

Ces trophées du tourisme responsable irlandais ont donc permis aux acteurs locaux de l'écotourisme de se faire connaître, et prouver ainsi que beaucoup agissent pour préserver la beauté sauvage des côtes irlandaises.

Aider la terre avec Surfrider Foundation et Good Planet !

Geneviève Clastres | 2 octobre 2017

Petit zoom sur deux structures qui visent à aider notre terre à se ressourcer et à endiguer certains des effets néfastes de l'homme sur l'environnement. En résonance avec l'ODD14 (Objectif de Développement Durable) axé sur la conservation et l'exploitation durable des mers et océans, Surfrider Foundation œuvre depuis 1990 pour la protection et la mise en valeur des lacs, des rivières, de l'océan, des vagues et du littoral. La Fondation Good Planet, créée en 2005 par le photographe Yann Arthus-Bertrand, a quant à elle pour ambition de sensibiliser le public à l'écologie afin de lui donner le goût d'agir concrètement pour la terre et ses habitants.

Surfrider Foundation

Créée par un groupe de surfeurs locaux, Surfrider regroupe aujourd'hui plus de 9 000 adhérents répartis dans 14 pays. Parmi ses nombreuses missions en vue de lutter contre tout type de pollution marine ou aquatique, elle met un point d'honneur à faire un travail de fond de sensibilisation, d'écocitoyenneté et d'information, que ce soit au niveau du grand public, des institutionnels, mais aussi des scolaires.

Plus concrètement, **l'association invite régulièrement le grand public à participer à des "Initiatives Océanes"**, soit des collectes de déchets, organisées un peu partout au cœur de l'Europe, souvent avec des partenaires locaux. Les personnes intéressées peuvent s'inscrire directement sur le site et il est même possible de devenir acteur et d'organiser en ligne sa propre collecte. En 2016, 1 127 collectes ont ainsi été organisées dans toute l'Europe, accompagnées de fiches bilan pour faire un état des lieux sur la qualité de l'eau. Enfin, Surfrider Foundation dispose d'un réseau de "gardiens", forme de surveillance citoyenne qui permet de témoigner à tout moment de l'état des plages.

La Fondation Good Planet

Good Planet soutient de nombreux programmes axés sur des thèmes forts comme la consommation responsable, le respect de la terre, des océans, les énergies renouvelables, la protection des forêts, l'agriculture, etc. Par exemple, en 2012, le film Planet Océan a permis de sensibiliser le grand public à la fragilité de l'océan. Un autre projet, mené à l'occasion de la COP21, promeut soixante solutions et cent initiatives concrètes pour une alimentation respectueuse de l'environnement.

Sur le front de l'énergie, **le programme Action Carbone Solidaire a permis de soutenir trente-sept projets solidaires et environnementaux dans dix-huit pays** et contribué à la construction de près de 6 000 réservoirs à biogaz et à la mise en place de plus de 10 000 cuiseurs solaires. Sept écoles bioclimatiques ont également été édifiées. En sus, **la Fondation propose aux entreprises et au grand public de réduire leurs émissions de gaz à effet de serre** en réalisant leur bilan carbone et en compensant leurs émissions de CO_2 incompressibles. Depuis 2015, elle est installée à Paris, au Bois de Boulogne, où elle mène des **actions de sensibilisation** (films, expositions, ateliers, etc.) auprès du grand public et des scolaires.

Transport & Climat & Compensation

Bien plus médiatisée que le tourisme durable, la question du changement climatique est aujourd'hui un phénomène (presque...) mondialement pris en compte. Toutefois, malgré les nombreux colloques et évènements de ces dernières années, il est regrettable que le lien avec un tourisme plus durable ne soit pas plus souvent établi par les politiques et grands décideurs. Car à la simple lecture de l'un de nos articles : *"Les émissions de GES (Gaz à Effets de Serre) liées au seul tourisme en Île-de-France équivalent à 17,5 millions de teq CO_2 par an, soit 3,6 millions de tours de la terre en voiture"* : il est évident que des pratiques touristiques plus durables contribueraient à maîtriser le réchauffement de notre planète.

Le climat : nouvel enjeu du tourisme en Île-de-France

Geneviève Clastres | 17 juillet 2014

Le tourisme est à la fois un important émetteur de Gaz à Effet de Serre (GES) et un utilisateur gourmand d'énergies de toutes sortes. En Île-de-France, on est conscient que les prévisions à long terme sur l'évolution du climat, l'intensification du nombre de voyageurs et les besoins accrus en énergie vont fortement impacter le secteur touristique régional. Afin de préparer l'avenir et d'anticiper sur des scénarios difficiles à tenir quand les prescriptions du Facteur 4 semblent de plus en plus illusoires, le Comité Régional du Tourisme (CRT) a présenté une étude visant à mettre en lumière ses efforts en vue d'une voie médiane. Cette dernière tend à proposer des solutions raisonnables pour assurer la pérennité et la qualité d'un secteur touristique fortement dépendant, qui représente 10 % du PIB de la région et quelques 500 000 emplois.

Tourisme et climat, le couple infernal

Parmi les nombreux secteurs fortement dépendant du climat, le tourisme est certainement le plus emblématique. Qui n'a pas regardé la météo la veille d'un départ en week-end, quitte à changer ses plans au dernier moment pour adapter ses choix à un ciel souvent capricieux. Toutefois, au-delà de cette simple équation, non sans conséquences de toutes sortes, le climat est également devenu une porte d'entrée pour nous interroger sur le tourisme de demain. Car, qui dit tourisme, dit forcément transport, déplacement sur place, hébergement, autant d'actions fortement consommatrices de CO_2 qui nous obligent à repenser nos façons d'être et d'agir. Sur la seule question du carbone par exemple, lorsque l'on sait que les Français produisent 9 Teq CO_2 chaque année, on comprend combien il est important de réfléchir à une rupture avec nos habitudes. Or, les scénarios climatiques envisagent une augmentation de 6°d'ici 2080 du climat en Île-de-France. En outre, une étude prospective du CRT précise que l'attractivité touristique de l'Île-de-France peut doubler entre 2011 et 2050, faisant passer le nombre de voyages A/R de 35 millions à 70 millions. On imagine ce que cela signifie en dépenses énergiques, en congestion dans les transports… Lorsque l'on sait que le Facteur 4 nous intime de diviser par 4 nos émissions de GES d'ici 2050, qu'elles sont actuellement de 17,5 Mteq$C0_2$/an en Île-de-France, qu'elles seront de 27 MT si on ne fait rien d'ici 2050, on comprend que l'enjeu soit de poids, puisqu'il implique de réduire de 83% nos émissions en regard de la prospective. Il est urgent de penser à des solutions !

Qui dit tourisme dit forcément transport, déplacement sur place, hébergement, autant d'actions fortement consommatrices de CO_2 qui nous obligent à repenser nos façons d'être et d'agir.

Une étude pour comprendre et anticiper

Conscient de ces enjeux, le CRT Île-de-France a commandé une étude visant à mettre en place une stratégie de tourisme adaptée aux besoins et aux contraintes d'un secteur fortement dépendant du climat. Pour cela, il a réalisé un bilan carbone de l'ensemble de la filière touristique, prenant largement en compte le secteur des transports, que ce soit pour arriver et repartir à destination (tourisme attractif), pour partir vers des ailleurs (tourisme émissif des Franciliens) mais aussi les transports sur place, les hébergeurs, restaurateurs, sites et activités touristiques, etc. Objectif : agir auprès des professionnels, attirer leur attention sur les GES sans les culpabiliser et les accompagner ensuite dans leur transition énergétique.

Des constats édifiants

Premier constat édifiant. Les émissions de GES liées au tourisme en IDF équivalent à 17,5 millions de teq CO_2 par an, un tiers des émissions annuelles d'Île-de-France, soit 3,6 millions de tours de la terre en voiture. Tenter de compenser ces émissions reviendrait alors à ce qu'absorbe une forêt de 5 millions d'hectares, une forêt de 4 à 5 fois la superficie de l'IDF. Autre constat édifiant, **sur ces 17,5 millions de tonnes équivalant CO_2, plus de 90 % sont à imputer au seul secteur des transports**. Cela s'explique en partie par l'importance de l'aérien dans la région (les deux plus grands aéroports de France) et le fait que l'on parle ici de tourisme urbain. Quelques autres faits à prendre en compte : l'avion est utilisé pour 22% des voyages mais représente 75% des émissions liés aux transports A/R des touristes et Franciliens. Les vols courts et moyens courriers sont beaucoup moins performants (moins remplis, plus consommateurs de CO_2). Or l'alternative train existe ! Autre information intéressante à méditer : rapportées au kilomètre et au passager, les émissions d'un vol long courrier et d'un trajet en voiture sont comparables, c'est la distance qui joue principalement (180 geqCO_2/an).

Les enjeux pour l'avenir

Que faire face à un bilan si lourd ? Quels enjeux ? Clairement, **l'arien est ici montré du doigt puisqu'il représente à lui seul la grande majorité des émissions**. Les solutions classiques sont connues : améliorer les moteurs, utiliser toujours plus les biocarburants, travailler sur une conduite plus économique (roulage), faire attention au taux de charge des avions, mieux les remplir, prendre des routes aériennes plus directes, accélérer la mise en œuvre des ruptures technologiques, etc. Malheureusement, beaucoup reste à faire et la Région IDF semble avoir peu de prise face à des mastodontes comme l'ADP (Aéroports de Paris). **Autre levier, les voyageurs, changer nos habitudes** : voyager moins loin, moins souvent, rester plus longtemps sur site, privilégier le train quand c'est possible. Là aussi, les prévisions à long terme montrent que c'est exactement la tendance inverse qui se dessine. **En gros, on sait ce qui est bon pour la planète et le climat mais on roule systématiquement à contre-sens.** Au-delà de l'aérien, hôteliers, restaurateurs et grandes infrastructures de loisir représentent 10 % des émissions et là, si le mot d'ordre est simple, *"réduire, réduire, et encore réduire la consommation énergétique"*, et recourir aux énergies renouvelables lorsque c'est possible, il reste encore bien du chemin à faire…

La voie médiane choisie par l'Île-de-France

Consciente que ces constats risquent d'impacter l'activité touristique, la région IDF a réfléchi à un **scénario intermédiaire**, qui implique l'ensemble des acteurs de la filière : réduire les arrivées en région IDF et à inciter les voyageurs à rester plus de temps sur place (réduction de 4 Mteq$C0_2$), accélérer les efforts de performance énergétique du transport aérien via des biocarburants, le renouvellement des flottes, le roulage… (le gain serait de 3,5 Mteq CO_2) et enfin, changer le comportement des Franciliens quittant la région IDF (moins de week-ends en avion, des séjours moins fréquents, plus longs et ce, pour 2 Mteq CO_2). L'ensemble permettrait une économie intermédiaire de 15,7 MteqCO_2 à l'horizon 2050, et donc de concilier intérêts économiques et climatiques…

Et demain ? Que faire pour le climat, pour être moins dépendant des énergies, moins polluant ?

Que faire quand on sait que 25% du chiffre d'affaire d'Air France correspond à des dépenses énergétiques ? Que faire quand on constate qu'à l'échelle nationale, l'énergie représente 10 % des dépenses et qu'elle n'arrête pas d'augmenter (près de 5% par an ces dernières années) ? Que faire, quand cette même énergie devient une part essentielle du chiffre d'affaire de nombres d'entreprises, qu'elle va peu à peu grignoter les marges d'un secteur hôtelier qui n'a pas besoin de cela. Les solutions mis en place par la région IDF seront-elles suffisantes ? Ne faut-il pas également faire appel au législateur ? Peut-on envisager de comptabiliser les GES ? **Quid d'une "Green Taxing"** ?, en cours

> **“ *Voyager moins loin, moins souvent, rester plus longtemps sur site, privilégier le train quand c'est possible.***

de réflexion à Air France et aux Aéroports de Paris (ADP) ? D'après Gérard Feldzer, président du CRT : *Il faut inciter ADP à taxer en fonction de la vétusté des avions et à ce qu'ils consomment par passager, et interdire le transport de carburant et la surconsommation qu'il entraine épuisant la nature.* **Et quid de nos comportements** ? Arriverons-nous à renoncer à l'avion pour les moyens-courriers ? A compenser volontairement et systématiquement l'ensemble de nos émissions carbone ? Sommes-nous prêts à partir moins souvent ? Comment motiver les acteurs ? Carotte ou bâton ? Beaucoup reste à faire, à tous les niveaux…

Voyages et dérèglement climatique : l'analyse de Jean Viard

Jérôme Bourgine | 8 avril 2015 - Pour TV5MONDE - site partenaire

Sociologue, chercheur et enseignant, Vice-Président de la Communauté Urbaine Marseille-Provence-Méditerranée, Jean Viard, grand spécialiste de nos modes de vie mais aussi homme de terrain, porte sur le voyage et ses enjeux un regard acéré et lucide. Rencontre avec un empêcheur de penser en rond aussi inspiré que pragmatique…

TV5MONDE : Peut-on, selon vous, attendre qu'il "sorte quelque chose" d'important du prochain sommet international sur le climat qui se tiendra à Paris en novembre prochain?

Nous en sommes rendus au point où la prise de conscience est planétaire mais comment se répartir la charge ?… *"Vous avez pollué pendant un siècle en toute impunité"*, clament les pays émergents. *"Il faut faire vite !"* réplique l'Europe. En réalité, l'humanité a rarement évolué aussi rapidement, surtout compte tenu des intérêts divergents. Est-ce qu'elle va assez vite ? Plus vite que la fonte des banquises ?… Nul ne le sait. Ce qui est certain en revanche, c'est que l'Europe, et notamment la France, doivent adopter une position messianique sur ce problème et montrer la voie, comme à l'époque des Lumières. Car les E-U regardent ailleurs et il est trop tôt pour l'Asie comme pour l'Afrique… Alors, oui : Paris peut et doit être un accélérateur du processus.

TV5 : La complexité est l'un des grands enjeux de notre époque. Or, si d'un côté, les voyages contribuent à l'avènement du fameux village global ; de l'autre, ils participent à mettre notre planète en danger. Comment adopter une position juste sans renoncer ni aux bienfaits des voyages ni à une posture moins destructrice ?

Le tourisme constitue la face humaine de la mondialisation. Un milliard de personnes aujourd'hui, deux milliards bientôt, soit un tiers de l'Humanité. C'est fondamental : pour la première fois de son histoire, notre planète commence à se vivre comme UNE. Certes, elle ne s'agrandira pas et des problèmes se posent, mais il s'en pose toujours ! Aujourd'hui, les Occidentaux travaillent 10% de leur temps de vie. C'est-à-dire que leur vie est d'abord constituée de temps libre ; un basculement considérable. Or, ce temps libre consacré aux voyages continue de se mondialiser. De se populariser également. Et c'est très bien. L'enjeu consistant à polluer moins et préserver davantage nos ressources, ne se limite d'ailleurs pas aux voyages mais englobe tous les transports (personnes et biens) et LA question à se poser va, de plus en plus, devenir celle de la nécessité comparée au coût environnemental. Si, aujourd'hui, on trouve encore acceptable de traverser le monde pour assister à une réunion et si moi (qui suis éditeur), je m'autorise à imprimer mes livres en Bulgarie (c'est moins cher), d'ici quelques années, la pression sera telle que ces pratiques ne seront plus acceptées et que l'on commencera à se poser des questions du genre : pourquoi faire déplacer 35 élèves plutôt qu'un professeur ?!...

Quant aux voyages eux-mêmes, ils se transformeront sans disparaître, car ils représentent dans l'évolution de l'être humain un précieux gain de liberté individuelle. Or l'homme ne revient jamais en arrière sur aucune conquête liée à sa liberté. Il n'en existe pas d'exemple dans l'Histoire.

TV5 : Vous dites souvent qu'il ne s'agit pas de renoncer au voyage, mais au contraire d'étendre la fraction de la population qui s'y adonne ; ce qui implique parallèlement de démocratiser encore cette pratique...

En un siècle, en Europe, on est passé de 10% de la population voyageant à 70 %. Reste 30% d'exclus, les moins favorisés d'entre nous. Or, rien n'a changé depuis Montaigne : le voyage demeure un vecteur essentiel de la compréhension du monde et de l'apprentissage de certaines valeurs fondatrices. Même un simple séjour à la plage. Alors, oui, il faut faire voyager la jeunesse ! 25% des jeunes Français qui se sont eux-mêmes surnommés des "pieds d'immeuble" n'ont jamais quitté leur quartier. C'est la responsabilité de l'Etat de faire en sorte qu'arrivé au bac (ou équivalent) chaque jeune ait - au minimum ! - effectué un voyage de 15 jours. Certaines régions s'y emploient, comme celle de Toulouse où un voyage est garanti pour chacun. Pourquoi est-ce si important ? Parce que, je le répète, le voyage est un lieu de sociabilisation essentiel : prendre le train, affronter l'inconnu et les inconnus, s'initier à divers codes sociaux, découvrir qu'existe un ailleurs, etc. Exclure les gens du voyage, c'est les exclure de la société !

TV5 : Vous pointez parfois du doigt le risque que représente le glissement transformant les concepts d'écologie et de durabilité en idéologies et dogmes établis. Mais pour l'instant certaines outrances ne sont-elles pas salutaires pour faire bouger la fameuse "majorité silencieuse" et rétablir l'équilibre ?

Bien sûr qu'il faut des provocateurs et des extrémistes. Les excès et le discours que ces personnes portent font partie du chemin normal ; ils sont la frange de désordre bordant l'ordre établi qui permet de le faire évoluer. L'Humanité a besoin d'être bousculée pour avancer et ouvrir de nouvelles portes. Sinon, elle meurt. En revanche, le cœur de toute société reste l'ordre, l'organisation et, concernant notre civilisation actuelle, la production. L'activisme est donc utile et tolérable... jusqu'à un certain niveau ; exactement comme la délinquance. Cela dit, si j'avais moi-même 20 ans et non 66, je serais sûrement dans la rue aussi, avec ces jeunes qui, à présent que j'ai cet âge, m'agacent.

Et si la réponse au changement climatique venait des îles ?

Geneviève Clastres | 29 mars 2017

Les îles, laboratoire du changement climatique ? Avec l'augmentation des gaz à effet de serre (GES), atolls et terres des tropiques sont chaque jour un peu plus confrontées à ce défi du lendemain. Le 12 février 2012, Marlene Moses, présidente de la région Pacifique de l'Alliance des Petits Etats Insulaires en Développement (AOSIS) affirmait haut et fort, lors de son premier discours aux Nations unies, que *"le changement climatique est l'enjeu prioritaire pour les îles"*. D'ores et déjà, de nombreuses réponses sont apportées. Elles se doublent d'initiatives pilotes et du défi d'accueillir des populations touristiques en quête de soleil, touristes à la fois pourvoyeurs de revenus mais aussi énergivores, à tous les sens du terme…

L'urgence climatique

C'est bien connu, le réchauffement climatique entraine la fonte des glaciers et la dilatation des océans. Selon les experts, l'élévation du niveau de la mer a été de 15 à 17 centimètres au cours du 20e siècle et devrait atteindre entre 20 et 60 centimètres d'ici la fin du 21e siècle. Pour les îles, cernées par les eaux, les conséquences sont nombreuses. Tuvalu, les Kiribati, les Maldives, les îles Marshall mais aussi certains atolls au large de la Papouasie-Nouvelle-Guinée, Tokelau et de nombreuses terres de Polynésie sont parmi les plus menacées par la montée du niveau de la mer. Ainsi, Tuvalu (neuf îles dont six atolls du Pacifique peuplés de 10 000 habitants) pourrait devenir inhabitable d'ici à 2050, notamment du fait des remontées de mer qui traversent régulièrement les sols et dégradent les réserves d'eau douce.

Autre conséquence dramatique, les grandes marées de plus en plus fréquentes qui viennent rogner les surfaces agricoles cultivables. Depuis quelques années, le petit atoll de Takuu (Papouasie-Nouvelle Guinée) est submergé par des marées géantes qui inondent le village, les champs de taros et les lieux de sépulture. Cette salinisation des terres les rend impropres à la culture. En sus, avec des récifs coralliens de plus en plus stressés par les températures trop élevées (il peut suffire de 1 ou 2° de plus pour qu'ils expulsent les algues symbiotiques qui vivent dans leurs tissus) ou abîmés par la pollution, l'assaut des vagues se fait plus intense et provoque l'érosion des plages. On pourrait encore évoquer l'augmentation du CO_2 dans l'océan qui joue sur l'acidité des eaux et bouleverse la biodiversité -- mort des coraux, fuite des poissons et invertébrés marins, disparitions d'espèces terrestres végétales et animales….

La résistance s'organise

En première ligne face au changement climatique, les îles sont aussi devenues un terrain de recherche privilégié pour les scientifiques mais **les réponses viennent aussi des îles, bien obligées de trouver des solutions si elles ne veulent pas finir dans l'antre de Poséidon**. La communauté des Tuvaluans en exil, par exemple, a créé l'association Alofa Tuvalu qui propose des solutions concrètes et reproductibles afin de réduire les émissions de GES au niveau mondial et sauver là sa culture et son identité. Informations, bandes-dessinées, expositions, elle multiplie les supports pour relayer son appel au secours et participer à la sensibilisation du grand public.

Au **Kiribati**, Anote Tong, président de la république, tente depuis des années de mobiliser la communauté internationale au sort de son pays. Toutefois, face à l'irrémédiable, il s'est aussi déclaré prêt à **la migration "dans la dignité"**. En 2014, l'archipel a fait l'acquisition de 2 200 hectares de terres à Vanua Levu, île de l'archipel voisin des Fidji, forme de solution de repli pour les 103 000 habitants.

L'île a aussi mis en place un véritable plan de résistance contre les assauts du climat : lutte contre les inondations, protection des ressources d'eau douce (collecte d'eau de pluie), sensibilisation de la population (gestion de l'eau raisonnée), construction de murs sur les rivages les plus exposés, replantation de mangroves, renforcement des infrastructures publiques, etc.

Des îles engagées pour des lendemains durables...

En sus, au-delà de la prévention et des mesures d'urgence, les îles sont aussi devenues un laboratoire du développement durable. **Aux Maldives**, un programme de bouturage des récifs (Reefscapers) installé dans l'atoll de Baa a pour objectif de sauver les écosystèmes en redéployant des structures coralliennes sur une structure métallique immergée dans l'océan où, à partir d'un fragment, le corail va se régénérer. L'île de Malé a aussi été entourée de brise-lames et de digues de protection. Et, depuis fin 2015, une taxe verte de 6 dollars par personne et par nuit a été instaurée pour l'ensemble des hôtels, resorts, et bateaux de croisière du pays. Aux **Samoa**, le PNUD et le ministère de l'Environnement financent un programme de replantation des forêts de mangroves entièrement géré par les femmes du village de Vaiusu. Plus de 5 000 pieds de palétuviers ont été plantés afin de constituer un rempart naturel entre le village et l'océan. Et bien au-delà, cette régénération de la forêt a permis de créer tout un cercle vertueux autour des palétuviers, qui attirent et protègent petits poissons et crabes, fournissent via leurs écorces une teinture naturelle pour les sarongs, sans compter l'usage médical de l'arbre et les nombreux objets artisanaux fabriqués avec son bois, ensuite revendus aux touristes et donc créateurs de revenus complémentaires.

L'urgence du tourisme durable

Et le tourisme ? C'est l'un des grands enjeux pour la majeure partie de ces îles qui accueillent près de 50 millions de touristes internationaux en quête de sable fin, de nature luxuriante et de soleil brûlant comme le montre ce classement établi par GoVoyages. Chaque année, le secteur représente jusqu'à 50% du PIB pour les Maldives, près de 30% pour Fidji, 25% pour Maurice,

> ***Chaque année, le tourisme représente jusqu'à 50% du PIB pour les Maldives. Toutefois, s'il reste un débouché économique fondamental, il pose des questions cruciales en terme de production des déchets, de consommation d'eau et d'espace, de pression sur les milieux naturels et d'impacts sur les cultures locales.***

etc. Toutefois, s'il reste un débouché économique fondamental, il pose également des questions cruciales en terme de production des déchets, de consommation d'eau et d'espace, de pression sur les milieux naturels et d'impacts sur les cultures locales.

Déjà, en juin 2013, la Journée Mondiale du Tourisme Responsable avait traité de ce thème en axant ses débats sur "Les îles, quelle gouvernance pour préserver les patrimoines insulaires ?". Elle avait permis de mettre en lumière de nombreuses initiatives, à l'image de la Fondation Malpelo qui, aux Galapagos, a formé les guides locaux aux bonnes pratiques d'observation de la faune marine et a initié une coopération entre plusieurs états insulaires intégrant les communautés locales. A l'image aussi des Iles Vanilles (Madagascar, la Réunion, l'Ile Maurice, les Comores, Mayotte et les Seychelles) qui réfléchissent à des actions communes pour la gestion durable de leur patrimoine environnementale : création de parcs marins protégés, régulation foncière des côtes, etc.

Aux Seychelles, un label spécifique a même été créé, en 2012, qui vise à préserver le territoire et à **garantir un tourisme plus responsable**. Mais si les exemples vertueux existent, la situation reste encore ambivalente, avec, par exemple, dans ces mêmes Maldives, une centaine d'îles-hôtels dont la gestion est totalement séparée des îles classiques où vit la société maldivienne. Or dans ces îles-hôtels, les touristes ne vivent pas à la même heure, peuvent consommer de l'alcool, se promener en maillot, ont un accès à l'eau douce privilégié grâce à des centrales thermiques qui tournent jour et nuit, sans compter les parcs botaniques spécifiques loin des espèces endémiques des îles-villages. Et cela, alors que les conditions de travail des locaux restent très dures (salaires très bas, pénibilité, peu d'évolution, etc.), réservées aux hommes, avec une misère sexuelle et des familles séparés sur des temps longs…

Alors, les îles, paradis pour les uns, enfers pour les autres ? Ce qui est sûr, c'est que la situation des populations locales est parfois bien plus complexe que ce que la carte postale veut bien donner à voir. Touriste ou îlien, on ne vit pas la même expérience, et il va falloir apprendre à partager des enjeux communs, car la donne se double aujourd'hui de ce climat capricieux, et à trop réchauffer les eaux, si la communauté internationale n'est pas plus à l'écoute, le bateau pourrait bien engloutir équipage et passagers….

CO_2 et transport : un problème peut en cacher un autre !...

Jérôme Bourgine | 25 avril 2017

Si les émissions de CO_2 du transport aérien représentent moins de 5% du total du transport mondial, leur part est en augmentation constante et, pour Philippe Mangeard, spécialiste des transports, la question de leur compensation n'est que l'un des aspects d'une problématique plus vaste dont la solution passe obligatoirement par une meilleure information et l'implication du consommateur ou du client. Echange...

VA : Pouvez-vous vous présenter en quelques mots ?

Je travaille depuis 25 ans dans l'industrie du transport. Pour avoir créé et dirigé une entreprise très exportatrice, le gouvernement m'a confié des responsabilités pendant 17 ans au sein du dispositif du commerce extérieur de la France (Ubifrance), ce qui m'a permis d'approfondir ma vision transversale des affaires. Conscient du couplage permanent entre performance économique et environnementale dans le transport, et désireux de mettre mon expérience au service d'un transport plus efficace, **j'ai d'abord créé en 2007 une association loi 1901 pour la promotion du transport éco-responsable**, Le Cercle pour l'Optimodalité en Europe, puis en 2012 l'Agence de notation extra-financière TK'Blue qui mesure, note et valorise la performance "durable" de tous les acteurs du transports.

Notre gouvernance est riche de plus de soixante-dix chercheurs, professeurs, experts et acteurs européens du transport et nous a permis en moins de 5 ans de proposer à la totalité des parties prenantes, transporteurs et donneurs d'ordres, un référentiel et des outils de mesure et progrès qui font maintenant référence au niveau mondial.

VA : Les voyages en avion liés au tourisme représentent-ils une part importante du réchauffement climatique ?

Dans nos analyses, déplacer des gens en avion est un mode de transport de "marchandises" parmi d'autres ; un passager équivaut dans nos calculs à 100kg de fret. Bien sûr, certains diront que l'aérien représente une part peu importante des émissions de CO2 mondiales (moins de 5%), par rapport notamment au transport maritime qui cumule de son côté plus de 36% des émissions. Mais le maritime couvre à lui seul 79% des flux de transport mondiaux ! Là où l'aérien n'en représente que... 2 % ! **L'aérien est donc un mode particulièrement agressif pour notre Planète**. Par ailleurs, même si les avions ont fait des progrès techniques con-si-dé-ra-bles depuis quelques années, le trafic aérien est amené à doubler dans la décennie. Le problème est donc conséquent et les efforts à faire indispensables.

VA : La compensation carbone mise en place par certains voyagistes est-elle une bonne pratique ?

Ai-je le droit de polluer si je plante des arbres ? Philosophiquement cela se discute, pragmatiquement, c'est mieux que rien. Une seule chose est certaine à ce jour : impossible de réduire drastiquement les émissions dans notre société actuelle : il faudrait s'arrêter de vivre ! Et pour dissimuler ce problème réel, tous les flous artistiques sont bons et donne souvent bonne conscience à bon compte...

La vraie bonne pratique à mettre en place serait la transparence en matière de CO_2 et autres nuisances du transport (notamment les particules fines) ; que le citoyen sache quel est le bilan de chacune de ses actions. Qu'on commence déjà par arrêter de prendre le consommateur pour un niais. Ainsi des acteurs majeurs du transport qui tentent de vous faire croire en toutes lettres sur leurs colis que l'empreinte carbone d'un envoi a été de… "Zéro CO_2" ! Vrai scandale.

> *Au lieu d'informer, on préfère pratiquer le green-washing ; faire croire que le colis qui nous arrive ne coûte rien à la planète. Alors que quand on est transparent, que l'on informe, responsabilise les gens et leur donne le choix, cela marche.*

Même en véhicule électrique (et qui ne peut intervenir qu'au dernier kilomètre à ce jour) il faut compter le CO_2 qui a été nécessaire pour produire et transporter l'électricité, le coût environnemental de la construction de la batterie, de son recyclage, de sa destruction… Qui a mesuré, à part TK'Blue, l'impact sociétal (congestion, particules notamment) de 20 petits véhicules électriques qu'il faut pour remplacer un seul camion à énergie thermique ? Rappelons que la seule pollution par les particules fines fait près de 50 000 morts par an en France et… 500 000 en Europe !

VA : La compensation carbone est-elle une pratique suivie par les consommateurs ?

On ne peut pas dire que la pratique soit suivie, sauf auprès des équipes marketing de grands groupes de transport. Cette dynamique ne fonctionne que si l'on parvient à impliquer les gens ; qu'ils en comprennent l'enjeu (encore faut-il le leur expliquer) et qu'ils aient un choix ouvert de solutions.

VA : Certain préfèrent la compensation territoriale, sous forme de dons à effectuer, au choix, entre diverses petites associations de terrain. Qu'en pensez-vous ?

Cela me parait être une excellente initiative. A la fois concrète et volontaire. On pense que les gens sont incapables de réfléchir et de s'impliquer, qu'ils veulent juste aller au plus simple et au moins cher, mais pas du tout. Un grand E-commerçant en Angleterre en a donné un très bon exemple. Il a proposé aux gens de recevoir leur colis en deux jours au lieu d'un, moyennant une ristourne de 1€. Résultat : personne n'en a voulu. Mais quand, au contraire, il a expliqué que certaines heures de transport polluaient beaucoup et d'autres moins, et demandé ensuite de choisir leur heure de transport eux-mêmes (verte, orange, rouge)… les clients ont suivi !

VA : Un modèle qui serait applicable aux transports aériens ?

Puisque les gens agissent de manière plutôt intelligente, pourquoi ne pas essayer ? Qui est au courant que s'il utilise un Airbus A 380 transportant 900 personnes, il va polluer jusqu'à 10 fois (dix fois !) moins qu'en prenant un appareil plus ancien et plus petit de 120 places ? Personne. Et je ne vous parle même pas des nuisances sonores. Pas non plus des particules fines qui continuent de tuer en toute impunité. Au lieu d'informer, on préfère pratiquer le green-washing ;

faire croire que le colis qui nous arrive ne coûte rien à la planète. Alors que quand on est transparent, que l'on informe, responsabilise les gens et leur donne le choix, cela marche. Diminuer davantage encore les rejets en CO_2 des avions les plus récents va devenir très difficile : il va falloir soit voyager beaucoup moins, soit mettre beaucoup plus de monde dans les avions.

Le transport maritime a montré l'exemple. Vous avez aujourd'hui des porte-containers capables de transporter plus de 20 000 containers (contre 3 ou 4000 voici quelques années). Seulement, les navires anciens (qui polluent bien plus) sont déjà amortis et peuvent pratiquer des prix très bas qui pénalisent le taux de remplissage des gros plus propres qui ont alors du mal à trouver leur rentabilité. Mais quel est le client qui en est informé lorsqu'il choisit un armateur, qui a le choix entre les diverses solutions autrement que sous la forme du : "payez moins cher !"

Aujourd'hui, chacun a été gavé par les discours sur un CO_2 mis à toutes les sauces. Mais, en réalité, ce CO_2 n'est jamais mis en rapport avec les actes du consommateur, pour aucun des modes de transport.

Plutôt que de compenser le CO_2 pour donner bonne conscience aux consommateurs afin qu'ils continuent d'agir comme si leur acte n'avait pas d'importance (ou plus d'importance : la compagnie a réglé le problème pour vous en payant en amont un "droit de polluer"), on devrait leur fournir une information établie par des organismes indépendants et les laisser décider en leur âme, conscience et… d'urgence !

> **« Plutôt que de compenser le CO_2 pour donner bonne conscience aux consommateurs afin qu'ils continuent d'agir comme si leur acte n'avait pas d'importance, la compagnie a réglé le problème pour vous en payant en amont un "droit de polluer".**

durable dans la catégorie "Territoires et Destinations"

En 2013 en Baie de Somme, professionnels et structures publiques s'alliaient aussi pour développer l'écomobilité touristique. Dans le même esprit, plus récemment, les Gîtes de France du Morbihan ont développé un site qui invite le voyageur à venir vivre "L'aventure sans ma voiture" . L'internaute crée son propre carnet de voyage à partir de ses goûts et le site lui suggère différentes idées d'activités à réaliser non loin de son lieu d'hébergement et en utilisant des moyens de locomotion alternatifs. Le réseau Alpine Pearls propose également à ses clients d'opter pour une mobilité douce. Il offre même "une garantie de mobilité" aux visiteurs sans voiture. L'association Mountain Wilderness promeut depuis de nombreuses années la **mobilité douce en montagne**. Ces réflexions ont donné naissance au site Changer d'approche qui propose plus de **15 000 itinéraires de montagne accessibles en transports en commun**. Il y en a pour tous les goûts : randonnées pédestres, à raquettes, à skis, alpinisme, voies d'escalades et même parapente.

Même les "blogueurs voyage" s'y mettent. A l'instar de Mali, du blog "Un pied dans les nuages", qui a créé la page facebook #TeamSansVoiture pour inciter les particuliers à échanger autour de leurs expériences de vacances sans voiture.

En 2017, se déplacer, en ville, comme en vacances, sans sa voiture personnelle est donc possible. La révolution de la mobilité n'a pas encore eu lieu mais elle est en marche... Les solutions d'écomobilité sont abondantes : transports publics, vélos en libre service, covoiturage, autopartage. Pour l'heure, c'est à celui qui veut se déplacer d'un point A à un point B de faire coïncider l'utilisation de ces modes de transports alternatifs et cela reste, suivant les lieux, un peu fastidieux. Mais si les pouvoirs publics s'emparent de la question et développent des applications permettant de faciliter la mobilité de tous les usagers, le mouvement pourrait s'accélérer. Comme dans beaucoup de domaines, le changement viendra très probablement du consomm'acteur qui fera, par ses choix, bouger les lignes. Alors, à quand la prochaine escapade sans voiture ?

Itinérance et randonnée

Marcher, randonner, partir pour un trek, sûrement l'une des formes de tourisme la plus durable qui soit puisque l'itinérance honore à la fois la lenteur, le temps, le territoire et favorise les rencontres et le contact avec la nature. Ces dernières années, de nombreux acteurs ont souhaité se mettre en réseau pour faire vivre chemins et itinéraires, nous étions là dès les premières rencontres, pour encore et toujours, donner un écho à ces initiatives en marche…

Itinérance et randonnée : redécouvrez les Alpes l'été !

Mélusine Lau | 14 août 2014

A l'heure où se développe la mobilité douce, et où l'on souhaite découvrir des paysages différents lors de ce qui n'est parfois qu'une petite semaine de vacances, l'itinérance apparaît comme une solution adéquate pour se détendre tout en "voyant du pays". De plus en plus prisée des Français, elle permet de profiter du dépaysement des vacances sans pour autant rester toujours au même endroit ; à pied, à vélo ou encore à cheval, elle est ouverte à tous, occasion unique de partir à la rencontre du territoire et des hommes qui l'habitent.

Un itinéraire exceptionnel : la Route des Grandes Alpes

Partiellement empruntée par le GR5, elle est une façon idéale de pratiquer l'itinérance : commerces et hébergements vous permettent de faire chaque soir une halte dans le lieu de votre choix, selon votre rythme.

L'été est sans doute la saison idéale. L'itinéraire, somptueux, part du Lac Léman pour s'achever sur les côtes de la Méditerranée, tout en traversant les grands cols alpins. Vous pouvez ainsi parcourir en partie ou dans leur totalité les 684 km de routes de montagne et traverser les massifs du Queyras, de la Vanoise ou encore du Mercantour, qui ponctuent cette incroyable virée. Ouverte intégralement de juin à octobre, elle est accessible en voiture, mais sans doute bien plus agréable à pied, ainsi qu'à vélo pour les plus téméraires.

Parfaitement balisée, la Route des Grandes Alpes ne nécessite pas de connaissances particulières et les très nombreuses informations disponibles sur son site Internet vous permettront de préparer votre séjour en toute quiétude. Et pour ceux qui aiment profiter du grand air mais considérant la traversée d'un col alpin comme une épreuve, il existe une solution : le vélo à assistance électrique (VAE) ! Plusieurs itinéraires sont ainsi proposés pour profiter au mieux de la beauté de la montagne, en laissant sa voiture au garage et en profitant de l'aide apportée par ce vélo qui vous permettra de franchir sans difficulté les sommets montagnards.

Randonnée avec Fripouille sur le chemin de Stevenson

Geneviève Clastres | 10 septembre 2014

Un jour de septembre 1878, soit il y a presque 140 ans… l'écrivain écossais Robert Louis Stevenson décide de relier le **Monastier-sur-Gazeille à Saint-Jean-du-Gard, près de 252 kilomètres entre Haute-Loire, Lozère et Gard** qu'il choisit de parcourir à pied, en compagnie d'un âne, de fait une ânesse, Modestine, dont l'épopée deviendra aussi célèbre que son auteur suite à la publication de son ouvrage : ***"Voyage avec un âne dans les Cévennes"***. Depuis, le chemin de Stevenson a été maintes et maintes fois parcouru, il possède ses pèlerins, ses fidèles, ses amoureux, sa littérature, ses chercheurs et même son association qui fête cette année ses vingt ans. En 2013, il a été fréquenté par près de 6 000 randonneurs. Alors, peut-être serons-nous comptabilisés parmi les randonneurs de 2014…

Pour un réseau de la Grande Itinérance

Geneviève Clastres | 2 décembre 2014

Au cœur des festivités des 20 ans de l'association "Sur le chemin de R.L. Stevenson", une toute première table ronde visant à rassembler un réseau de la Grande Itinérance s'est tenue dans la matinée du dimanche 9 novembre au Centre d'Accueil des Cévennes de Florac. Parmi les participants, des têtes de réseau des grands itinéraires de randonnée (Stevenson, St-Jacques de Compostelle, Grande Traversée des Alpes, Tour du Ballon des Vosges, Grande Traversée du Jura, etc.), d'itinéraires ou de chemins plus confidentiels (St-Guilhem, Gaston Couté...), des accompagnateurs spécialisés montagne ou randonnée, quelques hébergeurs, et plusieurs représentants de la FFR (Fédération Française de Randonnée). Objectif : rapprocher ces itinéraires afin de mutualiser les expériences et les savoir-faire, partager les bonnes pratiques et les problématiques communes et faire connaître ces chemins auprès d'un public toujours plus large.

Les grands itinéraires et la grande itinérance : c'est quoi ?

Quant à la définition de la Grande Itinérance, Guy Chaumereuil (GTA) a précisé d'emblée l'importance de ne pas mélanger l'itinérance et les grands itinéraires, ici en cause. Certes, les choses restent à affiner mais est-il besoin d'un cadre restrictif (tant de nuitées, tant de kilomètres, tant d'étapes) quand l'important reste de **se retrouver sur des expériences communes**. Pascal Bruneau, membre du bureau des accompagnateurs de montagne limousin, s'est interrogé avec justesse sur **l'importance ou non de ne retenir que les itinéraires balisés** (GR®), quand on sait que l'itinérance peut aussi se pratiquer avec un accompagnateur, passeur d'un territoire et de sa réalité. Son voisin, guide accompagnateur dans le massif vosgien, a toutefois rappelé **l'importance du balisage pour la sécurité des randonneurs**. Lucile Pantel, gérante d'un camping à Finiels, a également souligné le rôle fondamental de l'animation pour qu'un chemin existe. Pour conclure ce premier tour de table, Christian Brochier, président de l'association "Sur le chemin de R.L. Stevenson", a invité l'ensemble des acteurs présents à s'inspirer des tables rondes de l'itinérance pédestre organisées par la GTA en septembre 2011.

Un réseau de la Grande Itinérance : pour qui ? Pourquoi ?

Parmi les besoins exprimés, on retrouve sans surprise le **la nécessité des échanges et de la mutualisation**, l'envie d'une **visibilité plus accrue** quitte à faire une promotion commune des itinéraires, le besoin aussi d'être **plus fort et plus uni** pour si jamais,

> ***Un chemin qui n'est pas animé a toutes les chances d'être mort né !***

être force de lobbying. Enfin, l'importance de favoriser **la recherche**, enfin de mettre en cohérence les différents chemins et **d'éviter la confusion**, au moment où se multiplient les chemins en tout genre (chemin des saveurs, route de lavoirs,...). Sébastien Pénari, de l'ACIR Compostelle (Association de Coopération Interrégional Les Chemins de Saint-Jacques de Compostelle, basée à

Toulouse, a notamment mis en garde quant à l'inflation de chemins et itinéraires forts consommateurs de crédits européens pour des fréquentations parfois très minimes. Christian Brochier (sic) a rappelé que le marché ferait la différence et qu'**un chemin qui n'est pas animé a toutes les chances d'être mort né**. L'importance de prendre en compte les attentes de la clientèle et ainsi, de penser à construire une offre qui dépasse parfois la simple clientèle française et européenne a également été soulignée.

Quels partenaires financiers, quels partenaires institutionnels ?

Il s'agissait notamment de préciser le positionnement de la FFR (Fédération Française de Randonnée) quant à cette nouvelle initiative. A ce sujet, son représentant s'est montré très favorable, précisant : *"Vous êtes des porteurs de projets. C'est vos initiatives et vos ambitions qu'il faut cadrer. La fédération sera là pour jouer son rôle de facilitateur, et pour porter avec bienveillance vos initiatives. On est prêt à vous accueillir, à vous accompagner, mais on n'a pas vocation à dire qu'on a un leadership. C'est à vous, hommes et femmes de territoire, de jouer ce rôle de fédérateur."* Pour ce qui est des autres partenaires, ont été pointés villes, régions, communes, institutionnels divers mais aussi, très important, les accompagnateurs, maillon essentiel et souvent le premier lien entre le randonneur et le territoire. Enfin, en clin d'œil, Voyageons-Autrement.com s'est positionné pour relayer et suivre au mieux la progression de ce réseau en gestation.

Bernard Ollivier : l'homme qui sauvait les jeunes en les faisant marcher…

Jérôme Bourgine | 6 mars 2016

En 1999, retraité déprimé et suicidaire, Bernard Ollivier se donne cent jours avant de passer à l'acte si son moral ne remonte pas. Et il se met à marcher… Cela marche si bien qu'il continue jusqu'en Chine, raconte ses aventures et, avec l'argent rapporté par ses best-sellers, fonde l'association Seuil qui sauve, en les faisant marcher, marcher, marcher, plus de jeunes délinquants qu'aucune autre méthode ! Rencontre avec un être humain exemplaire…

VA : Pouvez-vous nous résumer ce qui vous a amené à créer l'association Seuil ?

Lorsque j'ai pris ma retraite, j'étais en piteux état, très déprimé ; une vraie dépression qui m'avait conduit à faire une tentative de suicide. Quand j'ai eu repris mes esprits, je me suis dit que cette sortie manquée était pitoyable et j'ai décidé de fuir, de marcher jusqu'à Compostelle. Pour l'attrait historique de l'itinéraire qui m'inspirait beaucoup et non pas pour sa dimension spirituelle. Je me suis également posé un ultimatum : durant ce laps de temps, soit environ trois mois, cent jours, je devais trouver une raison de vivre ou bien, au retour, en finir pour de bon, sans me rater.

VA : Et comme vous êtes encore là pour nous raconter la suite, j'imagine que quelque chose s'est, en effet, passé ?…

On peut dire ça. Plus j'avançais, plus je me sentais bien et moins je me sentais vieux, fini. J'avançais tranquillement, effectuant environ 45 km par jour ; mais surtout, j'ai fait des rencontres merveilleuses qui m'ont rempli d'énergie. Et puis, sur la route, à une étape, j'ai entendu parler de deux jeunes délinquants belges passés il y a peu à qui un juge (inspiré !) avait proposé de substituer leur peine d'enfermement par une longue marche à l'étranger. J'ai trouvé l'idée aussi étonnante que… pertinente, car si ça marchait pour moi, cela pouvait fort bien marcher pour d'autres. Ce qui fait qu'à mon arrivée à Saint-Jacques, j'ai pris deux décisions. Un : j'allais aider les jeunes et, deux : je continuerai de marcher.

VA : C'est là que vous avez décidé de vous "attaquer" à la Route de la Soie ?

Exactement. Je me demandais quel serait le chemin le plus fou à emprunter et rejoindre Xian, en Chine, à pied depuis Istanbul m'a paru convenir (12 000 km). Je suis parti aussitôt, en décidant de découper le voyage en trois étapes : une chaque année. Dans le laps de temps restant, je rédigerais le récit de mon périple. Juste avant de partir, j'ai contacté trois éditeurs en leur expliquant ce que j'envisageais de faire, puis d'écrire. Deux m'ont répondu "Non" sans même avoir lu un mot de ce que je leur disais (leur réponse l'attestait), le directeur de Phebus, Jean-Pierre Sicre a paru intéressé et m'a appelé. Trois jours après, je recevais mon contrat, plus un chèque d'avance. Juste avant que je ne parte, il m'a quand même demandé, un peu anxieux : *"Mais… vous avez déjà écrit des livres ?" "Non"*, j'ai répondu. Il n'avait jamais fonctionné comme cela. Moi non plus. Pourtant cela a très bien marché pour tout le monde.

VA : Et votre récit, son tome 1 déjà, *"La longue marche : Traverser l'Anatolie"*, a connu un succès remarquable.

Absolument inattendu. L'ouvrage a, de plus, très vite été traduit en plusieurs langues. Pourtant, les choses n'avaient pas commencé de la meilleure façon : terrassé par une amibiase alors que j'étais toujours en Turquie, il m'a fallu rentrer en ambulance. Mais j'avais entre temps connu un tel bonheur à marcher dans ces paysages que dès que j'ai été remis d'aplomb, j'ai repris la route à l'endroit exact où je m'étais évanoui quelques semaines plus tôt. Tout s'est ensuite parfaitement enchaîné et j'ai publié les tomes 2 et 3 de la longue marche : *"Vers Samarcande"* et *"Le vent des steppes"* en 2001 et 2003. Il s'est aujourd'hui vendu plus de 450 000 exemplaires et avec une partie des droits d'auteur, j'ai fondé l'association Seuil.

VA : Quel en est le principe ?

Aux jeunes délinquants ayant épuisé toutes les ressources du système judiciaire, nous proposons un "contrat", simple et brutal : 2 000 km à pied, sac au dos, par tous les temps, dans un pays étranger (Espagne et Italie principalement) avec un accompagnateur. Ni musique, ni téléphone, ni internet durant 110 jours et une seule règle : c'est le jeune qui décide : *"j'arrête"* ou *"je continue"*… Or, on s'est rendu compte rapidement que la plupart allaient jusqu'au bout et, après plus de 10 années de pratique, on peut affirmer que le taux de résilience obtenu par cette méthode est absolument inespéré : 70% des jeunes s'en sortent, un record. Pour quelles raisons ? Plusieurs, mais avant tout parce qu'ils trouvent en chemin ce qui leur faisait le plus défaut : l'estime de soi. Ce que l'un d'entre eux a fort bien résumé à sa façon : *"Je suis parti blaireau ; je reviens héros"*.

VA : Pourtant, les débuts de l'association n'ont pas été si faciles ?
Extrêmement compliqués. Tout le monde avait peur de s'engager, surtout du côté des institutions ; on me prenait pour un fou ; lâchés sur les chemins, nos jeunes allaient forcément s'enfuir, piller, tuer même ! Il nous a fallu attendre douze ans avant de recevoir une habilitation définitive. Mais à présent qu'il est établi dans les faits que "la marche de rupture" fonctionne et donne les meilleurs résultats jamais enregistrés (70% s'en sortent là où, si on ne fait rien, 85% replongent ! Le tout à un coût moindre), on ne cesse de nous encenser. De "fous", on est devenus "géniaux". Pas d'amertume cela dit, lorsque vous innovez, il en va toujours ainsi. Bref, aujourd'hui, avec le soutien de la Communauté Européenne, nous allons implanter et développer l'association en Italie, en Belgique et en Allemagne.

> *Dès que vous remettez le corps en route, il se produit comme un déclic magique. Parti complètement déprimé, au bout de trois semaines, je faisais des projets d'avenir !*

VA : En dehors de l'aspect psychologique très valorisant qu'il y a pour les jeunes à traverser cette "épreuve", comment expliquez-vous que la marche ait un tel effet sur le mental ?
Relisez Rousseau ! Les vertus de la marche ne sont plus à démontrer. Et le point de départ en est tout simple : l'homme est, physiquement, *construit pour marcher*. Il n'est pas fait pour rouler en voiture, prendre le train ou rester assis devant un ordinateur, mais pour marcher, bouger… Notre constitution appelle l'exercice ; or, le progrès fait que nos corps nous servent de moins en moins et, en conséquence, dépérissent. Nous avec ! Dès que vous remettez le corps en route, il se produit comme un déclic magique. Parti complètement déprimé, au bout de trois semaines, je faisais des projets d'avenir ! C'est le premier miracle, mécanique. Ensuite, la marche au long cours vous offre une vraie rencontre avec vous-même, un luxe dont pratiquement plus personne ne dispose de nos jours. Quand vous marchez, seul, vous vous posez les vraies questions et mille solutions, inédites, apparaissent. Enfin, bonus inestimable : vous effectuez trois ou quatre vraies rencontres chaque jour.

Sur les traces des pèlerins avec Chamina

Geneviève Clastres | 2 octobre 2015

Depuis 35 ans Chamina trace son "chemin", son "chamina", produisant une offre variée de randonnées et circuits avec un faible pour les chemins sacrés. Sa gamme Via Compostela, créée en 2011, est spécifiquement dédiée aux chemins de Saint-Jacques. En outre, pour les clients qui ont épuisé les grandes voies jacquaires, l'agence clermontoise propose deux autres itinéraires emblématiques, la Via Francigena et celle de Paris au Mont-St-Michel...

Des chemins aux caminos

Pour le randonneur curieux qui souhaite se lancer dans l'aventure jacquaire, la multiplicité des voies qui mènent à Compostelle ne sont pas toujours faciles à appréhender. Concrètement, on compte **quatre voies majeures** qui partent respectivement de Paris **(Via Turonensis)**, Vezelay **(Via Lemovicensis)**, du Puy-en-Velay **(Via Podiensis)** et d'Arles **(Via Domitia)** pour se rejoindre à St-Jean Pied de Port pour les trois premières, puis à Obanos, non loin de Puente la Reina (Espagne) pour la petite dernière qui a préféré passer par le col du Somport pour rallier l'Espagne. **Côté ibérique, on passe des voies aux caminos**, qui là aussi se divisent en Camino Francés, Camino del Norte, Camino Primitivo, comme si toutes ces routes prenaient un malin plaisir à s'éviter pour mieux se rejoindre, avant d'achopper à St-Jacques de Compostelle, où se trouve le tombeau de ce saint, qui, selon la tradition, repose depuis bientôt deux mille ans au fin fond de la Galice. Chez Chamina, l'offre est riche, avec **neuf voies différentes empruntées pour rejoindre Compostelle entre France, Espagne et Portugal.**

Etapes jacquaires pour tout niveau et tout budget

Que l'on soit un randonneur confirmé ou un simple touriste appréciant la marche à pied, il sera toujours possible de trouver chaussure à son pied. En cinq jours, par exemple, vous avez la possibilité de relier le Puy-en-Velay à Aumont-Aubrac. Avec quatre à sept heures de marche par jour sans difficultés techniques particulières, vous traverserez le plateau volcanique du Velay puis le Gévaudan et la Margeride. Plus ardu, côté espagnol, le circuit "De Léon à Santiago" compte treize jours de randonnée avec des journées de quatre à neuf heures de marche. Le programme est dense avec trois étapes de moyenne montagne et s'achève par la traversée de la Galicie avec en point d'orgue, l'arrivée place de l'Obrodoiro. C'est là que se trouve la fameuse cathédrale de Compostelle où furent déposées les reliques de l'apôtre Jacques. Ainsi, comme le spécifie le site dédié "Via Compostela", ***"Il n'y a pas***

***un chemin mais des chemins** de Compostelle. Chaque jacquet **part avec ses propres motivations** sur le chemin qui lui correspond. Certains vont admirer le patrimoine, d'autres partent dans l'esprit de la rencontre, d'autres ont l'espoir de se trouver au bout du chemin."*

Via Francigena et sentiers historiques

En outre, au-delà de Compostelle, il est aussi possible de randonner sur des sentiers historiques comme **les chemins de Rome (Via Francigena)**. Aussi nommé "route des Francs" ou "des Français", ce dernier avait peu à peu sombré dans l'oubli avant de

> ***Il n'y a pas un chemin mais des chemins de Compostelle. Chaque jacquet part avec ses propres motivations sur le chemin qui lui correspond.***

connaitre **un nouveau souffle grâce au label "Grand itinéraire culturel européen" obtenu en 2004** (les routes jacquaires ont quant à elles obtenues le label en 1987). Voie millénaire qui relie Canterbury à Rome, les pèlerins l'empruntaient pour se rendre sur la tombe de Saint-Pierre. Depuis, les randonneurs ont retrouvé le goût de ces sentiers, marchant dans les pas de Sigéric qui, en 990, entreprit le voyage depuis le sud de la Grande-Bretagne jusqu'à la ville sainte pour recevoir le pallium des mains du pape Jean XV. On doit notamment à ce clerc d'avoir, au retour de son périple, dressé un portrait des 80 étapes de son itinéraire, immortalisant ainsi la Via Francigena. Autre sentier historique, le chemin de Paris au Mont Saint-Michel qui, une fois de plus, peut se réaliser par étapes. On peut ainsi rejoindre Coutances

au Mont-Saint-Michel en cinq jours, dont quatre jours de randonnées entre le bocage normand et la baie du Mont-Saint-Michel. L'occasion de découvrir l'adorable cité de Grandville et de faire une infidélité à la terre pour rejoindre l'archipel des îles Chausey.

Souplesse et flexibilité

Que ce soit pour Compostelle ou pour d'autres chemins historiques, Chamina a ainsi développé une vraie expertise qui lui permet de s'adapter à tout type de clientèles. On peut autant partir en circuit accompagné, en liberté, à vélo, en s'appuyant sur une gamme d'hébergement qui va du plus simple au plus raffiné. Depuis 1985, premier voyage organisé par l'agence clermontoise vers Compostelle, plus de 15 000 marcheurs lui ont fait confiance, un public conquis par la particularité des voies sacrées et heureux de marcher dans les pas de ceux qui, alors, partaient en pèlerin à travers les routes de France, d'Espagne mais aussi du Portugal et d'Italie.

Eldorando célèbre la randonnée dans tous ses états au cœur des Pyrénées !

Geneviève Clastres | 12 avril 2017

Les 3, 4 et 5 juin, à l'occasion du 50e anniversaire du "Parc National des Pyrénées", **La Balaguère**, Pyrénées Magazines et quelques passionnés de la randonnée et du massif pyrénéen remettent à l'honneur le festival Eldorando qui avait connu un vif succès dans le passé. **Dédiée à la randonnée, cette manifestation se tiendra dans le val d'Azun** et outre la marche, mettra en valeur les acteurs du secteur via de nombreuses animations et rencontres culturelles mais aussi autour d'un pôle plus commercial visant à présenter les offres des professionnels.

Les parcs, acteurs incontournables

> La France compte une dizaine de parcs nationaux et une cinquantaine de parcs naturels régionaux, autant de zones naturelles préservées par une réglementation précise. Au sein de ces différents espaces dont les subtilités réglementaires ne sont pas toujours faciles à saisir, nous avons plus particulièrement suivi les étapes et l'évolution de la Charte Européenne du Tourisme Durable (CETD) qui vise à valoriser et faire connaître les espaces protégés, animer un réseau d'acteurs locaux pour définir de nouvelles formes de tourisme et développer et gérer le tourisme de manière durable.

Rencontre avec Laure Reynaud autour de la marque "Parc"

Geneviève Clastres | 26 mars 2015

Chargée de projet tourisme durable, Laure Reynaud connait bien la Charte Européenne du Tourisme Durable (CETD) qu'elle a mis en œuvre sur le Parc naturel régional du Lubéron. Une initiative qui se poursuit au sein des six Parcs naturels régionaux de Provence-Alpes-Côte d'Azur (Camargue, Alpilles, Luberon, Préalpes d'Azur, Queyras et Verdon) grâce à l'appui du Conseil régional Provence Alpes Côte d'Azur.

VA : Afin de faire progresser les valeurs du tourisme durable et de qualifier l'offre touristique des parcs naturels régionaux (PNR) de PACA par la marque "Parc naturel régional", une action a été entreprise sous l'égide de la CETD, pouvez-vous revenir sur la genèse de cette action ?

Tout est parti d'un constat : seuls les espaces protégés pourront être garants des paysages de demain et d'une qualité de vie dans les zones rurales. En ce sens, le tourisme peut être un levier important si l'on s'efforce de déployer un tourisme durable. Or, pour y arriver, il faut accompagner les professionnels et les faire travailler ensemble. Dès 2001, le PNR Lubéron a rejoint la CETD et commencé à travailler le **volet 1, qui concerne la stratégie durable du territoire**.

Petit à petit, il a parlé de la démarche aux autres parcs de la région qui l'ont rejoint. A partir de 2011, l'ensemble des PNR de PACA ont intégré la démarche CETD et décidé de déployer ensemble le **volet 2, soit d'entrer dans une phase plus concrète qui associe tous les professionnels du tourisme**. Notre ambition, en lien avec la région qui nous soutient financièrement : faire de l'ensemble de nos parcs des destinations durables afin de proposer en PACA une alternative aux seules destinations balnéaires et ainsi, attirer un autre type de clientèle dans les espaces ruraux.

> **“ *Faire de l'ensemble de nos parcs des destinations durables afin de proposer en PACA une alternative aux seules destinations balnéaires.* **

VA : La mise en place de la CETD dans le PNR Lubéron n'a-t-elle fait que renforcer des politiques et pratiques déjà existantes ou marque-t-elle un vrai plus ?

Les valeurs étaient présentes mais le cadre pas forcément aussi clair. Notre action avec la CETD est donc une façon d'affirmer nos valeurs en les rendant plus visibles pour nos prestataires et nos clientèles. **La CETD est une démarche portée par EUROPARC**, qui est le réseau européen des espaces protégés. C'est une méthodologie qui fixe un cadre commun d'actions pour garantir un tourisme plus respectueux dans nos territoires.

VA : Les habitants locaux ont-ils été associés au développement successif des trois volets et quels ont été les défis majeurs pour réussir ?

Les habitants locaux ne sont pas associés à proprement parler car la démarche ne les touche pas directement. Dans le cadre de la stratégie "tourisme durable" du volet 2, on vise surtout à associer les prestataires touristiques, qui, lorsqu'ils atteignent le niveau requis, sont encouragés à aller vers un label comme la marque "Parc", mais cela peut être aussi un autre label. On cherche donc à sensibiliser l'ensemble des professionnels du secteur au tourisme durable, qui seront à leur tour des ambassadeurs vis-à-vis des clientèles. Et par ricochet, on touche les habitants locaux.

VA : Combien de professionnels sont d'ores et déjà concernés par la "marque Parc" et quelle est l'ambition à long terme ?

Sur l'ensemble des PNR de PACA, **on compte 57 marqués "Parc"**, soit près d'une soixantaine. Nous souhaiterions **doubler d'ici deux ans** afin de rendre cette marque plus visible et plus (re)connue. En sus, plus

www.cheminsdesparcs.fr
Préparez vos balades et randonnées dans les Parcs naturels régionaux de Provence-Alpes-Côte d'Azur
À pied, à vélo, VTT ou cheval, partageons les trésors de nos territoires préservés!
Queyras
Préalpes d'Azur
Verdon
Baronnies provençales
Luberon
Sainte-Baume
Alpilles
Camargue
Photos © : David Tatin - Droz Photo - PNRL - M. Molle - M. Hervé
Une autre vie s'invente ici
Région Provence Alpes Côte d'Azur
Parc naturel régional des Alpilles
Parc naturel régional des Baronnies provençales
Parc naturel régional de Camargue
Parc naturel régional du Luberon
Parc naturel régional des Préalpes d'Azur
Parc naturel régional du Queyras
Parc naturel régional du Verdon
Parc naturel régional de la Sainte-Baume
Projet Parc naturel régional du Mont-Ventoux

d'une centaine de structures sont entrés dans la démarche de la CETD. Parfois, certaines font le choix d'autres labels comme l'Ecolabel européen, Tourisme et Handicap, Ecogite, Hôtel au naturel, etc.

VA : Où en êtes-vous sur la communication quant à la marque "Parc" ? Les visiteurs sont-ils conscients des efforts accomplis ?

Pour l'instant, il est encore difficile de mesurer la visibilité du label mais nous avons conscience qu'il est **encore peu lisible** et notamment, que peu de personnes connaissent réellement le socle des trois valeurs sur lesquelles est fondée notre marque : **un environnement protégé, un lien avec le territoire et le respect de la dimension humaine**. Nous sommes également confrontés au défi de la multiplication des labels, et donc, il est clair qu'il est à présent important de renforcer l'image de la marque pour la rendre plus visible.

VA : Des produits touristiques existent-ils d'ores et déjà pour aider à mieux comprendre la marque ?

C'est effectivement l'objectif de notre troisième volet, soit d'arriver à **développer des produits touristiques pour les vendre aux clientèles**, la mise en produit de l'offre pour laquelle les opérateurs se doivent de passer un agrément. Pour l'heure, deux agences sont agréées : dans les Alpilles, "Maison et Plaisir de Provence" et dans le Queyras, l'agence Destination Queyras.

VA : Quelle sera la prochaine étape ?

Nous souhaitons continuer à déployer cette démarche de qualification de l'offre, rendre la marque plus visible sans toutefois "marquer à tout va". Nous réfléchissons également à un **projet "Itinérance" sur les parcs afin de proposer aux clients une traversée de l'ensemble des Parcs de PACA**, dans l'idée de les inciter à passer d'un parc à l'autre, avec la certitude d'y retrouver les mêmes valeurs, mais avec en fond des paysages, des patrimoines et des produits de terroirs différents à découvrir. Le tout en mixant les modalités de pratique (randonnée, vélo, etc.).

Les Parc naturels régionaux et les opérateurs de voyage poursuivent leur travail d'approche

Geneviève Clastres | 18 janvier 2016

Trois nouveaux opérateurs de voyage viennent de se voir décerner l'agrément du volet 3 de la CETD (Charte Européenne du Tourisme Durable). Suite à la troisième réunion de la commission mixte de la section française de la Fédération EUROPARC, et grâce à l'impulsion de l'IPAMAC, **Azimut Voyage, Les Marcheurs du Caroux et APPAAT Millevaches détiennent à présent le précieux sésame** qui leur permettra de travailler main dans la main avec les Parcs naturels régionaux.

Le bocage gâtinais mobilisé pour la création d'un PNR porteur de tourisme vert et d'emplois

Geneviève Clastres | 29 novembre 2016

Coincé aux franges de la Bourgogne, de l'Île-de-France et de la Franche-Comté, le Bocage gâtinais pâti de sa proximité avec Paris qui en fait une "zone blanche" que l'on traverse d'un coup de volant sans se soucier d'un patrimoine naturel et agricole pourtant attractif pour des Parisiens en mal de verdure. Fort de ce constat, depuis 2006, un collectif d'élus et d'associations a déposé un projet de PNR qui permettrait de fédérer un tourisme vert et de rejoindre l'exemple vertueux du Vexin. Après dix années de procédure, tous les regards sont désormais tournés vers la Bourgogne... où une table ronde est organisée le 3 décembre prochain pour débattre de ces enjeux.

Le bocage gâtinais, ce territoire trop mal connu...

Sens, Montereau, Moret, Nemours, Dordives, Courtenay, cela vous parle ? Ce sont pourtant des villes moyennes qui pourraient être les futures portes du PNR "Bocage gâtinais", un plateau de 150 m qui s'abaisse depuis Paris en allant vers l'Yonne, une zone rurale coupée de vallées profondes où coulent les affluents du Loing, une région de grandes cultures alors dédiée à la polyculture et l'élevage où l'on plante aujourd'hui du blé, de l'orge, du colza, et un peu de betterave. Au cœur de cet ensemble, **78 communes et bourgs de 200 à 2 000 habitants ont décidé de s'unir pour un projet de PNR également porté par de nombreuses associations**. Parmi ces dernières, AHVOL, Association pour l'aménagement harmonieux des vallées de l'Orvanne et du Lunain, qui milite depuis 1974 pour la préservation du Gâtinais. Jean-Claude Pinguet-Rousseau, son vice-président, précise : *"A l'origine, nous avons constitué notre association en réaction à des projets d'extension d'un terrain militaire. Avec le temps, nous avons souhaité passer d'une position défensive à une position offensive, et nous avons fourni dans les années 2000 une importante documentation sur la région qui a abouti au dépôt du projet de PNR en 2006."*

Les tribulations d'un PNR en gestation

Dix ans ont passé et de nombreux acteurs sont toujours mobilisés sur ce projet de PNR dont l'issue reste floue. Au-delà des 78 communes adhérentes, travaille sur le projet un CA de 19 membres actifs qui fait le maximum pour le faire avancer. **Problème, le Bocage gâtinais est à la confluence de trois régions, qui ont en sus évolué dernièrement**. Entre Île-de-France, Centre-Val de Loire, et Bourgogne-Franche-Comté, pas facile de convaincre un ensemble aussi diffus qui s'est décentré vers l'est. L'année 2016 devrait toutefois marquer une étape décisive, avec la sollicitation de l'Etat afin qu'il se positionne sur l'opportunité de poursuivre le processus. Pour l'heure, c'est la Bourgogne qui coince... Yvette Garnier (AHVOL) : *"Depuis la réforme des régions, le Bocage gâtinais semble très loin pour des Francs-Comtois, et beaucoup d'agriculteurs sont encore frileux par rapport au parc, ils n'ont pas toujours compris la différence entre un PNR et un parc national. Ils ont peur qu'un parc leur amène de nouvelles contraintes, une main mise, qu'ils soient obligés de se soumettre à de nouveaux règlements. Or un PNR nait d'une concertation, et n'a pour règles que celles qu'il se donne..."*. L'Île-de-France, en revanche, est la région la plus impliquée, car le PNR "Bocage gâtinais" permettrait ainsi de compléter une couronne verte autour de Paris. Jean-Claude Pinguet-Rousseau : *"S'il se réalise, ce serait le quatrième PNR d'Île-de-France."*

Un PNR, garant d'un tourisme vert et d'emplois pour la région

Car un PNR, c'est aussi un levier d'acquisition pour des aides régionales, nationales et européennes, autant d'argent frais pour entretenir les monuments locaux, les grandes fermes, le bocage. **Un levier qui peut ensuite devenir une vitrine pour de futurs visiteurs en quête de tourisme vert**. Jean-Claude Pinguet-Rousseau : *"Le tourisme rural, ou vert, c'est quelque chose de très ancien sur notre territoire. Nous organisons depuis longtemps des randonnées à thème avec la région Île-de-France ou la Chambre d'Agriculture de Seine et Marne, des balades gourmandes de 7/8 kms où l'on refuse du monde. Il y aurait un fort intérêt pour des citadins à venir voir tout ce qui se passe chez nous."* Outre un GRP qui va de Moret à Villeneuve/Yonne et traverse tout le bocage, les vallées de l'Yonne et du Loing accueillent également des tronçons du chemin de St Jacques. Et puis, il y a tous ces sentiers créés par les communes ou de petites associations imaginent des parcours au cœur du bocage. Yvette Garnier : *"Nous comptons aussi de nombreuses départementales idéales pour les cyclistes car sans montées, et le vélo-tourisme est d'ores et déjà très développé ici, avec tous les clubs cyclistes des alentours qui s'entraînent sur nos routes."* **Le PNR est enfin un biais pour valoriser producteurs et produits locaux** : la gâtine (volailles, lapins, etc.), le safran de Montargis, les nombreux fromages de chèvre et brebis, les miels, les cidres et jus de pommes du gâtinais et le maraîchage bio qui s'étend via le réseau des AMAP, etc.

Sortir des blocages pour le Bocage…

Yvette, Jean-Claude, à l'image de tout un territoire mobilisé depuis près de vingt ans et qui espère fortement sortir des blocages pour que le PNR ne soit pas un projet de plus enterré par une administration trop lourde. Jean-Claude Pinguet-Rousseau : *"Suite à la Seconde Guerre Mondiale, un certain courant entre Paris et notre bocage s'est développé avec l'acquisition de résidence secondaires par des Parisiens. Ces dernières sont ensuite devenues de plus en plus permanentes par choix."* Si cela augure bien de la qualité de vie dans le Bocage gâtinais, **les acteurs locaux craignent aussi que cette pression urbaine issue de la métropole parisienne puisse à terme banaliser la région**. Yvette Garnier : *"On voudrait éviter que le Bocage gâtinais, une région traditionnellement pauvre, ne devienne une région dortoir, et pouvoir via le PNR assurer la protection de nos espaces naturels, de notre patrimoine. L'exemple du Vexin, de la Haute Vallée de la Chevreuse nous inspire, avec ces villages charmants bien entretenus…"*

Dix séjours 100% Parcs naturels dans le Massif central !

Geneviève Clastres | 3 juin 2015

Pour satisfaire vos envies d'évasion et votre soif de nature, nous vous avons concocté une sélection de dix séjours au cœur des plus beaux parcs naturels du Massif central. Un Massif central aux multiples facettes : du Morvan au Haut-Languedoc, en passant par les Grands Causses, les Volcans d'Auvergne ou encore le Pilat, sans oublier les majestueuses Cévennes et le plateau secret de Millevaches en Limousin. Et, cerise dans le ruisseau, vous découvrirez au gré de ces différentes propositions nombre d'hébergements et d'acteurs responsables, l'ensemble des Parcs naturels du Massif central étant engagés dans la Charte Européenne du Tourisme durable dans les espaces protégés tout comme les opérateurs de voyage qui vous proposent ces séjours !

Randonner dans le parc national du Mercantour

Geneviève Clastres | 6 septembre 2017

Juché entre montagne et mer, aux portes de l'Italie et de la Méditerranée, le Parc national du Mercantour jouit d'un patrimoine naturel exceptionnel fort de ses influences climatiques à la fois maritimes, alpines et continentales. Il attire chaque année des milliers de randonneurs qui se régalent à parcourir six vallées aussi riches que diverses. Depuis l'an dernier, la mise en place de la Grande Traversée du Mercantour permet aux plus aguerris de parcourir le massif dans son intégralité avant de filer vers la grande bleue.

Barcelonnette, porte d'entrée du Mercantour, rejoint le Parc…

Si le Mercantour a été reconnu Parc national dès 1979, il le doit à cette biodiversité exceptionnelle issue de cette situation privilégiée entre mer et montagne. A la fois sauvages et variés, ses paysages alternent entre oliviers, alpages, forêts de mélèze, cultures en terrasse, lacs glaciaires, zones pastorales… au point que **le Mercantour soit le seul Parc national français de haute montagne où l'on retrouve tous les étages de végétation**. Depuis peu, la commune de Barcelonnette, située à l'extrême nord du massif, porte d'entrée naturelle du Mercantour, a fait le choix de rejoindre le Parc. Etonnamment, elle ne faisait pas partie du périmètre originel. Sa décision renforcera l'attractivité de l'ensemble. Très active sur le champ du développement durable et de la protection de l'environnement, Barcelonnette s'est également donnée comme objectif d'atteindre une autonomie énergétique d'ici à 2040.

La grande traversée du Mercantour

Site protégé à la biodiversité riche et variée, le Parc national du Mercantour est un territoire particulièrement propice à la marche et aux randonnées tout niveau. On peut choisir de rayonner depuis un point fixe (Saint-Martin Vésubie, Barcelonnette, etc.) et alterner ainsi visites et marches en boucle ; choisir une vallée entre Tinée, Haut-Verdon, Vésubie, Ubaye… et explorer ces différents ensembles ou, pour les plus sportifs, le traverser de part en part sur un parcours pédestre de 212 km – **La Grande traversée du Mercantour – inauguré au printemps 2016** et visant à concurrencer les grands itinéraires de randonnée tels que le GR20 en Corse, le tour du Mont-Blanc dans les Alpes, le GR10 dans les Pyrénées. **Réalisable en seize étapes qui relient mer et montagne, ce parcours peut aussi se scinder en deux ou trois voyages séparés**. L'itinéraire débute à Estenc, dans la haute vallée du Var, traverse ensuite les vallées de la Tinée puis de la Vésubie pour redescendre via celles de la Roya et de la Bévéra jusqu'à Menton. Avec des dénivelés de 500 à 1 100 mètres et des étapes de cinq à sept heures de marche (des nuitées en refuges), l'ensemble la Grande Traversée est conseillée aux marcheurs confirmés.

La vallée des Merveilles

Pour les randonneurs moins aguerris, il reste la possibilité de rayonner depuis les différentes vallées ou de se faire aider en contactant un tour opérateur apte à vous organiser une randonnée sur mesure. Numéro Un français de la randonnée individuelle en liberté, **Chamina Voyages propose ainsi une randonnée de six jours et cinq nuits au cœur de la vallée des Merveilles**. Cet itinéraire, idéal pour les amoureux de la nature, parcourt les sites les plus exceptionnels du Parc national dont le Gélas (3 143 m), point culminant des Alpes-Maritimes. On progresse ainsi au cœur des alpages en croisant différents lacs d'altitude, avec pour point d'orgue l'ascension du Pas de l'Arpette (2 511 m), ponctuée de troupeaux de chamois et bouquetins. De l'autre côté s'ouvre la vallée des Merveilles et ses nombreux lacs glaciaires qui ponctuent de leurs eaux bleutées cette zone minérale. **Il y a 5 000 ans, des hommes (pasteurs ou bergers, le mystère demeure...) réalisèrent des milliers de gravures rupestres au pied du Mont Bégo (2 872 m)**, véritable montagne sacrée. La randonnée se poursuit ensuite par l'ascension de la "cime du Diable", puis la traversée du vallon des Verrairiers. Le dernier jour, on rejoint le cirque du Gélas par le pas du Mont Colomb (2 548 m) avant de retrouver la vallée voisine de la Madone. Et l'on comprend mieux, à la découverte de ce territoire exceptionnel qu'il est important de préserver, que **le parc soit candidat pour être inscrit sur la liste du patrimoine mondial de l'Unesco**. A suivre....

Le GR 54, perle des Ecrins

Guillaume Chassagnon | 27 juin 2017

Roger Canac, ce nom là vous dit-il quelque chose ? L'homme fut guide de haute montagne et est connu du grand public pour son fameux roman Gaspard de la Meije. Savez-vous qu'il a créé, avec quelques amis, le tour de l'Oisans-Ecrins au début des années 60, soit quelques années avant la naissance du Parc National du même nom (1973) ? Relancé par le Parc et par des agences locales, cette itinérance tutoie la haute montagne et vous fait découvrir les mille secrets de ce massif majestueux entre Isère et Hautes Alpes. Engagés depuis quelques années sur la redynamisation de l'itinérance, le Parc des Ecrins met la barre haute en matière d'informations et démarche qualité. En effet, outre des chantiers sur les sentiers et une signalétique refaite à neuf avec l'aide des comités de randonnées pédestres, le Parc met en avant la marque Esprit Parc national pour labelliser des prestataires engagés sur le territoire. A l'heure actuelle, près d'une centaine de prestataires peuvent afficher fièrement leur attachement aux valeurs du Parc. Parmi eux des hébergeurs, des artisans et des prestataires d'activité en lien avec la formidable nature environnante. Lancée en 2015, la marque Esprit Parc national trouve ici un vivier et un dynamisme très important.

L'émergence du voyage en direct

Avec la propagation d'internet et la dématérialisation du voyage, les pratiques touristiques ne cessent d'évoluer. Parmi les tendances apparues ces dix dernières années, le voyage en direct répond à l'envie d'une partie de la clientèle de voyager plus librement, en lien étroit avec les agences locales des pays hôtes. Tours opérateurs mais aussi start-up ou plateformes ont saisi cette tendance et développé des formules qui mettent en relation les voyageurs avec des réceptifs et experts locaux du monde entier. Notre portail a suivi le lancement et l'évolution de plusieurs de ces nouveaux acteurs. Si certains n'existent plus aujourd'hui, n'ayant pas résisté à la concurrence, d'autres ont pris leur indépendance et se développent à grand pas. En sus, les agences locales des pays partenaires commencent aussi à avoir des velléités entrepreneuriales et certaines ont déjà posé des jalons pour être toujours plus en direct avec le client final…

Lancement de Voyages-en-direct.com

Geneviève Clastres | 15 septembre 2012

Fort du constat d'un monde qui change entraînant de nouvelles façons d'envisager le voyage, un nouveau site internet vient de voir le jour – Voyages-en-direct.com – qui va permettre aux futurs voyageurs de composer eux-mêmes leur circuit, en prise direct avec les réceptifs locaux depuis leur petit écran.

Une équipe solide

Directeur général de Voyages-en-direct.com qu'il lançait officiellement jeudi 12 septembre au cœur de Paris, Olivier Thery n'en est pas à son coup d'essai, d'autant qu'il s'est entouré d'une solide équipe, avec Didier Rose en Directeur associé et Denis Pollet au sein du Comité Stratégique. Fondateur en 2009 de la marque Ushuaïa Voyage après de riches années à œuvrer dans le tourisme en Afrique, Olivier Thery est à présent **persuadé que l'avenir est à la dématérialisation du voyage**. Son objectif, dans un monde qui change, continuer à faire le métier qu'il aime – organiser des voyages -, en se délestant au maximum de toute une logistique souvent lourde et peu rentable tel que l'aérien ou le suivi administratif.

La foi en l'e-tourisme

Les chiffres le prouvent tous les jours, l'e-tourisme est en constante progression, près de 15% par an, soit **presque 50% de l'ensemble de l'e-commerce BtoC en France**. Quant aux avantages, ils sont à présent connus : fin des brochures obsolètes, coûteuses en papier et en distribution, approche d'une clientèle plus jeune et plus autonome, adaptabilité aux prix, à une géopolitique taquine, souplesse, gain de temps… autant d'arguments qui poussent de plus en plus de sociétés à se lancer dans l'aventure.

Pour des voyages sécurisés et responsables

Site offrant une garantie, Voyages-en-direct.com possède une licence française permettant d'assurer et de protéger le consommateur en cas de défaillance ou de problème éventuel. En outre, les paiements sont sécurisés, ce qui évite les mauvaises surprises. Enfin, l'ensemble se veut responsable et engagé en mettant directement en relation les clients avec les correspondants locaux, gage de sérieux et de compétence. Enfin, une petite somme d'argent est systématiquement collectée pour **soutenir des associations ou des ONG locales**, soit en partenariat avec le réceptif, soit en allant sur le terrain pour sélectionner des initiatives de micro-crédits ou autre, propres à aider le développement des territoires concernés. Ces différents projets ainsi qu'une charte éthique du voyageur sont déclinés sur le site. Par exemple, au Cameroun, Voyages-en-direct.com travaille avec l'association CTIA qui emploie des jeunes à la sauvegarde de l'environnement.

> *« Ne vaut-il pas mieux, finalement, assumer des délais de réponse plus longs, gage d'expertise et de suivi, et forme de résistance à un monde où la vitesse semble devenu le maître mot.*

Un site ergonomique adaptable en marque blanche

Développé par la société Advences, Voyages-en-direct.com est une plateforme numérique ergonomique qui offre à la fois des modules "clé en main" mais aussi et surtout – la **possibilité de créer son voyage sur mesure dans le monde entier**. Pour l'heure, 70 pays et 150 réceptifs sont proposés, des correspondants locaux francophones pour la plupart, qui s'engagent à répondre entre 48 et 72 heures. En outre, le site sera mis à la disposition des agences de voyage et des comités d'entreprise – en marque blanche – afin de permettre à ces derniers de se diversifier tout en évitant une charge de travail supplémentaire, une mise à disposition gratuite. Il sera même possible de retirer les destinations majeures d'un partenaire pour éviter d'entrer en conflit, de reprendre sa charte graphique, autant de souplesse pour un système gagnant-gagnant.

Quelques interrogations

L'entreprise semble donc louable et intéressante, on peut toutefois s'interroger sur certains points, comme la volonté de répondre à tout prix aux clients en moins de trois jours. Fort de l'expérience d'Evaneos, un des pionniers du "voyage en direct", il **semble périlleux de vouloir assurer une réactivité à tout crin** quand on sait que pour bien des réceptifs à l'autre bout du monde, la charge de travail induite par ce surplus de clientèle sera forcément intenable. Le risque n'est-il pas alors, comme on a pu le voir sur certains forums, d'exaspérer le futur client et au final, de ternir son image. Ne vaut-il pas mieux, finalement, assumer des délais de réponse plus longs, gage d'expertise et de suivi, et forme de résistance à un monde où la vitesse semble devenu le maître mot.

DirecTravel interroge le modèle de l'industrie du voyage à la française

Geneviève Clastres | 14 septembre 2016

Les hôteliers ont Airbnb, les taxis Uber, les professionnels du tourisme ont depuis quelques années le voyage en direct qui vient peu à peu titiller leur modèle. A la fin du mois, DirecTravel, nouveau salon dédié à ces formes de mise en relation entre clients et réceptifs locaux jette un nouveau pavé dans la mare. Aux arguments des pros dénonçant la concurrence déloyale de réceptifs non immatriculés en France, Christophe Sentuc, organisateur du salon, a opposé le besoin de mettre en lumière ces nouvelles pratiques sans intermédiaires qui permettent de valoriser l'expertise des agences locales et leur offrent ainsi les moyens de se développer in situ. De quoi s'interroger sur l'équité dans l'industrie du voyage, quand l'élève rattrape le maître…

L'envie de faire part belle aux experts et réceptifs locaux

Efficace, connecté et branché, DirecTravel est en résonance avec le monde tel qu'il se dessine un peu partout. Son principe est simple, **mettre en relation des futurs voyageurs avec des réceptifs et experts locaux du monde entier**. A cette fin, du 30 septembre au 2 octobre, la Cité de la Mode et du Design accueillera une cinquantaine d'exposants et espère attirer plusieurs milliers de visiteurs. Le principe : **donner aux voyageurs les clés pour construire leur propre voyage** grâce à des correspondants locaux présents sur place ou en partenariat avec une plate-forme virtuelle, Trip-Connexion, qui assurera la mise en relation avec des experts et acteurs de l'e-tourisme du monde entier (sans aucune commission). L'organisateur de ce premier rendez-vous du voyage-en-direct, Christophe Sentuc, a été pendant 25 ans à la tête de Terre Voyages/Fleuves du Monde, une agence basée à Paris défricheuse de nouvelles destinations. Son objectif, promouvoir les structures locales et donner la part belle au territoire pour que les futurs clients passent de plus en plus en direct avec des réceptifs sélectionnés pour leur professionnalisme. Christophe Sentuc : *"Beaucoup d'acteurs locaux sont aujourd'hui en mesure de répondre au mieux aux demandes du voyage sur mesure et sont les seuls à le maitriser de A à Z. Il est important d'accompagner ce phénomène et de faire connaitre ce savoir-faire."*

Un salon poil à gratter pour une profession divisée

Toutefois, dès l'annonce de ce nouveau rendez-vous, la polémique a fait rage, de nombreux professionnels s'inquiétant de voir des agences réceptives non immatriculées en France vendre leurs prestations sur des salons auprès du grand public. Certes, si le code du tourisme interdit aux exposants étrangers de réaliser des ventes en direct sur le territoire français, elle ne leur interdit cependant pas de faire de la promotion, et ce sera en l'occurrence le cas, rappelé par Christophe Sentuc : *"les exposants de DirecTravel ne signeront en aucun cas des contrats de ventes lors de l'événement. Ils seront là pour rencontrer des prospects particuliers et professionnels, ainsi que des internautes, afin de promouvoir leurs compétences dans le cadre de leur conformité professionnelle liée au pays de leur activité. En outre,* ***il ne faut pas se voiler la face, les clients achètent déjà largement des prestations sur internet****. Notre*

rôle est d'alerter le consommateur sur différentes choses dont il doit prendre conscience, par exemple qu'une structure locale n'a pas de garantie en terme de fond déposé, pas de licence de type Atout France et qu'il faut donc penser à s'assurer de son côté. Les voyagistes français, du fait de leur expertise, ont encore largement leur place sur ce marché."

Un premier rendez-vous test ?

Est-ce l'effet de la polémique, d'un attentisme ou d'une certaine défiance, alors qu'une centaine de participants étaient attendus et que les agences de voyage françaises ont également été invitées à participer pour rencontrer les réceptifs, à ce jour, **seuls 57 exposants sont annoncés** et des acteurs majeurs du voyage en direct tels Evaneos ont renoncé au dernier moment à participer au salon. Directeur général de TraceDirecte qui opère depuis 2012, Olivier Catrou précise quant à lui : *"Je n'étais pas disponible le week-end du 1er et 2 octobre et je n'ai pas vu non plus vu d'opportunités immédiates dans notre participation au salon."*

D'autres ont répondu présents, notamment de nombreux acteurs engagés pour le tourisme durable, souvent partenaires de notre portail. **Essentiel Botswana**, spécialiste du Botswana et de safaris soignés, sera là pour expliquer tout le travail qu'elle réalise et combien ses safaris contribuent efficacement au développement économique du pays et à la préservation de sa biodiversité. De même, l**es éditions Viatao**, qui proposent aux voyageurs des solutions concrètes et originales pour voyager autrement, auront un stand sur le salon. En revanche, **les organisations professionnelles – SNAV, CEDIV – et les réseaux constitués du tourisme durable n'ont pas souhaité participer...** Christophe Sentuc : *"Nous aurions également souhaité que des réseaux tels ATR soient là, malheureusement, ils n'ont pas répondu présents. C'est dommage* *car les acteurs du tourisme durable ont un rôle à jouer dans cette mise en avant des partenaires locaux."*

L'équité, un terrible balancier pas facile à paramétrer

D'ores et déjà, au-delà même de l'évènement à venir, ce premier rendez-vous des acteurs du voyage en direct a le mérite de nous interroger en profondeur sur l'industrie du tourisme telle qu'elle est pratiquée aujourd'hui en France et sur **cette sacro-sainte équité qui n'a pas toujours le même poids ou le même relief selon que l'on regarde du nord vers le sud, et vice versa...**

> ***Se réjouir que des destinations subissant un taux de fuite moyen de 70% des capitaux générés par l'activité touristique, soit aujourd'hui capable de s'organiser et de faire de cette industrie un levier de développement local pour leur territoire.***

Certes, il n'est pas question ici de soutenir la concurrence déloyale et de nier les arguments des agences de voyage française dûment immatriculées, avec le lot de taxes que cela suppose, en reconnaissant aussi les emplois créés et les bénéfices pour l'économie de notre pays... mais il est tout aussi bon de s'interroger sur le fonds, et de **se réjouir que certaines destinations alors mises en tourisme avec un taux de fuite moyen de 70% des capitaux générés par l'activité touristique, soit aujourd'hui capable de s'organiser et de faire de cette industrie un levier de développement local pour leur territoire**. Une fois de plus, l'idée n'est pas de jeter le bébé avec l'eau du bain, nombre de voyagistes français font un travail remarquable depuis des années et ont contribué à faire connaitre et à soutenir des destinations, toutefois, le monde change, et on peut se réjouir que certains acteurs locaux soient aujourd'hui en mesure de prendre la main. L'équité est certes d'avoir les mêmes règles du jeu lorsque le terrain est commun, mais **l'équité n'est-elle pas aussi de donner plus de visibilité à ces acteurs de l'ombre que sont les réceptifs ?** Accepter que des experts et réceptifs locaux soient enfin totalement reconnus comme des professionnels à part entière, ne plus les cacher au grand public, pas si dupe, est peut être un premier pas concret et sincère pour que des pays du sud profite plus amplement des revenus du tourisme. Le monde change. Et avec un peu d'imagination et de souplesse, il y aura toujours de la place pour tous, ici ou là bas !!

Trace Directe : cinq ans, un nouveau site et des voyages en direct, toujours !

Geneviève Clastres | 30 novembre 2017

Il s'en passe des choses en cinq ans, de la gestation à la naissance, des premiers pas à l'envol... Trace Directe a cinq ans et déjà une forte expérience du voyage en direct. Eclos dans le giron d'Allibert, elle a pris son indépendance en 2014 et propose aujourd'hui une trentaine de destinations en lien direct avec des experts locaux. Alors, pour fêter comme il se doit ce bel anniversaire, elle s'est offert un site internet totalement relooké, une refonte complète qui permet de valoriser un travail d'équipe et de passionnés piloté depuis Grenoble.

Les années charnières

Né il y a cinq ans, **Trace Directe est une émanation du tour opérateur Allibert-Trekking**, voyagiste d'aventure qui souhaite proposer à ses clients des voyages en prise directe avec les destinations locales. Nous sommes en 2011. La période voit alors éclore tout type d'initiatives en ce sens, les professionnels du tourisme ayant saisi l'envie d'une certaine partie de la clientèle de voyager plus librement, en lien étroit avec les agences locales des pays hôtes. Trace Directe est directement issu de cette vague. **Mais, alors que la clientèle se décentre peu à peu, les professionnels à l'inverse se concentrent**. En 2013, Allibert tombe dans les mailles de Voyageurs du Monde. Le groupe a déjà racheté plusieurs tours opérateurs d'aventure et met là la main sur un gros poisson de la marche à pied. Dilemme toutefois, Voyageurs a déjà en son sein un spécialiste du voyage en direct. Directeur général de Trace Directe depuis sa création, Olivier Catrou n'a d'autres choix que de s'émanciper. Il négocie et prend la barre en solo...

La consolidation

Totalement indépendant, le tour opérateur peut alors se concentrer sur ce qu'il aime faire : créer des voyages sur mesure adaptés aux envies de ses clients, et ce, en lien étroit avec les agences locales, ce qui permet de multiplier les propositions inédites. Si en cinq ans, peu de nouvelles destinations apparaissent, l'ensemble du catalogue est consolidé, **la qualité avant la quantité, et ce, grâce à 25 conseillers répartis dans le monde entier**. Olivier Catrou : *"Ma priorité a été de travailler les destinations déjà au catalogue, sans chercher à multiplier les pays mais plutôt dans un souci de prendre soin de l'existant."* Peu à peu, l'entreprise se construit. Olivier Catrou prend son temps. Chaque client est chouchouté. Les devis sont étudiés au téléphone avec les futurs voyageurs, **le programme est issu d'une concertation,**

de multiples échanges. Mois après mois, les clients se fidélisent. Le Sri Lanka, le Vietnam, la Thaïlande, l'Inde, le Maroc, la Tanzanie, la Namibie… sont particulièrement prisés.

L'envol

En 2017, l'entreprise a pris son envol, 1 200 clients ont fait confiance à Trace Directe. Olivier Catrou assume d'être une petite structure : *"Nous ne sommes surtout pas une plateforme mais une agence de voyage, basée à Grenoble, proche de nos clients. Nous proposons du voyage sur mesure grâce à nos conseillers locaux dans les destinations mais nos clients s'adressent à la marque Trace Direct sur place."* Et cela marche. Alors que peu y croyait alors, l'entreprise est rentable, progresse chaque année, a une bonne assise à Grenoble. Alors, pour fêter ses cinq ans, elle s'est offert un site internet tout neuf, plus haut de gamme, une façon de fluidifier toujours et encore les relations entre clients et conseillers locaux. A présent, **Trace Directe s'estime mûre pour ouvrir de nouvelles destinations** mais en prenant le temps, toujours, afin de satisfaire tous ces clients qui reviennent et qui ont besoin de voir l'offre évoluer.

Au plus près du terrain avec Evaneos !

Geneviève Clastres | 23 mars 2017

Championne du voyage en direct, Evaneos a connu une progression fulgurante depuis sa création en 2009. Ainsi, alors qu'ils étaient 3 000 voyageurs à tenter l'aventure avec la jeune start-up dès 2010, ils sont aujourd'hui 160 000 à l'avoir choisi pour partir dans l'une des 160 destinations que propose le portail. Toutefois, au-delà de ce modèle sur-mesure en prise directe avec les agences locales qui séduit de plus en plus, la plateforme a initié de nombreuses démarches pour favoriser un tourisme plus responsable.

Une progression fulgurante

Avec quelques 4 000 idées de voyages dans **160 destinations différentes**, près de **1 000 agences locales** réparties à travers le monde, et **160 000 voyageurs cumulés** à ce jour, Evaneos affiche une santé de fer et une progression impressionnante. En témoigne son déménagement en juin prochain dans de nouveaux locaux car ceux de la rue Rochechouard sont devenus trop petits pour accueillir les nombreuses recrues qui ne cessent d'affluer au cœur de la start-up. En outre, Evaneos vise à devenir le portail référent du voyage en direct à l'international avec une présence croissante en Europe (France, Allemagne, Espagne, Italie, Grande-Bretagne, Suède, Danemark, Pays-Bas) et d'ores et déjà, un voyageur sur trois qui vient de l'étranger.

Le territoire, l'âme du voyage

Le goût et le souci du territoire reste toutefois au cœur du projet d'Evaneos, déjà en ce que les voyages sont entièrement conçus et développés par les agents locaux présents aux quatre coins du monde, mais aussi de par cette **volonté que le maximum des retombées économiques issues de l'activité touristique revienne sur le terrain**. En 2016, afin d'évaluer plus concrètement la part de redistribution économique locale générée par son activité, Eric La Bonnardière et Yvan Wibaux, le duo de fondateur et dirigeant, ont commandé une étude d'impact au Cabinet de consulting ID Tourism. Et alors que le taux de fuite moyen oscille en général entre 60 et 80% dans le tourisme, l'étude a évalué le taux de redistribution "Evaneos" sur le territoire à 72%, soit un taux de fuite de 28%. Ce résultat s'explique entre autre par les emplois directs et indirects créés par les agences locales au cœur des territoires, la multiplication des réseaux avec les producteurs locaux et bien sûr, l'avantage de vivre au cœur des zones visitées.

Des agences locales soigneusement sélectionnées

Dans le modèle Evaneos, l'agence réceptive est au cœur du système, il est donc fondamental d'en garantir le sérieux, la fiabilité mais aussi la loyauté. En ce sens, un système de sélection a été élaboré grâce à des logiciels performants et des équipes parisiennes – "area managers" – organisées par zones ou régions du monde. **Les agences sont ensuite évaluées, suivant une grille de critères qui permet de garantir leur qualité et probité**. Une fois sélectionnées, elles sont formées en amont, puis régulièrement suivies, à l'instar des Evaneos Academy qui réunissent deux fois par an à Paris une bonne partie des agents. Ces derniers disposent également de nombreux outils, des programmes de "best practices" et d'e-learning afin de parfaire leur profil. L'ensemble de ces bonnes pratiques se double d'engagements plus symboliques. Evaneos est labellisé ATR depuis 2016. Il s'est également engagé au côté du festival No Mad, festival de voyage responsable du Val d'Oise, et participera à un voyage de repérage à Haïti fin avril.

Enfin, dans les régions et pays concernés, **les agences partenaires d'Evaneos soutiennent de nombreux projets locaux qui font sens** : constructions d'écoles, de dispensaires, reforestation, etc. Quant à l'entreprise parisienne, elle réfléchit à de nouveaux engagements, tels la mise en place d'un système de compensation carbone des déplacements professionnels (en favorisant les déplacements à vélo par exemple).

Cluster et regroupements

Regroupement d'entreprises, d'acteurs du voyage et d'institutions inter-reliées dans un domaine particulier et sur un territoire géographique défini, un cluster permet de mutualiser des investissements et d'être plus fort ensemble. Que se soit dans les Pyrénées catalanes, aux Pays Basques ou dans l'Anjou, nous avons suivi plusieurs initiatives où toujours le tourisme joue un rôle moteur et transversal qui aide au développement du territoire et valorise en priorité les ressources et spécificités locales.

Un Cluster durable… sous le soleil des Pyrénées catalanes !

Geneviève Clastres | 8 avril 2014

Le 1er avril, à l'occasion de la semaine du développement durable, de nombreuses entreprises et acteurs du territoire se sont réunis à Estavar, au parc Résidentiel de loisirs l'Escapade, à l'invitation de l'Association Accueil et Loisirs en Pyrénées catalanes (ALPYC66). L'idée, impulser la création d'un cluster "Soleil des Pyrénées" à la fois transdisciplinaire et transfrontalier pour mettre en valeur le Conflent, le Capcir, la Cerdagne et la Cerdanyala. Forte d'un ensoleillement exceptionnel, la région veut valoriser ses nombreux points forts, climatisme, santé, solaire, agriculture, et bien sûr le tourisme, pour créer des synergies entre les différents acteurs et impulser une logique de territoire profitable à tous.

L'économie circulaire et le "Soleil des Pyrénées"

Tout a commencé en août 2012, à la Maison du Capcir, à l'occasion de journées de formation mises en place par l'Association pour le Développement des Pyrénées par la Formation (ADEPFO) et animées par Murielle Bousquet, consultante et formatrice en tourisme (TERRITOUR). L'idée, **définir une stratégie territoriale de développement touristique**. L'échelle a évolué et les Communautés de communes du Conflent, du Capcir Haut-Conflent et des Pyrénées – Cerdagne, le Parc naturel régional des Pyrénées catalanes et le Consell comarcal de la Cerdanya ont signé une convention de partenariat et mutualisé des moyens et subventions pour structurer une destination touristique cohérente et attractive. Quelques mois de travail et deux journées de réunion plus tard, **près de cent acteurs sont déjà mobilisés** (cinquante côté français et cinquante côté catalan) pour un projet transfrontalier, la création d'un cluster "Le soleil des Pyrénées" en lien avec les services du tourisme de Languedoc-Roussillon et de Catalogne.

Inventer de nouvelles transversalités

L'objectif du cluster : créer des synergies entre les entreprises, collaborer, mutualiser, préserver la qualité en valorisant les richesses et trouver des objectifs communs pour aider à maintenir et développer l'activité et l'emploi sur le territoire. *"Si le voisin va bien, on ira bien aussi"*. **Peu à peu, des traits d'unions s'esquissent entre tourisme, climatisme, santé, agriculture, solaire, métiers de l'alimentation, gestion des eaux et forêts**. L'idée, optimiser les points forts de chacun et mutualiser les savoir-faire pour créer une dynamique de territoire qui profite à tous. Deux journées sont prévues pour identifier et mettre en lumière les nombreuses initiatives transversales et transfrontalières déjà existantes. Le 1er avril à Estavar n'est donc que le premier acte de réunions et d'échanges qui se poursuivront le 3 juin en Cerdanya, à l'invitation d'A.E.C., à Bellver.

> **“ *Si le voisin va bien, on ira bien aussi !* ”**

Angers TourismLab. (ATL) : Les mondes de la recherche et de l'entreprise se rapprochent

Geneviève Clastres | 14 septembre 2016 - Pour ATD - portail partenaire

Lancé officiellement le 10 avril 2015, Angers TourismLab (ATL) est un dispositif visant à développer la recherche, la formation et l'innovation en tourisme dans les Pays de La Loire. S'appuyant sur le formidable vivier de chercheurs que compte la région et sur des universités pilotes à l'image de l'UFR ESTHUA Tourisme et Culture d'Angers, il a pour objectif de rapprocher le monde de la recherche des entreprises de la région, via une structure dédiée, le TIL, Tourisme InnovationLab.

Cap sur la recherche, la formation...

En 2013, fort du constat que la dynamique touristique régionale représente 43 000 emplois et 8% du PIB régional, une réflexion se met en place dans les Pays de La Loire pour sérier et améliorer la RFI (Recherche/Formation/Innovation) en tourisme sur l'ensemble du territoire. L'impulsion vient de la région mais aussi, de l'Université d'Angers et de l'agglomération, trois partenaires financiers aidés par le FEDER. Ces derniers ambitionnent, **via le dispositif Angers TourismLab (ATL), de faire des Pays de La Loire le leader européen de la recherche académique et appliquée en tourisme**, de la formation aux métiers du tourisme, et de l'innovation dans les entreprises et destinations touristiques. Un réseau de chercheurs est alors créé et structuré, visant à favoriser des équipes pluridisciplinaires issues de différents laboratoires afin de travailler à des projets communs. Comparable aux grands centres de recherche internationaux, le volet Recherche de l'ATL s'appuie notamment sur les deux laboratoires de l'Université d'Angers, Espaces et Société et le Groupe de Recherche Angevin en Economie et Management.

Déjà, plusieurs projets de recherche ont été validés dont quatre pour 2016 entièrement financés. Au final, **l'idée que la recherche soit plus connectée avec les entreprises de la région**, qu'elle mobilise les ressources existantes, et que les étudiants fassent leurs travaux de recherche en lien avec les besoins des professionnels avance. Fort de vingt membres, l'Angers TourismLab. comprend un directeur, 4 chargés de mission et une chargée de communication. L'idée, mettre en œuvre les projets de recherche mais aussi de formation et de structurer des partenariats à l'international. Prévu pour une durée de cinq ans, ATL a entre autres objectifs de **doubler les effectifs de la recherche pour atteindre 60 enseignants-chercheurs et doctorants d'ici 2020**, de promouvoir une recherche d'excellence au rayonnement international de premier plan (partenariats avec l'Asie et l'Amérique du nord). Enfin, il tend également à favoriser l'innovation...

Et l'innovation !

En ce qui concerne l'innovation, le projet est porté par le TIL, **Tourisme Innovation-Lab, un cluster qui vise à mettre en réseau étudiants, porteurs de projets, start-up et entreprises de la région**. Fort du constat qu'il existe encore très peu de clusters en tourisme, contrairement à ce qui se fait dans l'industrie, le TIL a souhaité s'appuyer sur le formidable vivier que représente l'UFR ESTHUA Tourisme et Culture et sur les acteurs professionnels du tourisme qui souhaitent innover dans le tourisme. En charge de sa structuration, Solène Chesnel : *"En France, le paysage des clusters est assez récent. Depuis 5 ou 6 ans, on voit toutefois émerger des clusters en tourisme comme à Bayonne avec le cluster du tourisme basque GOazen, le cluster Montagne ou à Paris, le cluster tourisme Val d'Europe. Toutefois, le projet du TIL est unique en France, car dans la même logique que les pôles de compétitivité de l'état français."* Là aussi, à l'horizon 2020, de nombreux résultats sont espérés, dont **la création de chaires d'entreprises, la montée en puissance de l'innovation** dans les entreprises et destinations touristiques à travers la création de produits et services innovants, mais aussi, un **renforcement de l'activité de recherche collaborative** avec le développement des contrats de prestations de service et des doctorants CIFRE en entreprises.

> **"** ***La région compte nombre de porteurs de projets qui ont des connections avec le durable.***

La place du tourisme durable au sein de ces initiatives ?

Qu'en est-il toutefois de la place du durable au sein de l'ATL et du TIL ? Solène Chesnel : *"Hier, j'étais en entretien avec les porteurs du projet GREESME, qui souhaitent mettre en place une plateforme collaborative avec des professionnels ou des particuliers pour des séjours authentiques locaux. Leur objectif est justement de proposer des produits plus ancrés dans nos territoires. Pour l'heure, ils sont en phase de test et recherchent des partenaires.* ***La région compte nombre de porteurs de projets qui ont des connections avec le durable****."* Le TIL a également assisté au dernier conseil d'administration de l'UNAT. *"Notre porte d'entrée intéresse beaucoup de monde dont les acteurs associatifs qui réalisent qu'il faut s'y mettre, trouver des leviers pour innover, se rapprocher de nous, voir ce qu'on peut leur apporter, comment on peut les aider. On voit bien que le durable est dans la mouvance."* Une autre étudiante de l'ESTHUA souhaite monter son entreprise sur le tourisme collaboratif, le transport partagé pour les vacances. Et toujours au sein de l'ESTHUA, des chercheurs travaillent sur le tourisme authentique, à l'image de Sandra Camus. *"Le TIL touche vraiment à tous les secteurs. Nous ne sommes pas fermés. L'innovation est un état d'esprit, une forme d'ouverture, l'envie de proposer une offre différente, de réinventer sans cesse le tourisme."* Solène essaie aussi d'aller dans les réseaux pour mieux le faire connaitre. **Depuis le colloque "Innover et entreprendre dans le tourisme" organisé par le DGE, elle connait ainsi mieux son compère le Welcome CityLab parisien**. Un projet de réseau national est en cours. *"Nous avons intérêt à travailler en réseau. Cela permet aussi de montrer à nos élus en région combien le tourisme est un enjeu réel…".*

Cluster GOazen en Pays Basque : Nous pouvons ce que je ne peux pas…

Jérôme Bourgine | 26 septembre 2016

En France, plus de 60 000 entreprises fonctionnent déjà en réseau au sein de clusters locaux. Et s'en félicitent chaque jour. Aucun cluster pourtant ne s'était encore créé dans le secteur du tourisme. Jusqu'à l'apparition récente de GOazen. Rencontre avec Corinne Cerveaux, initiatrice et responsable de cette première à la CCI de Bayonne – Pays Basque…

VA : Comment est née l'idée de créer un cluster réunissant les divers acteurs du tourisme du Pays Basque ?

Dans le cadre du contrat territorial qui lie la CCI au Pays Basque, nous menons des réflexions sur les manières de développer l'économie locale. Forte de ce que j'avais pu observer dans d'autres régions, **j'ai proposé en 2008 de clusteriser les principales activités économiques, dont le tourisme**. Sachant qu'aucun cluster n'existait dans l'industrie du tourisme, hormis, précisément chez nous, un mini cluster réunissant les divers acteurs de l'économie de la glisse. Nous nous sommes donc appuyés sur France Cluster qui est une sorte de fédération des clusters français, ainsi que sur divers clusters industriels proches pour développer notre propre modèle : GOazen.

VA : Parce qu'en deux mots, c'est quoi au juste, un cluster ?

Une collaboration d'entreprises et d'institutions inter-reliées dans un domaine particulier et sur un territoire géographique défini dont le but est généralement de gagner en compétitivité. Ce qui était très exactement notre situation : **le tourisme est transversal et touche des domaines très divers : le marketing, l'emploi, l'urbanisme, les habitants et les entreprises de service, prestataires, etc.** Des acteurs privés et payant aussi bien que publics et gratuits (offices et comités du tourisme…). En créant, ensemble, une chaîne de valeur commune, nous voulions avant tout optimiser la satisfaction du client pour qu'il revienne passer du temps dans notre beau pays, et également gagner en notoriété.

VA : Et tout le monde a été aussitôt partant pour travailler ensemble ?

Quasiment, oui. Aujourd'hui, plus de 580 acteurs ont rejoint le cluster. Du premier état des lieux a émergé l'évidence que nous partagions un destin et une ambition communes. Nous avons monté notre structure en nous appuyant sur les réseaux d'entreprises existants, les syndicats et autres organismes fédérateurs. Lorsque le projet a été prêt, nous l'avons fait valider par France cluster et la définition du projet stratégique une fois franchie, nous l'avons mis en œuvre au travers un premier plan d'action collectif pluriannuel.

VA : Quelle stratégie et quel plan d'action avez-vous retenus ?

La stratégie retenue reposait sur trois piliers principaux : améliorer la compétitivité des entreprises en anticipant sur la mutation actuelle et les nouvelles demandes qu'elle engendre, contribuer à faire du Pays Basque une destination de qualité en consolidant et professionnalisant son offre et, enfin, **œuvrer pour un développement touristique respectueux des valeurs et de la culture basque**. Stratégie que nous avons donc déployée à travers 5 axes concrets : les ressources humaines, le marketing territorial, la qualité de l'offre, l'innovation impulsée dans les entreprises pour les aider à se différencier et, enfin, l'interaction avec les politiques publiques pour leur faire passer ce message collectif unique et essentiel : les entreprises du tourisme contribuent de manière conséquente à la performance économique du territoire !

VA : Et, suivant l'éternel principe *"l'union fait la force"*, ce cluster vous donne davantage de poids et de voix, non ?

Nous sommes un petit territoire de 30 km sur 100. Je doute, sans le cluster et la politique marketing unique qu'il a engendré que l'Etat ai retenu la marque "Biarritz-Pays Basque" parmi les 20 qui seront promues à l'international dans les mois et années à venir. Je doute qu'Air France nous ait reçus comme la compagnie vient de le faire pour prendre en compte les études que nous avons réalisées montrant qu'une augmentation de la desserte locale est tout à fait justifiée. Et nous n'aurions enfin certainement pas finalisé un partenariat aussi intéressant avec la banque du tourisme local, le Crédit Agricole…

VA : Quels sont les principaux intérêts d'un cluster pour les entreprises, les territoires et le voyageur qui vous visite ?

Un cluster permet à chaque entreprise de prendre sa place dans l'environnement touristique sans prendre la place de… Il est source d'économie via la mutualisation des moyens et outils et permet de mettre en œuvre une stratégie collective plus efficace tout en la promouvant auprès des décideurs. **Pour le visiteur, le cluster est l'assurance d'avoir affaire à un écosystème cohérent et sain**, porteur d'une identité forte. L'assurance également de rencontrer une culture authentique et non diverses propositions "folkloriques", l'un des engagements étant de faire le lien avec l'Institut Culturel Basque et la langue basque, très vivante ici à travers journaux, radios, chaine télévisée. Car il existe de fort beaux spectacles basques auxquels les touristes n'assistaient pas, en ignorant l'existence.

VA : Vous invitez même les visiteurs à entrer dans la danse à vos côtés ?

Absolument. Comme 70 autres territoires français, nous avons créé notre monnaie locale : l'Eusko. Lancée en 2013, elle fonctionne très bien et est désormais acceptée par plus de 600 entreprises et commerçants. Quand les touristes arrivent au Pays Basque, il leur est proposé un kit contenant l'équivalent de 20, 50 ou 100 € en euskos. On leur explique alors qu'en utilisant cet argent, lequel restera forcément "au pays", ils deviennent acteurs de l'économie locale et non simples consommateurs.

VA : Un cluster est-il une institution démocratique ?

Difficile de l'être davantage : tous les projets mis en œuvre nécessitent l'aval du cluster dont les décisions sont prises par les douze membres du Comité de Direction, représentant chacun une filière. Et puis il y a les groupes de travail pour faire remonter l'information et les propositions…

VA : La notion de tourisme responsable ou durable a-t-elle trouvé une place où s'inscrire dans votre projet collectif ?

3 des 14 engagements lui sont consacrés. Le premier concernant la réduction des déchets produits et de l'impact environnemental ; le second favorisant les économies de ressources (LED, détecteurs de présence, économies d'eau, formation des salariés dans ce sens, etc.), le troisième privilégiant les achats effectués au Pays Basque ou, à défaut, à moins de 150 km.

VA : Que signifie GOazen au fait ?

"Allons-y !"

Start-up, numérique, TourismLab et Innovations

> Citylab, start-up florissantes, incubateurs de talents, numérisation des données, applications créatives, nouvelles technologies, le tourisme n'est pas en reste ni en marge des innovations. Certes, beaucoup reste à faire, car tout va très vite lorsque l'on parle d'innovations et le tourisme durable a encore bien des cartes à jouer, mais déjà les choses bougent… et notre portail est toujours à l'affût des dernières bonnes idées !

L'innovation au programme du 8e forum européen du tourisme pour tous !

Geneviève Clastres | 21 janvier 2016

Le 8e forum européen du tourisme pour tous s'est tenu du 21 au 23 octobre à Albufeira, au Portugal, sur le thème de l'innovation. Sous l'égide de l'Organisation internationale du tourisme social (OITS) et sur l'invitation de la Fondation INATEL, il a réuni près de 200 participants provenant de 16 pays d'Europe mais aussi des Amériques. Rencontre et échange avec Jean-Marc Mignon, président de l'OITS…

VA : Peut-on dire que les nouvelles technologies profitent au tourisme social ? Comment cela se traduit-il concrètement ?

Lors du Forum, nous avons abordé la question des nouvelles technologies. S'il faut reconnaître qu'elles impactent notre secteur de façon variable, il ne fait cependant aucun doute que nous ne sommes pas à la traîne dans ce domaine. **Nos entreprises les plus performantes utilisent toute la gamme des technologies existantes : sites, plateformes, réseaux sociaux, etc.**

En revanche, il faut relever que, d'un point de vue collectif… et international, nous n'avons **pas encore su mettre en place un outil de commercialisation efficace de l'offre existante dans les différents pays où le tourisme social est structuré** ; et nous devons donc utiliser les grandes plateformes existantes, commercialement efficaces, mais ne mettant pas du tout en exergue nos spécificités. Or quand nous voyons les bons outils nationaux mis en place par nos membres les plus importants dans leurs pays, on doit constater que ce n'est pas le savoir-faire qui manque mais plus la recherche d'une plus grande présence collective et structurée à l'échelle internationale, et avant tout en Europe.

VA : La clientèle du tourisme sociale, parfois plus âgée, dont les moyens sont souvent plus limités, a-t-elle facilement accès à ces nouvelles technologies ?

Je crois que la – ou plus exactement **"les" – clientèles du tourisme social sont très diverses** et, si nous parlons souvent des seniors parce qu'ils constituent une priorité dans certains projets européens, nous ne saurions oublier l'importance des publics enfants / jeunes et familles dans notre secteur, sans omettre bien sûr les personnes handicapées. Et si les seniors utilisent moins les nouvelles technologies – et encore cela change vite -, **les jeunes en revanche en sont de gros utilisateurs, et notamment en matière de tourisme...** y compris dans nos auberges de jeunesse ou autres équipements qui leurs sont dédiés. A un point tel que nous avons appris d'opérateurs du tourisme social en Colombie qu'ils faisaient des réductions, dans les cafés par exemple, à ceux qui venaient sans tablettes ni smartphones afin que ces lieux redeviennent des espaces d'échanges, et que d'autres équipements se développaient autour de la dimension "wifi-free", c'est-à-dire sans wifi !!!

Je ferai une dernière remarque, pour souligner qu'en revanche, il y a certainement une moindre utilisation des nouvelles technologies pour tous ceux qui ne voyagent pas individuellement mais en groupes, et, dans ces cas-là, nous retombons effectivement souvent sur des publics seniors.

VA : En France, mais aussi en Espagne ou en Belgique, des systèmes d'aide au départ en vacances se sont adaptés grâce au développement de plateformes digitales. Comment fonctionnent-elles ?

Des plateformes existent en effet pour la mise en œuvre de certains systèmes d'aide au départ en vacances dans quelques pays d'Europe. Le programme senior en Espagne a de longues années d'expérience dans ce domaine, l'ANCV a mis en place un chèque vacances dématérialisé il y a quelques mois ; en Suisse, le chèque Reka a également fait ses preuves dans ce domaine, mais, pour le reste, les initiatives sont limitées, en lien avec les aides existantes. Peut-être serait-il intéressant un point précis sur ce qu'il en est aujourd'hui.

Innover et entreprendre dans le tourisme

Geneviève Clastres | 9 juin 2016

Avec 7% du PIB, le tourisme est l'activité économique la plus florissante de notre pays. Fort de ce constat, désireuse de catalyser toujours plus les énergies de tous les acteurs, la Direction Générale des Entreprises (DGE) organisait le mardi 7 juin à la Cité de la mode et du design un colloque "Innover et entreprendre dans le tourisme". Axé sur l'innovation mais aussi sur les réseaux de financement, la journée avait pour objectif de montrer le dynamisme du secteur et la multiplicité des initiatives en cours pour doper, vitaliser, et réinventer de nouvelles pratiques adaptées à un monde en pleine mutation. Un colloque utile et pragmatique dans l'objectif de donner un nouveau souffle aux projets des entrepreneurs de tout bord. Côté durable, on notera quelques initiatives visant à doper le tourisme social et solidaire, et des territoires de plus en plus actifs pour prendre en main leur destin.

Le monde du tourisme hexagonal, un dynamisme qui s'ignore !

Que l'on se projette dans le futur comme on a pu le faire avec Sophie Lacour (Advanced tourisme) ou Jossette Sicsic (Touriscopie), ou que l'on écoute les politiques à l'image de Mme Martine Pinville (Secrétaire d'Etat chargée du Commerce, de l'Artisanat, de la Consommation et de l'Economie sociale et solidaire) ou Pascal Faure, (Directeur général des entreprises), une chose est sûre, **le tourisme est la carte à jouer pour l'avenir, le sésame qui réconcilie financeurs et entrepreneurs**, le secteur sur lequel tout le monde parie. Et pour cause, sa transversalité séduit, transporteurs, hébergeurs, sites, universités, collectivités, régions, tout le monde est concerné. Ces dernières années, les circuits traditionnels ont largement évolué. Les modes de consommation également. Les entreprises sont obligées de s'adapter, d'innover. Et contrairement aux idées reçues, le monde des professionnels du tourisme est d'ores et déjà en pleine mutation…

Passage au numérique, expérimentations virtuelles, accélération des process, multiplication des services, explosion du collaboratif, la donne évolue vitesse Grand V. Depuis quelques années, les jeunes talents peuvent se faire coacher par des incubateurs, à l'image du **Welcome Citylab parisien** qui accompagne les porteurs de projets et les aide à faire décoller leurs idées, des réseaux d'accompagnement qui se développent et essaiment un peu partout. Suite à une étude portée par le Cabinet MKG sur l'innovation dans le tourisme, on constate que **10% des entreprises traditionnelles du secteur sont porteuses d'innovation, soit 35 à 40 000 entreprises**, particulièrement concentrées en Île-de-France (près de la moitié) mais aussi sur les stations, le littoral, un véritable élan pour aller de l'avant.

Financer un projet touristique, c'est possible !

Les financeurs ne sont pas non plus en reste. Au-delà des programmes portés par l'Europe ou par le tandem Caisse des Dépôts et Consignations (financements centrés sur les murs et les infrastructures) et Bpifrance (quelques 150 millions d'euros investis sur 5 ans et dédiés aux exploitants), **on voit poindre de nouveaux modes de financements**, nourris de success story à l'image de Jean-Rémi Kouchakji (Payintech) ou de Frédéric Durand (Smartapps), dont les produits innovants – bracelet connecté pour le premier, audio-guide totalement revisité pour le second – ont permis ensuite de monter des entreprises florissantes. Les business angel s'intéressent également à ce secteur qui ose enfin sortir des sentiers rebattus. Ainsi, France Angels finance pour quarante millions divers projets et un réseau France Angels centré sur le tourisme est en cours de montage…

> **“ *Contrairement à ce que l'on croit, c'est le moment d'investir !***

De fait, **les choses bougent**, ceux qui ont des idées, de l'ambition, de la et le goût de l'effort ont de grandes chances de concrétiser leurs projets. Créateur de France Hostels, une gamme d'auberges de jeunesse nouvelle génération dédiée à une clientèle jeune et peu argentée, Romain Viennois précise : *"Il existe aujourd'hui une dynamique peu connue en France. Le contexte est bienveillant et les acteurs institutionnels nombreux à nous soutenir. La donne des financements a changé. Contrairement à ce que l'on croit, c'est le moment d'investir !"*

Des mutations qui concernent aussi le tourisme autrement !

Cette journée aura aussi permis de montrer que **le tourisme responsable n'est pas en reste ni en marge des innovations de demain**. Président des Villages Clubs du Soleil, Alex Nicola a exposé le modèle très inventif de son entreprise qui permet à cet acteur du tourisme social et solidaire de continuer à aller de l'avant. Prochain projet en cours, en partenariat avec la Caisse des Dépôts et Consignations (qui possède un fond dédié au tourisme social), implanter un Village de vacances urbain au cœur de Marseille, dans une ancienne maternité du quartier populaire de La Belle de mai qui a vu, entre autres, naître Zidane… En outre, certaines banques, à l'image du Crédit Agricole Mutuel Pyrénées Gascogne, mettent en place des fonds tourisme (banque du tourisme) destinés à accompagner les acteurs de terrain pour créer des solutions pour le territoire et le tourisme local de demain. De même, de plus en plus, universitaires et entreprises visent à se rapprocher, à travailler ensemble, là aussi pour le territoire et, bien sûr, pour le bien-être des étudiants. Impossible d'être exhaustif, mais citons aussi la région Rhône Alpes, qui fait un travail remarquable sur le "Tourisme pour tous" en aidant le financement d'hébergements collectifs (mise en place d'un club de financeurs) pour renouveler les clientèles montagne.

En guise de conclusion

Enfin, on aurait pu évoquer le dynamisme des départements d'Outre-mer qui ont compris qu'au-delà des plages, il fallait valoriser l'ensemble des atouts d'une destination, les nombreux chantiers en cours à la Réunion, en Bretagne, où la CCI très active a monté un Serious Game qui permet de créer des projets touristiques en équipe de façon ludique et de les expérimenter sur le terrain. Les initiatives abondent, et c'est tout le succès de ce premier colloque "Innover et entreprendre dans le tourisme", d'avoir su allier l'état, les collectivités, mais aussi les acteurs privés, associatifs, jusqu'à l'économie sociale et solidaire, dans un même élan bouillonnant de partages d'expériences.

Welcome City Lab – ça déménage !

Geneviève Clastres | 13 juillet 2016

Déménagement imminent pour le Welcome City Lab, incubateur parisien dédié au tourisme urbain qui démontre là combien le pari d'être le premier incubateur au monde en tourisme est déjà réussi. Formidable tremplin pour les entrepreneurs de demain et les porteurs d'idées novatrices, il nous reste à souhaiter que les acteurs du tourisme durable s'approprient également cet outil et soient plus nombreux à proposer des projets innovants pour les voyageurs du futur.

Le premier incubateur au monde à se spécialiser en tourisme !

A la fin du mois de juin, le Welcome City Lab (WCL) déménagera dans des locaux trois fois plus grands à côté de la gare de Lyon – gage s'il en est que le concept a fait ses preuves et que Laurent Queige a eu du nez lorsqu'en 2013, il soumet son idée à Bertrand Delanoë et réussit à le convaincre. Après plus de 22 ans dans le tourisme, le fondateur du Welcome City Lab a une bonne connaissance du secteur. Guide, agent de voyage, consultant en marketing pour le cabinet-conseil Setel France, chargé de mission au CRT d'Île-de-France et depuis 2001, directeur de cabinet à la délégation au tourisme de la Mairie de Paris, son expérience et son réseau lui donne envie de **miser sur l'innovation pour accroître l'attractivité touristique de la capitale**. Fort du soutien des élus, il invente un outil qui associe l'innovation des startups à l'expertise des acteurs-clés du milieu. Le modèle économique est clair. La moitié des recettes proviennent des incubations, soit 18 000 € par an et par startup (en échange du loyer et de l'accompagnement), 40% de sponsors privés (grands groupes du tourisme) et 10% de subvention municipale. Le pari : innover toujours plus, faire se rencontrer les gens, soutenir les marges, les publics hétérogènes, favoriser les collaborations, les réseaux, échanger, mélanger les publics. Laurent Queige : *"L'innovation jaillit souvent de la rencontre avec la marge et d'une réflexion collective, alors tâtonnons à plusieurs, c'est plus facile."*

Le welcome City Lab en chiffres

Depuis sa création en 2013, le Welcome City Lab a déjà accueilli trois promotions de startups (la troisième est en cours). **Chaque année, 30 startups sont hébergées, 15 en amorçage, 15 en décollage**. Pour l'heure, seuls 4 incubés sur 60 ont jeté l'éponge, un taux d'abandon autour de 8%, en deçà de la moyenne habituelle des incubateurs (entre 10% et 20%), du fait notamment d'une sélection très stricte à l'entrée. Cette année, le comité de pilotage (composé de l'équipe du WCL et des neuf sponsors) a retenu 15 candidats au sein de 153 dossiers (110 dossiers en 2015). N'entre donc pas qui veut au cœur de l'incubateur, une vraie ruche avec

> ***C'est vrai, le sujet du durable inspire peu les startups du tourisme. Cela peut paraitre étonnant mais sur les 153 dossiers reçus pour la dernière promotion, seuls un ou deux relevaient vraiment de cet univers.***

LE SPÉCIALISTE
DU TOURISME
DURABLE
AU CANADA
Retrouvez-nous sur
PASSIONTERRE.COM
Contactez-nous
INFO@PASSIONTERRE.COM
ou + 1-514-288-6077
© Tourisme Manawan, Mayoke, Olichel, Passion Terre
L'art de
voyager
autrement.
Passion Terre

Welcome City Lab – ça déménage !

Geneviève Clastres | 13 juillet 2016

Déménagement imminent pour le Welcome City Lab, incubateur parisien dédié au tourisme urbain qui démontre là combien le pari d'être le premier incubateur au monde en tourisme est déjà réussi. Formidable tremplin pour les entrepreneurs de demain et les porteurs d'idées novatrices, il nous reste à souhaiter que les acteurs du tourisme durable s'approprient également cet outil et soient plus nombreux à proposer des projets innovants pour les voyageurs du futur.

Le premier incubateur au monde à se spécialiser en tourisme !

A la fin du mois de juin, le Welcome City Lab (WCL) déménagera dans des locaux trois fois plus grands à côté de la gare de Lyon – gage s'il en est que le concept a fait ses preuves et que Laurent Queige a eu du nez lorsqu'en 2013, il soumet son idée à Bertrand Delanoë et réussit à le convaincre. Après plus de 22 ans dans le tourisme, le fondateur du Welcome City Lab a une bonne connaissance du secteur. Guide, agent de voyage, consultant en marketing pour le cabinet-conseil Setel France, chargé de mission au CRT d'Île-de-France et depuis 2001, directeur de cabinet à la délégation au tourisme de la Mairie de Paris, son expérience et son réseau lui donne envie de **miser sur l'innovation pour accroître l'attractivité touristique de la capitale**. Fort du soutien des élus, il invente un outil qui associe l'innovation des startups à l'expertise des acteurs-clés du milieu. Le modèle économique est clair. La moitié des recettes proviennent des incubations, soit 18 000 € par an et par startup (en échange du loyer et de l'accompagnement), 40% de sponsors privés (grands groupes du tourisme) et 10% de subvention municipale. Le pari : innover toujours plus, faire se rencontrer les gens, soutenir les marges, les publics hétérogènes, favoriser les collaborations, les réseaux, échanger, mélanger les publics. Laurent Queige : *"L'innovation jaillit souvent de la rencontre avec la marge et d'une réflexion collective, alors tâtonnons à plusieurs, c'est plus facile."*

Le welcome City Lab en chiffres

Depuis sa création en 2013, le Welcome City Lab a déjà accueilli trois promotions de startups (la troisième est en cours). **Chaque année, 30 startups sont hébergées, 15 en amorçage, 15 en décollage**. Pour l'heure, seuls 4 incubés sur 60 ont jeté l'éponge, un taux d'abandon autour de 8%, en deçà de la moyenne habituelle des incubateurs (entre 10% et 20%), du fait notamment d'une sélection très stricte à l'entrée. Cette année, le comité de pilotage (composé de l'équipe du WCL et des neuf sponsors) a retenu 15 candidats au sein de 153 dossiers (110 dossiers en 2015). N'entre donc pas qui veut au cœur de l'incubateur, une vraie ruche avec

> **“ *C'est vrai, le sujet du durable inspire peu les startups du tourisme. Cela peut paraitre étonnant mais sur les 153 dossiers reçus pour la dernière promotion, seuls un ou deux relevaient vraiment de cet univers.***

espaces de co-working, salles à privatiser, cafétéria, qui a aussi organisé plus de 50 évènements en 2015, levé 12 millions d'euros et créé 105 emplois en 2015.

La place du tourisme durable dans les incubés ?

Toutefois, si l'on regarde plus en détail le profil des incubés, par exemple la promotion 2016 et ses vingt nouveaux entrants, on note que **les projets estampillés "tourisme durable" restent encore ultra-minoritaires**. Il y a certes BubbleGlobe et sa plateforme communautaire permettant de réserver des activités touristiques proposées par des locaux, ou Village Map, également une plateforme pour renforcer le local et rassembler en un unique lieu les actualités et évènements de chaque quartier. Mais dans l'ensemble, **les startups entrantes ont centré leur projet sur les services à la personne, souvent alliés aux nouvelles technologies** (réservation de voitures de location, calcul d'itinéraires en ligne, comparateurs, outil de reconnaissance d'images en ligne, bagageries, solutions de paiement, etc.). Laurent Queige : *"C'est vrai, le sujet du durable inspire peu les startups du tourisme. Cela peut paraitre étonnant mais sur les 153 dossiers reçus pour la dernière promotion, seuls un ou deux relevaient vraiment de cet univers. On soutient pourtant cette démarche, mais il semble pour l'heure difficile pour les startups de trouver leur modèle économique sur ce secteur."* Le WCL organise pourtant des MEET UP réguliers pour parler du sujet. Animés par Guillaume Cromer, ciblés à chaque fois sur une problématique particulière, on peut les retrouver en ligne sur le portail du WCL. Laurent Queige : *"C'est dommage, nos rencontres n'ont pas suscité autant de vocations "durables" que l'on pouvait espérer. Cela a du mal à prendre, peu d'entrepreneurs rebondissent, choisissent ce secteur du tourisme durable."*

Prochain pari : relier les mondes du durable et de l'innovation

Alors, comment faire en sorte que les futurs projets rassemblent plus d'acteurs du tourisme responsable ? Déjà, montrer que **l'innovation n'est pas insensible au durable, au contraire**, ce que tu n'inventes pas aujourd'hui, ton voisin l'inventera demain. Et le Welcome City Lab soutient vraiment toutes les démarches, et particulièrement celles en marge. Laurent Queige : *"Le WCL s'adresse à tout le monde, les gens peuvent s'abonner à notre newsletter, suivre notre agenda, proposer eux-mêmes des sujets, des MEET UP, nous avons vocation à animer ce monde du tourisme. Notre objectif est que les gens se rencontrent. Plus nos publics sont hétérogènes, mieux c'est."* En revanche, dans l'esprit du grand public, un effort de vulgarisation doit encore être fait. Laurent Queige : *"Il existe vraiment une confusion pour le public entre les termes tourisme durable, solidaire, social, collaboratif. Les approches sont différentes mais les gens ne comprennent pas ce qu'il y a derrière chaque terminologie"*. Une autre explication est peut-être à chercher dans la genèse du tourisme durable, faite de militants et d'associatifs, pour qui le mot startup résonne trop souvent encore comme "jeunes loups aux dents longues". C'est dommage parce que c'est faux. D'ailleurs, **le WCL attire des délégations du monde entier qui ont bien compris, quant à elles, tout le potentiel de l'innovation et de ce type d'incubateurs**.

FairBooking : comme son nom l'indique !

Jérôme Bourgine | 1er juin 2016

Pour échapper aux mauvaises pratiques des géants du net qui les étranglent, des hôteliers se sont regroupés au sein d'une association garantissant au voyageur le meilleur tarif et permettant aux capitaux comme à l'emploi de rester sur leurs territoires d'origine. Ainsi est né FairBooking, une initiative que ses promoteurs désirent étendre à d'autres secteurs du tourisme. Rencontre avec le président actuel de cette vertueuse insurrection : Pascal Droux…

VA : Comment et dans quel but s'est créé FairBooking ? Qui s'en occupe et le gère ?

FairBooking a été créé en mai 2013 par des hôteliers nantais qui n'en pouvaient plus de se faire racketter par les grandes agences de réservation en ligne (OTA) comme Booking ou Expedia. Alors que la fréquentation hôtelière et le CA de la profession n'ont augmenté que de quelques maigres points, les commissions prises par ces intermédiaires (de 15 à 30%) ont, dans le même temps augmentées de 27% ! On estime qu'environ 1,2 Milliards d'euros fuient ainsi chaque année nos régions, ce qui représente 300 millions d'euros d'impôts en moins, des dizaines de millions en investissements, sans parler des emplois… Hôtelier à Annecy, engagé dans le syndicalisme professionnel, j'étais justement en train de centraliser les plaintes de mes confrères contre les clauses abusives des OTA quand FairBooking s'est lancé. Je les ai donc contactés aussitôt et comme j'étais loin d'être le seul dans ce cas, on a créé une association à but non lucratif : RéservationEnDirect qui chapeaute désormais FairBooking, lequel n'est donc pas une centrale de réservation, mais un site de recherche et de mise en relation directe avec l'hébergeur choisi.

VA : Vous avez dit "hébergeur" ? Car aujourd'hui, FairBooking ne propose plus uniquement des hôtels, mais également des chambres d'hôte, des gîtes, des campings, même, bientôt…

En effet. Notre but n'est pas de créer une entreprise ou une structure commerciale, mais bien une communauté, un écosystème reposant sur un nouveau modèle économique : social, solidaire et juste. Partant de là, notre intérêt est de proposer aux voyageurs l'offre la plus représentative et large possible. Nous acceptons donc dans nos rangs tous les types d'hébergeurs, pour autant qu'ils soient professionnels et payent leurs impôts. A terme, nous envisageons même d'ouvrir notre système à l'ensemble des prestataires liés au tourisme : loueurs, prestataires d'activités, restaurateurs, etc.

> ***Nous inventons un nouveau modèle visant à créer un véritable écosystème qui soit juste et fonctionne pour tous.***

Car c'est leur intérêt et tout autant celui du consommateur. Nous avons aujourd'hui fédéré 2720 hôteliers soit 12% du parc national (si nous étions une chaine hôtelière, nous serions la première). Nous sommes présents dans 44 pays, et venons de recevoir le renfort de deux acteurs majeurs : la Fédération Nationale de l'Hôtellerie de Plein Air (FNHPA) que Booking essaye d'infiltrer depuis des années sans succès et l'Association des hôteliers du Québec présidée par la très dynamique Michelle Doré.

VA : Et donc, si on a bien compris : l'économie effectuée sur la commission que prennent d'habitude les OTA (jusqu'à 30% !), cette économie est partagée entre l'hôtelier qui va pouvoir vivre un peu mieux et le client qui, de son côté, va bénéficier d'avantages : petit-déjeuner, surclassement et ristourne de 5 à 10% ?

Cela fonctionnait comme ça jusqu'à aujourd'hui, oui, mais cela va changer cet été. Ce qu'il faut comprendre, c'est que de nos jours, toute nouvelle manière de fonctionner passe par le net donc par la technologie : il faut développer une plate-forme dédiée et des outils adaptés (surtout quand vous inventez un nouveau modèle !) autant de choses qui coûtent très cher. Or, nous sommes une association, pas une start-up, nous ne pouvons pas lever d'argent auprès de fonds d'investissement et vivons uniquement des cotisations de nos membres. Néanmoins, nous allons investir 400 000 € dans un nouveau système qui nous permettra d'aller au plus simple, à ce que nous voulions depuis le départ : garantir au client qui réserve en direct avec FairBooking le meilleur tarif de l'hôtelier à ce moment T de l'année. Sans négliger des tas d'avantages liés à la fidélisation des clients sur FairBooking. Or, une telle chose n'était pas possible il y a quelques mois encore. Cependant, la Loi Macron 2, passée en août 2015, comportait trois articles fondamentaux aux yeux de la profession et que nous envient les hôteliers de l'Europe entière. L'un de ces trois points est précisément que les OTA n'ont plus le droit d'obliger les hôteliers à leur proposer leur tarif le moins cher ou à avoir un tarif unique, pas plus qu'ils ne peuvent à présent leur interdire de proposer leurs chambres moins chères en direct. Ce qui fait qu'à chaque fois que vous lisez aujourd'hui sur le site d'un OTA que le prix proposé est le meilleur, c'est souvent un mensonge. En revanche, sur FairBooking, vous êtes assurés d'obtenir le meilleur prix et vous ne trouverez jamais moins cher ailleurs.

VA : Et si FairBooking marche *vraiment*, se développe à grands pas, qu'est-ce qui garantit, quand vos frais augmenteront en proportion du succès rencontré, que vous ne deveniez pas aussi gourmands que les autres ?

D'autres alternatives ont déjà été mises en place ou sont en train de se déployer pour contourner le quasi-monopole de fait des grands OTA. Toutes sont entrepreneuriales, privées et visent le profit à un moment ou un autre. Pas la nôtre. **On est tous volontaires et réunis sur des valeurs fortes, tous engagés** (la seule certitude que nous avons, c'est que nous pouvons contacter 100% des clients qui dorment chez nous.). Bref, on vit une aventure rude mais passionnante : nous inventons un nouveau modèle visant à créer un véritable écosystème qui soit juste et fonctionne pour tous. On propose le contraire même de Booking qui, quel que soit l'endroit où vous voulez aller, vous contraint à passer par une unique porte : la porte Booking (et à en payer le prix !). Chez nous, vous entrerez bientôt à partir du site de n'importe quel hôtelier FairBooking et aurez alors accès à tout l'écosystème : chaque membre devient une porte d'entrée. Derrière l'antichambre de tel petit gîte, c'est tout le système FairBooking qui vous attend ; avec l'assurance de travailler en direct, avec les gens, au meilleur prix ! Et, bien sûr, cela veut dire, entre autres avantages, que si l'hôtelier sur lequel vous vous êtes connecté n'a plus de chambre de libre, au lieu de vous dire : pas de place, débrouillez-vous ; automatiquement, il vous sera proposé par lui une chambre dans l'établissement du collègue et concurrent voisin qui vous correspond le mieux. On est là sur du vrai collaboratif (un mot dont beaucoup, sur internet, ont abusé) où chacun participe, respecte des valeurs communes et travaille dans l'intérêt de tous les autres. Nous sommes, réellement, en train de mettre en place un nouveau système de distribution en ligne, plus juste et plus humain.

Booking.com aux côtés des start-ups du tourisme durable ?

Florie Thielin | 7 février 2017

Booking.com, leader mondial des réservations d'hébergement en ligne, lance un nouveau programme visant à accompagner de jeunes entreprises spécialisées dans le tourisme durable. Engagement ambigu d'un géant en situation de monopole pour certains ? Opportunité pour d'autres? Présentation de l'initiative Booking Booster.

"Pour protéger des destinations du monde entier"

En 2014, Booking.com lançait une première initiative dans ce sens avec son programme Booking Cares. Il proposait alors aux employés du groupe de faire du volontariat dans des organisations non-gouvernementales oeuvrant pour un tourisme durable. Cette année, le géant américain récidive avec le Booking Booster. Il s'agit ici *"d'identifier, de guider et financer les start-ups spécialisées dans la promotion du tourisme durable"* explique l'entreprise dans son communiqué de presse. Réalisé en partenariat avec la société Impact Hub. (...).

Booking, le monopole d'un géant face aux milliers d'entrepreneurs

Selon les études et les zones géographiques, Booking.com posséderait aujourd'hui entre 40 et 60% des parts de marché des réservations d'hébergement sur Internet. Des plus petites chambres d'hôtes aux grands resorts, pour tous les professionnels du secteur, vendre ses chambres sur la centrale est devenu incontournable.

Le site prélève aux alentours de 15% du prix de la chambre pour rémunérer son travail de marketing et d'intermédiaire. Cette commission réduit considérablement la marge des hôteliers, en particulier des petites et moyennes entreprises. En outre, les hôteliers français reprochent depuis longtemps à Booking.com d'abuser de sa position en imposant des clauses de parité tarifaire (obligation de proposer le prix le plus bas sur Booking.com) et de disponibilités injustes.

En 2015, suite aux procédures engagées par la profession devant l'Autorité de la concurrence, le géant a dû renoncer à certaines de ces clauses en France. Il continue cependant de les appliquer dans de nombreux autres pays du monde.Booking.com fait partie d'un grand groupe américain, côté en bourse, The Priceline Group Inc. (détenteur de la marque Priceline, mais aussi de Kayak, Agoda, Rentalcars et OpenTable). Avec plus de 2,5 milliards de dollars de revenus nets dégagés en 2015 et une situation de monopole incontestable, **comment ne pas se poser certaines questions devant cette soudaine envie de "protéger des destinations du monde entier"**, incluant la protection de l'environnement, du patrimoine culturel, mais aussi la "promotion d'un tourisme aidant au développement des économies et communautés locales" ?

3

DE PLUS EN PLUS DE DESTINATIONS ENGAGÉES

Que ce soit en France ou à l'international, ces dix dernières années nous ont permis de poursuivre jour après jour notre "tour des villes et des régions" afin de parler de ce qui se met en place, dans l'espoir aussi de désenclaver des pratiques, faire connaitre des outils, créer de l'exemplarité, aider à la circulation de l'information utile. Sur le volet international, ce mouvement diffus pour plus de durable au cœur des envies voyageuses a clairement démontré qu'à l'instar du réchauffement climatique, le tourisme durable est bel et bien un enjeu local aux répercussions planétaires qui nous concerne tous.

En France

La France a toujours été une entité paradoxale. Malgré les bons chiffres du tourisme qui contribuent largement au PIB de notre économie (près de 8% en 2017 dont 2 millions d'emplois directs et indirects), les gouvernements qui se succèdent s'évertuent à ignorer ce secteur. Pour preuve, il n'y a pas eu sur notre territoire de ministère spécifiquement dédié au tourisme depuis Léon Bertrand (2002-2007), soit depuis plus de dix ans ! Certes, il y a des ministères partagés, des secrétariats d'état, des Directions Générales, les mesures Fabius etc. mais plus les années passent, plus il semble que le Tourisme avec un grand T soit le grand oublié de nos institutions. Sans même parler du tourisme durable... Pourtant, envers et contre tout, dans les territoires, les régions, les départements, les villes, les Parcs, de plus en plus d'acteurs s'engagent. Cela se traduit par l'aménagement des grands sites, la rénovation des stations, une hôtellerie plus verte, la gestion des déchets, cela passe aussi par des mesures sur le handicap, l'accessibilité, le développement de transports doux, de voies vertes, etc. Les chemins sont nombreux. Les outils aussi. A la fois victime et bénéficiaire de sa transversalité, le tourisme est devenu un tel pivot qu'on finit par l'oublier et ce, au point qu'au plus haut niveau de l'État, on semble toujours le considérer comme un secteur fourre-tout. Dommage car une politique touristique coordonnée pourrait être l'impulsion décisive pour donner à nombre d'initiatives égrenées ça et là une vision, un cap voire un horizon... durable.

BRETAGNE

Les hébergeurs bretons se mettent à l'heure du vert

Geneviève Clastres | 13 décembre 2012

Peut-on conjuguer performance environnementale et développement économique ? Tel était le thème de la journée du mardi 11 décembre à Lorient organisée par la CCI Bretagne à destination des professionnels et entreprises touristiques. Les nombreuses présentations ont permis de mettre en lumière les enjeux et ressorts d'un engagement environnemental concret avec une idée forte : l'engagement environnemental n'est pas un frein mais un moteur voire une condition pour la rentabilité de l'entreprise.

Ils sont gérants de campings, propriétaires d'hôtels, de gîtes, de maisons d'hôtes, de manoirs, tous ont à cœur de pérenniser leur entreprise mais tous sont également fort conscients des enjeux de demain. Dans l'amphithéâtre de la Cité de la Voile de Lorient, soixante entrepreneurs bretons ont fait le déplacement pour participer aux débats. Beaucoup ont envie de s'engager, nombre d'entre eux le sont déjà, mais **pas toujours facile de s'y retrouver quand le nombre d'outils, de labels, de normes et certifications ne cessent de s'étoffer**, sans compter les différents réseaux professionnels et administratifs qu'il faut peu à peu apprendre à maîtriser. A la suite de la journée technique "Tourisme et Environnement" organisée par le CRT Bretagne et l'Ademe, la CCI Bretagne a pris soin de prévoir à son tour une journée spécifiquement dediée aux entreprises. L'idée, allier les présentations concrètes visant à réduire ses charges d'exploitation sur des postes aussi fondamentaux que l'eau, l'énergie ou les déchets et réfléchir ensuite à l'image renvoyée par l'entreprise. Elue de la CCI de Rennes mais aussi propriétaire et gérante de l'hôtel Le Coq-Gadby, Véronique Brégeon a ouvert la journée par deux messages forts. **Le tourisme ne peut s'envisager sans**

un environnement sain impliquant des entrepreneurs engagés au-delà de la pure activité économique. En outre, dans cette volonté de redonner du sens et de l'éthique à l'entreprise, il est fondamental d'user de moyens et d'atouts engageants, être donneurs d'envies plus que donneurs de leçons.

Les mains dans le cambouis

Chargé d'interventions pour l'Agence de l'Eau Loire-Bretagne, Robert Le Gentil est le premier intervenant. Il prend le temps d'expliquer combien les gestes les plus simples sont souvent les plus efficaces. Ainsi, l'installation de compteurs d'eau différenciés, le contrôle des fuites, de la temporisation du matériel mais aussi la réutilisation des eaux usées sont autant de moyens de limiter des consommations souvent dramatiquement excessives. **La salle est réactive, d'autant que ces aspects techniques parlent aux professionnels qui les vivent au quotidien**. Un camping s'est fait installer un compteur électronique relié à son ordinateur pour contrôler ses consommations heure par heure. Il a ensuite sollicité l'Agence de l'Eau pour le généraliser à plusieurs communes du Morbihan en s'interrogeant si des subventions étaient possibles à titre privé. Sans réponse. La réutilisation des eaux de douche pose aussi question et met en exergue le poids du sanitaire sur celui de l'environnemental. Un gérant d'un camping voisin souhaiterait à son tour en savoir plus sur les aides envisageables pour l'installation de compteurs dans des mobil homes. Les questions fusent et soulignent l'importance de ces rencontres. L'Agence de l'Eau semble toutefois avoir besoin de mieux communiquer pour faire connaitre ses missions auprès des professionnels.

> ***Être donneur d'envies plus que donneurs de leçons.***

Acteur mieux identifié, l'Ademe prend à son tour la parole en la personne de Guy Laurent qui déroule un exposé à la fois brillant et technique sur la **maîtrise des énergies**. Maitrise des énergies mais pas forcément du temps, qui presse, et l'exposant de céder la place au témoignage de Madame Maudet de la Petite Presqu'île qui permet d'illustrer le sujet. Situé dans la Ria d'Etel, ce gîte d'étape a fait appel à **Bernard Menguy, architecte du cru connu pour ses engagements en faveur du durable**. Il a construit, sur un terrain contraint, un bâtiment soucieux des matériaux, des ressources mais aussi de la santé des hôtes à venir. *"Le bois est intéressant. Il fixe le CO_2. Il faut aussi travailler sur l'orientation du bâtiment, l'apport énergétique solaire, l'isolation pour l'hiver sans oublier l'été…"*. Malicieuse, Mme Maudet ajoute : *"Notre chaudière à bois intéresse particulièrement nos clients. On a même pensé à demander un droit d'entrée. Pour satisfaire la curiosité de nos hôtes, notre salle commune diffuse à présent un diaporama pour expliquer comment était la maison avant et après les travaux"*. L'ensemble du projet a été soutenu par l'Ademe.

Appel et innovations

La matinée s'achève avec les campings de Morlaix et le Domaine de Kerpenhir investis dans la réduction des **déchets**, suivis d'un petit éclairage sur la thématique des **transports doux** via le kit écomobilité mis en place par Jean Michel Breure-Montagne de la CCI Centre et Sud Manche. Sophie Plassart de l'Ademe Bretagne en profite pour rappeler : *"Dans notre souci d'expérimenter des solutions innovantes pour l'avenir, nous lançons une expérimentation pour travailler sur une offre écomobilité avec vos clients. L'idée, faire le calcul coût/rentabilité d'un séjour du point de vue de la mobilité. Les entreprises intéressées par ce projet peuvent nous* *contacter.*" Jean Michel Breure-Montagne en souligne toute la pertinence, rappelant ce qui se fait en Baie de Sommes, où certaines entreprises offrent des réductions pour les clients venus en train. La sensibilisation des usagers est un élément fondamental. Les efforts sont louables mais s'ils ne sont pas suivis d'informations, ils perdent une partie de leur efficacité.

Quel est le poids du "faire" s'il n'y a pas le "dire" ?

Telle est peut-être la question que sous-tend l'autre grande thématique de la journée : l'image de l'entreprise ou, comment elle communique sur le fond de ses actions. A cette fin, **le cabinet Evea Tourisme expose l'étiquetage environnemental qu'il a mis au point grâce au logiciel Malice**. Myriam Goumy de l'hôtel Castel Clara de Belle-Île-en-Mer, explique quant à elle comment après avoir été écolabellisée en 2010, elle a eu envie d'aller plus loin en s'engageant avec eux : *"Le travail sur l'étiquetage environnemental nous permet de revisiter nos propres pratiques et de tout remettre à plat."*

Dans la salle, de nombreux professionnels s'interrogent. Comment peut-on comparer deux établissements sur une grille de cinq points ? Une étiquette certes, mais quel outil comparateur si un établissement est ouvert toute l'année quand l'autre ouvre six mois sur douze ? Le problème des établissements anciens est également posé. Comment valoriser les efforts forcément plus conséquents de bâtiments construits dans le passé ? Au-delà de ces interrogations, de plus en plus d'établissements se laissent tenter. Une fois le processus achevé, certains affichent alors clairement leur étiquette à la réception quand d'autres préfèrent en faire un usage plus interne, gage de progression.

Et la Bretagne semble avoir compris tout l'enjeu de la communication puisque de plus en plus d'établissements s'engagent

également avec l'Ecolabel européen. D'un établissement certifié en 2009, elle est passée à 25, soit la 4e région investie à l'échelle française.

Demain vous appartient

On ne peut conclure sans souligner combien les Bretons ont de la chance puisqu'ils sont à la fois soutenus par un duo local CCI/Ademe dynamique et incitatif mais aussi par une antenne Afnor et un CRT particulièrement impliqués dans la promotion du tourisme responsable. Ainsi, tout professionnel breton qui souhaite s'engager peut s'adresser à la CCI qui a mis en place un outil totalement gratuit, **le Pact'Environnement**, proposant un diagnostic environnemental basé sur un état des lieux, une assistance technique, une évaluation suivie de promotion. Et l'ensemble du réseau responsable régional s'articule sur un quatuor féminin efficace et soudé : Sophie Plassart (Ademe), Julia Thibault (CCI Bretagne), Elizabeth Ferro Vallée (Afnor) et Caroline Heller (CRT Bretagne). En résumé, la CCI conseille et guide, l'Ademe incite et accompagne, l'Afnor évalue et reconnait, le CRT fédère et promeut. Professionnels, la balle est dans votre camp !

La Région Bretagne, laboratoire innovant du tourisme durable

Geneviève Clastres | 2 mai 2014

En 2013, 9 millions de touristes ont visité la Bretagne, 93 millions de nuitées concentrées pour plus de la moitié d'entre elles (54 %) entre juillet et août. Cette fréquentation dense et très saisonnière n'est pas nouvelle sur le territoire où certains sites sont pris d'assaut au détriment d'espaces délaissés et de périodes creuses. Elle explique toutefois la volonté de toute une région de s'engager pour un tourisme responsable, plus équilibré, diffus, visant à mettre en avant les atouts naturels et paysagers au-delà du seul balnéaire. Depuis cinq ans, nombre d'actions ont été entreprises sous l'impulsion d'un schéma régional de tourisme axé sur le développement durable. L'idée, faire de la Bretagne un laboratoire de bonnes pratiques et d'initiatives responsables.

Des professionnels engagés autour du club "Voyagez Responsable"

Le portail **voyagez-responsable.tourisme-bretagne.com** a été créé en 2009 par le CRT Bretagne avec pour objectif d'encourager et de valoriser l'ensemble des acteurs qui s'engagent pour un tourisme plus responsable. Issu d'une collaboration avec Viatao, il est devenu la vitrine du tourisme responsable de Bretagne, primé par les Trophées SNCF du Tourisme Responsable 2011. Il a également mis en place un club, qui, soutenu par l'ADEME et la CCI régionale, accompagne les professionnels dans leurs démarches de tourisme durable.

Aujourd'hui, **Voyagez Responsable se décline sous forme de rubriques pédagogiques pour mieux comprendre le tourisme 'durable' et ses écolabels**, ainsi qu'une présentation des plus beaux espaces naturels en Bretagne. L'ensemble comprend environ 200 hébergements, une trentaine de restaurants, des informations pratiques sur les écogestes en vacances, les déplacement doux, des éco-événements, des actualités … Le Club fédère 220 établissements labélisés (Ecolabel Européens, Clef Verte, etc.) ou, qui ont passé la grille interne du référentiel, validé par Viatao. **Depuis 2013,**

> ***La Bretagne est devenue la première région de France engagée dans l'écolabellisation.***

les restaurants durables sont également intégrés à ce réseau sur la base du référentiel Voyagez Responsable. En retour, le CRT donne de la visibilité à ces professionnels à travers des actions de communication, de promotion ou de presse. Le développement de partenariats avec des acteurs du tourisme durable conforte la notoriété de cette offre. Aujourd'hui, grâce aux efforts de l'ensemble de ses acteurs et avec 53 hébergeurs labellisés Ecolabel Européens, **la Bretagne est devenue la première région de France engagée dans l'écolabellisation**.

Des transports doux et innovants

Un territoire qui s'engage dans le durable doit forcément réfléchir à des alternatives à la voiture et valoriser les transports doux et innovants. **Deuxième région française**

dans la pratique du deux roues, la région et ses départements ont mis en œuvre en 2001 un schéma régional des Véloroutes et voies vertes. Aujourd'hui, le territoire breton est maillé d'un réseau de huit grands itinéraires de véloroutes et voies vertes qui se déroulent sur 1 300 kilomètres.

Il s'est également rapproché de la Basse Normandie et des britanniques pour valoriser le vélo de part et d'autres de la Manche en s'appuyant sur des itinéraires phares transfrontaliers réalisés dans le cadre du projet européen franco-britannique Cycle West : la Vélodyssée (eurovélo 1) et le Tour de Manche (eurovélo 4). Enfin, dans cet élan pour le vélo, la marque nationale "Accueil Vélo" rassemble tous les professionnels qui ont souhaité sauter le pas : locations de vélos, mise à disposition de vélos électriques par les hébergeurs et les OTSI, circuits organisés, co-transport vélo-train, rack à vélo sur les bus…. Une ville comme Rennes a même été pionnière en fournissant un système de vélopartage public dès 1998, le Vélo Star. L'ensemble des itinéraires vélos de Bretagne mais aussi idées de séjours et conseils pratiques sont référencés sur **le portail velo.tourismebretagne.com.**

Des pratiques douces et respectueuses du territoire

Le tourisme responsable, favorise également une découverte lente et progressive des sites, en lien avec le territoire et le terroir. La pratique de la randonnée fait totalement écho à ces valeurs, et la région a tenu à valoriser cette activité en lui créant un site dédié – **rando-tourismebretagne.com – site collaboratif où différents acteurs publics ont pu valoriser leurs randonnées selon un cahier des charges précis**. A destination du grand public, le site met en avant une sélection des meilleures balades et randos en Bretagne, où des parcours sur mesure cartographiés sont également proposés. Il valorise les professionnels bretons

impliqués dans la randonnée et dans l'accueil de ces clientèles ainsi qu'un large éventail de services (hébergements "Rando Accueil", "Etape Rando Bretagne", etc.), loueurs, séjours clé en main, guides et cartes, etc. Depuis peu, **des séjours responsables sont aussi proposés**, en collaboration avec deux agences réceptives locales, "Visite Ouest" et "Rencontres au Bout du Monde", qui privilégient le 'Slow voyage' et la rencontre avec les habitants ("expériences bretonnes").

Multiplier les acteurs et les initiatives

Et les projets se multiplient. A Morlaix, la Maison du Tourisme Baie de Morlaix Monts d'Arrée encourage les **gestionnaires de campings** à mettre en place des dispositifs afin que leurs clients **diminuent leur production de déchets**. A Mont Saint Michel Quiberon, des expérimentations sur les mobilités douces sont à l'étude. Dans le Pays touristique de Fougères, plus de 80 hébergeurs ont été sensibilisés aux économies d'énergies et au tri des déchets. Labellisé Green Globe, le CRT poursuit sa démarche de progrès continu, ce qui lui donne également de la matière et des ressources pour conseiller ses prestataires. Parmi les projets innovants en cours, **l'Ademe Bretagne en collaboration avec le bureau d'étude Atémia, expérimente avec dix établissements du club "Voyagez Responsable" la création de séjour sans "ma" voiture**. L'idée : proposer des séjours sans son véhicule personnel, avec une réflexion approfondie sur l'accessibilité aux transports en vacances que ce soit à l'arrivée ou pendant le séjour. Une attention particulière est portée aux transports en commun (train, bus..), doux (vélo, vélo électrique), ou collaboratifs (autopartage…) en lien avec la direction de la mobilité des transports régionaux.

Les projets pour demain

Enfin, parmi les projets d'avenir amenés à être développés sur l'ensemble du territoire, la région s'intéresse de plus en plus au **tourisme d'affaire responsable**. En ce sens, elle travaille en partenariat avec l'agence bretonne Cap Etica, qui accompagne les entreprises dans le montage de séminaires responsables. Une **campagne vidéo de sensibilisation aux éco-gestes en vacances** est également prévue pour juin prochain avec le cabinet ID Tourism. Elle permettra de sensibiliser les saisonniers mais aussi le grand public à tous ces petits gestes qui font le tourisme responsable (consommer local, économiser l'eau, se déplacer à vélo, etc.).

Oléron : la sagesse naturelle de l'île aux trésors

Jérôme Bourgine | 7 juillet 2017

A l'instar de Jean-Baptiste Bonnin qui à la tête de l'association IODDE* a accompli en dix ans des prodiges, l'île d'Oléron est aujourd'hui un acteur exemplaire en matière de développement durable et de transition énergétique. Petite virée inspirante en Charentes Maritimes…

Quand après avoir dirigé dix années durant une structure liée au développement durable dans le Vercors, **Jean-Baptiste Bonnin est rentré à Oléron**, ce n'est pas, dans un premier temps, par souci de pédagogie qu'il s'est mis à fréquenter les estrans de la Côtinière, Chaucre ou Chassiron. Mais pour se nourrir ! Revenu dans les Charentes Maritimes sur un coup de tête **parce que la mer et son île lui manquaient trop**, il lui a fallu un certain temps avant d'inventer son métier et… d'en vivre. Mais en partant de sa grande passion d'enfant : la pêche à pied, il y est arrivé et, au regard de ce qui s'est passé depuis, on peut considérer ce retour au bercail de l'enfant du pays comme providentiel. Non seulement pour Oléron mais également, comme on va le voir, pour les 20 000 km de côtes de notre pays…

Car ramasser des étrilles, bigorneaux, coques et autres oursins, Jean-Baptiste n'est pas le seul à aimer cela. **Les pêcheurs à pied sont en France plus de 2 millions (plus nombreux que les chasseurs !)**, sans personne pour s'en soucier, mesurer, constater, réglementer… le vide total. 2 millions de prédateurs effectuant chaque année six sorties en moyenne. Sur Oléron seule, on estime les pêcheurs à 50 000 visiteurs différents chaque année, pour 350 000 sorties en tout. Résultat : plus de 4 milliards (!) de rochers soulevés, dont près de la moitié laissée à l'envers. **Avec pour conséquence la mort de 30 à 70% des organismes** attachés à la pierre selon les cas. Un vrai massacre.

C'est Jean-Baptiste qui, il y a dix ans maintenant, a engagé un étudiant thésard pour mener cette étude à bien. Celle-là et plusieurs autres. A la création d'IODDE, en 2006, 40% des pierres retournées n'étaient pas remises en place ; elles ne sont plus que 4% dix ans plus tard. Il faut dire que **Jean-Marie et ses équipes s'entretiennent chaque année avec plus de 100 000 personnes (!)** lors de leurs ***"maraudages pédagogiques"*** : ils se promènent dans les rochers, pêchent, montrent, conseillent, expliquent. (Et recrutent ! plus de 500 bénévoles déjà pour collecter et répertorier les œufs de raies parmi les algues et prendre ainsi la température locale de l'empoissonnement).

> ***Plus de 4 milliards (!) de rochers soulevés, dont près de la moitié laissée à l'envers. Avec pour conséquence la mort de 30 à 70% des organismes attachés à la pierre…***

Car IODDE compte à présent 100 adhérents et 5 salariés dont 2 et demi dédiés à la seule pêche à pied. Les études, les méthodes, les plans d'action, la pédagogie, **IODDE a tout inventé et propose aujourd'hui son expertise à tous ceux que cela intéresse ; l'Ifremer et le Conservatoire du Littoral**

en premier chef. Il y a quelques semaines, fort des résultats obtenus sur l'île (plus de 70% des pêcheurs interrogés connaissent aujourd'hui les règles de pêche contre 15% en 2006 entre autres progrès), Jean-Baptiste a proposé un transfert de compétences à 400 structures importantes (communes, associations, etc.) du littoral français. Combien ont-elles été à finalement dire "oui" ?... 400 ! Pas une n'a refusé l'offre. **C'est dire le degré de sensibilité (d'urgence ?) acquis par la problématique** en question. On ne peut donc que se réjouir de la portée qu'atteindra au final, ce mouvement, une fois de plus initié par un seul. Colibri s'il en est...

Mais il faut dire également qu'Oléron est une terre où l'on ne prêche pas dans le vide en matière d'environnement et de Développement Durable... Car ce n'est pas un hasard si **l'île fait partie cette année des lauréats du concours : *"Territoires à énergie positive pour la croissance verte"***. Désireuse de devenir à terme une Destination Nature, l'île d'Oléron multiplie les initiatives innovantes et s'est constituée un agenda 21 extrêmement ambitieux en matière énergétique : diminution de la consommation, installation d'un vaste parc éolien marin, généralisation du solaire, mobilité bas-carbone (vélos, bus électriques, bateaux collectifs, etc.), plateforme de rénovation énergétique, Défi Famille et participation de tous les habitants comme des hébergeurs (eau chaude solaire, étiquette environnementale, etc.)...

Tandis que **l'île fait ses premiers pas dans l'économie circulaire** avec l'ouverture d'une déchetterie-recyclerie, elle multiplie côté environnement les initiatives originales. En dehors même de l'association IODDE de Jean-Marie Bonnin déjà récompensée par de nombreux trophées nationaux, les îliens récupèrent depuis dix ans leurs huiles de friture (opération : "Roule, ma frire !") tandis que des bacs à marée ont été installés sur les plages pour récupérer les déchets de mer – également collectés depuis 5 ans par... des ânes ! – et que le bio ne cesse de monter en puissance (27% des repas scolaires), jardins collectifs et sentiers pédagogiques ouvrant ici et là... Bref, un grand cercle vertueux est en train de se mettre en place au pays des Marennes qui donnera, espérons-le, des idées à d'autres spots de forte villégiature...

CÉVENNES & LOZÈRE

Escapade au Vallon du Villaret

Geneviève Clastres | 1er octobre 2014

Stevenson n'a malheureusement pas vécu assez longtemps pour découvrir cette "île aux trésors" mais il est à parier qu'il aurait été sous le charme. Á la frontière de différents mondes alliant la poésie au ludique, l'amusement à l'émerveillement, l'inventivité au fantasque, la souplesse d'esprit et de corps, le Vallon est un lieu où nature et culture se fondent à merveille en un parcours boisé taquiné par un malicieux génie qui n'a de cesse de nous surprendre. Son fondateur, Guillaume Sonnet, devait rêver d'avoir dix vies. Il a rassemblé son imaginaire, sa sensibilité et ses nombreuses passions pour réveiller nos sens trop souvent endormis et nous faire partager ses rêves.

La nature est audacieuse

"Il est beau ce parc, il n'y a pas besoin d'électricité ni de gros manèges pour s'amuser." Au Vallon du Villaret, on rencontre des sages et on se rassure. Non, tout n'est pas perdu. Il y a encore des personnes qui apprécient des univers poétiques et des loisirs atypiques. Ce visiteur de Marseille vient chaque année avec ses enfants et ne se lasse pas du Vallon, qui, il faut le dire, évolue au fil des ans tant le projet est protéiforme. A l'origine, c'est-à-dire il y a plus de vingt ans, Guillaume Sonnet est presque visionnaire lorsqu'il décide d'ouvrir un **parc de culture et de loisir sur un site sauvage, une friche agricole boisée où coule une rivière située dans une zone de montagne en bordure du Parc national des Cévennes**. Le pari est de taille, à la mesure de la tâche qui attend son homme, un "émigré pur souche" né à Paris tel qu'il se définit, mais qui a déjà eu plusieurs vies quand il monte son projet, artiste tisserand dans le Vercors, instituteur dans l'enfance inadaptée jusqu'à la conception d'un logiciel de rééducation en mathématique. Tirons un peu plus le fil…

La tête et les jambes

C'est suite à une série de coïncidences et de coups du destin que Guillaume Sonnet décide de se lancer, avec en fer de lance **la création contemporaine comme thématique d'aménagement**. Sur la brochure du site, on peut lire : *il est exceptionnel de voir, en milieu rural, un lieu de culture axé, non sur le passé, mais sur la création contemporaine et qui soit aussi un lieu populaire*. In situ, cela se traduit par nombre d'installations d'artistes et d'œuvres éphémères, sans compter les expositions régulières organisées dans la tour du 13e, *"acquise un peu par hasard"*, plus de deux cents artistes présentés à ce jour. Toutefois, **le Vallon ne se veut pas uniquement un "laboratoire" d'œuvres et de réalisations artistiques, il est aussi et surtout une boite à idée géante où l'on navigue d'une expérience à une autre**, nos sens sans cesse titillés. On pourra tour à tour faire de la musique avec des billes dans d'étranges maisons qui ressemblent à des huttes Dogon, fouler un tapis d'eau, un pont de singe, ou

> *Il est beau ce parc, il n'y a pas besoin d'électricité ni de gros manèges pour s'amuser.*

un chemin de corde, écouter rouler des balles sur des cordes entrelacées entre les arbres, mettre en mouvement d'immenses machines à eau, se perdre dans des labyrinthes colorés, boisés voire vitrés. A chaque étape, une nouvelle aventure, tel un rituel d'initiation pour une poésie retrouvée.

Une démarche écotouristique...

Premier allié du vallon, la nature n'a pas été sacrifiée mais au contraire intégrée au projet. Dès le montage du site, soit à la fin des années 1980, **le Parc des Cévennes est sollicité pour un diagnostic de la faune et de la flore**. Plus tard, en 1993, un partenariat lancé avec la fédération de pêche débouche sur le classement du ruisseau en réserve et permet de vérifier que l'activité touristique n'a pas d'impact négatif sur le cours d'eau. Le Vallon est également engagé dans des **démarches environnementales avec Cévennes Ecotourisme** : les déchets sont triés sur le parking en bas, les végétaux et la forêt font l'objet d'études régulières par des botanistes et des étudiants en sylviculture, les produits d'entretien et l'ensemble des matériaux du site sont choisis soigneusement afin d'éviter toute pollution, etc.

...mais aussi sociale et éducative

Enfin, le Vallon est un moteur important du territoire, à la fois créateur d'emplois (15 salariés l'été) et apporteur d'activités pour toute une région. Hébergeurs, restaurateurs, commerçants profitent du site et de sa force d'attractivité. Et l'on vient souvent de loin pour le visiter, jusqu'à 1h30 de trajet pour près de la moitié des arrivées et plus de 3h A/R pour 20% d'entre elles. Pendant dix ans, de 1993 à 2003, le site a connu une progression régulière, de 14 000 visiteurs la première année, 24 000 la deuxième, puis 30 000, 40 000... jusqu'à 53 000 en 2001. Guillaume a profité de cette dynamique positive pour ne pas perdre de vue ses valeurs et objectifs. Au-delà du loisir, **l'idée est d'utiliser le Vallon comme un**

outil pédagogique accessible à tous. Dès l'ouverture, un jour gratuit est prévu pour les demandeurs d'emplois, des partenariats caritatifs sont également menés avec la Lozère, les Restaurants du cœur, et une carte "Loisir Culture" est à l'étude.

Et l'hiver

Et l'hiver, lorsque le site est fermé, l'équipe du Vallon reprend sa casquette pédagogique et parcourt les écoles pour **initier les jeunes à l'art contemporain avec l'association L'enfance de l'art**. Certes, l'entreprise a aussi connu des moments difficiles, comme au début des années 2000 qui voit apparaître dans le paysage des parcs tels Vulcania ou Micropolis. Le Vallon semble alors un peu "daté", *"il a fallu se remettre en cause, repenser le modèle, revoir certains fonctionnements, puis repartir"*. C'est chose faite depuis plusieurs années, **avec quelques 35 000 visiteurs annuels, 400 personnes par jour en été, et jusqu'à 1 000 les plus gros jours d'août**. Pas de quoi rougir quand on sait qu'Eurodisney a un budget d'investissement quatre mille fois supérieur...

Les écovoisins Cévénols : quand les acteurs locaux se réunissent pour avancer et préserver

Guillaume Chassagnon | 12 janvier 2016

Cévennes Écotourisme est une association importante dans le Gard et en Lozère, qui fédère 115 adhérents (hébergeurs, restaurants, sites ou activités), tous engagés au sein de la Charte Européenne du Tourisme Durable. Parmi eux, 14 ont souhaité créer un "mini réseau" novateur au sein d'un territoire précis : la vallée de Valleraugue dans le Gard, juste sous le Mont Aigoual. Préserver et dynamiser le terreau d'une vallée qui représente un véritable écosystème en travaillant main dans la main pour que les touristes restent plus longtemps ; encore une superbe initiative, une de plus (après les sacs à dos curieux de nature, les carnets à croquer, les carnets nature, etc.)... qui va bientôt essaimer et s'envoler un peu plus loin. Les Cévennes, à la pointe des avancées éco citoyennes et éco-touristiques !

Les Cévennes : l'entraide comme sacerdoce

Circuler entre deux vallées cévenoles peut parfois être compliqué... Nathalie Fort, coordinatrice de l'association créée en 2001, nous explique *"Il y a quelques temps des personnes voulaient séjourner dans un de nos hébergements, ceux-ci étaient pleins et il nous a fallu les envoyer sur une autre vallée ce qui, avec nos contraintes géologiques, peut s'avérer long"*. Et c'est ainsi que les écovoisins se sont créés, **dans un but de communication entre ces vallées et territoires**, un réseau de contacts pour "se renvoyer" les clients (un hébergeur peut aiguiller l'hôte sur un site ou un restaurant adhérent) et **pérenniser leurs séjours**. Cela a évidemment renforcé l'attractivité de la région de Valleraugue, un réseau dans le réseau de la Charte Européenne du Tourisme Durable...

Un intéressant système de paniers cévenols

Autre idée pour créer du lien entre le réseau et les visiteurs, les paniers ! Le panier du randonneur promeut des séjours découverte avec Julie, accompagnatrice moyenne montagne et musicienne. Quand la rando se mêle à l'art pour une découverte en douceur de l'écosystème de la vallée. Autre panier :

> ***Et la région des Cévennes est aussi celle qui compte le plus de signataires de la Charte du Tourisme Durable.***

les bons produits de Béatrice, dont l'épicerie de Valleraugue propose des produits locaux de qualité en panier du jour ou gourmand. Enfin, un panier culturel vraiment original : l'association la filature du Mazel (création et diffusion de spectacles vivants, d'arts sous des formes multiples) basée sur le territoire œuvre à créer du lien entre la culture et les habitants en milieu rural. Pour les écovoisins, elle propose une base de données d'artistes, un référencement utile pour tous les acteurs qui auront ainsi un outil pratique et utile. Mais son rôle est aussi de mettre en place des projets artistiques et culturels pour animer la vallée tels les transhumances culturelles.

Le concept intéresse et va s'envoler

Dans les Cévennes, il n'y a pas de pétrole mais il y a pléthores d'idées. Une étude menée par l'Afpa Transitions a été lancée il y a peu. Elle vise à cerner et définir le concept des écovoisins pour essaimer sur d'autres lieux. Une vallée de Lozère (la vallée Longue) est intéressée et y réfléchit. Ainsi, les régions rurales qui souhaitent développer ce concept et travailler ensemble pour réussir une transition touristique pérenne peuvent s'en inspirer. C'est le cas du PNR Millevaches, qui suit de près le projet pour le développer ensuite au sein du Massif central. L'Europe a encouragé ces transferts de bonnes pratiques en finançant le programme opérationnel interrégional FEDER Massif Central 2014-2020. Les écovoisins font également partie d'un cluster écotouristique régional porté par Cévennes Écotourisme. Riche projet dont nous reparlerons dans quelques temps.

Et la région des Cévennes est aussi celle qui compte le plus de signataires de la Charte Européenne du Tourisme Durable. Déjà, dans les années 80-90, le Parc était précurseur avec la création de postes de chargés de tourisme durable, et la formation d'acteurs de tourisme nature locaux, qui avait alors abouti aux gîtes Panda puis à la création de Cévennes Écotourisme… partenaire privilégié du Parc et porteur de dynamisme. Une sacrée bouffée d'oxygène et d'espoir dans ces terres de résistance et de tolérance que l'on vous recommande chaudement.

ARDÈCHE

La dynamique écotouristique de l'Ardèche

Sandra Bordji | 26 janvier 2012

Destination nature incontournable dans le paysage touristique français, l'Ardèche mène, depuis cinq ans, une politique volontariste d'identification et de structuration de son offre écotouristique. En lien étroit avec la région Rhône-Alpes, dans le cadre de la démarche "Ecotourisme en Rhône-Alpes", l'Agence de Développement Touristique de l'Ardèche (ADT Ardèche) met en œuvre cette politique à l'échelon départemental avec pour objectif le développement d'une offre écotouristique "crédible et vérifiée", à la pointe en matière d'écotourisme.

La "sélection qualité Ardèche"

Le Schéma Départemental de Développement Touristique, adopté en 2007 par le Conseil Général, a permis d'amorcer la structuration d'une filière écotouristique ardéchoise, avec l'objectif affiché de faire du département l'une des premières destinations écotouristiques nationales. Basée sur un socle de critères communs issu du **référentiel écotouristique élaboré par le CRT Rhône-Alpes**, l'identification des offres s'appuie sur les grands principes du développement durable (environnement, développement économique, solidarité sociale et gouvernance) déclinés chacun en une série de critères précis : utilisation de produits locaux, énergies renouvelables, durabilité des emplois, accessibilité handicap, formation développement durable du personnel, etc.

La **"composante éducative"** et la **"médiation à l'environnement"** impliquent les prestataires par la mise en place d'actions spécifiques en direction de leur clientèle pour la sensibilisation aux écogestes et la prise de conscience de la fragilité du milieu naturel. Une quarantaine d'offres vérifiées constituent aujourd'hui la **"sélection qualité Ardèche"**, clairement identifiée et bénéficiant d'une promotion ciblée avec une rubrique dédiée sur **le site www.ardeche-guide.com** et dans le guide touristique du département. Les hébergements y ont la part belle, mais les activités, les événements et les sites (musées, etc.), ainsi que les restaurants depuis 2011, composent également cette filière écotouristique ardéchoise en pleine expansion.

Le choix de l'Écolabel européen

La "sélection qualité", appelée à s'enrichir d'année en année, s'appuie sur le label éco-gîtes des Gîtes de France ainsi que sur l'écolabel européen. Pour l'ADT Ardèche, le choix de l'Écolabel européen pour les hébergements s'est imposé parmi le panel de labels existants : clientèle étrangère importante et présence du label sur des produits de consommation courante facilitent son identification. Mais ce choix traduit également **l'exigence de l'ADT Ardèche quant à la crédibilité des offres écotouristiques** sélectionnées : la certification est délivrée par l'AFNOR, organisme indépendant, sur la base d'un **référentiel rigoureux** portant

> ***Faire du département l'une des premières destinations écotouristiques nationales.***

sur la consommation d'énergie et d'eau, la production de déchets, l'utilisation de ressources renouvelables et de substances moins dangereuses pour l'environnement, ainsi que sur l'éducation environnementale et la communication auprès de la clientèle. **Un accompagnement technique est d'ailleurs assuré par l'ADT Ardèche** pour aider les hébergeurs dans leur démarche de certification. Six structures d'hébergement (hôtels, chambres d'hôtes, gîtes et campings) sont aujourd'hui détenteurs de l'écolabel européen en Ardèche, dont le Camping du Plan d'eau, seul camping de la région Rhône-Alpes à être certifié à ce jour.

Les sept merveilles... d'Ardèche

Mélusine Lau | 30 juin 2015

Ah, l'Ardèche... C'est un département dont nous vous parlons souvent sur Voyageons-autrement.com, car nous l'aimons pour sa beauté, son caractère encore sauvage, et l'engagement pris par ses habitants de l'ouvrir au tourisme tout en sauvegardant ses richesses patrimoniales et naturelles. Alors, à la manière d'un "best-of" assumé subjectif et empirique, nous avons sélectionné pour vous sept lieux exceptionnels, qui méritent un détour si vous passez dans le coin, ou prétextes à un séjour si vous n'avez pas encore programmé vos vacances !

La Caverne du Pont d'Arc et la Grotte Chauvet

Sans surprise, commençons par le lieu qui a dernièrement attiré toute notre attention : la Caverne du Pont d'Arc, où se trouve la réplique de la Grotte Chauvet. Près de quatre ans de travaux acharnés ont permis de rendre visible au public, tout en préservant les œuvres originales, les dessins et gravures réalisés par nos ancêtres il y a 36 000 ans. Ouverte depuis le mois d'avril, la Caverne du Pont d'Arc s'attend à une fréquentation record : si vous en avez la possibilité, évitez juillet et août pour vous rendre sur le site, et préférez les périodes "hors-saison" pour profiter au maximum de la magie des lieux...

Le Parc naturel régional des Monts d'Ardèche

Une grande partie du territoire ardéchois, à l'ouest du département, est intégrée au Parc naturel régional des Monts d'Ardèche. Ce PNR, l'un des plus jeunes de France, participe de façon très active à la préservation des trésors ardéchois, qu'ils soient naturels, culturels ou patrimoniaux. Si vous souhaitez en savoir plus sur les actions menées par le Parc, rendez-vous à Jaujac, situé à 15 km à l'ouest d'Aubenas, où se situe la Maison du Parc. Très pittoresque, Jaujac propose de nombreuses animations en été, et son environnement naturel est splendide : allez jeter un œil aux coulées basaltiques, accessibles directement à pied, ou escaladez les premières montagnes environnantes pour profiter de la vue qu'elles offrent sur le Lignon, la rivière qui traverse le village.

Le Mont Mézenc

Star incontournable du département, le Mont Mézenc attire chaque année de très nombreux touristes, été comme hiver. Son ascension (1 753 mètres), bien balisée, est accessible sans réelle difficulté, et certains se plaisent à la faire, la neige venue, en raquettes ou ski de fond... Les environs, magnifiques et très sauvages, offrent de belles balades. De nombreux professionnels de la randonnée (Chamina Voyages, Allibert Trekking, etc.) proposent également sa découverte. Profitez de cette escapade pour partir à la rencontre de l'autre "star" ardéchoise, le Mont Gerbier de Jonc, situé à quelques dizaines de kilomètres au sud. Celui-ci peut s'escalader librement en une demi-heure. Une fois en haut, vos efforts seront récompensés par la vue imprenable qu'offrent ses 1 551 mètres d'altitude !

Jean Ferrat, Antraigues et la Montagne

Amoureux de Jean Ferrat ou simplement curieux de découvrir à quoi ressemble la célèbre "montagne" ? Car c'est vrai qu'elle est très belle, sa montagne... Originaire d'Antraigues, petit village perché situé au nord de la station de Vals-les-bains, Jean Ferrat a su mettre des mots sur l'incroyable beauté de la rivière de la Volane et les montagnes qu'elle traverse. Accessible par des routes en zig-zag qui méritent à elles-seules qu'on les emprunte, Antraigues-sur-Volane est le départ de magnifiques randonnées, et également le site de la Maison Jean Ferrat, ouverte en 2013.

Les gorges, Voguë et Balazuc

Plus au sud, le long de la belle Ardèche qui coule en direction du Rhône, Voguë et Balazuc sont des étapes incontournables avant d'atteindre les gorges. Magnifiquement préservés, ces deux villages possèdent châteaux, ruelles, maisons typiques et offrent aussi les plaisirs de la baignade et d'autres sports nautiques et ce sans voiture. Plusieurs randonnées sont également possibles au départ des deux villages, découvrant la diversité de la nature environnante, tantôt aride, tantôt verdoyante, et l'authenticité des hameaux traversés. Depuis Balazuc, vous pourrez accéder au Viel Audon, hameau collaboratif niché entre la rivière et la falaise. Une visite s'impose dans ce village coopératif et écologique, où habitants et salariés élèvent leurs animaux et produisent leur fromage de chèvre en bonne harmonie.

Thines et la partie cévenole de l'Ardèche

Situé dans la partie cévenole de l'Ardèche, non loin de la Lozère, le petit village de Thines constitue le point de chute d'une longue route sinueuse, dont on ne peut repartir qu'en sens inverse. Niché au milieu de vertes montagnes, il abrite l'église Notre-Dame-de-Thines, de style roman, classée Monument historique en 1848 par Prosper Mérimée. Avec seulement quelques rues, Thines offre à ses visiteurs de quoi se cultiver, se détendre, ou découvrir les produits et savoir-faire locaux. Le village est également accessible à pied, par le biais du GR de Pays "Le Cévenol", ou par le GR4. Tous deux nécessitent une bonne condition physique car les dénivelés sont importants, mais la beauté des paysages et les animaux que vous pourrez croiser méritent le détour !

Alba-la-Romaine & Ardèche méridionale

Enfin, les amoureux d'histoire se passionneront pour Alba-la-Romaine : située à l'est du département, à moins d'une demi-heure de Montélimar, cette commune de l'Ardèche méridionale possède un patrimoine exceptionnel. Fondée sous l'empire romain, Alba était, durant l'Antiquité, la capitale des Helviens. Plusieurs trésors de cette époque ont pu être préservés, comme le théâtre, le château ou encore les temples. Le village actuel et le hameau de La Roche qui le jouxte, bordés par les vignes, ont conservé leur authencité : leurs petites ruelles médiévales sont un régal à arpenter.

PACA

Comment construire son séjour éco-touristique en PACA ?

Geneviève Clastres | 24 juin 2013

La région PACA c'est bien sûr Marseille, les plages, le soleil, le petit pastis sous les platanes, mais pas que... on oublie trop souvent que la Provence-Alpes-Côte d'Azur s'étend jusqu'au parc des Ecrins, englobe la Camargue et possède un patrimoine naturel d'exception avec une biodiversité rare et le plus grand nombre de Parcs naturels de l'hexagone. Fort de ce constat, elle a décidé d'axer sa politique touristique sur le "durable" et l'écotourisme, afin de donner plus de visibilité à ces richesses naturelles mais aussi, dans l'idée d'aider les futurs visiteurs à identifier les professionnels engagés et les démarches vertueuses. Des efforts récemment récompensés par le trophée de l'innovation "tourisme durable".

Les atouts naturels de la région Paca

Destination éco-touristique incontournable, la région PACA possède six Parcs régionaux (Camargue, Queyras, Alpilles, Lubéron, Verdon et Préalpes d'Azur) et quatre (partiellement ou en totalité) des neuf Parcs nationaux français (les Calanques, les Ecrins, Port-Cros et le Mercantour). Tous fédèrent des territoires autour de projets de développement durable partagés. En outre, au-delà de ces espaces protégés, la région compte bien des terres naturelles d'exception, mêlant préservation et découverte du milieu, telles la montagne Sainte-Victoire (chère à Cézanne), la Réserve géologique de Haute-Provence ou le Mont Ventoux. On pourrait enfin ajouter les nombreux "Jardins remarquables", la richesse du patri-

moine botanique (avec Grasse pour capitale mondiale des parfums), de vastes étendues boisées et une biodiversité exceptionnelle. Ainsi, la région abrite un tiers des espèces d'insectes françaises, près des deux tiers des espèces végétales, de multiples oiseaux nicheurs et migrateurs et plus de dix espèces de mammifères marins.

Un nouveau portail pour un séjour écotouristique réussi

Désireux de faire connaitre ce potentiel naturel exceptionnel mais aussi afin de répondre à la demande d'une clientèle de plus en plus sensible à l'environnement, **le CRT PACA a élaboré un portail – écotourismepaca.fr** – visant à faire connaitre les offres vertes, tout en incitant les futurs visiteurs à utiliser les services de professionnels engagés. Clair et didactique, le site déroule une liste de labels (écolabel européen, Clef Verte, Jardin Remarquable, etc.), certifications (Green Globe) ou marques (Hôtels au Naturel, Parc naturel régional, etc.) qui renvoient à autant d'hôtels, de restaurants et d'acteurs engagés. En outre, en cliquant sur l'onglet "Voyager autrement", l'internaute peut composer facilement son séjour éco-touristique, que ce soit en allant glaner des idées de séjour, ou, en naviguant par destination, entre Alpes, Méditerranée et Provence, où les sites, jardins remarquables et adresses pratiques sont à nouveau répertoriés. Enfin, la rubrique "Agir" incite à des comportements responsables, comme utiliser des transports doux, apprendre les éco-gestes et s'engager sur des projets solidaires (éco-volontariat, reforestation avec Forest Avenir, collaboration avec la LPO, etc.)

Les petits plus à connaître

Il est évidemment conseillé de découvrir ces richesses naturelles hors saison, lorsque la fréquentation est moindre. **La région organise des sorties "nature" tout au long de l'année répertoriées par le portail "Esprit Nature" du CRT**. On les retrouve aussi sur le blog Mescaparcs ou sur l'agenda "sorties nature" de la LPO. Vous serez ainsi conviés à découvrir les rapaces nocturnes des Alpes Maritimes, les mœurs des hiboux et autres strigidés ; où cueillir avec délicatesse fleurs, feuilles, racines et autres baies pour mieux les déguster ensuite avec Robert, animateur scientifique du Parc du Queyras... Il est d'ailleurs conseillé de privilégier les lieux de découvertes encadrés et de faire appel à des guides naturalistes mieux à mêmes de vous sensibiliser à la fragilité des milieux naturels. Car si la région PACA est considérée comme un "hot spot" de la biodiversité, les menaces qui pèsent sur elle sont diverses et complexes, d'où l'importance d'être bien informé et de respecter les réglementations en vigueur dans les différentes sites, parcs et territoires protégés.

LOIRE ATLANTIQUE

La Loire-Atlantique, département résolument engagé pour le durable !

Geneviève Clastres | 30 janvier 2017

Pionnier pour la mise en place du Passeport Vert, dont la démarche est en cours depuis 2012 et a été renouvelée en 2015, la Loire-Atlantique lance un nouvel appel à projets "Inventons le tourisme durable" afin de confirmer l'engagement du département et à l'occasion de 2017 "Année internationale du tourisme durable pour le développement". Afin de faire le point sur les nombreuses actions engagées, nous sommes allés à la rencontre de Françoise Haméon, vice-Présidente au tourisme, à la mer et au littoral du département.

VA : Le tourisme durable, c'est une valeur forte pour la Loire-Atlantique ?

La Loire-Atlantique s'est engagée depuis 2012 avec le programme des nations unies pour l'environnement à développer un tourisme durable sur son territoire et notamment par via la démarche "Passeport Vert". Les questions soulevées par cette démarche ont impliqué dès le départ un travail en concertation avec les acteurs locaux. L'année 2015 aura marquée une avancée certaine dans la prise en considération du tourisme durable avec le **renouvellement du "Passeport vert"** pour 3 ans (jusqu'à fin 2017) mais aussi par le **déploiement d'un nouveau référentiel stratégique "pour un développement touristique durable en Loire-Atlantique"** décliné en 5 ambitions : une offre touristique dynamisée par la mise en réseau des filières et des territoires, une offre différenciée par le développement d'un modèle éco/slow tourisme, le développement d'une offre solidaire et de proximité, une communication refondée et une gouvernance clarifiée.

VA : Vous êtes un département précurseur dans la mise en place du Passeport Vert, pouvez-vous expliquer comment ce dispositif a permis de fédérer de nombreux acteurs du tourisme autour de projets durables ?

Concrètement, il a fallu intégrer les professionnels dans la démarche et répertorier les actions durables sur le territoire dans le but de mettre en relation les professionnels dans une démarche de progrès. Pour fédérer autour de cette thématique, nous avons créé **"Les trophées du tourisme durable"**, ce qui permet de récompenser les acteurs exemplaires et d'apporter à la connaissance des professionnels des solutions innovantes. Nous sensibilisons également les acteurs du tourisme de Loire-Atlantique par le montage de demi-journées d'interventions en collaboration avec les territoires, les fédérations ou les syndicats professionnels ou en proposant des audits sur les actions durables des différents acteurs. Enfin, il est important pour nous de communiquer sur les actions durables et de rendre l'offre accessible aux professionnels et au grand public. La création et la diffusion du portfolio correspondent à cet objectif.

VA : Comment se traduit concrètement le "slow tourisme" en Pays de Retz ?

Les actions sont multiples. **Le Quai Vert** sur le Canal de la Martinière expérimente une application permettant au cours d'une balade à vélo de vivre une expérience unique. Au gré des étapes dans les marais, des créations sonores se déclenchent et invitent à contempler le paysage dans le but de valoriser la biodiversité. **La fontaine aux bretons** est un restaurant et auberge 3 étoiles à Pornic certifié écolabel européen. Tous les étés, il organise un marché des producteurs locaux dans leur jardin. La carte est inspirée des produits de saison, des fruits, légumes et herbes aromatiques du jardin.

L'association Produit en Pays de Retz a lancé la marque "Produit en Pays de Retz" pour promouvoir durablement les savoir-faire issus du territoire. Elle permet la reconnaissance des filières locales depuis la production jusqu'à la commercialisation en fédérant les producteurs de la terre et de la mer, les restaurateurs et les distributeurs tout en favorisant les circuits courts. La **Maison du lac de Grand-Lieu** est un espace pédagogique sur les rives du deuxième plus grand lac d'Europe, ce centre d'éducation à l'environnement permet à tous les publics de découvrir la richesse d'un des patrimoines naturels les plus remarquables de Loire-Atlantique.

VA : Le 7 décembre dernier lors de la 2e édition des Trophées du tourisme durable, trois acteurs du territoire été récompensés. Qui sont-ils ?

Le restaurant Clémence-Saint-Julien-de-Concelles a été lauréat de la Catégorie spécialiste en économie responsable, un établissement où gastronomie et écologie s'assemblent autour des produits locaux. *"Nous faisons découvrir des produits peu connus issus de notre territoire. Nous avons à cœur de travailler en circuit court car le respect du produit passe aussi par le respect de la nature, pour le plus grand plaisir des papilles."* La catégorie expert en préservation de l'environnement a été emporté par le Domaine de Mazerolles – Saint-Mars-Du-Désert, marais de chasse et de pêche, mais aussi lieu de visite où passer une nuit insolite : *"L'écotourisme sont des valeurs que nous partageons sur le Domaine de Mazerolles avec la volonté de faire vivre cet écosystème en le faisant découvrir au plus grand nombre."* Enfin, dans la catégorie leader en cohésion sociale, c'est Vélo Ty Retz – La Bernerie-En-Retz & Pornic qui est lauréat. Elle propose des locations de vélos pour tous où la balade est un prétexte au partage des différences : *"J'essaie de développer autour de la location de vélos, une dynamique sociale afin de réunir des personnes de tous âges, de tous types de handicaps (autisme, trisomie, etc.)."*

VA : Un dernier projet touristique durable à nous dévoiler ?

Le Département est propriétaire du Canal sur la section Nantes à Saint-Nicolas-de Redon. Il exploite, entretient et aménage cette section navigable depuis 2008. Nous travaillons actuellement sur la **valorisation du Canal de Nantes à Brest**. Il constitue une véritable richesse fluviale et patrimoniale. Un travail de co-construction avec les acteurs locaux en lien avec la Région Bretagne a commencé en 2016. Dans ce cadre, un plan d'action de valorisation durable est en cours d'élaboration et sera présenté lors des "Assises du canal" le 7 juin prochain.

Le vélo à plusieurs et sans contraintes avec Group'AVélo au fil de la Loire !

Geneviève Clastres | 23 mai 2017

A l'heure où le cyclotourisme a le vent en poupe, où voies vertes et pistes cyclables fleurissent un peu partout en France, l'UNAT Pays de la Loire a mis en place le premier réseau d'accueil de groupes pour faciliter les étapes des cyclotouristes sur les parcours de la Loire à Vélo, la Vélodyssée et la Vélo Francette. De quoi pédaler de concert et l'esprit libre entre l'Anjou et l'Océan Atlantique !

PARIS

Les nouveaux acteurs du Paris durable

Geneviève Clastres | 11 juillet 2013

Ils sont hôteliers, commerçants, loueurs de voiture, gestionnaires d'espace, associatifs, ils ont décidé de s'engager dans le durable pour donner du sens, du souffle, de l'envie ou tout simplement du plaisir à leur activité. Ils ont aujourd'hui un lieu, la Maison des Acteurs du Paris durable, une maison mais aussi un site, pour fédérer toujours plus les multiples initiatives qui naissent chaque jour à Paris.

La Maison des Acteurs du Paris durable

Située au cœur de Paris, la Maison des Acteurs du Paris durable fédère les différents acteurs qui s'engagent pour un Paris durable. Elle organise régulièrement ateliers, conférences, débats, rencontres et tend à favoriser l'émergence de dynamiques locales. On y trouve ainsi de nombreuses fiches éco-action sur des thématiques aussi diverses que la réduction des déchets, la consommation responsable, les mobilités douces, la biodiversité, les jardins partagés, le recyclage, etc. Elle offre des formations gratuites qui permettent de mutualiser les pratiques durables : création de compost, jardin écolo, accompagnement de professionnels engagés, etc. Enfin, grâce à un site internet extrêmement fourni, elle permet de se mettre en réseau avec d'autres acteurs engagés et de suivre l'agenda des initiatives et évènements durables organisés dans la capitale.

Ces hôteliers qui s'engagent

Récemment, la Maison des Acteurs du Paris durable a accueilli un atelier portant sur l'ancrage territorial. Il vise à **aider les hôteliers à s'engager dans une démarche de développement durable**. Depuis deux ans, une vingtaine d'ateliers ont eu lieu, portant sur des thèmes aussi variés que l'eau et l'énergie, l'accessibilité, les achats responsables, le bien être au travail, etc. Certes, il reste encore du travail, seuls 7% des hôtels sont labellisés à Paris (contre 44% à Nantes et 60% dans les pays scandinaves) mais les choses progressent et, si l'on calcule en nombre de chambres, on passe à 20%, ce qui démontre également que les chaînes et groupes hôteliers se sont impliqués dans la démarche. Ce jour là, parmi les participants à l'atelier "ancrage territorial" mené par le Cabinet Conseil Francois-Tourisme-Consultants, on comptait quatre représentants de la chaine Melia, deux du Méridien Etoile, un du groupe Tonic Hotel, un responsable du Sofitel Paris Defense mais aussi des représentants du Carlton's, de Disneyland Paris et des hôtels Mistral, Maurice Hurand, Turenne/Vanneau, Mayfair, Tronchet et Tryp François. A l'issu des différents ateliers organisés, plus de 100 hôteliers ont réalisé leur autodiagnostic et 40 ont signé une Charte pour un hébergement durable à Paris.

> ***Seuls 7% des hôtels sont labellisés à Paris contre 44% à Nantes et 60% dans les pays scandinaves...***

Ce Paris qui bouge et étonne

Au-delà des hôteliers, il y a tous ceux qui œuvrent pour des transports éco-malins. Grâce à un Green Trip organisé par l'Office de Tourisme de Paris, nous avons pu tester la Twizy, un véhicule bi-place électrique, écolo et silencieux. Sur le parcours, nous avons fait une halte à la boutique TAJ, un concept-store qui valorise les artisans et le savoir-faire français. On y trouve par exemple des produits de la conserverie Courtin, la plus ancienne de Concarneau, du linge de maison d'Amandine de Brévelay, dans la plus pure tradition du traitement du lin ou du travail de la dentelle, des produits travaillés en galatithe, une matière dure à base de lait, etc. Enfin, nous avons pu échanger avec quelques représentants des Greeters, découvert l'étonnant restaurant associatif du Foyer de la Madeleine et pris connaissance du réseau "Des produits d'ici cuisinés ici", ou comment manger local et se régaler. Il y aurait bien d'autres acteurs à citer à l'instar de Terra Eco, un magazine engagé et innovant. Mais le Paris durable ne s'est pas fait en un jour et nous reviendrons bientôt avec d'autres idées et bonnes adresses également répertoriées sur le site de l'office de tourisme de Paris ou au cœur de la Maison des Acteurs du Paris durable.

À l'International

> Sur l'échiquier de la diversité du monde, chaque pays a ses recettes, ses réflexions, sa façon de d'appréhender les enjeux du tourisme durable. Et si l'on devait désigner le plus engagé ? Difficile. On pense souvent au Costa Rica pour l'écotourisme, au Botswana pour ses incroyables parcs animaliers. Les pays d'Europe du nord sont très en avance sur l'écomobilité, la protection de l'environnement. Nous nous sommes également rendus à de nombreuses reprises au Maghreb où de belles histoires durables s'écrivent dans nombre de territoires. L'Inde, la Chine et de nombreux pays d'Asie s'intéressent aussi aux énergies vertes et à bien des ingrédients du tourisme durable. Petit tour d'horizons lointains au-delà de nos frontières !

AUTRICHE

Durabilité, innovations et traditions, l'alchimie parfaite du Vorarlberg

Guillaume Chassagnon | 29 juillet 2017

En Autriche, dans le land du Vorarlberg, le plus à l'ouest du pays, magnifiquement situé entre la Suisse, le lac de Constance, l'Allemagne et le Tyrol ; se trouve la quintessence d'un territoire de montagne moderne et innovant. Le Vorarlberg regroupe 6 régions ayant chacune ses particularités mais marquées par un dénominateur commun : pas d'usines à skis, pas de tourisme de masse et une volonté érigée : la découverte toujours associée à la douceur de vivre, et ce en lien avec un respect de la nature et un développement durable ancrés dans les mentalités depuis de nombreuses années.

Une montagne qui vit toute l'année

Si le tourisme joue une part importante dans la vie du Land, il n'est pas la seule activité. Sur une population d'environ 350 000 habitants, le taux de chômage n'y est que de 5%. Les filières d'exception sont nombreuses : celle du bois ou de l'agriculture de montagne par exemple. Elles ont façonné un paysage harmonieux que l'on ressent dès que l'on entre dans ce fabuleux territoire. Le bois, richesse locale de la région du Bregenzerwald, trouve son débouché au plus près, directement dans les vallées, avec son utilisation dans les constructions tant privées que publiques. Ici, la qualité visuelle des bâtiments n'a d'égale que la recherche de gain énergétique. Avec une alliance ancien-nouveau tout en harmonie, les bâtiments modernes s'accordent aux reliefs, aux hameaux, aux forêts. Le Bregenzerwald a d'ailleurs développé un tourisme centré autour de cette richesse architecturale. Il est notamment mis en valeur par les 12 sentiers de la découverte (le Umgang) et le Werkraumhaus dans le beau village d'Andelsbuch.

L'architecture et l'artisanat, fers de lance d'une économie au beau fixe

Les sentiers de la découverte permettent aux curieux de déambuler à pied ou en vélo dans l'un des 12 villages retenus. A l'aide d'une petite carte et de beaux dessins, il s'agit de retrouver les édifices marqués. Une façon ludique et didactique d'appréhender l'architecture locale tant ancienne que contemporaine. A chaque lieu trouvé, une colonne en fer vous propose de répondre à une énigme et de réfléchir sur le lien entre l'homme et son environnement. Une riche idée à découvrir. Toujours dans le Bregenzerwald, une halte s'impose dans le village de Krumbach et ses… 7 abris-bus design. Une idée de génie du maire qui a soumis à des architectes du monde entier un concours pour faire de bâtiments souvent tristes et sans vie des lieux uniques.

> ***Dans le Bregenzerwald, et plus généralement dans le land du Vorarlberg, l'innovation et la création sont ancrés dans la population.***

Trouver un Centre International de l'artisanat et de l'architecture dans un village montagnard pourrait paraître incongru. Mais dans le Bregenzerwald, et plus généralement dans le land du Vorarlberg, l'innovation et la création sont ancrés dans la population. Le Werkraumhaus est né en 2013 de l'imagination de l'architecte Suisse Peter Zumthor. Féru d'artisanat, et connaissant le savoir-faire des artisans locaux, il a offert là une occasion de les mettre en valeur par des expositions temporaires, des concours, de la recherche. Composé de bois et de verre, le bâtiment offre des qualités environnementales avancées. Ces mêmes artisans se sont regroupés au sein du Werkraum, une plate-forme de mise en réseau qui permet de montrer et d'exporter ce savoir-faire artisanal. On peut en outre y déjeuner tous les midis sur de grandes tablées dans une ambiance joyeuse…

Architecture et gastronomie : un lien évident au Vorarlberg!

Les sens sont d'ailleurs toujours en éveil dans le Vorarlberg. Témoin, la route du fromage du Bregenzerwald, un parcours entre cave d'affinage, auberge et même une école du fromage à Egg. Egg justement, où, sur ses bucoliques hauteurs, se situe la ferme de la famille Metzler. Une ferme ancestrale (on y travaille la terre depuis le 18e siècle) qui en plus de ses activités traditionnelles d'élevage et de fabrique de fromages, a lancé une gamme de produits cosmétiques 100% récupération. Issue du petit lait des animaux de la ferme, après transformation, elle permet d'obtenir des produits locaux de qualité que l'on retrouvera ensuite dans les grands hôtels du pays. Idée révolutionnaire d'Ingo Metzler il y a de cela 20 ans car le lactosérum (ou petit lait) ne contient que peu de matières grasses et présente des qualités semblables au lait maternel : richesse en vitamines et autres minéraux.

La ferme modèle des Metzler© MarkusGmeiner

L'exploitation Metzler, c'est aussi la possibilité de manger sur place, de déguster le petit lait aromatisé aux fruits (surprenant) et de découvrir une flotte de bâtiments modernes, parfaitement intégrés et dotés d'un savoir faire écologique et énergétique très avancés. On se prend à rêver devant cette réussite rurale qui, en elle même, pourrait résumer la mentalité du Vorarlberg : ici tout est possible !

GRANDE-BRETAGNE

L'envers du décor du tourisme à Londres

Mélusine Lau | 11 septembre 2017 – pour TV5MONDE – portail partenaire

Même lorsque l'on s'intéresse au tourisme responsable et que l'on tente, soi-même, de se comporter en voyageur respectueux, on n'imagine pas qu'à Londres, se développe aussi un tourisme "irresponsable". Et pourtant... derrière les milliers d'hôtels qui accueillent chaque année des millions de visiteurs, Londres cache le mal-être profond de ceux sans qui rien ne serait possible.

Les oubliés de l'hôtellerie

Ils sont grooms, réceptionnistes, hommes ou femmes de chambres, cuisiniers... et aujourd'hui, ils tirent la sonnette d'alarme, qualifiant leur capitale de *"l'une des villes les moins éthiques du monde"*. Ils ont beau être très, très nombreux, ils ne sont pas entendus et regrettent de n'avoir aucun pouvoir. **Tous travaillent dans de grandes chaînes hôtelières, qui offrent à leurs clients des prestations 4 ou 5 étoiles, et tous souffrent aujourd'hui de se voir totalement déconsidérés.**

Pendant que leurs employeurs voient leur bénéfice, déjà colossal, grossir chaque année, eux, les employés, continuent de n'amasser que des miettes. Alors aujourd'hui, ils tentent de s'unir pour faire entendre leurs voix – et leurs droits.

Mais leur gronde a du mal à se faire entendre car il n'existe pas, en Angleterre, de syndicat hôtelier. Ils n'ont donc pas de porte-parole ni de moyens de se réunir de façon légale et officielle. C'est donc avec l'aide de l'organisation Unite the Union qu'ils ont créé les **London Hotels Workers** : un moyen non-officiel (du point de vue des employeurs) de se rassembler et de faire face, ensemble, aux abus liés à leur profession.

Un moyen également de contrer la pression des employeurs, auprès desquels peu osent se plaindre : *"si vous n'êtes pas contents, vous savez où se trouve la porte"*, voilà leur slogan préféré. Une vision bien archaïque et inhumaine du travail.

S'ils tentent aujourd'hui de se faire entendre, c'est parce qu'ils ont honte de ce que l'industrie hôtelière a fait de leur capitale, et qu'ils ont le sentiment, chiffres à l'appui, d'être parmi les plus maltraités au monde. Comment une ville comme Londres, si populaire, si belle, peut-elle aussi mal considérer ceux qui la font vivre ?

Des statuts battus en brèche

Le tourisme à Londres est en progression constante, avec un taux d'occupation de 84% en 2015, tandis que le prix moyen d'une chambre est de 145£, un chiffre également en augmentation. La demande est plus forte que l'offre, et les hôteliers savent en profiter. A contrario, plus de 80% des employés touchent moins que le Living Wage britannique (l'équivalent de notre Smic), 70% d'entre eux sont issus de l'immigration, et la totalité travaille bien au-delà des heures légales.

Le mépris des employeurs vis-à-vis du personnel hôtelier atteint parfois des extrêmes : qu'ils soient cuisiniers, femmes de chambres ou portiers, tous ont pour habitude de commencer plus tôt ou de finir plus tard, sans pour autant être rémunérés pour ces heures supplémentaires. Ils sont au moins la moitié à n'avoir pas ou peu de pauses, et à manger en

quatrième vitesse pour assumer un fort taux de remplissage et/ou un manque de personnel. Ils ne sont également jamais informés de la façon dont les pourcentages sur les pourboires sont calculés, et n'en retirent que ce que leurs employeurs veulent bien leur donner.

"Je suis épuisé de travailler 16 à 18 heures par jour, sept jours par semaine, et sans aucune reconnaissance de mes supérieurs. Je fais 60 à 80 heures semaine, mais ne suis payé que mes 40 heures légales", se plaint un chef de cuisine.

"Vous n'êtes que de la poussière pour eux, tandis que leurs clients sont des rois, explique une femme de chambre. Un jour, j'étais dans le bus alors que ma prise de poste commençait à 8h30. Je reçois un appel pour me dire : "oh, vous ne travaillez pas aujourd'hui". Et c'est normal, c'est comme ça que ça fonctionne."

Elle ajoute : *"Beaucoup d'entre nous sont immigrés et ne maîtrisent pas très bien l'anglais. C'est un choix de leur part : ils ne veulent pas de personnes qui puissent discuter de leurs droits"*.

La bataille des Droits est engagée

Afin d'appuyer leur propos, les employés ont, dans une **brochure destinée à rassembler leurs revendications et à expliquer leur situation**, mis en comparaison la capitale britannique avec la Grosse Pomme. L'objectif ? Démontrer que si Londres et New York partagent beaucoup de points communs, il n'y a pas de raison que les traitements des employés de l'hôtellerie diffèrent autant. *"Les salariés des hôtels new-yorkais ont des emplois sûrs et très bien rémunérés. Ils ont des opportunités pour développer leur carrière. Leur contribution envers le secteur hôtelier est reconnu et valorisé, et, surtout, ils sont traités avec respect et dignité. (...) Alors pourquoi une telle différence ? C'est simple, les employés de l'hôtellerie new-yorkaise ont des syndicats, ils sont membres de leur propre organisation collective qui leur permet de s'opposer aux décisions de leurs employeurs et de négocier des salaires qui leur offrent une réelle qualité de vie, tout en permettant aux chaînes de faire du profit."*

> **“ *Plus de 80% des employés d'hôtels touchent moins que le Living Wage britannique (l'équivalent de notre Smic) et la totalité travaille bien au-delà des heures légales.***

Aujourd'hui, les membres des London Hotels Workers réclament les mêmes droits que leurs homologues outre-atlantique ; des droits qui paraissent pourtant évidents venant d'une grande ville occidentale comme Londres. Des salaires décents, de la sécurité, des horaires fiables et respectés, des perspectives d'évolution de carrière et un collectif reconnu pour les représenter : le minimum, en somme. Le minimum pour ne pas que Londres devienne le côté obscur du tourisme d'aujourd'hui.

MAJORQUE

A Majorque, la région de Soller s'ouvre à un tourisme participatif

Geneviève Clastres | 28 novembre 2016

Loin des plages et des bars saturés de la côte ouest de Palma, Majorque abrite un riche patrimoine naturel et humain qu'elle souhaite valoriser afin d'attirer des voyageurs en quête d'expériences plus authentiques et participatives. Objectif : faire du tourisme un levier de développement local pour les acteurs du territoire fortement touchés par la crise qui sévit en Espagne. Au nord de l'île, Soller et sa région commencent d'ores et déjà à réfléchir à des propositions de séjours alternatifs…

Valoriser le territoire et donner à voir un autre visage de Majorque

Soller se situe au nord-est de l'île de Majorque, dans une vallée fertile entre mer et montagne, la fameuse "sierra de Tramuntana", dont les flancs couverts d'oliviers abritent également des torrents d'agrumes. Si la petite ville (près de 14 000 habitants) accueille déjà de nombreux touristes venus s'extraire des plages de Palma, elle n'en reste pas moins un point de départ idoine vers de nombreuses excursions, au point d'avoir été choisie par Eurolocal Mallorca (organisme public du Conseil de Majorque) comme tête de pont pour mettre en œuvre un **circuit test de sept jours axé sur le tourisme solidaire et participatif**, confié aux bons soins d'une association locale, Més Cultura… dans le cadre d'un programme européen (Eurorural Tourism).

Més Cultura ou Majorque autrement

A l'origine de **Més Cultura**, Aina et Irene témoignent de toute la difficulté de vivre et de travailler à Majorque aujourd'hui. Issue du monde du tourisme, alors salariée de plusieurs compagnies aériennes internationales, Aina s'est retrouvée du jour au lendemain au chômage avec une famille et trois filles à charge. Historienne de haute volée, Irene ne trouve quant à elle pas de poste à sa mesure. **Déterminées, les deux jeunes femmes ont alors décidé de fonder une association qui leur permet de conjuguer leur savoir faire et leur connaissance du territoire**. Elles proposent aujourd'hui un autre regard sur Majorque via la mise sur pied d'un séjour conjuguant savoir-faire locaux, randonnée, journée en mer et visite de quelques hauts lieux du patrimoine culturel et archéologique.

Le bonheur est simple comme une olive

Depuis juin 2011, le paysage culturel de la Serra de Tramuntana est inscrit sur la liste du patrimoine universel de l'Unesco. Ses exploitations d'oliviers en terrasse, ses structures hydrauliques interconnectées (notamment ses moulins à eau) ainsi que ses chemins et constructions en pierres sèches en font un terrain de jeu idéal pour voyageurs en quête d'une immersion majorquine. Aina et Irene ont grandi au cœur de ces paysages et ont logiquement décidé d'axer **une journée de leur programme sur l'olive dans tous ses états**, de la récolte à la préparation. Côté récolte, elles proposent la visite de l'exploitation – *La possessio* – de Can Bardi, où Joaquin, le propriétaire, a toujours nombre d'histoires à raconter aux visiteurs de passage.

> **« *L'idée est vraiment que le visiteur participe aux activités traditionnelles du moment !* »**

On s'y rend à pied sur un sentier où l'odeur entêtante des caroubiers annonce le temps de la récolte. Joaquim est là, fumant nonchalamment sa pipe, jaugeant d'un œil exercé ces nouveaux visiteurs qui n'auront pas le temps de cueillir des olives, de toute façon, 2016 n'est pas une bonne année, et il préfère nous faire découvrir sa *"finca"* (ferme), le moulin à huile à l'ancienne, les salons scandés de tableaux religieux et l'immense cuisine où l'on partage *jamon, pan con tomate* le tout arrosé d'huile d'olive locale, bien sûr.

Aina : *"En fonction des saisons,* ***le programme s'adapte bien sûr, mais l'idée est vraiment que le visiteur participe aux activités traditionnelles du moment"***. Et lorsque Joaquin achève une énième histoire parce qu'il parle un excellent français *"dû aux étroites relations qui ont toujours existé entre Soller et la France, où "tout le monde a une jambe française", du temps où les bateaux s'arrêtaient de ce côté de l'île et repartaient directement* *vers Sète ou Marseille, quand des générations de Majorquins sont ensuite venus vendre oranges et citrons aux familles françaises… !!"* Et donc, lorsque Aina réussit enfin à extirper son groupe de l'irrésistible bavard, nous prenons la direction de la coopérative Cap Vespre pour passer à la partie pratique de la journée, soit confectionner un bocal d'olives "trencades" en suivant les gestes et conseils avisés de deux passionnés doublement complices…

Entre terre et mer

Il fut un temps où Soller comptait plus de 400 moulins à huile traditionnels, un temps où d'impressionnantes meules en pierre broyaient les olives expurgeant une pâte verdâtre sous les yeux du meunier à huile. Aujourd'hui, la centrifugeuse broie quelques 1 800 kilos en un tour de cadran et en moins de 24h après la cueillette, l'huile est mise en bouteille sous l'appellation "huile de Majorque". **Nous randonnons au milieu des oliviers le long des chemins de pierres sèches**… Aina et Irene mènent la marche. Elles ont choisi de faire un tronçon du GR221, la "route des pierres sèches", afin de **permettre aux voyageurs de prendre la mesure de ces sentiers créés par les *margers***, ces "maçons" à main nue qui construisent routes, murets, terrasses jusqu'aux *fincas* (fermes) sans enduit ni ciment en agrégeant tel un Tétris géant les pierres que leur offre la montagne. En ce jour, il sera toutefois difficile d'aller jusqu'au monastère de Lluc, point culminant à près de mille mètres, car il faut aussi songer au retour et surtout à la nuit qui vient, qui sera interrompue à 3h30 du matin pour **rejoindre le bateau de Gori dans le port d'Andratx**. Journée phare (sans jeu de mots) de la semaine concoctée par Aina et Irene, ou l'excursion en mer sur un chalut pour accompagner des pêcheurs de fond restera une expérience exceptionnelle.

Cette **immersion en mer avec des marins** partis pêcher des gambas prêts à échanger et à témoigner de leur métier ne peut être intégralement contée ici, mais impossible après une telle journée de ne pas regarder différemment le poisson sur les marchés… Aina est confiante : *"Evidemment, nous gardons une certaine souplesse pour proposer cette excursion en option en choisissant également le jour le plus adapté pour une mer calme et une expérience agréable."* Tout l'avantage aussi d'avoir pu faire tester le circuit à quelques journalistes et observateurs un peu têtus, ayant goûté à une mer plus capricieuse, et qui en garderont un souvenir allant du passage par l'essoreuse aux émotions intenses de vivre en direct la remontée des filets de poissons…

D'ici le printemps 2017, Aina et Irene espèrent accueillir en direct ou via des voyagistes partenaires des touristes friands de cultures et de partages, l'occasion de montrer au monde que Majorque est aussi une terre de montagnes, de vignes, d'oranges, de citrons, d'olives, d'artisans, avec certes quelques belles plages, une mer qui tangue, et un peu de soleil pour assaisonner le tout…

ISLANDE

Fjallabak : les Frenchies pionniers d'Islande ou l'indépendance vissée au corps

Guillaume Chassagnon | 30 mai 2016

L'Islande. Est-il une terre qui fasse autant parler, rêver ? Terre volcanique, peuple autochtone fier et libre, paysages assez hallucinants, d'une complexité et d'une singularité forte, quasiment sans égal. Est-on toujours en Europe? Je ne sais pas, mais on est ailleurs et cet ailleurs, c'est un sacré bonhomme qui va vous le présenter. Nous vous emmenons à la rencontre de Philippe Patay (Filippus Pétursson dans son antre insulaire volcanique). Il a développé, bien avant l'essor touristique de l'île, une agence qui telle un Astérix des temps modernes, a su maintenir une totale indépendance. Celle-ci est passée maître dans la découverte du territoire via le trekking et les aventures natures avec des guides qui vivent et pensent Islande au quotidien. Rencontre avec un homme au long parcours mais aussi frais qu'un lac islandais. Embarquement pour Fjallabak : "derrière les montagnes" : un rêve auquel Philippe et ses amis vous convient ici.

L'Islande un monde en miniature

Philippe, quand il vous parle au téléphone, bien qu'il soit encore dans la région viticole bordelaise, on le sent déjà dans son fief : son île magique, sa madeleine de Proust. *"J'ai connu l'Islande au jeune âge de 20 ans avec mon téléobjectif pour prendre les oiseaux en photos, cette terre volcanique si mystérieuse allait devenir la passion de ma vie"*. Et ça fait plus de 40 ans que lui, ses enfants ou ses guides triés sur le volet accueillent et guident les férus de nature. *"Ils savent tout faire, sportifs, cultivés, cuisiniers, artistes ou artisans, de véritables ambassadeurs"*.

L'agence Fjallabak est née après que Philippe ait commencé à guider pour d'autres à son arrivée : *"Je suis un fou d'ornithologie, j'ai commencé dès 1975-1976 à organiser des voyages en association avec le Monde, ensuite, je suis devenu prestataire local pour Terdav, j'ai monté leurs voyages durant 15 ans. Je voulais vraiment une boîte indépendante où l'argent rentrerait directement sans intermédiaire, avec la volonté de faire ce que je souhaitais, des groupes réduits, à l'opposé de ce qu'est devenu le trekking parfois, malheureusement."* Ainsi, tous les séjours sont établis pour des groupes de 10-12 grand maximum, avec une ligne d'horizon qui tire sur l'aventure, la marche dans ces décors sublimes.

> ***Je voulais une boîte indépendante où l'argent rentrerait directement sans intermédiaire et des groupes réduits.***

Avec comme credo fort *"la découverte d'un pays vraiment extraordinaire et ahurissant : pendant 15 jours, vous en prendrez plein les yeux"*. Philippe a aussi été à l'origine de la création de Comptoir d'Islande en France et plus tard de la société 66° Nord (deux entités complémentaires et évidemment non concurrentielles).

La Terre du Milieu… en vrai

N'est pas Tolkien qui veut malheureusement, mais si vous êtes un inconditionnel du Seigneur des anneaux et autre Bilbo le Hobbit, si un jour vous avez la chance de découvrir l'île islandaise, vous serez surpris de voir à quel point elle ressemble à la fameuse Terre du milieu décrite par le grand écrivain Britannique.

Un pays totalement sauvage, *"véritablement sauvage"*, devrait-on dire tant les zones habitées sont rares ! s'exclame Philippe Patay. *"Une alternance rare de lacs, de marécages, de volcans plus ou moins grands, des cendres, des massifs montagneux roses ou bleus, sans flagornerie aucune, on est surpris de la diversité fabuleuse des richesses à découvrir sur ce bout de terre volcanique"*. Un pays que Philippe qualifie même d'anormal tant il est chaotique, *"comme à Hawaï, le fond de l'océan est ramené à la surface par un point chaud."*

"Savez-vous que chaque année l'ouest et l'est de l'île s'éloignent un peu plus ?" C'est étrange, fascinant, fantastique même dirais-je. L'île est en fait une zone émergée de la fameuse dorsale médio Atlantique : ce qui, en résumé, explique une activité volcanique hors du commun (souvenons-nous de l'éruption du volcan Eyjafjallajökull en 2010 qui avait semé une belle pagaille au sein des vols aériens mondiaux). L'île est aussi composée de zones totalement désertiques que peuplent des millions d'oiseaux.

L'Islande, un ravissement toute l'année

Chaque saison révèle aussi sa personnalité, ses lumières hallucinantes, ses atouts : l'été évidemment, saison reine pour le trekking et les activités outdoor. Des séjours en pension complète, en B&B, chambres d'hôtes ou hôtels de qualités, mais aussi des supers campements ou des nuits sous les étoiles où le grandiose prendra tout son sens. *"Une grande importance est accordée à la nourriture : saine, locale et de qualité"*. Mais alors que dire des autres saisons ? Elles sont toutes adaptées suivant les activités prévues. *"Je suis un inconditionnel de l'automne, un trek en cette saison c'est juste le paradis sur terre."* Les couleurs sont fabuleuses et il n'y a quasiment pas un chat sur les sentiers. L'hiver : sa magnificence gelée, enneigée, paradis isolé, image d'Épinal de solitude avec comme points d'orgue : les sources d'eaux chaudes et évidemment encore et toujours les aurores boréales sans quoi ce bout de terre située en limite sud du cercle polaire ne serait plus tout à fait l'Islande. Amoureux de steppes arides et de sommets volcaniques enneigés, c'est à cette période qu'il faut y aller. Enfin le printemps, le long renouveau voit arriver par millions des oiseaux venus d'horizons divers. Le vert reprend ses droits, tout est dit.

GRÈCE

La Thessalie s'appuie sur la Lozère pour développer son offre touristique

Geneviève Clastres | 24 septembre 2013

A quelques heures d'Athènes, coincée entre la mer Egée et la Macédoine, la Thessalie est une terre agricole qui a longtemps fait des envieux chez ses voisins moins dotés. Ici, entre ciel et mer, terre et montagne, tout semble pousser. Ici, jusqu'à peu, on ne se posait pas la question de l'après. Les saisons tournaient et les hommes récoltaient le fruit de leur travail. Mais tout cela, c'était avant, avant la terrible crise qui s'est peu à peu propagée jusqu'aux régions les plus riches. Contrainte de repenser son développement, la Thessalie se tourne à présent vers le tourisme, un tourisme qu'elle souhaite toutefois contrôler et adapter pour ne pas perdre son identité rurale et son âme agricole, à l'instar d'une longue histoire et d'une belle coopération avec sa région sœur, la Lozère.

Au ciel il y a le paradis et sur terre... la Thessalie ?

Est-ce parce qu'elle est située sous la protection des dieux de l'Olympe que la Thessalie est si riche ? Sur ces terres agricoles situées à quatre-cinq heures de route au nord d'Athènes, 750 000 habitants se partagent la deuxième région la plus étendue du pays. Au gré des kilomètres qui défilent, en direction de la grande bleue, on croise oliviers, champs de coton, plantations de pommes, châtaigniers, carrés de vigne, cerisiers, figuiers, cultures maraîchères. Plus au nord, passé la préfecture de Larissa (290 000 habitants), les terres sont plus sèches, les pâturages prennent le relais. Brebis et chèvres broutent au grand air. Pas étonnant que **la meilleure féta de Grèce** (et donc au monde !) vienne de Thessalie. Là, sur les flancs de l'Olympe, Parc national depuis 1938, on ne trouve pas moins de 1 700 espèces de plantes, de champignons, d'herbes dépuratives et autres merveilles des hauteurs. Un paradis que ne renient pas les poissons de la mer Egée.

Temps de crise

Longtemps, la Thessalie n'a pas eu besoin du tourisme, la région, prospère, était avant tout un havre de paix prisé des citadins qui venaient s'y ressourcer en famille. La préfecture de Larissa compte près de 15 000 résidences secondaires quand l'hébergement hôtelier reste encore peu développé : 3 000 lits pour 12 hôtels de petites capacités répartis principalement sur le littoral avec quelques incursions dans l'intérieur des terres autour des rares sites touristiques. Seul hôtel de 50 chambres, le Golden Beach. **Mais la crise survient, la donne change. Dans la région, on tente de développer de nouvelles activités**. Dans la préfecture, le tourisme apparait alors comme une solution idéale. Vice-président de la société de développement du département de Larissa, **Vassilis Letsios** précise : *"Notre préfecture a toujours pu compter sur l'agriculture, nous sommes l'une des plus riches régions du pays avec de nombreuses ressources. Avant, nous n'avions pas besoin de promouvoir la région. Mais la crise a été particulièrement dure cette année. Pour l'heure, on tente d'attirer les touristes. Certes, on voit passer du monde, des Grecs principalement, mais au final, très peu d'argent rentre."* De fait, pour l'heure, l'activité touristique semble vraiment limitée. Isabelle Bouchy, qui nous accompagne et décode pour nous cette Grèce où elle officie depuis presque trente ans, nous a bien expliqué que le gros de la saison se concentrait entre le 15 juillet et le 15 août, toutefois, à quelques jours de la rentrée scolaire (nous sommes en septembre), on reste surpris face à ces rangées infinies de chaises longues et parasols, qui, sans âme qui vive, dialoguent avec la mer en attendant d'hypothétiques vacanciers…

Des atouts en nombre

Et pourtant, la Thessalie ne manque pas d'atouts. Ici, sous le soleil, le tourisme semble avoir de beaux jours devant lui. Le littoral, encore peu développé, compte quelques 16 kilomètres de plages ininterrompues, une mer azur, une eau qui oscille entre 26 et 28°. D'ailleurs, à Larissa, on ne se baigne pas, on prend un bain. Il n'y qu'à voir, en longeant la grande bleue, les Grecs flotter dans l'eau, chapeau sur la tête, immobiles. On s'immerge et on attend que le jour descende, quitte à entamer une conversation avec ses voisins. Alors, **afin de mieux faire connaitre ces plages encore préservées, les gens du pays commencent à se mobiliser**. Journaliste basée à New York, Athéna est de passage dans la région, sa région natale, pour réaliser un documentaire sur le mont Olympe. Assise à la terrasse du Spitaki Café, elle m'explique : *"Nous avons le 2e littoral le plus étendu de Grèce mais personne ne lui donne le même nom. Certains disent la plage d'Aya, d'autres celle Larissa, d'Agiokambos, certains tentent d'expliquer qu'on se situe entre le Mont Olympe et le Kissavos. Tout cela est vrai, mais on ne s'y retrouve pas. Il nous faut un nom plus global, un nom qui parle. J'ai pensé à Seven Blue miles".* Seven Blue Miles, je ne suis pas convaincue, un nom bien trop branché qui laisse à croire à des plages ponctuées de ressorts quand **le littoral reste à échelle humaine avec de petites plages, des criques préservées, peu de tourisme**. Et puis, est-ce vraiment ce que souhaitent les autorités locales, qui ont fait appel à la région Lozère pour les aider à développer l'arrière pays, façon de rééquilibrer le territoire, de valoriser l'intérieur des terres, façon d'éviter une fréquentation touristique autocentrée. D'autant, qu'au-delà de la mer, la Thessalie compte deux prestigieux géants, les Monts Olympes et Kissavo.

> **“ *La Lozère et la Thessalie, un mariage réussi qui comme souvent, a commencé par une dispute.***

Vers un tourisme rural et intégré

La Lozère et la Thessalie, un mariage réussi qui comme souvent, a commencé par une dispute. En 1999, la **"guerre de la féta"** éclate. La Lozère, qui en produit dans ses usines, est directement dans la ligne de mire de la république hellénique. Les débats sont vifs et la Grèce finit par emporter le morceau. La féta de Lozère sera désormais "salakis" et la grecque, le fromage que l'on connait, composé de 70%de brebis et de

30% de chèvre. Quelques années plus tard toutefois, **les deux régions se retrouvent autour d'un programme de coopération européenne** – LEADER – désireuse de dépasser les différends d'autant que les ressemblances sont légion : toutes deux font partie de l'arc méditerranéen, ont le même type d'agriculture. En outre, courant 2011, les Causses et les Cévennes (dont une grande partie se situe en Lozère) ont été classés au patrimoine mondial de l'Unesco, forme de reconnaissance du paysage culturel de l'agropastoralisme méditerranéen dont on retrouve bien des caractères en Thessalie. **Depuis bientôt dix ans, les deux régions travaillent ensemble, partagent leurs expériences en tourisme rural et démarche qualité**. L'idée : revaloriser le secteur primaire à travers le tourisme. De nombreuses actions et projets ont déjà été financés et actuellement, la Lozère assiste la Thessalie pour la création d'un label de qualité sur les hébergements et produits touristiques. Directeur du Comité Départemental du Tourisme et chef de file de la coopération avec les Grecs, Pierre Spirito précise : *"En Lozère, les gorges du Tarn voient passer le gros des flux touristiques. Tout le défi a été de rediriger les vacanciers vers des sites moins connus mais tout aussi intéressants. La Thessalie a tous les atouts pour un tourisme rural intégré réussi, façon de développer l'intérieur des terres et d'éviter que l'ensemble des vacanciers ne se concentrent sur le littoral"*. La Thessalie, une destination à un tournant de son histoire, longtemps préservée par sa richesse et qui semble être aujourd'hui en mesure d'anticiper un développement touristique trop brutal au profit de formes plus douces, un tourisme vert qui ne renie pas le littoral mais l'intègre à ses routes ensoleillées.

Maroc – un écolodge sous le ciel des Aït Bougmez

Geneviève Clastres | 28 mai 2012

C'est un nid d'aigle posé au fond de la vallée des Aït Bougmez, une tour de guet perchée à 2 200 mètres d'altitude qui permet d'embrasser d'un regard les villages alentour et les neiges des sommets. La maison d'hôte de Touda est née d'une rencontre, celle de Saïd, guide berbère de haute montagne et d'un homme de la vallée, Ali, chef du village de Zawyat Oulmzi.

Genèse d'un rêve berbère

Touda, c'est le nom de la maman de Saïd, hommage du fils berbère à sa mère qui éleva seule ses nombreux enfants pendant que le père travaillait comme maçon dans le sud de la France dans les années 70. Touda, c'est aussi la magie d'une rencontre. Quand Saïd rencontre Ali, l'idée lui vient de créer **un lieu qui au-delà d'une maison d'hôtes, soit aussi l'occasion de faire connaitre la culture berbère et de favoriser les rencontres**. Saïd est né dans une vallée voisine du Haut Atlas. Il connait bien la mentalité des berbères au milieu desquels il a grandi. Afin de ne pas gêner la vie de Zawyat Oulmzi, il achète un terrain un peu à l'écart, qui domine l'ensemble des maisons. Le temps d'une année, de 2007 à 2008, les ouvriers locaux montent à dos de mule les pierres de la vallée puis peu à peu, tout le matériel nécessaire pour édifier le bâtiment. Pas question de faire une route et de dénaturer les lieux.

Peu à peu, **Touda émerge, issue des hommes et des ressources locales**. Les murs et fondations, en pierre (azrou) et pisé (taboul), sont montés entre mars et octobre. Juste avant les froids de l'hiver, le toit en terre est posé. Dans la foulée, un chauffe-eau solaire est installé. La majeure partie du gros œuvre est local. La cheminée, splendide, a été dessinée et réalisée sur place. Quelques éléments viennent d'un peu plus loin, à l'image des enduits, de Marrakech, mélange de plâtre et de *tadekakt* (chaux aqueuse), donnant un rendu brillant résistant à l'eau. Le temps d'obtenir permis et autorisations nécessaires, slalom entre l'administration et inévitables bakchichs… et Touda peut ouvrir, nous sommes en 2010.

Séjourner à Touda

Aujourd'hui, la maison d'hôte comprend six chambres doubles et une triple, soit une capacité d'accueil d'environs quinze personnes. Ouverte été comme hiver, elle offre une immense terrasse qui regarde la vallée, une profonde cheminée pour les soirées hivernales et un hammam chauffé au bois. Gérée et animée par les gens du village,

Touda est comme un trait d'union avec Zawyat Oulmzi qui regarde vers le ciel tout en s'habituant peu à peu à ces visiteurs invités à prolonger l'échange le temps d'un cours de cuisine avec Fatima ou d'une randonnée avec les muletiers de la vallée. Car à Touda, tout le monde s'implique et il n'est pas rare de croiser un berger ou un villageois de passage venir profiter du hammam, arroser quelques plantes ou tout simplement, fumer une petite pipe à l'orée de la terrasse en plissant les yeux vers les boules de genévriers qui égrainent la montagne d'en face.

Touda est aussi un **point de départ idéal pour de nombreuses randonnées dans le Haut Atlas**. Les possibilités sont nombreuses et Saïd tient un road book à disposition des visiteurs afin de les aider à tracer leurs itinéraires entre ascension du djebel Mgoun (4068 m) ou trekking à dos d'âne. Déjà, depuis la maison d'hôte, il est facile de rejoindre la crête puis les hauts plateaux où les nomades des Aït Atta passent une bonne partie de l'été avant de reprendre leur transhumance vers d'autres vallées. On se retrouve alors au milieu de paysages lunaires, entre moutons, chèvres, dromadaires, jusqu'au lac Izourar dont la terre craquelée dessine des géographies imaginaires.

Labels et engagements

Labellisée Clef Verte, Touda se veut aussi une **maison pensée et gérée de façon exemplaire**. Les déchets sont triés : les épluchures données aux animaux, le verre amené à Marrakech, la ferraille entièrement récupérée par des biffins puis recyclées. Evidemment, on fait attention à l'eau et à l'électricité avec un équipement choisi : chauffage au gaz, cheminée, chasses d'eau à double vitesse, chauffe-eau solaire et aussi, peut être à l'avenir, l'installation d'une éolienne. Enfin, c'est le principe de base, **le lieu est animé par les locaux**, avec le souci de faire travailler au maximum les berbères du village et de la vallée.

Alors, ne vient pas à Touda qui veut. **Saïd tient à avoir un contact téléphonique avec tout futur résident**. Il explique sa démarche, incite les visiteurs à avoir des contacts avec les villageois (échanges, attention, apport de vêtements, etc.). L'ambiance s'en ressent. Les clients sont principalement français ou hollandais, (partenariat avec Hannibal Reizen – agence de tourisme durable) mais viennent aussi d'un peu partout, magie du bouche à oreille. Les échanges fusent donc et les rencontres vont bien au-delà de la Berbérie. Ballade du corps et de l'esprit, Touda nous invite à nous élever, vers les montagnes, certes, qui nous tendent les bras, mais aussi vers d'autres cultures, d'autres imaginaires, d'autres regards.

A la découverte de l'éco-musée de la vallée des Bougmez

Guillaume Chassagnon | 9 février 2016

Le Maroc, l'Atlas, ça vous dit ? Alors je vous emmène visiter une jolie vallée située à 4 h de Marrakech la splendide. Vous y découvrirez un endroit surprenant : l'écomusée de la vallée des Bougmez. Un lieu voulu et conçu comme un outil favorisant le développement d'un tourisme pour et par les habitants. Cela renforce ainsi l'attractivité de ce superbe lieu, sauvage, préservé, où les habitants, les très accueillants cultivateurs berbères vous feront découvrir leurs vies actuelles et celles de leurs ancêtres. Un projet entre locaux, touristes, habitants, où tout le monde se rencontre, le tout dans un immense esprit de fraternité et de fierté. Suivons l'ami Saïd dans son dernier pari un peu fou mais totalement enivrant… à plus de 2 200m d'altitude !

DJIBOUTI

Voyager autrement à Djibouti

Geneviève Clastres | 11 février 2013

Djibouti n'est pas au bord de la mer. Elle est au bord du désert. C'est le secret de sa douce et irrémédiable folie : la ville est née de la mer, ses hommes appartiennent au désert.

Et parce que Dijbouti n'est pas qu'un port, une base militaire ou un spot de plongée, tout merveilleux soit-il, Voyageons-Autrement.com a décidé de saisir l'invitation de l'office de tourisme Djiboutien pour aller à la rencontre de ces hommes du désert. Voyage à la découverte de campements mais aussi de paysages et de terres qui incarnent les initiatives touristiques à échelle humaine.

Minuscule territoire coincé à la Corne de l'Afrique, Djibouti évoque une huître entre-ouverte prête à se rétracter. Il faut dire que par les temps qui courent, **sa position géostratégique héritée de l'histoire est on ne peut plus audacieuse.** Côté mer, elle regarde vers la Mer Rouge et le Yémen – du détroit de Bab-El-Mander jusqu'à la pointe de Loyada-côté terre, elle semble comme une extraction miraculeusement calme et préservée au regard de ses trois tumultueux voisins : l'Erythrée, l'Ethiopie et la Somalie. Et pourtant, il faut venir à Djibouti. Une fois sur place, aidé par une chaleur enveloppante presque insoutenable les mois d'été mais délicieuse les mois d'hiver, tout semble tranquille, presque figé. Le voyage commence.

Mais qui donc voyage à Djibouti ? Avant tout, les résidents ! Pendant des années, le port et la base militaire ont fourni des contingents d'expatriés désireux de découvrir les richesses d'une terre d'exception, un extraordinaire "laboratoire naturel" où le moindre plissement terrestre raconte une histoire. Ici, on est à la confluence des plaques africaines et arabiques, sur une ligne de faille qui s'écarte doucement et verra à terme apparaître un nouvel océan. L'avenir de la terre se joue aussi sous ces latitudes. Ce qui était alors considéré comme un *"enfer torride de cailloux peuplé de quelques tribus primitives et belliqueuses"* est de fait un terrain de jeu fascinant où géologues, archéologues, ornithologues, ethnologues sondent une terre dont l'histoire plonge dans les racines de l'humanité.

Aujourd'hui, les militaires sont moins nombreux, la légion étrangère a été rappelée, la 13 aussi. Des 10 000 militaires français alors présents, il ne reste que la base aérienne. Ainsi, les Djiboutiens espèrent d'autres hôtes. D'autant qu'au-delà des chercheurs, **Djibouti a beaucoup à offrir aux voyageurs : banquise de sel du lac Assal, cheminées de souffre du lac Abbé, paysages torturés par les roches et la sécheresse, lacs asséchés foulés par des autruches audacieuses, villages de pierre, fonds marins préservés...** Déjà, quelques premiers groupes de randonneurs commencent

> ***Au-delà d'être des projets créés et gérés par des Djiboutiens, ils ont pour mérite d'associer les villageois, de s'intégrer au paysage, de respecter l'architecture traditionnelle, d'utiliser les matériaux locaux...***

à mettre leurs pas dans ceux des nomades Afar. Au pays des caravanes de sel, marcher sur les traces de ce peuple qui troque le sel du lac Assal contre les céréales d'Ethiopie reste une expérience hors du commun.

Fondatrice d'Aden, association qui sert de relais aux campements de tourisme intégré créé par les Djiboutiens, Dominique Lommatzsch a été la première à faire partir un circuit découverte "Caravane de Sel" initié par des Djiboutiens. Cette expérience vécue par des voyageurs occidentaux a permis dès 1988 l'ouverture de ce circuit. Dans le même temps, des Djiboutiens ont inauguré les premiers campements d'accueil, des installations simples – *daboytas* ou *toukouls* – créés avec l'accord des populations locales et des structures traditionnelles.

Installés aux abords des villages ou à proximité de sites tel le lac Abbé – où le premier hôtel est à 2 heures de route – **ces campements ont pour objectif d'associer les populations locales à l'activité touristique** (préparation des repas, artisanat local, guidage, partage de savoir-faire, etc.). On en trouve près d'une dizaine, de l'intérieur des terre – campement d'Houmed Loïta au lac Abbé – jusqu'aux plages – campement d'Ouboucky créé par Abdou en coopération avec les pêcheurs d'Obock. Au-delà d'être des **projets initiés, créés et gérés par des Djiboutiens**, ils ont pour mérite d'associer les villageois, de s'intégrer au paysage, de respecter l'architecture traditionnelle, d'utiliser les matériaux locaux (palmier doum, bois parfois, pierre souvent) et ainsi, de mettre en valeur toute la diversité des sites et paysages sans les dénaturer.

Au moment où Djibouti cherche à renforcer son secteur touristique, où l'on sent et pressent que bien des sites d'exception encore relativement vierges et peu exploités pourraient apparaître comme autant d'édens tentateurs, ces campements apparaissent comme un cap, une ligne directrice, l'espoir d'un nouveau modèle touristique, d'un exemple Djiboutien qui aura su "mettre en tourisme" son territoire pour le bien du plus grand nombre. Le pays est à un tournant. Espérons qu'il sera faire les justes choix.

TUNISIE

Les mirages de Tozeur

Geneviève Clastres | 11 mai 2012

Tozeur est une petite ville du désert tunisien, irriguée par 200 sources, c'est l'une des oasis les plus célèbres au monde. Elle abrite une splendide palmeraie comprenant près de 400 000 arbres. Pendant sept siècles, Tozeur a été autosuffisante sur le plan alimentaire. Et puis, un jour, les premiers touristes sont arrivés…

Socioéconomiste, Claude Llena connait bien Tozeur. Il y a effectué de nombreux séjours et a déjà écrit plusieurs articles pour expliquer l'influence du tourisme sur la petite oasis. Depuis peu, il vient de publier une bande-dessinée, illustrée avec talent par Omar Fassar Diouf, qui a la mérite **d'expliquer simplement et en beauté les enjeux et dangers du tourisme de masse**.

On y découvre comment l'eau, alors gratuite, a été peu à peu captée par les intérêts du tourisme de masse, jusqu'à un chantier pharaonique pour créer un golf en plein désert. On y voit aussi comment un paysage alors naturel s'est peu à peu dégradé : bétonnage des conduites d'eau, construction d'énormes hôtels, etc. On constate aussi, une fois de plus, que les jeunes délaissent peu à peu les cultures traditionnelles pour attendre le touriste. **La bande dessinée s'achève malgré tout sur une note d'espoir**, celle de quelques rares jeunes qui continuent, envers et contre tout, à produire fruits et légumes à l'instar de leurs parents et grands-parents. Ces jeunes, au-delà de rester sur place pour travailler, ont permis de valoriser les productions locales auprès des habitants de Tozeur mais aussi, ont commencé à leur faire prendre conscience, que la consommation locale est aussi un geste de survie, de dignité, et quelque part le seul moyen de résister pour protéger une culture et une identité bafouée.

Les Mirages de Tozeur, Claude Llena & Omar Fassar Diouf – Association "Bidon V" – Un jour/Une Nuit. Mai 2012.

BURKINA FASO

Rencontre avec l'association le Kapokier

Geneviève Clastres | 12 février 2016

Il était une fois un arbre, une famille et un village. Puis un projet qui relia l'arbre, la famille, et le village. L'association le Kapokier a été créée en 2012. Elle tient son nom de l'arbre sacré de Bérégoudougou, l'arbre à palabres où les anciens se réunissent pour résoudre les problèmes et trouver des solutions. Rencontre avec Edouard et Brigitte Sombié, piliers de l'association, qui ont commencé une nouvelle aventure entre la France et le Burkina-Faso, Paris et Bérégoudougou, une aventure un peu à l'image de leur famille, unie et en lien avec ces deux mondes.

VA : Comment est née votre envie de créer l'association Le Kapokier ?

Edouard : Il y a d'abord ce terrain, que mon père, Fako Sombié m'a légué à moi, mon frère et ma sœur, et qu'il a fait borner juste avant de mourir, afin d'éviter les jalousies et les histoires de voisinage. C'est à ce moment là qu'a commencé l'histoire de notre association, *"Atteint d'un cancer, il avait souhaité nous amener dans son village natal : Bérégadougou, village où je n'étais pas allé depuis quinze ans et que mon frère Julien découvrait."*

Brigitte : Il y a aussi la situation du village, qui a abrité dans ses faubourgs une des plus grandes entreprises sucrières du pays, réduisant les terres alentour à une monoculture de canne à sucre, et multipliant la population du village par huit en l'espace de dix ans (entre 1970 et 1980), au détriment des surfaces cultivées et de la diversification alimentaire.

Edouard : Au cours de ce voyage, **mon père nous a montré le terrain et nous a présenté les personnes susceptibles de nous aider à le mettre en valeur**. Je n'étais pas retourné sur place depuis mes 18 ans où j'avais alors entrepris seul un voyage initiatique de trois mois. Mais je savais qu'un jour, je reviendrai.

Brigitte : Après avoir financé la mise en culture du terrain pendant trois ans, le débroussaillage, et devant l'ampleur de la tâche, l'association **Le Kapokier** est née l'an dernier. Edouard en est le président. Elle compte également son frère Julien, sa sœur Sophie, un ami d'enfance (Roman) et moi-même.

VA : Quels sont les différents projets de l'association ?

Edouard : Le projet est ambitieux car nous avons hérité d'un terrain très grand (près de 54 hectares). Et donc, l'idée est de **créer de la production agricole, de l'activité économique qui soit la plus pérenne pos-**

sible. Nous souhaitons être auto-suffisants. Nous cultivons principalement du sésame, du karité – présents naturellement dans la région – et du haricot niébé. Nous cherchons également des débouchés pour ces produits, par exemple pour produire du beurre de karité.

Brigitte : Notre modèle économique est en deux volets, d'une part des cultures de rente pour l'exportation avec des produits naturels comme le sésame ou le karité, d'autre part des cultures vivrières pour les villageois qui vivent sur place et connaissent la malnutrition. La monoculture de la canne à sucre a beaucoup appauvri la terre, à présent il faut la revitaliser, diversifier, changer aussi des seuls arachides et maïs.

VA : Avez-vous pensé au volet tourisme, comme levier de développement local, pour vous aider à réaliser certains de vos projets ?

Edouard : L'idée nous séduit beaucoup, d'autant que **nous avons la chance d'être dans la région la plus touristique du Burkina**, la région des cascades de Karfiguela avec le lac de Tengrela, les pics de Sindou, les dômes de Fabédougou, le village de Gnassogoni, autant de sites qui reçoivent la visite de plusieurs centaines de touristes par an, des gens de Ouaga comme des Européens. Notre village est à peine à 5 kilomètres des premiers sites.

Brigitte : En plus, pour l'heure, le tourisme est très peu développé et sur place, **on peut aller à la rencontre des gens qui sont extrêmement accueillants, très peu insistants**. Quand je me promène sur les marchés, je fais mes achats en toute confiance. En outre, dans la région, la cohabitation entre chrétiens et musulmans est très apaisée.

VA : Quel est l'accueil et la vision des villageois quant à ces différents projets ? Vous sentez vous soutenus, jalousés, ou est-ce au contraire l'indifférence ?

Edouard : La moitié du village porte mon nom. Et quand je me suis rendu sur place en décembre dernier, j'ai dressé un état des lieux avec les villageois. On a discuté des problèmes que rencontre le village et on a réfléchi ensemble aux solutions à apporter. Les villageois ne sont pas du tout sensibilisés à l'environnement, ils sont dans une logique de court terme.

VA : Pour l'heure, quel est le moyen le plus efficace pour vous soutenir ? Votre site mentionne qu'il est d'ores et déjà possible de venir sur le terrain pour mener des actions, pouvez-vous nous en dire plus sur ce point ?

Edouard : Pour l'heure, chacun peut venir avec ce qu'il a et ce qu'il est. Sur place, nous louons une maison où nous pouvons accueillir quelques personnes. Et pour les personnes intéressées à mettre la main à la pâte, il y a aussi un hôtel, à 5 kilomètres du village. Le mieux est de prendre contact avec nous.

BOTSWANA

Visiter le sanctuaire des éléphants avec Essentiel Botswana

Geneviève Clastres | 22 décembre 2016

Le Botswana abrite à lui tout seul près d'un quart des éléphants de la planète, un tiers des éléphants d'Afrique. On y croise zèbres, girafes, hippopotames, antilopes, lions, chacals…. Pas étonnant que, coincé entre Namibie, Afrique du Sud, Zimbabwe et Zambie, il ait attiré un duo de passionnés de nature et d'observation animalière. Dans ce pays à l'histoire fascinante qui n'a connu aucune guerre, réussi avec brio sa transition démocratique et qui s'inscrit aujourd'hui comme l'un des moins corrompus du continent, Julien Marchais et Philippe Marais proposent des séjours centrés sur la faune et la biodiversité, sans oublier d'intégrer une forte dimension durable.

Une histoire singulière

Forte d'une histoire singulière, Essentiel Botswana est à l'image de ce pays méconnu, **une agence engagée portée par des hommes aimantés par cette nature brute et cette biodiversité miraculeusement préservée**. En 2001, Julien Marchais découvre le Botswana alors qu'il travaille pour l'ONG – "Des Eléphants et des Hommes" – qui œuvre à la conservation des éléphants. Très vite, il se passionne pour ce territoire préservé et développe de nombreux projets. *"Aujourd'hui encore, mon activité principale reste la conservation des éléphants, le tourisme est pour moi une activité complémentaire."* Sur place de 2001 à 2005, il s'y rend ensuite près de huit fois par an entre 2005 et 2010, accompagnant des groupes de voyageurs. *"Mes nombreux voyages aux quatre coins du pays m'ont montré qu'au Botswana, les expatriés (Sud-Africains, Allemands, Anglais, etc.) s'étaient emparés de ce marché. Certes, il s'agit de vrais professionnels mais j'ai trouvé dommage que ce patrimoine ne soit pas plus valorisé par les Botswanais eux-mêmes. Pourtant bien formés, ils sont trop souvent exclus de l'entreprenariat en matière de tour-operating et peinent à avoir accès aux marchés émetteurs."* Il décide alors de **s'associer à Philippe Marais, fondateur de Saïga** (qu'il a cédé en 2011), afin de **fonder Essentiel Botswana et de faire le lien entre le marché francophone et ces opérateurs locaux compétents**. Les deux compères allient ainsi leurs mondes, de la conservation à l'écotourisme, pour privilé-

> **“ J'ai trouvé dommage que ce patrimoine ne soit pas plus valorisé par les Botswanais eux-mêmes.**

gier une approche naturaliste via le tourisme et ainsi, assurer un maximum de revenus au pays. Essentiel Botswana est né.

Une équipe soudée

Au-delà de Julien Marchais et de Philippe Marais, qui continuent à se rendre régulièrement sur place, **l'agence s'appuie sur une solide équipe locale** composée de guides, chauffeurs, cuisiniers, logisticiens, mécaniciens, aides de camps, fédérés sur place par un tour opérateur local, **Royale Wilderness Safaris**, dirigé par Tasha et Johnny Ramsden, tous deux batswanas, forts d'une expérience des safaris mobiles. Chacun des guides a son approche. Le plus capé (30 ans de guidage en 2016 !), Richard Randall, citoyen botswanais francophone et anglophone, est un grand spécialiste de la faune du pays (mammifères, oiseaux, amphibiens, reptiles, etc.) mais connait également de manière très approfondie sa flore, sa géographie et son histoire. Récemment, Prince Wright est également entré dans l'équipe. Mostwana de naissance, francophone, il apporte une approche plus culturelle, centrée sur l'identité bostwanaise.

Des safaris soignés… et responsables !

Sur place, **l'offre s'organise autour d'un circuit phare, "Essentiel Botswana & Chutes Victoria"**, qui permet de découvrir les sites immanquables du Nord : le delta de l'Okavango, la réserve de Moremi, le parc national de Chobe et sa célèbre cuvette de Savuti et les Chutes Victoria. Julien : *"Ce programme est notre trame principale car il est représentatif de la manière dont on veut faire découvrir le Botswana à des premiers venants"* Malgré une trame fixe, Julien et Philippe proposent toutefois des couleurs différentes tout au long de l'année, avec des safaris plus axés sur l'ornithologie, d'autres sur la photo, voire même le développement personnel.

Enfin, si le Botswana est le paradis des safaris haut de gamme, Essentiel Botswana souhaite aussi contribuer à **en faire le paradis des habitants, avec près de 80% du prix du circuit qui revient aux partenaires botswanais** et afin d'aider au développement économique du territoire et à la préservation de sa remarquable biodiversité. L'agence garantit donc **un taux de fuite minimal**, prend grand soin de ses équipes et de ses employés et **gère l'observation de la faune sauvage dans le plus grand respect des animaux et de leurs milieux naturels.**

Une fois levés, les campements ne laissent aucune trace du passage des hommes. Enfin, cerise sur le gâteau, sensible au fait que la plupart des écoliers du pays n'ont pas la chance de connaître ce patrimoine animalier, **l'équipe Essentiel Botswana organise des "classes nature" comptant un enfant d'une école primaire pour chaque participant**. En fin d'année, ce sont ainsi deux journées d'immersion dans la nature auxquelles se joignent des enfants de CM1, accompagnés de leurs enseignants. Cette démarche s'accompagne d'une mission éducative pour sensibiliser les jeunes à la préservation de l'environnement, aux valeurs écologiques. Julien : *"Paradoxalement, la plupart des enfants scolarisés n'ont jamais vu d'éléphants car ils n'ont pas un accès aisé aux parcs nationaux. Ils vivent pourtant à une dizaine de kilomètres à peine. Ces sorties annuelles permettent de donner aux clubs environnement des écoles primaires l'occasion de sortir de leur enceinte et d'éduquer dans la nature. On les emmène avec nos guides et nos équipes, qui leur font aussi découvrir les métiers du tourisme."*

CUBA

Tourisme à Cuba : dans l'ombre de Janus...

Geneviève Clastres | 22 février 2016

Canadiens, Américains, Français, Allemands..., ils sont chaque année plus nombreux à se rendre à Cuba. Toutefois, si pour nombre de ces touristes, l'île reste une enclave de décompression pratique et peu chère, propice à tous les fantasmes, voire à tous les excès, pour d'autres, Cuba est à découvrir parce que c'est maintenant, parce qu'il faut précéder l'invasion attendue du tourisme nord américain, appréhender l'île au tournant de son histoire. La réalité cubaine est pourtant bien plus complexe qu'un pas de deux. Certes, les Cubains ont besoin des touristes pour faire repartir l'économie locale mais on peut s'interroger sur la forme de tourisme apte à aider l'île à décoller de façon équitable et juste. Les enjeux sont nombreux. Les besoins aussi. Et les touristes de demain pas toujours ceux que l'on croit.

Tourner à gauche, puis à gauche, encore à gauche....

Ah Cuba, terrible Cuba, envoûtante Cuba, étonnante aussi. La route. Aucune indication si ce n'est vers le socialisme. La voie est toute tracée : *"Socialismo o muerte"* scande le bitume. Certes, la libéralisation a pointé son nez, certes, Obama a lâché du lest, mais la vie reste encore extrêmement difficile pour la majeure partie des Cubains. **Ici, quand le touriste parle en CUC, le Cubain parle en pesos**. Et quand le voyageur pense tabac, rumba et rhum, le Cubain pèse ses quelques 20, 40, 75 CUC mensuel *(salaire d'un médecin revalorisé à l'automne 2015)* quand une paire de chaussure en vaut 50, un frigo entre 500 et 800. Alors, ce sera le magasin pour quelques rares privilégiés et la bodega (épicerie où les articles sont encore et toujours

subventionnés par l'état) pour la majeure partie du peuple. De même, quand le voyageur jouit du homard bon marché au restaurant de la plage, le Cubain se contente d'une soupe de haricots noirs en pesos locaux dans des bouibouis quasi interdits aux voyageurs.

Et l'on pourrait poursuivre longtemps. Le double système perdure, dans les restaurants, les hôtels, les transports. Depuis la chute du mur au début des années 1990, non seulement le pays a vu son PIB chuter de 35 % mais en sus, les Américains ont encore renforcé l'embargo et les sanctions. Pas de nickel cubain, certes, mais pas non plus de voitures importées si elles ont eu le mauvais goût d'utiliser du nickel de l'île. Et toutes ces voitures à cheval si pittoresques sur les doubles voies à l'aube de l'année 2016..., elles traduisent aussi une réalité dramatique pour **un régime qui est entré dans une période très spéciale en 1990**, période qui l'a vu revenir à une agriculture de subsistance aux abords des villes, qui l'a vu abandonner nombre de ses transports, période de faim obsédante, période de manque, de néant. Un réalisateur de documentaire cubain : *"Lorsque j'étais petit, on ne me demandait pas si j'avais bien mangé mais si je m'étais bien rempli. Te llenasté?"*. Parce qu'à Cuba, les années 1990 résonnent comme un cauchemar général dont on trouve encore bien des fantômes aujourd'hui…

La voie du tourisme ?

Alors, oui, la libéralisation, oui les quelques bouffées d'air frais depuis le rétablissement des relations diplomatiques entre Barack Obama et Raul Castro en décembre 2014 mais envers et contre tout, un quotidien qui reste encore extrêmement difficile pour le peuple avec, à l'horizon, **une industrie touristique qui apparait de plus en plus comme le sésame pour avoir accès au CUC, la monnaie forte**, la clé vers tous ces avantages dont profitent déjà les voyageurs.

> **Lorsque j'étais petit, on ne me demandait pas si j'avais bien mangé mais si je m'étais bien rempli. Te llenasté?**

Depuis le début des années 2000, le secteur connait une croissance exponentielle (8% en moyenne), véritable moteur économique, seconde activité source de devises après l'exportation de service. **Chaque année, près de 3 millions de visiteurs se rendent à Cuba**. Un chiffre qui ne cesse d'augmenter et qui pose l'inévitable question des effets pervers ou plus vertueux d'une industrie bicéphale. Au-delà des problèmes de drogue et de prostitution tristement connus, au-delà de servir les intérêts de grands complexes paradisiaques (les fameux *Paraiso*), comment en faire en sorte pour que les devises voyageuses atteignent également les populations locales nécessiteuses et aident à la restauration d'un patrimoine qui trop souvent se meurt ?

> **Comment faire pour que les devises voyageuses atteignent également les populations locales nécessiteuses et aident à la restauration d'un patrimoine qui trop souvent se meurt ?**

Désenchantés, résignés, volontaires, ambitieux, optimistes parfois, les témoignages des cubains travaillant dans le tourisme sont à l'image des réalités du pays, un kaléidoscope complexe et contradictoire, où chaque génération est portée par sa propre histoire. **Carlos**, chauffeur, devrait être à la retraite, mais il a repris du service pour "Cuba Autrement", une agence réceptive qui lui permet d'arrondir ses fins de mois. Déçu du système, fatigué à force d'entendre depuis 50 ans que la situation va s'améliorer, **il signe le témoignage des désenchantés** : *"A l'époque, j'ai fait partie du parti révolutionnaire mais je ne crois plus en rien. J'ai vu le système de l'intérieur. On nous a promis des choses qui ne se sont jamais produites. On est toujours dans la même situation de pauvreté. Aujourd'hui, je n'ai plus d'espoir. Je travaille pour gagner un peu plus"*. Maykel n'y croit plus non plus, cela va trop lentement. Guide local à Camaguey, cet ingénieur informatique de 35 ans a fait une demande d'immigration pour partir au Québec avec sa famille. *"J'aime Cuba mais je* *ne peux plus attendre. J'ai besoin de me développer, de gagner plus d'argent. Ici, je n'ai pas d'avenir."* Et c'est le cas d'une grande partie de la **jeunesse cubaine qui, entre 20 et 30 ans, ne rêve que d'horizons lointains**, de fortune de l'autre côté des eaux.

Puis il y a ceux qui y croient toujours, ou qui ont fait le choix de **rester pour changer les choses de l'intérieur**. Liubov est professeur d'université à Santiago. A 42 ans, elle complète son salaire dérisoire par quelques "piges touristiques" : *"Ma génération, nous avons beaucoup de douleur. Chaque décision nous coûte. Jusqu'à 30 ans, je faisais partie des jeunesses socialistes puis je les ai quittées, et donc j'ai aussi souffert de la censure – on m'a empêché de sortir du pays pour mes idées. Je n'aurais jamais pensé travailler dans le tourisme mais je n'ai pas eu le choix. A l'université où j'enseigne la littérature, je ne gagne pas assez, mais je ne veux pas quitter mon poste, j'ai la responsabilité de former mes étudiants. Le tourisme me permet d'entretenir ma famille."* **Liubov a souffert mais ne veut pas abandonner son pays. Et c'est aussi le cas d'Alex, guide indépendant à Trinidad** : *"Mon rêve était d'être guide touristique et je suis heureux de l'avoir réalisé. Et j'ai confiance. Une fois que le blocus américain sera totalement levé, les choses iront de mieux en mieux pour Cuba, car comme 90% des gens ici, je suis persuadé que beaucoup de nos problèmes viennent de ce blocus inhumain qui nous empêche de vivre normalement. Mais je reste optimiste. Cuba restera Cuba, quoi qu'il arrive."*

"Solo la voluntad humana podra salvar el mundo"

Pour l'heure, les Cubains ont appris l'art de la débrouille, des combines, de l'entraide et de la solidarité aussi. Pour les biens courants, certains comptent sur les familles expatriées à l'étranger, mais tous n'ont pas cette chance. **Alors le tourisme ? Pourra-t-il aider l'île et ses habitants ?** Un fond ou une taxe sur les devises du tourisme pour financer la restauration du patrimoine ? Liubov : *"C'est impossible, nous n'avons pas d'outil législatif pour cela à Cuba."* Et pourtant, il y en a des choses à faire quand déjà, les spéculateurs de demain sont dans les starting-blocks. Et puis, à Cuba, rien ne se passe jamais vraiment comme on pourrait s'y attendre.

> **Seule la volonté du peuple pourra sauver le monde...**

Par exemple, si beaucoup prévoient déjà l'invasion des *"gringos"*, le futur pourrait surprendre et montrer que l'île a d'autres cartes à jouer, telle cette volonté de doper le tourisme chinois, signe que l'ouverture se fera aussi vers des pays amis que Cuba a tout intérêt de privilégier pour contrer l'influence américaine. En septembre 2014, un ambassadeur chinois en visite à La Havane prédisait *"une mer de chinois dans un futur proche"*. De fait, en décembre 2015, une ligne directe Pékin-La Havane a ouvert qui pourrait changer la donne. Sans compter 13 projets de complexes touristiques (dont un terrain de golf, des appartements, etc.) d'une valeur de 460 millions de dollars déjà entre les mains d'investisseurs chinois.

Alors, à Cuba, où tout est possible, on espère qu'au-delà des nouveaux investisseurs qui se bousculent, **un tourisme plus responsable et tourné vers le peuple se fraiera également un chemin pour aider au développement de l'île et de ses habitants**. Les projets, les idées ne manquent pas. Et l'élan non plus. Les Cubains sont surprenants de créativité. Toujours ils renaissent et réinventent. Mais il va falloir trouver le bon chemin. Sur la route. Aucune indication si ce n'est vers des futurs sublimés. *"Luchar contra lo impossible y vencer"*. On aimerait tellement y croire.

MEXIQUE

Tourisme responsable au Mexique: "Sortez des sentiers battus !"

Manuel Miroglio | 26 janvier 2013

***"Inviter le public parisien à connaître autrement le Mexique sous l'angle du tourisme responsable"*, tel était l'objectif que s'était fixé Manuel Miroglio, consultant et conférencier international en tourisme responsable, avec la participation d'Henry Rosemberg, fondateur d'Ecotours, spécialiste de l'écotourisme solidaire en Amérique Latine, au cours de la conférence thématique *"Tourisme responsable au Mexique : Sortez des sentiers battus !"* de juillet dernier.**

Impact environnemental du tourisme de masse

Après avoir projeté une vidéo sur le Mexique, Manuel Miroglio a introduit la notion de tourisme responsable en mentionnant les impacts socio-écologiques de cette industrie sans cheminée, précisant au passage la consommation environnementale d'un touriste. Selon le programme des Nations Unies pour l'environnement: *"Un terrain de golf en Thaïlande utilise 1,5 tonne d'engrais et autant d'eau que pour alimenter 60 000 habitants ; dans un hôtel de luxe avec golf, la quantité d'eau utilisée pour un client est équivalente à 16 fois le volume utilisé par un paysan pour cultiver son champs et nourrir sa famille ; un touriste en hôtel 5* consommerait 800 litres d'eau par jour quand un écotouriste en consomme en moyenne seulement 40 litres"*.

Puis sont montrés les effets de l'érosion du sable sur les plages de Cancun, et les travaux de ré-ensablement qui s'y effectuent régulièrement, conséquences des constructions hôtelières, des marées et de la fréquentation de 6 millions de touristes annuels. (...)

L'initiative exemplaire des Pueblos Mancomunados

Les Pueblos Mancomunados représentent une destination d'écotourisme communautaire de renommée internationale, située dans les montagnes de la Sierra Norte de Oaxaca. Un mode d'organisation communautaire basé sur une vieille tradition d'us et coutumes zapotèques, et une grande volonté collective, ont permis, avec l'aide de programmes d'appui spécifiques, de créer un projet modèle : 120 kms de sentiers à parcourir à pied, à cheval ou en VTT relient 8 villages zapotèques dans de somptueux paysages de brume, que l'on traverse intégralement en 8 jours.

> ***Un terrain de golf utilise 1,5 tonne d'engrais et autant d'eau que pour alimenter 60 000 habitants.***

Des cabanes de tout confort ont été construites pour accueillir les randonneurs dans les meilleures conditions. Les guides locaux sont des villageois qui travaillent à tour de rôle pour accompagner les touristes. Chaque village propose ses activités : excursions à pied, à cheval ou à VTT, tyrolienne, accrobranches, bain de vapeur préhispanique, atelier de préparation du pain traditionnel, festival du champignon, visite des cultures vivrières locales... Le respect de l'environnement se manifeste par l'usage d'écotechniques, le tri sélectif, un code d'éthique dans chaque village, une étroite surveillance des forêts... Les villageois se forment régulièrement, les centres écotouristiques détiennent leur certificat officiel de qualité touristique, répondant aux exigences des écotouristes tant nationaux qu'internationaux. Ils possèdent de solides connaissances sur l'histoire locale et leurs ressources naturelles qu'ils partagent volontiers avec leurs hôtes.

Aujourd'hui, 80 familles bénéficient des retombées de ce projet, qui leur apporte la moitié de leurs revenus. Les visiteurs sont pour moitié étrangers, moitié nationaux. Les *Pueblos Mancomunados* ont reçu de nombreux prix, notamment l'Ecotourism Award de la prestigieuse revue de voyages Conde Nast Traveler en 2002 et le Prix de l'écotourisme communautaire de l'Expo Aventura y Ecoturismo de Mexico city pendant deux années consécutives. Sierra Norte Expediciones, leur agence à Oaxaca, a été créée pour renseigner les touristes sur les excursions à faire sur place.

Ile de Yunuen, un havre de paix sur le Lac de Patzcuaro

Sur le lac de Patzcuaro (Etat de Michoacan) se trouvent quatre îles, dont Janitzio, connue pour sa traditionnelle Fête des morts. La plus petite d'entre elles, Yunuen, porte le nom d'une princesse purépecha.

> **Un touriste en hôtel 5 étoiles consommerait 800 litres d'eau par jour quand un écotouriste en consomme 40 litres en moyenne.**

Dans les années 90, le nombre de pêcheurs bondît de 1 200 à 2 000, entraînant une raréfaction des réserves de poissons et une émigration massive vers les villes. Se posa alors la question de la survie pour les pêcheurs. Un premier appui du Programme des Nations Unies suivi d'un second de l'Institut National Indigène, impulsa alors un projet écotouristique. Dès 1996, une coopérative fut créée puis les premières cabanes traditionnelles... Impacts sociaux : 24 emplois fixes créés (jardiniers, cuisiniers, serveurs, femmes de chambre, administrateurs). Les femmes participent au processus de décision. 90 habitants de tous âges sont impliqués dans le projet. Aujourd'hui, 60% des visiteurs sont nationaux, 35% sont régionaux et seulement 5% étrangers. Les cabanes sont harmonieusement construites sur la crête de l'île. Un restaurant offre une magnifique

vue panoramique sur le lac de Patzcuaro. Parmi les activités proposées : tour de l'île en pédalo, observation d'oiseaux migrateurs, sorties en barque sur le lac, ballades nocturnes, déjeuners typiques chez l'habitant.

Des communautés purépechas entreprenantes

Patzingo, à proximité du volcan Paricutín (le plus jeune volcan de l'histoire né en 1943) est une autre destination écotouristique d'intérêt du Michoacan. La communauté Purépecha de San Juan Nuevo Parangaricutiro dont le village fut originellement détruit par l'éruption du volcan est l'une des mieux organisées au niveau national. Elle eut l'idée de créer des entreprises en lien avec leur ressource environnante, l'abondante forêt de pins : vingt entreprises communautaires (scierie, fabrique de meubles, fabrique de résine, unité d'embouteillage d'eau, centre écotouristique...) employant 950 "comuneros" purépechas fondées autour de l'exploitation durable de la forêt. Leur pépinière produit annuellement 1,5 millions de plants d'arbres. Ce modèle d'organisation a été dupliqué dans les états de Oaxaca, de Chihuahua et du Chiapas. Une soixantaine de communautés mexicaines visite le projet chaque année pour s'en inspirer.

Le centre écotouristique de Patzingo accueille les visiteurs dans d'agréables cabanes fonctionnant aux énergies renouvelables. Ces derniers peuvent se lancer sur la tyrolienne de 300 m de long, pratiquer le rappel, jouer au gotcha, observer les cerfs en semi-liberté, participer à des randonnées guidées au volcan et aux ruines de San Juan Parangaricutiro enseveli... Aujourd'hui, le centre écotouristique reçoit entre 300 et 400 personnes par mois et emploie 12 personnes. L'organisation communautaire, la recherche de fonds d'appui, l'obtention de la certification internationale de gestion durable des forêts, *Forest Stewardship Council* et du système de qualité touristique Moderniza ainsi que le respect de l'environnement ont été les clefs de ce succès.

COSTA RICA

Français du Costa Rica

Jérôme Bourgine | 24 avril 2017 – pour TV5MONDE – portail partenaire

En moins de deux décennies, le Costa Rica est devenu LA destination Nature de la planète. Au-delà du seul succès touristique, ce pays qui a choisi d'inscrire l'écologie dans sa constitution séduit sur le long terme un nombre de plus en plus important d'expatriés en quête d'une "autre vie", plus naturelle et épanouissante.

"Le Costa Rica, pays de la pura vida ("la vie pure"), est une destination qui vous change profondément et vous cause un électrochoc", explique Julien Faliu, le fondateur d'expat.com, devenu avec les années spécialiste des Français de l'étranger. Le mode de vie Costaricain, basé sur la proximité avec la nature et le respect de l'écologie au quotidien, séduit de plus en plus d'expatriés, entrepreneurs et retraités notamment, tous en quête de changements profonds dans leur mode de vie et qui, ayant rêvé de "se mettre au vert", trouvent dans ce pays les conditions idéales pour le faire.

"La Nature ET les habitants !"

Sur les 2,7 millions de visiteurs internationaux que reçoit le Costa Rica chaque année, 60 000 sont des Français. Ils constituent la première clientèle européenne du pays et - signe révélateur - Air France a mis en service l'an passé un double vol hebdomadaire à destination de la capitale San José. Si les Français ne sont pas encore légion à venir s'installer dans le pays, leur nombre est quand même passé de quelques centaines à 2 600 aujourd'hui. Attirés par quoi ? Nous l'avons demandé à deux couples qui en ont fait leur patrie d'élection.

Anne, Pierre et l'équipe de l'agence. Un pays décontracté, on vous dit

"Nous sommes venus au Costa Rica à un moment où nous étions en plein questionnement personnel, racontent Anne et Pierre Jolivet. Dirigeant, en France, une petite entreprise avec tous les tracas que cela implique, nous étions venus uniquement pour nous chan-

ger les idées, mais nous avons ressenti un tel coup de cœur pour la nature et la population du pays que nous avons commencé à regarder s'il n'y avait pas moyen d'entreprendre dans ce pays. Séduits par l'amabilité, la politesse et le sens du service des gens que nous contactions, nous avons décidé de tout lâcher pour tenter notre chance ici..."

Après une expérience malheureuse de quelques mois dans l'hôtellerie, Anne et Pierre décident d'ouvrir une agence de voyages à destination des Français. Succès. Après plusieurs années passées sur place, ils sont désormais plus à même d'analyser les atouts du pays.

Costa Rica, un pays qui a plus d'un atout à faire valoir

"La vie quotidienne, est parfaitement à la hauteur de ce que chacun peut espérer du pays de la Pura Vida. Nous avions envie de donner une ambiance familiale à notre agence de voyage : Costa Rica Découverte, et le pays s'y prête parfaitement, nous prenons nos repas tous ensemble le midi et tenons certaines réunions dans des conditions aussi difficiles qu'au restaurant ou à la plage ! Néanmoins, la vie ici est chère et on ne peut compter que sur ses propres ressources. Il faut donc avoir un vrai projet de vie, solidement étayé, mais aussi quelques réserves financières et une pratique courante de l'espagnol avant de se lancer dans l'aventure d'une expatriation. Cela dit, la douceur du climat et de la vie quotidienne, tout en simplicité et paix, sont des trésors qu'on ne quitterait plus pour rien au monde".

"Tellement moins de stress !"

Même son de cloche auprès de Didier qui a ouvert un B&B, le Tiriguro Lodge, dans la petite ville de San Mateo, dans un coin très paisible du pays où il s'est installé en famille avec sa fille de 5 ans. *"Nous sommes venus ici en vacances et avons été si impressionnés par la diversité de la faune et de la flore que nous sommes revenus deux fois encore, séduits de nouveau par cette beauté et l'extrême gentillesse des "Ticos". Sans idée préconçue, mais lorsque l'activité que nous menions en France s'est interrompue en 2010, nous obligeant à changer de vie, nous nous sommes dit : et pourquoi pas le Costa Rica ? Il y règne une certaine sécurité au niveau des investissements ainsi qu'une bonne stabilité politique et le pays ne possède pas d'armée, ce qui nous a plu. Nous avons un peu galéré au début du fait de notre espagnol vraiment basique, mais le climat a compensé dans tous les sens du terme, climat physique (on est en short toute l'année) et humain. Les Costariciens sont tellement plus détendus que les Français ! C'est vraiment la différence majeure, cette tranquillité, que nous avons commencé à apprécier dès notre phase d'adaptation terminée."*

CANADA

10 conseils aux voyageurs responsables pour venir au Canada

Mélanie Darrieumerlou | 17 août 2017

Le Canada, cet immense territoire richissime en merveilles naturelles est à découvrir et redécouvrir au gré des saisons et de ses envies. Connu pour ses grandes forêts aux couleurs envoûtantes, ses lacs scintillants et son succulent sirop d'érable, sa population accueillante participent également au charme du pays. Le Canada c'est aussi 3 grandes villes à découvrir, Montréal, ville élégante, multiculturelle et apaisante, Toronto, terre des Yankee et Vancouver si singulière où la nature se mêle gracieusement au dynamisme citadin. Si vous souhaitez profiter de votre traversée dans ces immenses contrées pour vous enrichir au contact des populations, voici quelques conseils pour vous aider à préparer votre voyage.

Effectuer sa demande d'AVE (Autorisation de Voyage Electronique)

Depuis le 15 Mars 2016, le passeport n'est plus suffisant pour se rendre au Canada. Il faut faire une demande d'Autorisation de Voyage Electronique (AVE) comme pour les Etats-Unis.

Prendre connaissance de la diversité des langues

Pays multilingue, au Canada, on parle l'anglais et le français qui sont les 2 langues officielles mais ne pas oublier les 53 langues des minorités.

Se renseigner sur le pays et ses particularités

Deuxième plus grand pays au monde de par sa superficie, près de 89% du Canada n'est pas habité par une population permanente, un record mondial qui en fait le pays aux grands espaces vierges. Il est aussi important de comprendre le rôle de la France dans l'histoire du Québec

Choisir la bonne période pour partir

Sur ce vaste territoire, le climat varie fortement entre le point le plus au sud situé à la même latitude que Rome et le froid polaire de l'Arctique.

> *Il y a un ministère appelé "Environnement Canada" qui a pour mission de protéger et d'améliorer la qualité du milieu naturel, de sauvegarder les ressources renouvelables...*

Circuler selon vos envies

Malgré l'immensité du territoire, il est facile de se déplacer au Canada. Selon la région dans laquelle vous prévoyez de séjourner, les moyens de transport ne manquent pas, la voiture, les bus, les trains, les bateaux, les vélos... Prenez votre temps, les transports font aussi partie du voyage et c'est souvent l'occasion de rencontrer les locaux ou d'échanger avec d'autres voyageurs sur leur expérience.

Respecter l'environnement

Deuxième plus vaste pays au monde, le Canada abrite une nature grandiose : les plaines des Grands Lacs et du Saint-Laurent, la chaîne des Appalaches, la forêt boréale du Bouclier canadien, les grandes plaines de l'Alberta ou la Cordillère canadienne font entre autres la richesse environnementale du pays. Il y a d'ailleurs un ministère appelé "Environnement Canada" qui a pour mission de protéger et d'améliorer la qualité du milieu naturel, de sauvegarder les ressources renouvelables… Le tourisme étant l'une des plus grandes ressources nationales, l'éco-tourisme s'est tout naturellement développé.

Parcs nationaux

Pour préserver les sites naturels, de nombreux parcs nationaux, ouverts au public, ont été créés. La province de l'Ontario dispose ainsi de plus de 200 000 lacs, le parc provincial d'Algonquin abrite des forêts de pins, d'érables et de chênes et protège une faune variée de loups, cerfs de Virginie ou d'orignaux. Quelques conseils valables dans tous les pays : N'arrachez pas les fleurs ou les plantes dans la nature, ne jetez pas vos déchets mais conservez-les pour vous en débarrasser ensuite, évitez d'utiliser de l'eau embouteillée et ne donnez pas à manger aux animaux.

Enfin, **l'éco-tourisme est très développé au Quebec comme dans le reste du Canada** et les certifications et labels comme la certification Reser-vert pour des hôteliers québécois sont très répandus.

L'écotourisme en Inde : protection des tigres et des communautés rurales indiennes

Julian Matthews (TOFT) - Guillaume Cromer (traduction) | 15 juillet 2009

Lors d'une récente rencontre, l'éminent scientifique spécialiste des tigres Dr. Raghu Chandawat a noté qu'au sein de la renommée zone touristique de Bandhavgarh, la réserve de tigres dans le Madhya Pradesh a dénombré une plus grande densité de tigres sauvages, ce qu'il n'aurait jamais imaginé possible dans une région aussi petite. Cela pose la question suivante *"le tourisme est-il vraiment intéressant pour protéger les tigres ?"*.

Le fait est qu'aujourd'hui, les parcs avec à la fois des tigres et du tourisme possèdent la plus grande densité de tigres en Inde. Le tourisme a un impact significatif sur :

- la prévention du surpâturage, dissuadant les coupeurs de bois et les braconniers,
- la perception du statut d'un parc (investisseurs locaux, nationaux ou internationaux).

> ***Dans un pays en développement comme l'Afrique du Sud, le budget annuel des parcs nationaux est couvert à 76% par le tourisme.***

En outre, le tourisme renforce la motivation et la qualité des gardes forestiers et des équipes, alors que les guides naturalistes, les visiteurs et les propriétaires hôteliers se sentent plus concernés de "leur" précieuse ressource faunique.

La campagne Tour Operator for Tigers (TOFT)

Fondée en 2004 par un groupe de tour-opérateurs, la campagne vise à accorder au tourisme un rôle plus actif dans la conservation. Les objectifs de TOFT sont de diffuser les meilleures pratiques en matière de tourisme et de redistribution des recettes directes et indirectes et les aider à gérer plus efficacement leurs expériences. Elle vise aussi à changer les moyens de subsistance par le biais de l'écotourisme pour sauvegarder les habitats de la forêt en Inde.

Une valeur pour les espaces sauvages

En Afrique du Sud, le tourisme en milieu sauvage est générateur de 32 $ par hectare et par an, alors que les terres agricoles ne génèrent que 8 $ par hectare et par an *(note : 6,5 $ par an sont utilisés pour la conservation de chaque hectare d'habitat du tigre dans toute l'Asie)*. En outre, dans un pays en développement comme l'Afrique du Sud, le budget annuel des parcs nationaux est couvert à 76% par le tourisme. En comparaison, en Inde, les frais de tourisme et les entrées des parcs ne couvrent d'un dixième des budgets annuels.

Guayapi, l'équitable de l'Amérique au Sri Lanka

Chloe Goudenhooft | 30 août 2017

Guayapi est une société d'importation de produits nobles d'Amérique du sud. Sa vocation est à la fois de valoriser des super-aliments traditionnels de différentes communautés, mais aussi d'offrir à ces dernières un moyen de subsistance respectueux de leurs cultures et de leur environnement. Lancée en 1990 par Claudie Ravel, elle a été dupliquée cinq ans plus tard au Sri Lanka, pour exporter cette fois les dérivés de fruits et de plantes de l'île. L'expérience sri-lankaise a donné lieu à une activité d'eco-tourisme.

Valoriser le produit des terres reculées et le travail des hommes

Telle est la mission de Guayapi, société spécialisée dans l'importation de produits issus de la cueillette selon les principes du commerce équitable. Créée par Claudie Ravel, elle est le fruit de multiples voyages et de rencontres. Tout commence à la fin des années 1980. Lors d'un voyage en Amazonie, la Française prend connaissance du warana*, un super-aliment** utilisé par la tribu des Sateré Mawé qui le considère comme sacré. *"Je trouvais le produit extrêmement intéressant,* explique-t-elle. *Il n'existait pas en Europe."* Bernard Touati, un ami docteur en médecine et pédopsychiatre, qui a étudié la nutrition, fait des recherches sur les qualités de la plante. Grâce à l'aide d'experts, le projet est lancé.

Claudie Ravel se confronte alors à une bataille juridique pour savoir comment vendre le produit sur le marché européen. *"Lorsque la société est lancée, le statut des plantes est "alimentaire", au même titre que les carottes, par exemple. La réglementation française ne laissait que très peu de choix,* raconte la fondatrice. *J'ai toujours qualifié ces plantes "d''aliments plus" pour leurs apports en minéraux et vitamines importants. Avec onze autres sociétés, nous avons créé l'UPSNB (l'Union professionnelle des suppléments nutritionnels et botaniques) et nous avons participé à la réglementation des "compléments alimentaires" qui devait donner un statut à ces plantes. Nous avons ensuite rédigé la définition de ce terme qui a été adoptée en 1997. Depuis, nos plantes sont vendues comme compléments alimentaires."*

La question de l'éthique

Guayapi est lancé en 1990 comme exportateur de produits naturels. Il s'agit principalement de plantes transformées sous forme de poudres à incorporer dans l'alimentation. Les matières premières sont cueillies par les populations locales au sein d'écosystèmes préservés, sans recours aux produits chimiques. Mais l'objectif de Claudie Ravel ne se limite pas au partage de ces bienfaits de la nature. Dès le départ, elle fait de son entreprise un projet équitable avec les indiens Sateré Mawé, qui récoltent cette plante. Ce peuple du Brésil a créé un Conseil général de la tribu Satéré Mawé (CGTSM) pour préserver son identité, sa culture et son territoire. Des partenariats comme celui réalisé avec Guayapi lui permettent de générer des revenus tout en conservant son indépendance. *"Alors qu'ils n'étaient que 6 000 en 1995, ils sont environ 16 000 aujourd'hui."*

Sirop de kitul

Le travail de sourcing de Guayapi s'étend par la suite à d'autres contrées américaines comme le Pérou. Une trentaine de plantes et de fruits issus du continent sont commercialisés sous 115 références. L'aventure a également traversé les océans. *"Le premier employé à temps plein de Guayapi,*

Shelley Abeyagoonesekera, est sri-lankais, raconte Claudie Ravel. *C'était un réfugié arrivé en France en 1989. On me l'a recommandé pour son sérieux."* Cette rencontre pousse l'entrepreneuse à s'intéresser au pays. *"Le Docteur Touati a mis en évidence l'aspect anti-cancérogène du thé vert, présent dans le pays. Du Sri- Lanka, nous avons donc décidé d'importer du thé, mais aussi des épices et du café de petits producteurs",* explique Claudie Ravel.

Des partenariats comme celui réalisé avec Guayapi permettent à ces peuples de réaliser des revenus tout en conservant leur indépendance.

Mais un autre produit va intéresser d'avantage l'entrepreneuse. *"Depuis son enfance, Shelley consomme un aliment traditionnel appelé la sève de kitul, nous sommes allés le déguster et avons décidé de le commercialiser."* Ce sucre alternatif naturel est produit par la sève d'un palmier local cuite au feu de bois. Une société d'exportation, appelée Guayapi Lanka, est créée en 1995 pour vendre ce sirop, mais aussi la cannelle et d'autres épices et produits locaux. Shelley Abeyagoonesekera, directeur logistique, achats et approvisionnement à Paris, devient managing director de la structure Sri Lankaise. La société installe son siège social sur une ancienne plantation de thé rachetée par Claudie Ravel dans les années 1990 et appelée Maussawa Estate. Ce terrain de 20 hectares a été transformé en forêt grâce à l'expérience de Ranil Senanayake, docteur en écologie des systèmes et fondateur du concept de foresterie analogue. Une jungle est alors reconstituée en conformité avec la constitution du sol, de l'altitude et des besoins de cohabitation entre les plantes pour recréer une biodiversité équilibrée et naturelle. Les habitants d'Halpula, le village voisin, sont intégrés à ce projet, toujours selon le principe de défense des peuples indigènes.

Activités éco-touristiques

Aujourd'hui, la PME exporte aussi des dérivés d'une trentaine de produits sri-lankais (coco, farine et grains de kukaran, un riz rouge sri-lankais). Les recettes utilisées pour la préparation résultent du savoir ancestral de Kusuma, une habitante du village devenue "manager" de production. Le sirop de kitul a, quant à lui, été élu arche du goût par l'association Slow Food***. **21 personnes du village et de ses environs travaillent en permanence à l'entretien de cette forêt-jardin et à la gestion du lieu**. 31 agriculteurs s'ajoutent à cette équipe pour répondre à la demande en matière de coco et de sirop. Depuis 2000, **Ecolanka, qui devient une société d'éco-tourisme** l'année suivante, a été lancée sur le site de la forêt-jardin de Guayapi Lanka. Un premier projet d'éco-touristisme avait été mis sur pied en 1999 au Brésil par les Indiens Sateré Mawé, au sein du site de "Vinte Quilos". Il s'adresse aux touristes et autres visiteurs curieux des activités et de la culture de ce peuple.

MONGOLIE

Partager la vie des nomades mongols avec Nomad Planet

Geneviève Clastres | 25 avril 2012

Nomad Planet a été créé en 2007. Agence locale basée à Oulan Bator, elle est le produit d'une histoire familiale : deux frères et leur sœur ont associé leurs compétences pour faire partager leur passion du nomadisme et de la Mongolie. Munkhe, l'aîné, vit en France depuis sept ans. Nous l'avons rencontré afin de comprendre comment s'inscrit l'action de Planet Nomad dans la volonté d'un tourisme plus équitable pour l'environnement mongol et ses populations nomades.

VA : Comment est née l'idée de Nomad Planet ?

Je suis originaire de l'est de la Mongolie, précisément du Dariganga, mais j'ai fait une partie de mes études (commerce international) à Canton, en Chine du sud. Là bas, j'ai eu l'occasion de rencontrer beaucoup d'étudiants étrangers s'intéressant à la Mongolie et me demandant des conseils. Puis, une fois en France, j'ai encore été frappé par l'intérêt suscité par mon pays. Mon petit frère faisait alors des études de tourisme

Des épisodes de plus en plus fréquents d'"Airpocalypse"

Dans les grandes villes du nord, ce sont surtout les épisodes d'airpocalypse qui ont retenu l'attention du grand public. A Paris, la mise en place de la circulation alternée est décrétée lorsque l'indice de pollution atteint les 120/130 PM alors qu'à Pékin, il n'est pas rare d'avoir des journées à 450 voire 500 PM, avec les impacts sur la santé publique que l'on imagine. Au départ réticent à communiquer des données, le gouvernement chinois a été obligé de suivre lorsque l'ambassade des Etats-Unis a commencé à publier des bulletins quotidiens sur les émissions de particules fines.

Depuis 2013, la Chine est devenue le pays où l'on publie le plus d'informations sur la pollution de l'air, de nombreuses applications existent pour les téléphones portables et l'on peut avoir en temps réel le niveau de pollution des villes. Entre 2008 et 2015, on ne comptait que 52 jours d'air correct répondant aux normes de l'OMS, soit 2% du temps passé… En outre, la pollution de l'air n'est pas uniquement dû au CO_2 mais à bien d'autres polluants aux effets peu connus, telle la pollution intérieure provoquée par les composants chimiques des matériaux de construction.

Comment en est-on arrivé là ?

Si le constat dressé par Jean-François Huchet est sans appel sur la gravité de la situation, il n'est pas non plus sans causes. L'économiste relève plusieurs facteurs qui ont mené à cette crise et parmi eux, la démographie, souvent oubliée des analyses. Or l'on sait que la Chine a connu un doublement de sa population entre 1949 et 1980, avec forcément pour effet induit une empreinte environnementale beaucoup plus forte. Difficile de réfléchir de manière relative dans un pays aussi vaste que dix-huit France, où l'effet de masse démultiplie la moindre problématique.

Autre facteur pointé dans l'ouvrage, le fonctionnement de l'économie politique chinoise au niveau local, qui a laissé une très forte latitude aux cadres locaux avec la reproduction à l'infini de tissus industriels complets (8 000 cimentiers, 150 producteurs de sidérurgie, etc.) pour des raisons à la fois fiscales, de clientélisme, d'image… Un chiffre à lui seul illustre ces excès : entre 2011 et 2013, la Chine a utilisé plus de ciment que les USA au 20e siècle. Or, les cimentiers représentent 4% des émissions de CO_2 au monde…

Enfin, Jean-François Huchet revient longuement sur le modèle économique national qui, dès 1949 avec Mao puis en 1978 avec Deng Xiaoping, a fait du charbon la solution au besoin d'énergie pour l'industrialisation du pays, une addiction qui perdure encore aujourd'hui, avec 14 000 centrales thermiques au charbon. Des provinces comme le Shandong en brûlent plus que l'Allemagne. Et la Chine possédant la 3e réserve de charbon au monde, ce modèle n'est pas prêt de s'arrêter s'il n'existe pas de volonté politique forte…

Quelles réponses, quelles politiques publiques ?

De plus en plus pressé par une société civile qui commence à s'organiser et à faire entendre sa voix, notamment dans les villes où les derniers épisodes d'Airpocalypse ont donné lieu à plusieurs manifestations, le gouvernement chinois a été obligé de prendre le problème à bras le corps.

Toutefois, la mobilisation reste récente. Ainsi, la création d'un ministère de la Protection de l'Environnement a moins de dix ans. En 2015, de nouvelles lois sont passées. Elles consacrent le principe du "pollueur-payeur" mais leur application reste problématique. On ferme encore trop souvent les yeux au niveau local en se contentant de semi-solutions : fermetures d'écoles et interdiction de faire du sport quand l'air devient irrespirable, par exemple. L'état de loi émerge mais l'état de droit se fait attendre…

> **“ *La création d'un ministère de la Protection de l'Environnement a moins de dix ans.***

L'autre réponse consiste à investir massivement dans les énergies renouvelables, l'effet de masse permet des économies d'échelle qui favorisent la transition. Ainsi, en quelques années, la Chine est devenue un véritable laboratoire pour les énergies vertes et les industriels du monde entier essaient d'y être présents.

4

L'EXPLOSION DES LABELS ET DES MARQUES

A la fois gage de sérieux et d'engagement, les labels ont aussi leurs détracteurs. Trop chers, pas adaptés au produit, trop restrictifs voire contraignants, ne laissant pas assez la créativité s'exprimer, incompréhensibles du grand public, etc. Et pourtant, il y en a des labels, des marques, des normes, des chartes... tant et tant que le consommateur finit effectivement par s'y perdre. Reste aussi à analyser ce qu'on leur demande, être des outils au service de la qualité ou en faveur d'une future vitrine verte ? Les deux n'étant pas toujours incompatibles... Le tourisme durable doit-il alors forcément passer par les labels ou les marques pour se développer ? Vaste débat...

Une forêt de labels

> Hébergeurs, restaurateurs, sites, transporteurs, professionnels, qui n'a pas aujourd'hui sa marque ou son label pour se distinguer et distinguer son action ? Récemment, le monde du spa et du bien être a franchi à son tour le pas. Un label, c'est à la fois un outil qui va aider à trouver des marges de progression vertueuses dans des secteurs aussi divers que l'environnement, le social, l'économique, le bâti… mais aussi un étendard qui permet de rassembler les salariés d'une même entreprise dans un projet commun aux valeurs fortes qui pourra ensuite se répercuter en discours client et en argument marketing. Evidemment, il y a pléthore de labels, des degrés d'engagements très divers, une perception encore très grossière de la clientèle et un marché parfois juteux pour ceux qui s'en font les plus âpres défenseurs.

Label Tourisme et Handicap

Sébastien Athané | 19 mars 2008

Créé en 2001 par le Ministère délégué au Tourisme, le label "Tourisme et Handicap" permet de donner aux personnes handicapées une information fiable, homogène et objective sur l'accessibilité des sites et des équipements touristiques en France, et ce pour les quatre grands types de handicap.

Catégories de produits labellisés avec le label Tourisme et handicap

Tous les types d'hébergements :
Hôtels, villages de vacances, maisons familiales, chambres d'hôtes, centres d'accueil de jeunes, auberges de jeunesse, résidences de tourisme, locations de meublés et de gîtes, campings, …

Les établissements de restauration :
Restaurants, bars, brasseries, fermes auberges, crêperies…

Sites touristiques :
Monuments, musées, salles d'exposition, châteaux, sites remarquables, jardins…

L'ensemble des sites de loisirs :
Parcs à thèmes, salles de spectacles, équipements sportifs et récréatifs, piscines et équipements balnéaires, bases de loisirs, salles de sports…

Handiplage : un label pour l'accessibilité des plages :
Handiplage apporte une information fiable et objective de l'accessibilité des plages en tenant compte de tous les types de handicaps, il développe également une offre touristique au niveau des plages.

Les critères d'accessibilité

Le logo "Tourisme et Handicap" a pour objectif d'apporter une information fiable, descriptive et objective de l'accessibilité des sites et équipements touristiques en tenant compte de tous les handicaps. Il vise également à développer une offre touristique adaptée et intégrée à l'offre généraliste. Le cahier des charges et la grille d'évaluation sont spécifiques au type de structures (hébergement, restauration, sites, loisirs). Ils précisent l'ensemble des critères d'accessibilité et de prestations, certains indispensables et obligatoires, d'autres conseillés ou recommandés dans le cadre d'une démarche qualité.

Le diagnostic établi, la commission régionale de concertation du label examine le rapport motivé des évaluateurs en tenant compte non seulement de la réglementation mais aussi d'une approche humaine et de bon sens. Il s'agira en effet de prendre en compte des situations spécifiques dans un environnement donné, sans négliger d'éventuels services ou accompagnements substitutifs qui permettent de garantir aux personnes handicapées, un maximum d'autonomie sur le lieu de loisirs. La composition paritaire des évaluateurs et de la commission régionale est un atout pour atteindre cet objectif.

> ***Pour un touriste handicapé, le label Tourisme et Handicap constitue la preuve de l'engagement concret ainsi que la garantie d'un accueil efficace et adapté.***

La certification

Le label apporte la garantie d'un accueil efficace et adapté aux besoins indispensables des personnes handicapées. Les conditions d'attribution du label ont été formalisées par le ministère délégué au tourisme qui a confié à l'association "Tourisme et Handicaps" la mission d'aider concrètement à sa mise en place. Les documents utilisés pour l'évaluation qui précède la labellisation ont été élaborés en concertation entre les associations de prestataires du tourisme et les représentants des personnes handicapées.

Cap France – Des vacances détente à la mer, sportives à la montagne ou découverte à la campagne

Sébastien Athané | 15 juillet 2009

Cap France est une fédération de villages vacances. Elle regroupe des associations de tourisme social indépendantes, 106 villages vacances répartis sur toute la France : 30 villages vacances à la mer, 38 villages vacances à la montagne et 38 villages vacances à la campagne… Le séjour tout compris inclut la pension complète, la demi pension ou la location, l'accès aux équipements de loisirs, les activités organisées par le village et les animations adultes et enfants. Tous les villages Cap France s'engagent à respecter une charte qualité qui garantit un niveau et une qualité de prestation.

Chouette Nature : Cap France s'engage pour un tourisme durable
Conscient de l'impact environnemental et social induit par l'activité touristique, Cap France a développé en 2005 le label Chouette Nature, le 1er label de tourisme durable. 49 villages du réseau sont labellisés Chouette Nature et garantissent des vacances plus respectueuses de la nature et des hommes.

Pour un touriste handicapé, le label Tourisme et Handicap constitue la preuve de l'engagement concret ainsi que la garantie d'un accueil efficace et adapté. Le logo, apposé à l'entrée des sites, établissements et équipements touristiques et sur tous les documents renseigne les personnes handicapées de façon fiable, homogène et objective sur l'accessibilité en fonction du handicap (moteur, visuel, auditif et mental) grâce à quatre pictogrammes. Le label Tourisme et Handicap favorise l'émergence de services touristiques ouverts à tous, et garantit à tous les touristes handicapés un accès à l'information leur permettant un maximum d'autonomie.

Les professionnels acteurs du développement de la filière

Le label est aussi un moyen de sensibiliser les professionnels du tourisme à l'accueil des personnes handicapées grâce aux unions professionnelles mais aussi par l'intermédiaire du réseau français d'institutionnels du tourisme (office de tourisme, syndicat d'initiative, comité départemental et régional du tourisme). L'association Tourisme et Handicap s'y emploie en permanence. Pour les professionnels du tourisme, c'est un avantage concurrentiel. Tous ceux qui ont demandé à être labellisés s'affirment en effet comme des acteurs et des ambassadeurs de l'accueil du public handicapé.

Hôtels au Naturel – Vacances nature sur des territoires d'exception

Romain Vallon | 1er avril 2008

La démarche engagée en 1998 à l'initiative d'hôteliers engagés et précurseurs en matière de développement durable fédère aujourd'hui 21 Hôtels (dits au Naturel). Le groupement a pour objectif de valoriser les établissements implantés dans des sites privilégiés adaptés au tourisme de nature et de découverte dans des territoires d'exception tels les Parcs nationaux, futurs Parcs, les zones limitrophes et prolongements de toutes les terres et tous les territoires d'exception... L'ensemble des critères est disponible sur le document présentant la démarche Hôtels au Naturel (2 étoiles minimum, des bâtiments intégrés dans leur environnement, des activités éco-responsables simples, des ambassadeurs de leur territoire).

Choisir un hébergement touristique engagé

C'est d'une manière chaleureuse et personnalisée que votre hôtelier vous ouvre ses portes. Vous trouverez dans chaque Hôtel au Naturel un personnel formé et compétent, qui vous aide à découvrir les richesses patrimoniales de son territoire. Une documentation complète est également à votre disposition pour vous informer quant aux sites touristiques à visiter, aux randonnées qui valent le détour. Et bien sûr, l'hôtelier au naturel sera ravi de vous faciliter vos déplacements ou de vous guider à travers cette région qui lui est chère.

L'environnement au naturel

Adhérer au groupement *"Hôtels au Naturel"*, c'est avoir un souci constant du respect de l'environnement, de la préservation et valorisation de son territoire. Dans chaque établissement, on veille à modérer les consommations d'énergie, on utilise des énergies renouvelables, on surveille les gaspillages d'eau ou de papier, et on utilise des produits non nuisibles à l'environnement. L'Hôtelier au Naturel assure une bonne gestion des déchets, et préserve le visiteur de toute nuisance sonore...

L'Hôtel au Naturel

Le groupement des Hôtels au Naturel a également été lauréat des Trophées du Tourisme Responsable 2009 – catégorie Hébergement Responsable Grandes structures – organisés par Voyages-sncf.com et ses partenaires.

Les Gîtes Panda, des hébergements labellisés WWF

Sébastien Répeto | 7 avril 2011

Le label Gîte Panda est attribué par WWF à une sélection d'hébergements situés dans des Parcs naturels régionaux et nationaux. Le but est de récompenser la démarche écologique et environnementale de l'enseigne. Chaque gîte labellisé se situe à proximité de sentiers de randonnée. Les hébergeurs tiennent à la disposition du public des outils de sensibilisation à l'environnement local afin de découvrir ces sites protégés et de mieux les comprendre.

Saïd Marghadi : la clé (Verte) des montagnes berbères

Geneviève Clastres | 22 juin 2012

Saïd a coutume de dire que sa vie a été guidée par des rencontres. Et c'est vrai. De rencontres en rencontres, ce fils berbère s'est forgé un destin, devenant tour à tour étudiant, guide de haute montagne et créant finalement son ecolodge, le tout en jonglant entre France, Maroc et montagnes d'Afrique de l'Est. Rencontre avec un homme sensible et sincère.

Pourquoi avoir choisi le label Clé Verte pour ton ecolodge Touda ?

Le label Clé Verte est originaire des Pays-Bas. **J'ai été intéressé par son approche environnementale, notamment sur l'eau, la collecte des déchets, le solaire**. En France, se faire labelliser coûte 250 € mais au Maroc, une partie de cette somme est prise en charge par une fondation de la sœur du Roi. Pour être labellisé, j'ai dû monter un dossier (à refaire chaque année), et suite à cela, j'ai reçu la visite des responsables du label. Je leur ai expliqué notre démarche. **Ici, on trie tout ce qui est possible d'être trié**. On fait aussi attention, à l'eau, à l'électricité, avec un équipement adapté, un toit végétal. L'hiver, on se chauffe principalement avec la cheminée et un chauffage d'appoint au gaz. **Contrairement à ce que l'on croit, l'écologique n'est pas cher**. Toutefois, au-delà des labels, notre démarche est surtout une démarche pensée. Etre estampillé Clé Verte ne m'apportera pas plus de clients, en revanche, au niveau personnel, cela m'a permis de voir si notre maison d'hôtes pouvait répondre aux contraintes d'un label. C'est une façon de se frotter à la réalité. Mais, dès le départ, j'ai souhaité créer un lieu de rencontres culturelles, un endroit où culture et environnement se fondent harmonieusement.

C'est un aussi un projet berbère pour les Berbères ?

Quelque part oui. Je cherche la continuité de notre culture : faire travailler les gens de la vallée pour qu'ils ne migrent pas ; valoriser les savoir-faire des artisans pour qu'ils ne se perdent pas. A Touda, quatre personnes sont à temps plein entre février et fin octobre. Nous sommes à présent bien acceptés par les gens du village. Ils ont compris que **Touda était avant tout une maison communautaire**, pas une "usine" à faire du profit. Ils s'y sentent bien, viennent arroser les plantes, profiter du hammam, etc. Il y a beaucoup de gîtes dans la vallée, j'espère que Touda pourra en inspirer quelques uns, tirer le niveau vers le haut.

Rencontre avec Florian Duprat, responsable Certification & Projets au Club Med

Romain Vallon | 15 juillet 2014

Deux ans après un premier point réalisé avec Agnès Weil, alors directrice du développement durable, sur les engagements du Club Med, nous revenons aujourd'hui avec Florian Duprat, responsable Certification & Projets de l'entreprise.

VA : En 2008 vous expérimentiez l'écolabel européen et le label Earthcheck sur des villages en Amérique, en Asie et en France – en 2011, vous nous parliez de votre travail avec Green Globe. Selon votre directrice, *"ces labels marchent et ont même un côté ludique"*; êtes-vous aujourd'hui fidèle à un seul label ?

L'aspect ludique et "challengeant" est un vrai plus, c'est toujours un plaisir de voir des efforts vertueux récompensés. Nous travaillons essentiellement avec la certification Green Globe qui est plus adaptée : elle est exigente, équilibrée entre les intérêts environnementaux, sociaux et culturels, les équipes sont réactives et Green Globe a également fait preuve de dynamisme en communication. Cela dit, nous restons à l'écoute des évolutions.

VA : Comment qualifieriez-vous la culture Développement Durable du Club Med ? Avez-vous réussi à maintenir le feu sacré d'un engagement pas toujours bien compris ?

Il existe au Club Med une culture ancienne de respect de nos sites, des communautés qui nous accueillent, une culture qui perdure et que nous entretenons de notre mieux. Il est plus dur de pérenniser que de faire "l'exploit", mais nous y arrivons, et ça se banalise, et là est justement notre objectif : c'est la différence entre un "feu sacré", qui dure, et un feu de paille…

VA : D'une façon générale, pensez-vous que ces labels rencontrent le succès qu'ils méritent ?

Oui, la démarche est efficace en interne et d'un point de vue de la visibilité client, cela émerge doucement ; le client l'entend, peu à peu et ça le fait évoluer, mais de façon peu perceptible à court terme.

VA : En 2011 vous faisiez les prévisions suivantes : ¾ du parc certifiés ou engagés fin 2012 ! Les avez vous atteints ? Etait-ce raisonnable ? Trop ambitieux ?

Un objectif ambitieux oui, mais de bonnes pratiques étaient en place bien avant l'apparition de ces notions de DD, de tourisme durable et le fossé à franchir n'était donc pas insurmontable. Grâce à une métholo-

gie efficace, au dynamisme et à la réactivité des équipes, nous sommes aujourd'hui à environ 60% du parc certifié (périmètre non constant, sorties et entrées de villages). Nous avons actuellement 6 Villages en cours de certification et d'autres prévus dès 2015.

VA : Comment un village souhaitant s'engager bénéficie-t-il de l'expérience acquise ces 10 dernières années ?

Les villages qui s'engagent aujourd'hui bénéficient d'un support corporate à distance, de chargés de mission sur site, d'une méthodologie spécifique Club Med accompagnée d'une boîte à outils en perpétuelle évolution, de kits d'informations permettant le partage des meilleurs pratiques identifiées sur nos villages… Par ailleurs, il faut prendre en compte la rotation du personnel, dans un village donné, un important % des GOs et responsables de service ont déjà connu la démarche ; l'essaimage par le nomadisme est en effet très fort au CM…

VA : Quelles erreurs ne commettez-vous plus ?

Il y a des solutions qui correspondaient aux besoins du moment, besoins qui ne sont plus d'actualité, nous avons par exemple pris du recul par rapport à la formalisation de certains documents finalement peu indispensables.

VA : Commence t-il à y avoir des retombées commerciales ? Quels sont les retours de vos clients ?

Nos GMs sont heureux des gages de bonne conduite, même s'ils ne le demandent pas, ils sont contents de les avoir. Aussi, nous n'avons jamais vendu de retombées commerciales immédiates, importantes et chiffrables, et nous avons bien fait car il s'agit de réassurance, non traçable mais qui existe tout de même.

VA : Des exemples de villages engagés sur le territoire français ? A la montagne ? Un exemple de village engagé à l'étranger ?
Valmorel, Peisey Vallandry, Chamonix pour les séjours montagne ... (la liste est longue) – à l'étranger, Cap Skirring (Sénégal), Marrakech (Maroc), Da Balaia (Portugal), La Plantation d'Albion (Ile Maurice), Kabira (Japon), Cherating (Malaisie)...

> *Grâce à une méthodologie efficace, au dynamisme et à la réactivité des équipes, nous sommes aujourd'hui à 60% du parc certifié.*

VA : Les budgets liés au DD se maintiennent-ils et, quelles sont les innovations en cours (côté DD) ?
Oui, les budgets se maintiennent. Et nous lançons actuellement une expérience de test et de démonstration de trackers solaires au Cap Skirring (Sénégal) avec l'entreprise Helioslite. Ces trackers permettent de suivre très finement la course du soleil et d'avoir ainsi une orientation optimale des panneaux pour conserver tout au long de la journée le meilleur rendement de production.

VA : Le Club Med se sert-il du durable comme d'un élément différenciant pour séduire sa clientèle ? Le durable est-il lié à des process d'innovation ou avant-gardiste pour le grand public ? Est-il présenté de façon décalée ?
Le caractère durable est à notre sens une dimension qui fait partie de l'offre globale, il innerve tout le produit, de façon assez discrète mais complète, au même titre que la qualité et la sécurité. Nous progressons en assurant une base de "meilleures pratiques" sur l'ensemble de nos sites, base sur laquelle nous développons en parallèle des actions plus fines, plus avant-gardistes. En ce qui concerne l'aspect innovant et décalé, nous pouvons citer les tests de technologies vertes en village, la solidarité, les ventes aux enchères au profit d'associations via Les Amis de La Fondation...

VA : L'actualité, c'est aussi la volonté affichée par ATR (Agir pour un Tourisme Responsable) "Horizon 2020 : l'union fait la force", de déployer sa certification et d'en faire un outil accessible au plus grand nombre, également d'ouvrir le collectif et de promouvoir et rendre attractif le tourisme responsable. Avez-vous été sollicité ? Que pensez-vous de cette initiative ?
Nous participons activement à ces travaux depuis 2007. Néanmoins, nous sommes pour éviter de créer une certification de plus là où il en existe déjà et plutôt d'en créer là où elles manquent : comme sur les produits circuits.

VA : Un message à délivrer aux communautés de Voyageons-Autrement.com ?
Oui, autour des préjugés sur le masse-niche ; le mépris de certains pour la recherche de détente et de repos. Or nous pensons qu'il n'y a pas de sots voyages ; ce qui compte, c'est de respecter et contribuer, quant à la dimension "éthique" du voyage, ce n'est pas tant le style des vacances – dès qu'il est responsable – que la contribution de ces vacances aux pays d'accueil.

Remise le 13 avril de la 1ère étiquette environnementale d'un restaurant français

Romain Vallon | 24 mars 2015

C'est une première en France dans le secteur de la restauration, le 13 avril prochain, Nathalie et Arnaud Beauvais du restaurant "Le Jardin Gourmand" de Lorient auront l'honneur de recevoir la première étiquette environnementale dédiée à ce secteur. En présence de leurs partenaires, d'élus, de médias et de collègues restaurateurs, Nathalie présentera de nouveaux plats et pratiques culinaires imaginés suite au travail mené sur l'affichage environnemental de son restaurant.

Les principes de l'affichage environnemental

L'affichage environnemental, né du Grenelle de l'Environnement, a pour objectif de renseigner les clients de manière transparente sur les impacts environnementaux des produits et services qu'ils achètent. En 2014, l'APIIH (Association des Professionnels Indépendants de l'Industrie Hôtelière), avec le soutien de l'ADEME, la Région Bretagne, et des conseils départementaux du Morbihan et de l'Ile et Vilaine, a souhaité poursuivre les travaux lancés en 2011 dans le secteur de l'hôtellerie en mandatant EVEA Tourisme pour créer un référentiel d'affichage environnemental dans la restauration. Ce projet a pour objectif de définir une méthodologie et de la tester sur un panel de 15 restaurants bretons.

La première analyse vient donc d'être réalisée auprès du Restaurant "Le Jardin Gourmand". Son chef, Nathalie Beauvais, accompagnée de son époux Arnaud, met un point d'honneur à travailler avec des producteurs locaux et biologiques depuis plus de 25 ans. Les époux proposent une cuisine de marché aux forts accents bretons et mènent depuis plusieurs années des efforts en faveur de l'environnement autant sur la qualité et fraicheur de leurs produits, sur la valorisation de leurs déchets que sur la réduction de leur consommation d'eau.

Souhaitant approfondir cette démarche, ils ont accepté de participer à ce projet, qui a permis de déterminer les postes les plus impactants sur les émissions de gaz à effet de serre, la consommation, la pollution de l'eau, l'énergie et les déchets générés. Un focus particulier a été apporté sur les produits alimentaires : impact du mode de production des aliments, de leur transport, de leur emballage et des déchets liés à leur préparation, la part des espèces de poisson menacées,... Les premiers résultats montrent une empreinte environnementale relativement faible comparée aux premières estimations issues d'une étude sur 3 restaurants en 2013. Les postes les plus impactants, tous critères confondus, sont les produits alimentaires, responsables de 88% des consommations d'eau et de 71% de déchets générés, ainsi que la gestion du froid avec 49% des consommations d'énergie.

EarthCheck, quel référentiel pour quel avenir ?

Geneviève Clastres | 13 septembre 2012

Pas facile de choisir au sein d'une nébuleuse de normes et de labels souvent peu identifiés par le grand public. Et pourtant, si on a la volonté réelle de faire avancer les choses, il est important de se pencher sur ce que propose chacune de ces normes, d'analyser leur contenu, leur coût, mais aussi leur retour sur investissement. A l'heure où le greenwashing est de plus en plus montré du doigt, savoir s'engager, c'est aussi savoir choisir.

Un référentiel polysecteur

"Au sein d'EarthCheck, nous sommes persuadés qu'un bon label, au-delà du programme intégral qu'il propose, est aussi une vraie plateforme qui prend en compte l'ensemble des aspects d'une société, d'un hébergement, voire d'une ville". Ambassadrice d'EarthCheck en Europe, Helen Feustel est passionnée. Il est vrai qu'elle a pour mission de défendre l'un des labels les plus ambitieux du marché. **EarthCheck, au-delà de l'aspect environnemental, est une certification particulièrement complète et exigeante** puisqu'elle englobe le social, l'éthique, la gouvernance, analyse avec sérieux les données de départ grâce à un programme de benchmarking réputé, et assume le suivi évolutif de l'ensemble des critères compris par la certification.

Au-delà des normes, EarthCheck assure donc une **amélioration continue de la performance à la fois environnementale et sociale**. Ce programme intégral est entre autres reconnu par le GSTC (Global Sustainable Tourism Criteria). Il est également en conformité avec le Global Reporting Initiative (GRI) et les normes ISO9001, ISO14001, ISO26000 et ISO50011. Helen Feustel précise : *"EarthCheck fixe des caps et fournit à ses membres les outils nécessaires pour devenir un leader en matière environnementale et sociale. Il s'agit d'un label spécifique à l'industrie du tourisme et en conformité avec les exigences de l'Agenda 21."*

Représenté par des groupes innovants qui tirent la société vers l'avant

Parmi les clients avancés du label, on peut citer le groupe ACCOR, qui a labellisé près de 280 Novotels sur un ensemble de 400 hôtels engagés. Le défi annoncé est de 100% des Novotels certifiés EarthCheck d'ici fin 2012. En 2007, une étude pilote conduite sur 28 Novotels a montré que les résultats obtenus avaient même dépassé les objectifs initiaux avec de conséquentes économies de fonctionnement. En mars dernier, le groupe Design Hotels a également signé un accord avec EarthCheck pour sa gamme d'hôtels de luxe. Ces derniers, seize au total (dont huit à Paris), entament actuellement le benchmarking.

> **« *Il s'agit d'un label spécifique à l'industrie du tourisme et en conformité avec les exigences de l'Agenda 21.* »**

Enfin, la marque est toujours aussi active à l'étranger et notamment en Asie-Pacifique, Amérique et Caraïbes. Des pays comme la Chine ou Singapour sont très avancés avec des chaînes comme Banyan Tree qui au-delà de la certification, s'investissent dans des programmes scolaires pour sensibiliser les plus jeunes.

Une certification exigeante avec un vrai retour sur investissement

Exigeant, EarthCheck s'avère très vite payant grâce à un outil d'analyse comparative (benchmarking) qui fournit des données permettant une amélioration continue. *"Grâce à l'expertise d'EarthCheck, nous avons économisé une moyenne de 15,3 litres d'eau par client et par nuit, soit l'équivalent de 25,4 piscines olympiques en une année. En deux ans, nous en étions déjà à l'équivalent de 45 piscines olympiques"*. Ainsi parle Alex Fearnside, de la ville de Melbourne, en Australie, qui travaille avec EarthCheck. Ces économies de fonctionnement se retrouvent évidemment dans le compte de résultat. Chez Accor, le Novotel Pardieu a également fait des économies conséquentes suite à sa labellisation. Il s'agit donc d'un programme gagnant-gagnant conçu pour apporter une amélioration continue et des économies de fonctionnement. En moyenne, la première année, les coûts de consommation énergétique et de déchets baissent de 30%, la consommation d'eau de 20%.

> **Grâce à EarthCheck, nous avons économisé une moyenne de 15,3 litres d'eau par client et par nuit, soit l'équivalent de 25,4 piscines olympiques en une année.**

En phase avec les enjeux du futur

Mais se certifier, c'est aussi anticiper sur l'avenir, prendre conscience que ce qui est optionnel aujourd'hui sera obligatoire demain. Tout programme de certification se doit donc d'être rigoureux et flexible car la législation évolue avec les enjeux du moment. C'est aussi la raison pour laquelle EarthCheck a récemment actualisé son référentiel. C'est le cas, par exemple, pour les gaz à effet de serre. EarthCheck est ainsi conforme aux normes du Groupe Intergouvernemental sur l'Evolution du Climat (GIEC) mais aussi à celles du Conseil Mondial des Entreprises pour le Développement Durable (WBCSD), du Greenhouse Gas Protocol et de la norme ISO 14064 sur la comptabilisation des émissions de gaz à effet de serre.

Alors, à l'heure où les normes et les labels se multiplient, EarthCheck reste une valeur sûre respectée des professionnels. Certes, le grand public a parfois du mal à suivre toutes les subtilités de programmes de certifications de plus en plus complexes. Mais peut-on demander aux clients de connaitre les dessous de certifications souvent ambitieuses (et tant mieux !) ? Et est-ce une raison pour adopter un programme peu sérieux de labellisation ? Des normes comme Iso ne sont pas des programmes spécifiques au tourisme. Dans le fond, que veut-on vraiment ? Changer les choses ou dire que l'on change les choses ? Dans le premier cas, on s'engage pour la planète aux côtés de pays qui ont déjà compris qu'il n'y a plus de temps à perdre. Le temps est venu de cesser de faire semblant. D'ores et déjà, nombre de professionnels ne sont plus dupes. EarthCheck a pour objectif d'aller toujours plus de l'avant pour que ses clients puissent se positionner comme les leaders du développement durable.

Guillaume Cromer – nouvel ambassadeur de Travelife en France

Geneviève Clastres | 8 avril 2013

Consultant en tourisme responsable, Guillaume Cromer a repris le cabinet d'ingénierie marketing ID-Tourism depuis près d'un an et fourmille d'idées et de projets. Il n'est pas étonnant que Travelife fasse appel à lui pour représenter son programme de certification en France.

VA : On connait mal Travelife en France, pouvez-vous nous en dire plus ?

Il y a effectivement un problème avec la France. Alors que Travelife est présent et représenté dans la majeure partie des pays européens, il est quasi-inexistant en France où il souffre en outre d'une image stéréotypée puisque ceux qui en connaissent au moins le nom pense qu'il s'agit d'une certification visant l'hôtellerie. De fait, s'il existe bien un programme Travelife concernant les hébergements et l'hôtellerie géré par l'ABTA, Travelife comporte également un programme complet spécifique au T.O coordonné par ECEAT qui, outre les hôtels, englobe l'environnement, les transports, la gouvernance, en tout 149 critères. Je représente ce dernier programme et suis mandaté pour le faire connaitre et adopter au sein des différents T.O français.

VA : Quels sont vos objectifs à terme concernant l'intégration de Travelife dans le tissu touristique de l'hexagone ?

Pour l'heure, le paysage des T.O en France est fortement marqué par ATR. Mon objectif n'est pas de me poser en concurrent mais de trouver une complémentarité avec ATR, avec, à moyen terme, l'idée de fusionner les deux certifications et de mutualiser les outils. Travelife a pour avantage d'être accrédité par le le GSTC (Global Sustainable Tourism Council) au niveau mondial mais aussi soutenu par les plus grandes associations professionnelles au niveau européen comme l'ECTAA (organisation européenne qui regroupe les associations nationales d'agents de voyages et de voyagistes). En outre, il possède une fantastique boîte à outils en ligne. De son côté, ATR a fait un immense travail de documentation et d'information avec des fiches pays qui pourraient être utiles à tous les pays européens. En outre, il a pour ambition de s'ouvrir de façon plus large aux T.O. **Il me semble tout à fait logique d'aller vers une mutualisation des outils respectifs d'autant que Travelife est très présent en Europe** mais aussi dans les pays du sud où de nombreuses formations sont assurées auprès des réceptifs locaux.

VA : Concrètement, que doit faire un T.O qui souhaite adhérer à Travelife ?

Dans un premier temps, il se doit d'aller sur le site de Travelife pour s'inscrire en nommant au sein de son entreprise un coordinateur développement durable qui aura pour mission de se former en ligne. A l'issue de cette formation, un petit examen permettra de jauger si le coordinateur en question est apte à assumer ses fonctions. On passe alors à la deuxième étape qui consiste à monter un plan d'action. Tous les outils de pilotages sont en ligne et l'ensemble du processus se fait via le site, que ce soit pour télécharger des preuves de bonne conduite, pour du reporting, etc. En tant que représentant de Travelife en France, j'assure le suivi et le conseil des T.O dans l'ensemble de ces deux premières étapes. Enfin, la troisième étape vise à certifier le T.O via un audit indépendant. Pour la France, nous sommes en train de réfléchir à l'organisme adéquat, vraisemblablement l'AFNOR.

> *« Je pense que les gros acteurs ont vraiment compris qu'il faut intégrer le développement durable dans leur stratégie, ce qui peut aussi être une résurgence du Grenelle II.*

VA : Quel est le coût d'un tel programme ?

Il faut compter 200 € pour la première année puis 400 € par an pour la phase 2 et le coût d'un audit indépendant (entre 750 & 2 000 € selon la taille de l'entreprise) pour la phase 3. Le fait qu'il s'agisse d'un programme européen bénéficiant de fonds de l'Europe explique ce coût extrêmement attractif. En revanche, il faut mettre à disposition un salarié pour coordonner l'ensemble comme expliqué précédemment.

VA : Avez-vous commencé à contacter des T.O et quelles sont les premières réactions ?

Pour l'heure, les réactions sont plutôt encourageantes. Deux-trois T.O se sont déjà engagés et ont commencé la démarche. Des T.O. classiques ont également été approchés et ont montré leur intérêt pour le programme. En outre, certains voyagistes engagés avec ATR sont également très séduits.

VA : Cela signifie-t-il une prise de conscience croissante au sein des entreprises quant à l'urgence de s'impliquer toujours plus dans le sens du tourisme responsable ?

Je pense que les gros acteurs ont vraiment compris qu'il faut intégrer le développement durable dans leur stratégie, ce qui peut aussi être une résurgence du Grenelle II qui visait directement les entreprises de plus de 500 salariés. En revanche, les prestataires plus modestes, qu'ils soient T.O ou hôtels, ont plus de difficultés à faire entrer les démarches responsables dans leur cahier des charges, du fait de la crise et d'un emploi du temps déjà chargé. Ce sont toutefois ces personnes là qu'il faut viser et convaincre, ce qui n'est pas toujours facile.

VA : Combien de temps prévoyez-vous de consacrer à votre nouvelle casquette "Travelife"?

Environ 8 à 10 jours par mois à partir de septembre prochain. Aujourd'hui, j'en suis encore à la phase de prise de contacts, d'informations vis-à-vis des T.O et quelque part de plaidoyer.

VA : Quels sont vos autres projets en cours ?

Un Comité Régional du Tourisme engagé en matière de tourisme durable vient de me valider un projet visant à sensibiliser les saisonniers aux éco-gestes. Plusieurs formations et audits sont prévus avec les Landes de Gascogne, le Gâtinais et d'autres Parcs naturels régionaux en France. Je m'occupe également du diagnostic d'un projet de certification de tourisme équitable au Bénin avec EcoBénin, le tout financé par la coopération belge. J'y étais au mois de janvier et la 2e phase consistera à faire remonter le référentiel aux acteurs locaux…

La Vallée de Chamonix Mont-Blanc labellisée Flocon Vert

Geneviève Clastres | 17 octobre 2013

Après Les Rousses dans le Jura et Villars au cœur des Alpes Vaudoises (Suisse), c'est au tour de la vallée de Chamonix Mont-Blanc de décrocher le Flocon Vert. A l'instar des Pavillons Bleus côté plage, le Flocon Vert vise à distinguer les stations de montagne qui s'engagent dans le développement durable. Décerné par l'association Mountain Riders, le label souhaite fidéliser un nombre croissant de stations pour être reconnu du grand public et orienter la clientèle vers les stations labellisées.

L'engagement des stations

La quête du Flocon Vert s'apparente plus à une ascension qu'à une balade en forêt. Pour l'obtenir, 31 critères répartis en 8 thématiques (transport, social, déchets, aménagement, eau, énergie, gouvernance, territoire) sont pris en compte. **A Chamonix**, qui voit sa population multipliée par quatre à l'année du fait des touristes et visiteurs, **les transports collectifs ont compté parmi les priorités** de la mairie d'Eric Fournier. Depuis 2005, cinq lignes de bus ont été ouvertes, entièrement gratuites, permettant aux habitants de se déplacer librement entre Servoz et Vallorcine. En outre, toutes les demi-heures, un "tram-train" circule entre toutes les localités de la communauté de communes.

Autre action phare, depuis 2009, la **mise en place d'un Plan Climat Energie Territorial** avec pour double objectif la réduction des gaz à effet de serre (88% des émissions de GES sont liées aux acteurs extérieurs à la Vallée) et l'adaptation du territoire au changement climatique. Enfin, une tablette numérique est actuellement en cours d'élaboration, et visera, tel un musée à ciel ouvert avec des bornes géolocaliséees, à mettre à disposition du grand public, des informations touristiques mais aussi pratiques, scientifiques et culturelles sur la vallée de Chamonix. Les actions sont donc nombreuses, concrètes et font intervenir de nombreux acteurs, qu'ils soient publics ou privés.

> ***Pour nous, la priorité reste l'accès, que le client qui n'a pas de voiture puisse également venir chez nous.***

Aux Rousses, les transports collectifs et le Plan Climat ont également fait partie des priorités. Michèle Ulrich, directrice de la Sogestar Les Rousses, précise : *"Notre grande force a été de créer une communauté* *de commune et un syndicat mixte (SEM) certifiée ISO 14001, qui, par sa structure unique, nous a permis d'être plus efficients sur la gestion et la gouvernance de la station. Pour nous, la priorité reste l'accès, que le client qui n'a pas de voiture puisse également venir chez nous."* Parmi les nombreuses actions réalisées, elle cite : le tri systématique des déchets, la sensibilisation des salariés aux éco-gestes, la mise en place de véhicules électriques sur la station et de bâches de sensibilisation en chanvre sur les pylônes de télésièges, l'utilisation d'eco-cups pour tous les évènements particuliers, la création d'une chaufferie bois pour alimenter différents bâtiments publics de Prémanon. Enfin, **à Villars, après la création d'une "Table Verte"** afin de rassembler les différents partenaires, de nombreux champs d'action ont été explorés dont une carte "Transport-Mobilité" pour valoriser les transports en commun et l'adoption d'une loi sur les panneaux solaires visant à encourager les énergies renouvelables.

> **“ *Des Britanniques viennent depuis Londres en train, séjournent dans des bâtiments à énergie positive et privilégient les produits locaux.***

Vers une reconnaissance auprès du grand public

Si les stations labellisées Flocon Vert ont intégré les enjeux environnementaux et sociaux dans leur modèle de développement, il semble que pour l'heure, la clientèle soit encore assez ignorante de ce label. Pour le président de l'office de tourisme de Chamonix, Bernard Prud'Homme, **la communication vers les touristes est justement la prochaine étape** : *"Nous sommes en train de réfléchir comment communiquer notre démarche à la clientèle, comment transformer Le Flocon Vert en discours grand public."* A Chamonix, où 60% de la clientèle est internationale, l'enjeu est de taille mais pas toujours évident, notamment si l'on pense aux touristes des destinations émergentes dont les comportements sont encore très consuméristes. Heureusement, d'après Bernard Prud'Homme, Chamonix peut aussi compter sur son image sportive, qui, permet de filtrer quelque peu la clientèle : *"En outre, notre office de tourisme propose des services en sept à huit langues et bénéficie de l'apport de tout un territoire"*.

Michèle Ulrich, directrice de la Sogestar Les Rousses, pense aussi qu'**il est important d'informer les touristes quant aux actions engagées** : *"Je réalise que nous ne communiquons pas assez sur nos actions. C'est important. Nous allons devoir y réfléchir"*. Ainsi, peu à peu, les choses bougent. A Chamonix, des séjours éco-responsables commencent à se mettre en place pour certaines clientèles. Des Britanniques viennent depuis Londres en train, séjournent dans des bâtiments à énergie positive et privilégient les produits locaux. En outre, **il existe d'autres réseaux qui encouragent les stations de montagne à s'engager dans la durabilité, à l'instar d'Alpine Pearls**, qui rassemble déjà près de 30 stations françaises et d'Europe du Nord. Coordinateur et responsable de Mountain Riders, Laurent Burget précise : *"Notre idée, quand nous avons mis en place Le Flocon Vert, était aussi de soutenir les élus, d'éviter que leur politique "durable" ne s'essouffle. Le Flocon a valeur d'exemple. Sinon, quelle montagne laisserons-nous à nos enfants ?"*

Naturens Bästa : le premier écolabel d'Etat vient de Suède

Mélusine Lau | 7 janvier 2016

Nommé Naturens Bästa, ou Nature's Best dans sa version anglophone, ce label est unique en son genre : sa création fait de la Suède le premier pays de tout l'hémisphère Nord à posséder son propre écolabel. Destiné à attirer les écotouristes du monde entier et à faire de la Suède une destination touristique durable de premier choix, Naturens Bästa propose une liste de tour-opérateurs, de circuits et d'activités qui garantissent aux voyageurs de profiter de ce magnifique pays nordique dans les meilleures conditions éthiques, environnementales et économiques qui soient.

Un label au service d'un environnement exceptionnel

Créé en 2002 lors du Rassemblement International de l'Écotourisme, Naturens Bästa est le fruit de la coopération de deux organisations suédoises : la Société Suédoise d'Écotourisme (The Swedish Ecotourism Society) et l'organisation nationale VisitSweden, en charge de promouvoir le pays comme destination touristique et professionnelle. Leur objectif commun ? Améliorer et augmenter la place de l'écotourisme en Suède, et en faire une destination reconnue pour ses sites préservés, son environnement respecté, et ses professionnels du tourisme engagés.

La Suède fait partie de ces pays qui font souvent rêver les voyageurs en quête de paysages lunaires, de glaciers, de calme, d'aurores boréales et de treks en Laponie… L'écolabel Naturens Bästa tombe à point nommé pour qui veut voyager responsable dans ce pays aux contrées spectaculaires et exceptionnelles : en choisissant l'un des opérateurs présents sur leur site, vous êtes sûrs de participer au développement touristique durable du pays.

Naturens Bästa propose, via son site internet, des circuits, activités ou hébergements labellisés. Vous pouvez ainsi réserver un séjour entier, et profiter du meilleur de ce que propose la Suède en matière d'écotourisme. Côté activités, il y a l'embarras du choix : dormir dans un igloo ou un hôtel de glace, partir en randonnée avec des rennes, faire de l'escalade en Laponie, s'essayer au kayak de mer, partir observer des meutes de loups, monter à cheval lors d'expéditions en montagne… De quoi s'assurer une découverte active et inoubliable de ce pays unique.

Quant aux six principes de base mis en avant, ils reflètent parfaitement les engagements reconnus du tourisme durable : respect des lieux et de leurs limites géographiques, soutien aux économies locales, engagements concrets des structures labellisées, contribution active à la préservation de la nature et des cultures locales, promotion de la connaissance et la joie de la découverte, exigence de la qualité et la sécurité de chaque voyage.

Ils s'engagent pour l'environnement avec l'Ecolabel Européen

Geneviève Clastres | 13 février 2017 – pour TV5MONDE – portail partenaire

Identifiable à sa petite fleur verte et à son pistil en E qui indique sa transcendance européenne, l'Ecolabel Européen est un système d'étiquetage environnemental qui concerne autant les produits que les hébergements touristiques. En France, les hébergeurs du Grand Ouest se sont particulièrement distingués en plébiscitant ce label qui compte d'ores et déjà 347 établissements labellisés dans tout l'hexagone.

Une volonté européenne

Cela sonne comme une lapalissade mais l'Ecolabel Européen a bien été institué par la Communauté européenne en 1992, avec pour objectif d'avoir un label écologique officiel commun à tous les pays membres de l'Union. Applicable à des marchandises ou services voués à être distribués, consommés ou utilisés sur le marché communautaire, il **concerne** aujourd'hui **trente catégories de produits** (savons, shampoings, détergents, lessives, peintures, produits textiles, etc.) **et de services dont les hébergements touristiques**. Son objectif : fournir aux consommateurs des informations précises et scientifiquement établies concernant l'incidence réduite des produits sur l'environnement.

> ***En 2011, une enquête d'AFNOR Certification a montré que près de 50 % des voyageurs prenaient en compte la certification dans le choix d'un hébergement touristique.***

Une véritable indépendance

Afin de garantir la crédibilité d'un tel label, les états européens ont pris soin de désigner des experts indépendants qui ont pour mission de vérifier que les produits concernés respectent bien l'exigence du label. **En France, le ministère de l'Environnement, de l'Energie et de la Mer a confié cette mission à AFNOR Certification, associé à l'ADEME**. Ils assurent le suivi et le développement du label et la révision des référentiels pour chaque catégorie de produits concernés (substances, déchets, énergie, qualité de l'air, agriculture, sols, forêts, eau), les critères de l'Ecolabel étant régulièrement revus. En ce qui concerne les produits industriels par exemple, l'ensemble du cycle de vie est considéré, depuis l'extraction des matières premières jusqu'à la fin de vie des produits et leur traitement en tant que déchets, en passant par les étapes de fabrication, de transport et d'utilisation.

Un Ecolabel Européen pour les hébergements touristiques

Dix ans après le démarrage de l'Ecolabel versus classique, le secteur du tourisme a à son tour été concerné avec le **lancement de l'Ecolabel Européen "Services d'hébergement touristique" en 2003**. Il s'adresse à des hôtels, motels, gîtes, chambres d'hôtes, refuges de montagne, résidences hôtelières, résidences locatives, campings… qui s'engagent à limiter leur consommation d'énergie, d'eau, à produire peu de déchets, à utiliser en priorité des sources d'énergie renouvelables et des substances moins novices pour l'environnement. Ils ont enfin pour obligation de communiquer auprès de leurs clients dans un but à la fois informatif et éducatif. **Peu à peu, un nombre croissant d'établissements en France et en Europe se sont laissés séduire par le label**, avec depuis 2005, de plus en plus de campings. En 2011, une enquête d'AFNOR Certification a même montré que près de 50 % des voyageurs prenaient en compte la certification dans leur choix d'un hébergement touristique, avec une sensibilité plus importante encore pour la clientèle étrangère.

La France a l'Ecolabel en poupe

En France, au 4 avril 2016, l'Ecolabel Européen concernait 347 établissements (276 hôtels ou gîtes et 71 campings). En outre, notre pays a pris la tête du palmarès des pays européens pour le nombre d'entreprises fabriquant des produits écolabellisés : 3 500 produits fabriqués par plus de 200 entreprises quand on compte plus de 37 000 références portant l'Ecolabel Européen dans toute l'Europe. Certes, comme le précise Elisabeth Ferro-Vallé, ingénieur développement pour AFNOR : *"On n'est pas dans le racolage, la labellisation reste une démarche volontaire que nous menons de front avec l'ADEME et les CCI"*; toutefois, l'objectif est bien de poursuivre à mobiliser les professionnels.

Et vert ne rime pas forcément avec plus cher...

Enfin, contrairement à beaucoup d'idées reçues, **vert ne rime pas forcément avec plus cher, ni avec moins efficace**. Au contraire, l'utilisation de produits écolabellisés permet souvent de limiter les coûts associés mais invisibles, tels les dépenses d'énergie et les déchets. En outre, deux études de l'association CLCV (Consommation, Logement et Cadre de Vie) en 2011 et en 2013 en partenariat avec l'ADEME montrent que lorsqu'ils sont proposés en marque distributeur et/ou produits en grande quantité (peintures, sacs poubelle, papier, etc.), les produits écolabellisés affichent des prix comparables, voire inférieurs, à ceux des produits non écolabellisés. De même, en ce qui concerne l'efficacité des produits, les référentiels incluent des essais d'aptitude à l'usage et les tests réalisés permettent de garantir que le produit porteur de l'Ecolabel Européen présente les mêmes qualités qu'un produit leader sur le marché.

> “
> ***Vert ne rime pas forcément avec plus cher ni avec moins efficace.***

Au final, que ce soit pour les hébergements touristiques ou pour les produits plus classiques, il semble que **l'attitude des consommateurs évolue peu à peu vers une plus grande sensibilité pour des produits respectueux de l'environnement**. D'autant plus si l'on apporte des garanties de compétitivité et de fiabilité. Une information juste et efficace des futurs consommateurs reste donc primordiale quand on sait que 30% des écolabellisés notent un impact important voire très important du label sur le taux d'occupation de leur hébergement.

En 2017 de nombreux labels du tourisme durable évoluent…

Geneviève Clastres | 20 février 2017

Alors que l'année 2017 s'ouvre sous le signe du tourisme durable et du développement, de nombreux acteurs français réfléchissent à faire évoluer les labels qu'ils ont mis en place pour mieux encadrer les pratiques des membres qu'ils représentent, que ce soit les réseaux associatifs comme l'ATES ou ATR ou les associations qui portent les labels à l'instar de Teragir avec la Clé Verte.

A l'ATES, un pas de plus pour intégrer le commerce équitable dans les critères de l'association

Les membres de l'ATES et les acteurs du commerce équitable ont fait un constat similaire : l'économie classique exclut les plus petits producteurs de ses retombées économiques et engendre, dans de nombreux cas, des déséquilibres importants pour les communautés locales et leur environnement. Face à ce constat, l'ATES a choisi depuis 2015 de renforcer la place des critères du commerce équitable dans **le label "Garantie tourisme équitable et solidaire"** : rémunération juste et équilibrée pour tous, partenariat durable, formation continue, valorisation de la place des femmes, sont autant de critères garants d'une autonomisation des communautés locales et d'un tourisme respectueux. Ces engagements forts sont à découvrir à travers les instants labels, illustrations ludiques des bonnes pratiques des membres labellisés "Garantie tourisme équitable et solidaire".

> **“ *L'ATES a choisi depuis 2015 de renforcer la place des critères du commerce équitable dans le label "Garantie tourisme équitable et solidaire".***

Chez ATR, trois nouveaux axes : transparence avec les clients, partenariat avec les prestataires et cohérence avec les équipes

ATR est la première association des acteurs du voyage responsable, créée en 2004 autour d'un noyau de tours-opérateurs d'aventure. De nombreux audits ont alors été réalisés par AFNOR Certification pour vérifier que les engagements à agir pour un tourisme responsable étaient bien respectés tant en France qu'à l'étranger. Puis, le cercle s'est élargi à des acteurs du tourisme solidaire

comme Double Sens et des grandes entreprises du voyage comme Salaün Holidays et Transat. Les 20 membres d'ATR font voyager plus d'un million de personne chaque année, autant de touristes sensibilisés à travers la charte éthique du voyageur. **Depuis 2016, les audits sont réalisés par ECOCERT Environnement** et à ce jour 6 opérateurs sont labellisés et 8 en cours de labellisation. Le comité de suivi du label se réunira prochainement pour faire le point sur **la nouvelle génération d'un label décliné en 16 critères et répartis en trois axes :** la transparence avec les clients, le partenariat avec les prestataires et la cohérence avec les équipes. Prochaines étapes : la mise en place d'audits dans les destinations, l'accueil de nouveaux membres et le développement d'actions collectives à travers une mutualisation des bonnes pratiques, dans le cadre de l'Année Internationale du Tourisme Durable pour le Développement…

La Clef Verte souhaite évoluer vers de nouveaux critères axés sur la RSE et la restauration responsable

Le label international Clef Verte accompagne depuis 1998, en France, les professionnels de l'hébergement et de la restauration sur les **critères de gestion environnementale :** gestion de l'eau, des déchets, de l'énergie, achats responsables, sensibilisation des équipes et des clients… Régulièrement révisés, ces critères sont définis par un comité de pilotage international et appliqués dans les 53 pays du réseau Green Key avec des adaptations nationales. En 2017, **le référentiel Clef Verte intègre de nouveaux critères** portant **sur la RSE** (parité, ancrage territorial, emploi local…) **et sur l'alimentation** (provenance des produits, saisonnalité, réduction des produits carnés, gaspillage alimentaire…). L'objectif est d'amener les professionnels à élargir leur démarche et à se saisir progressivement de ces nouveaux enjeux.

"Site Rivière Sauvage" : Enquête sur la naissance d'un label...

Jérôme Bourgine | 20 septembre 2017

Après avoir remporté les combats contre la construction de barrages menaçant la dernière portion sauvage de la Loire puis la sublime Rizzanese corse, l'association SOS Loire devenue l'European Rivers Network a cherché un moyen de protéger définitivement les derniers joyaux aquatiques de notre continent. Et l'a trouvé ! La Grande Leyre (Landes gasconnes) est ainsi la 12e rivière à avoir obtenu, il y a peu, le label "Site Rivière Sauvage". Histoire d'un combat limpide racontée par Denis Caudron, géographe spécialisé dans les milieux aquatiques qui a accompagné la Grande Leyre.

VA : Quand et comment est née l'idée d'un Label Site Rivières Sauvages. De quelle envie ? Quel besoin ?

Suite à la directive cadre européenne de 2002 imposant une politique de restauration des cours d'eau, une prise de conscience générale s'est opérée dans notre pays concernant l'état des rivières que nous avions dégradé durant plus de 40 ans. Nous avons pris la mesure du lot considérable de problèmes que cette dégradation entraînait à tous points de vue. Un processus intéressant s'est alors mis en marche qui a débouché sur la Loi de l'Eau de 2006, et dont le premier principe fut **de ne plus dégrader l'existant et de s'atteler à la restauration des cours d'eau dégradés**. Or, focalisés sur les cours d'eau posant problème, 98% des budgets furent dès lors dédiés à la restauration du dégradé. Les rares pépites préservées qui restaient furent complètement oubliées. Comme lorsqu'il s'agit d'êtres humains, toute l'énergie a été canalisée pour s'occuper des plus malades.

VA : C'est alors que vous avez pensé à créer ce label ?

Oui, avec un petit groupe d'amis, nous cherchions un moyen de préserver ces quelques joyaux restants et un événement, au départ fâcheux, nous y a aidés lorsqu'en 2007, l'Etat a lancé l'idée de construire un barrage en Corse sur une petite rivière. C'est là que l'ERN (European Rivers Network) est intervenu. Ce réseau très actif est issu de l'association SOS Loire Vivante créée dans les années 90 par Roberto Epplé pour mener le combat - et le gagner ! – contre la construction d'un énorme barrage sur la Loire. Constatant que la leçon n'avait pas été tirée, nous sommes entrés dans ce combat tout en nous disant qu'il fallait cette fois faire passer le message auprès du grand public, lui faire sentir la nécessité de préserver les derniers sanctuaires aquatiques qui faisaient le bonheur de tous les amoureux de la nature. **Mais quel outil trouver pour, à la fois, faire savoir et protéger ?... C'est ainsi qu'est née l'idée du label Site Rivières Sauvages**, conçu par un petit groupe de scientifiques et d'acteurs impliqués.

> *Pour être labellisé, le territoire doit travailler main dans la main avec les pêcheurs, agriculteurs, et l'ensemble des acteurs locaux.*

VA : Quels principaux critères ont finalement été retenus pour ce label ?

Difficile à résumer sachant déjà qu'il n'existe plus, à proprement parler, dans notre pays de "rivières sauvages" ; mais le terme retenu était explicite. **On a finalement retenu 47 critères**, définis scientifiquement dont certains sont éliminatoires : qualité de l'eau, gouvernance, biodiversité, etc. sachant que pour être labellisé, le territoire doit travailler main dans la main avec les pêcheurs, agriculteurs, et l'ensemble des acteurs locaux. La note sur 100 déterminée par un audit externe de l'Afnor débouche alors sur le label de niveau 1, 2 ou 3. La Grande Leyre, par exemple, qui vient d'être labellisée 1 s'est déjà fixée pour objectif de passer au 2. **Cette possibilité de progresser s'est révélée très motivante** et peut également s'appliquer à l'extension du périmètre labellisé : sur 15 km plutôt que 10, etc.

VA : Depuis quand le label est-il effectif et combien de rivières l'ont-elles obtenu ?

Hormis les Pavillons Bleus, annuels, destinés aux plages, il existe encore peu de labels de ce type. Rivière Sauvage a donc été **lancé en 2014 et attribué, déjà, à 12 portions de rivières** portées par des Parcs nationaux, départements ou l'ONF… 2 nouvelles devraient s'y ajouter avant la fin de l'année et 13 demandes ont été effectuées qui réclameront de 6 mois à 3 ans de travail, la phase la plus importante consistant à monter le programme d'actions à mettre en œuvre. Les régions comptant le meilleur potentiel sont dans le Sud : Rhône, Méditerranée, Corse sans négliger un ou deux dossiers dans les Pyrénées et la vallée du Tarn.

VA : Quel est l'intérêt d'un tel label pour le territoire, les voyageurs, touristes, randonneurs ou voyagistes ?

C'est la première question que nous posent les élus : *"Cela va nous apporter quoi ?…"*. A laquelle je réponds : ***"Je ne suis pas VRP et je n'ai rien à vendre. On a juste créé un outil qui peut apporter à votre territoire une vraie valeur ajoutée**, à vous de voir si vous y trouvez des bénéfices"*. Or, dès qu'ils y réfléchissent trois secondes, ils en trouvent mille ! Le label, large, intégrateur et fédérateur apporte déjà, une valorisation touristique durable. Il constitue un moyen de défendre son territoire. Je pense là à ces piscines naturelles de Corse, devenues aujourd'hui autant de piscines municipales. Une partie de notre travail est précisément de définir toute la portée de ce nouvel outil, ce qui nous aidera à le déployer davantage encore. En sus notre réseau sera bientôt européen, l'Irlande et la Slovénie étant déjà parti-prenantes. A terme, le label clairement étiqueté Développement Durable deviendra un produit d'appel pour les territoires qui savent qu'une partie des voyageurs au moins sont sensibles à cette dimension.

> **“ *Comment conserver la naturalité d'une rivière tout en y préservant l'activité humaine ?***

VA : Quel est aujourd'hui le plus long tronçon de rivière labellisé dans notre pays ?

Le minimum requis est de 10 km et la moyenne tourne entre 10 et 20. La Beaume et la Drobie, en Ardèche, proposant de beaux tronçons de 22 et 25 km. **Mais le record vient d'être battu par la Grande Leyre** : 55,4 km ! Un cas aussi particulier que rare dans la mesure où elle est la seule rivière de plaine labellisée ; la majorité des cours d'eau retenus se situant en tête de bassin, voire dans des gorges. Là, l'eau file par endroits à couvert sous les bois et c'est magnifique. L'avantage dans ce dernier cas est que le programme, piloté par le Parc national régional des Landes de Gascogne, est d'une grande qualité. La rivière est fort bien gérée et sert de cadre à une riche activité humaine : canoë-kayak, pêche, etc. Car si l'on devait résumer le label en une phrase ce serait : *"Comment conserver la naturalité d'une rivière tout en y préservant l'activité humaine"*.

VA : Pour éviter de sanctuariser ces espaces ?...

Exactement. **C'est d'ailleurs tout l'intérêt de ce label qui place l'homme en son centre** ; les efforts déployés consistant à maintenir et développer l'activité économique sans dégrader le territoire. Vous avez ainsi, dans le Haut-Jura et l'Ain, une magnifique rivière, la Valserine, pour laquelle aucun financement n'a été possible des années durant au prétexte qu'elle atteignait déjà les objectifs réglementaires ! Le nouvel horizon proposé par le label a permis aux collectivités locales de rassembler 2 millions d'euros pour pouvoir progresser. Un cas qui nous est chère car la Valserine fut la première rivière labellisée. C'est là que nous avons testé tous les critères du label grandeur nature. La Grande Leyre se trouvait d'ailleurs dans une situation un peu identique que le label a permis de débloquer.

Le pourquoi du comment

En 1989, Roberto Epple est détaché depuis la Suisse par le WWF International pour aider les opposants locaux à la construction de 4 immenses barrages sur la *"Loire encore sauvage"* (sa dénomination de l'époque qui inspirera le nom du futur label). Ainsi se créé SOS Loire dont l'action débouche sur une victoire définitive en 1994. Loin de se dissoudre alors et forte de cet exploit, l'association se met au service d'autres causes, dont certaines hors des frontières, ce qui la conduit à changer de dénomination et devenir l'European Rivers Network (ERN). En 2006, l'ERN est appelé à défendre LA référence en matière de rivières demeurées à l'état sauvage le plus pur, la Rizzanese, dans le sud de la Corse. C'est à l'occasion de ce combat (une nouvelle fois victorieux) que les équipes de l'ERN décident de mettre en place un outil empêchant que de telles aberrations puissent se reproduire : le label "Site Rivière Sauvage". Aujourd'hui, l'ERN œuvre dans l'Europe entière et jusqu'en Russie...

Spa-A : le label qualité des professionnels du bien-être

Geneviève Clastres | 30 octobre 2017 – pour TV5MONDE – portail partenaire

Lundi 11 septembre, les professionnels du bien-être étaient réunis dans le superbe écrin du musée Grévin pour la remise des nouveaux labels qualité SPA A. Présidée par la pétulante Aldina Duarte Ramos, l'association SPA-A a distingué pour cette année 2017 dix nouveaux lauréats, portant à 68 le nombre total d'établissements labellisés.

Spa-A : une association, un label, des professionnels

Quoi de mieux que l'écrin d'un musée de cire pour célébrer le bien-être. Le 11 septembre dernier, le petit monde du spa était réuni au milieu des célébrités pour fêter les nouveaux élus distingués par l'association Spa-A. Cette dernière, née en 2001, **rassemble des professionnels de la beauté, de l'hôtellerie et du bien-être** pour proposer des pistes de réflexion et de progression à l'ensemble du secteur.

Forte de 200 adhérents, elle organise des ateliers pratiques, des conférences, édite des études, un véritable "Think Tank" du bien-être ! Depuis 2010, elle a également mis en place un label. Fruit d'un travail de fond rassemblant plus de 200 professionnels du Spa, une charte de qualité, véritable outil de progrès, a mené à la création du label Spa-A.

L'environnement au cœur des outils de progrès

Fort de soixante critères de qualité, le label Spa-A vise l'excellence et en ce sens, il s'est associé à Excel Place, organisme expert en mesure qualité et spécialisé dans l'hôtellerie haut-de-gamme. Il est également soutenu par l'ADEME et fait partie du cluster Bien-Être d'Atout France. Parmi les critères, **neuf concernent la qualité environnementale**. Le reste s'articule autour de 5 points-clés : la prise en charge du client, la prestation et le déroulement des soins, le matériel et les locaux, les produits utilisés et donc, la préservation environnementale.

En outre, afin de distinguer les différents établissements, le label s'est adapté en se scindant en trois catégories : les centres de soin et thalasso, les spas des hôtels et les spas urbains. Autre développement, la multiplication des outils de progrès avec par exemple, l'intégration récente du Label Parent pour faciliter aux familles la fréquentation des spas. Enfin, un club qualité "Spa-A" permet aux labellisés de se rencontrer et les encourage à utiliser les outils mis à disposition par l'association.

Les spas lauréats

Dix spas ont donc été récompensés, **dix nouveaux établissements portant à 68 le nombre total de labellisés Spa-A** : le Spa Deep Nature du Center Parcs "Domaine des Bois-Franc», le Spa Gemology "Domaine de la Klauss", le Spa Deep Nature "Pierre & Vacances" d'Houlgate, le Résidence Prestige Odalys à La Clusaz, le Spa Deep Nature du Domaine du lac d'Ailette, le Spa Impérial Guerlain de l'hôtel du Palais à Biarritz, Spasiba Deep Nature Bruxelles, le Spa marin Thalasso by Thalgo de Concarneau, le Spa du Royal Monceau by Star Wellness et le Spa Sisley de l'hôtel Christopher à Saint Barthelemy. La nomination de ce dernier a forcément suscité une vive émotion après le passage d'Irma. Afin de soutenir l'établissement, un appel à don a été lancé par l'association Spa-A.

Chartes, outils, qualité, marques

Aux côtés des labels, de nombreux outils s'ajoutent aujourd'hui à la panoplie de l'acteur engagé : des chartes pour donner un cap, des outils pour la mise en pratique, des démarches qualité appuyées parfois par des cabinets de consultants spécialisés, des marques pour se distinguer et tracer les actions. Evidemment, on recroise là aussi les labels et les normes car il n'y a pas de véritables frontières dans ces démarches visant à s'engager toujours un peu plus loin…

Campagne internationale du "Passeport Vert"

Sébastien Athané | 20 mars 2008

Le Programme des Nations Unies pour l'Environnement (PNUE) vient de lancer la campagne internationale du "Passeport Vert", qui vise à orienter les touristes vers des vacances responsables. Alors que l'augmentation ininterrompue du nombre de touristes entraîne une hausse de la demande en énergie, eau et ressources naturelles, le PNUE souhaite ainsi fournir aux voyageurs des informations leur permettant de réduire leurs impacts sur l'environnement et la société.

Le groupe Accor veut se positionner en leader de l'hôtellerie durable

Geneviève Clastres | 27 juin 2011

Après des années d'efforts discrets et constants dans le sens du développement durable, ACCOR estime aujourd'hui avoir la maturité nécessaire pour faire un pas de plus et que cela se sache.

De la communication à l'action et vice versa !

Qu'ACCOR s'engage dans le durable, ce n'est effectivement pas nouveau. On connait son programme Earth Guest et ses initiatives concernant le solaire, le projet Plant for the planet sur la réutilisation des serviettes (5 serviettes réutilisées = un arbre planté) qui a déjà permis de replanter 1,7 millions d'arbres pour un objectif de 3 millions d'ici 2012. La chaine est aussi impliquée contre le tourisme sexuel, s'engage pour la géothermie, la biomasse et s'appuie sur des hôtels pilotes pour tester de nouvelles technologies. Aujourd'hui, 500 des 4 200 hôtels du groupe sont labélisés (Iso 14001 ou Earthcheck), soit 12% du parc pour un objectif de 70 % du parc d'ici 2015.

Lancement de la plateforme Earth Guest Research

Directrice développement durable du groupe, Sophie Flak précise : *"Nous souhaitons à présent passer de l'approche intuitive à une approche plus factuelle et scientifique"*. Elle poursuit *"Il faut que la "bonne idée du matin" devienne plus réfléchie afin d'éviter les fausses bonnes idées"*. Et de citer l'exemple des biofiouls... Alors, pour montrer sa bonne volonté, **le groupe vient d'annoncer le lancement d'Earth Guest Research**, une plateforme de connaissances partagées sur les enjeux sociétaux et environnementaux dans l'hôtellerie.

Première étude de cette toute nouvelle plateforme, **une grande enquête consacrée à l'attente des clients de l'hôtellerie** avec le double objectif de dégager des lignes de force sur les desiderata des clients en matière d'hôtellerie durable et de s'afficher comme un modèle potentiel puisque l'étude, via la plateforme, sera disponible en "opensource" avec l'ensemble des résultats et de la méthodologie communiqués aux professionnels intéressés. *"Seule condition,* précise Sophie Flak, *que les hôteliers qui utilisent le savoir-faire ACCOR publient à leur tour leurs résultats sur le site Accor.com"*.

> **"Les clients semblent avoir compris que le durable ne se fait pas au détriment de la qualité.**

Lancée en grande pompe lors d'une conférence de presse en présence de Denis Hennequin, Président-directeur général du groupe, l'étude démontre clairement la **conscientisation de plus en plus forte de la clientèle quant au développement durable**. On y apprend qu'un client sur deux énonce prendre en compte le développement durable dans le choix de son hôtel. On note aussi que l'eau, l'énergie et les déchets sont les trois problèmes désignés en priorité pour rendre l'hôtellerie plus durable. Les clients semblent à présent avoir compris que le durable ne se fait pas au détriment de la qualité. Et surtout, la plupart sont prêts à faire des efforts et à participer si on ne leur impose pas les choses. Ainsi, plus besoin de télévision et de chambres allumées pour accueillir le client. De même, beaucoup sont prêts à troquer les eaux minérales internationales contre des produits locaux. ACCOR a même réussi à supprimer la soupe d'ailerons de requin des cartes de ses grands hôtels chinois, une gageure, quand on sait ce que représente ce plat raffiné dans l'empire du milieu...

> **"**
> ***On n'hérite pas la planète de nos parents, on l'emprunte à nos enfants.***

Toutefois, cette étude réalisée par l'IFOP dans six pays (France, Grande-Bretagne, Allemagne, Chine, Brésil, Australie) sur un panel de 7 000 personnes reste envers et contre tout déclarative. Si l'on peut convenir qu'il est aujourd'hui politiquement incorrect de ne pas se déclarer conscientiser par le développement durable, on peut rester plus sceptique lorsqu'en France, **46 % des clients se déclarent tout fait d'accord et 40% assez d'accord pour payer un hôtel durable plus cher**. Que deviendront ces grandes déclarations d'intention à l'heure de mettre la main au porte monnaie...

Chez ACCOR, on n'est pas dupe de l'aspect un peu trop lisse de cette enquête où tout le monde apparait sur-mobilisé. Toutefois, l'ensemble du groupe pense que le temps de l'action est venu. Et déjà, il annonce une deuxième étude en cours sur l'empreinte environnementale du groupe, dont les résultats seront communiqués au quatrième semestre de cette année. Histoire à suivre, donc... en méditant cette phrase citée par Denis Hennequin *"On n'hérite pas de la planète de nos parents, on l'emprunte à nos enfants"*.

Le Parc naturel régional de Millevaches – Le projet Retrouvance

Geneviève Clastres | 14 novembre 2011

Le festival Icare, qui s'est tenu à Brive en 2011, a permis de découvrir le projet Retrouvance Millevaches. A cheval sur trois départements du Limousin, le Parc naturel régional des Millevaches compte 113 communes. Récemment, les responsables du PNR ont fait appel au savoir-faire de Retrouvance pour développer "Retrouvance Millevaches", une randonnée à la semaine de 15-20 kilomètres par jour faite en compagnie d'un guide qui décrypte le paysage, la faune, la flore, etc.

Le savoir-faire Retrouvance

Créée en 1996 par l'ONF, Retrouvance® est une formule de randonnée itinérante tout compris : accompagnement, hébergement, restauration et portage des bagages. Ce savoir-faire est mis à la disposition des territoires. Le PNR de Millevaches a ainsi fait appel au savoir-faire Retrouvance® pour l'élaboration de cette randonnée. A présent tracé, le parcours n'en reste pas moins destiné à être vécu avec un accompagnant pour une découverte globale et sécurisée.

Un label en point de mire

Montée avec des partenaires de qualité, "Retrouvance Millevaches" sera probablement valorisée dans le cadre de la "Charte Européenne du Tourisme Durable", label européen auquel le PNR de Millevaches a décidé de candidater en 2012 pour faire reconnaître l'excellence de sa stratégie de développement éco-touristique. Les points forts : cinq gîtes exceptionnels, des paysages splendides, une plongée dans l'histoire et le patrimoine du plateau des Mille vaches, une déconnection totale (les portables ne passent pas...) mais aussi, des retombées réelles pour l'économie locale avec des emplois directs créés à l'année (50 semaines/an en accompagnement et logistique essentiellement) et près de 60% du chiffre d'affaire qui revient en direct au "pays". Le reste se partage entre les T.O (20%) et l'amortissement des investissements (20%).

Pour une bonne gouvernance du patrimoine mondial de l'Unesco

Geneviève Clastres | 15 octobre 2012

Lorsqu'un site, une région, une ville obtient son inscription sur la Liste du patrimoine mondial de l'Unesco, il est amené par la suite à recevoir de nombreux touristes, pour le meilleur ou pour le pire... Se pose alors la question de la gouvernance, question posée lors du séminaire organisé le mardi 9 octobre par l'IREST et l'Unesco autour de plusieurs cas concrets.

L'avant et l'après Unesco

En 2010, la cité épiscopale d'Albi obtient son inscription sur la Liste du patrimoine mondial de l'Unesco. Depuis, cette ville moyenne de 52 000 habitants accueille 700 000 touristes à l'année. A Bordeaux, le label Unesco date de 2007. Avec 1 810 hectares sur 4 500, la ville compte le plus vaste espace urbain classé. Là aussi, **la fréquentation touristique a explosé**, et pas uniquement dans la cité, puisque les visites dans les vignobles voisins ont bondi de 82 %. Dans le Bassin Minier du Nord Pas-de-Calais, l'inscription est beaucoup plus récente puisqu'elle date de juin dernier mais l'émotion n'en est pas moins vive après dix ans de travail acharné pour donner à toute une région (87 communes !) un nouveau visage. Enfin, si le Canal du Midi est sur la liste depuis 1996, il se doit aujourd'hui de trouver un nouveau souffle suite à un champignon microscopique qui dévaste l'ensemble des platanes. Atteint par le chancre coloré, ces derniers auront tous disparu d'ici dix à quinze ans, posant clairement la question de l'après.

Un label inscrit dans l'histoire

Quatre sites, tous inscrits sur la Liste du patrimoine mondial, et quatre histoires différentes pour des gouvernances et des objectifs distincts. De fait, quand en 1972 la Convention Unesco décide d'inscrire des sites remarquables sur une liste du patrimoine mondial, la problématique du tourisme est loin d'être prégnante. Le tourisme

> ***Ne pas transformer Albi en enclave touristique mais, au contraire, intégrer le tourisme à toute une économie régionale.***

de masse n'a pas encore frappé et les sites ne sont pas encore saturés par des hordes de voyageurs. A l'époque, il s'agit surtout de permettre à des pays pauvres de sauvegarder leur patrimoine en s'appuyant sur la communauté internationale pour assurer une co-responsabilité. Aujourd'hui, si l'argument touristique est parfois mis en sommeil, on a toutefois l'impression que la **quête du "label", de par la notoriété qu'elle donne à un site, est souvent synonyme d'une quête du Graal** visant à attirer les foules voyageuses. La réalité est toutefois plus complexe et les systèmes de gouvernance mis en place pour gérer l'avant mais surtout, l'après "Unesco", montrent que l'inscription à la Liste est aussi un véritable défi pour faire travailler de front des décideurs extrêmement divers.

Des villes distinguées

Stéphanie Guiraud-Chaumeil, adjointe au maire d'**Albi**, précise combien le fait d'avoir été inscrit sur la Liste du patrimoine mondial a surtout été un point de départ. Pour gérer au mieux son nouveau statut, la ville a mis en place un plan de gestion extrêmement ambitieux avec un comité de bien intégrant professionnels, scientifiques, décideurs politiques, acteurs du public et du privé. L'idée : *"Ne pas transformer Albi en enclave touristique mais, au contraire, intégrer le tourisme à toute une économie régionale"*. De fait, des sites voisins comme le musée Ingres de Montauban ou le vignoble gaillacois ont également profité de cette dynamique.

A **Bordeaux**, l'impact de l'inscription à la Liste du patrimoine mondiale se confond avec l'établissement d'un nouveau Bordeaux déjà en cours depuis les années 2000. Depuis 2007, la ville s'est dotée d'un tramway, a réhabilité ses quais, augmenté son secteur piétonnier, aménagé de nouvelles places, ravalé ses façades, le tout, coordonné par un plan de gestion à trois volets (urbain, culturel, économique). La ville dispose toutefois d'un comité local "Unesco Bordeaux" car, comme le précise Laurent Hodebar, chargé de mission tourisme pour la ville : *"L'inscription sur la Liste du patrimoine mondiale nous oblige à rester dans l'excellence."* Depuis, Bordeaux a également été labellisé, et "Ville Ecotouristique" avec une forte sensibilisation de ses hébergeurs aux démarches Ecolabel et Clef Verte, l'édition de TopoGuides, le développement de navettes fluviales, et tout un travail sur l'accessibilité des personnes handicapées.

Des espaces salués

Dans le Bassin Minier, le label, très récent, est vécu comme une victoire dans une région que le charbon et le travail de la mine ont marqué de leur empreinte. **L'avenir des grands sites miniers du territoire était en jeu**, comme trouver un nouvel usage à ces cathédrales industrielles ou recomposer un visage à un territoire souvent dévalorisé dans les médias. Toutefois, là aussi, pour Catherine O'Miel, Directrice de Bassin Minier UNI, pas question de transformer la région en un musée à ciel ouvert : *"L'idée est de faire travailler des acteurs très divers ensemble et de s'appuyer sur les compétences de chacun pour les entrainer dans l'aventure. Il a fallu dix ans et une présence pragmatique à nombre de réunions locales pour instiller peu à peu l'étincelle Unesco à toute une région."* A présent, se pose clairement la question de l'après et de l'ingénierie relais dans un Nord Pas-de-Calais où le tourisme reste un épiphénomène et où les infrastructures afférentes ne sont pas toujours au rendez-vous.

> ***A Bordeaux, ce n'est pas tant la maîtrise d'ouvrage qui pose problème que l'accumulation de plans et directives qui finissent par former un mille-feuille pas toujours facile à digérer.***

Enfin, c'est un tout autre défi qui attend le **Canal du Midi**, obligé d'abattre ses platanes et de penser le paysage différemment. Valérie Mura, responsable du mécénat – Plantations du Canal du Midi - Voies Navigables de France – explique que la disparition des platanes est peut-être aussi une opportunité pour penser le tourisme différemment, en travaillant par exemple sur l'épaisseur du territoire pour rendre de nouveaux paysages visibles. Pour elle, l'inscription à l'Unesco n'est pas vécue comme un aboutissement mais plutôt comme un renouvellement permanent.

Vivre le label, aujourd'hui et demain

Le problème de la **gouvernance** apparait donc fondamental. S'y s'ajoute, pour certains sites, celui de la maitrise d'ouvrage. Qui doit porter ces questions quand on sait que le Canal du Midi traverse trois départements et court sur 241 kilomètres ? Catherine O'Miel, du Bassin Minier, avec une configuration similaire à la croisée de plusieurs départements et communes, s'interroge également. A Bordeaux, ce n'est pas tant la maitrise d'ouvrage qui pose problème que l'accumulation de plans et de directives qui finissent par former un mille-feuille pas toujours facile à digérer. Autant de questions et de problématiques qui n'échappent pas à la ville d'Albi, toutefois aidée par sa taille moyenne et le périmètre limité de son champ d'intervention.

> **“**
>
> ***Si l'Unesco édictait une charte, cela permettrait d'avoir une autorité extérieure pour mieux gérer les intérêts des uns et des autres et éviter ainsi certaines pressions.***

Face à cette problématique de la gouvernance, à la fois centrale et propre à chaque site, un responsable du tourisme marocain interroge la salle : *"Au Maroc, nous avons quatre médinas classées, et beaucoup d'intérêts divergents. Si l'Unesco édictait une charte, forme de ligne de conduite définie par l'institution, cela permettrait d'avoir une autorité extérieure pour mieux gérer les intérêts des uns et des autres et éviter ainsi certaines pressions"*. La question est intéressante, le temps trop limité pour y répondre. Dommage car ce monsieur, par cette intervention, ouvre là tout le débat du champs des possibles suite à une labellisation Unesco. Et de penser au Machu Picchu obligé de limiter ses visiteurs à 2500 par jour, au Mont Saint Michel dont la structure en granit s'effrite sous les piétinements, à Lijiang (jumelé à Albi…) qui a failli perdre son label à force de déstructurer la ville… On saisit là toute l'importance de la bonne gouvernance, des plans de gestion rigoureux. Alors, pourquoi pas une charte de l'Unesco, indépendante et neutre ?

Les CCI sur le pont du tourisme responsable

Geneviève Clastres | 2 décembre 2012

Mercredi 28 novembre, une vingtaine de chargés de missions et conseillers tourisme des chambres consulaires se sont réunis à la CCI France pour une journée de présentations et d'échanges autour du tourisme durable. L'idée, faire le point sur les outils et processus d'accompagnement possibles pour aider les entreprises en région à une meilleure gestion durable.

Oser le durable

Il faut oser le durable, pas uniquement parce qu'il est à présent sûr que notre planète ne pourra plus suivre le rythme de nos besoins exponentiels, mais aussi parce qu'il est à présent démontré que **le durable a de l'avenir. Levier de performance économique, il allège les coûts de fonctionnement et fédère le personnel autour de projets qui ont du sens et de l'audace**. Déjà, nombre d'entreprises et de territoires ont franchi le pas et compris tout l'intérêt d'une démarche qui améliore la qualité de l'offre tout en renforçant leur image.

Dans le secteur touristique, les clients en ont également de plus en plus conscience. D'après un condensé de plusieurs études présenté par Marion Rivière, consultante chez FTC, 84% des gens ont déjà entendu parler de tourisme responsable, 20% l'auraient pratiqué et deux tiers des personnes interrogées seraient prêtes à considérer un voyage responsable. Côté professionnels, si la porte d'entrée du volet responsable reste encore l'action environnementale (empreinte carbone, travail sur l'énergie, l'eau, les déchets…), la pression réglementaire et une certaine prise de conscience encouragent de plus en plus les entreprises à aller vers une démarche globale comprenant le social (RSE) et l'économique.

Une enquête du réseau consulaire a notamment démontré une avancée des bonnes pratiques dans l'hexagone avec 1 400 entreprises accompagnées et pour ce qui est des labels, 33 CCI utilisant le label Clef Verte, 28 l'Ecolabel Européen, 8 GreenGlobe, 30 Qualité Tourisme, 21 Camping Qualité. En outre, les conseillers tourisme des CCI interviennent en direct dans près de 83% des entreprises pour aider à la décision et expliciter les outils disponibles. Il existe également de nombreux partenariats financiers avec les conseils régionaux, l'ADEME et les comités départementaux du tourisme. Les choses avancent donc dans le bon sens et ces dernières années, les outils à disposition des professionnels se sont multipliés.

> *« Il faut oser le durable, pas uniquement parce qu'il est à présent sûr que notre planète ne pourra plus suivre le rythme de nos besoins exponentiels, mais aussi parce qu'il est à présent démontré que le durable a de l'avenir.*

Des outils innovants

Toutefois, si les outils sont nombreux, ils restent souvent mal compris de professionnels un peu perdus au milieu d'une prolifération de labels et de normes. Il y a un besoin de clarification et d'orientation personnalisée pour prioriser les choix et trouver des arbitrages entre la volonté de s'engager, la possibilité de le faire et le besoin, aussi, d'anticiper certaines réglementations à venir. C'est un peu tout le sens de la **démarche d'Itinéraire Eco 3**, présentée par Stéphane Plessis de la CCI du Var : un outil accompagnant de façon personnalisée les entreprises sur un label environnemental.

Si Itinéraire Eco3 se positionne comme une aide à la décision vers des démarches environnementales, **le logiciel Malice** vise à afficher les performances réalisées par les professionnels pour donner un état des lieux de **l'action environnementale via l'étiquetage** et permettre ainsi de dégager des marges de progression. Les quatre étapes de Malice permettent d'avoir une évaluation initiale de l'établissement via un audit, d'analyser ensuite son profil environnemental (calcul des impacts), de rechercher des solutions et des plans d'action pour enfin les analyser et les planifier dans le logiciel. Une étiquette a été développée auprès des hôteliers. Elle permet d'afficher vis-à-vis de la clientèle ses performances environnementales avec cinq thèmes choisis : les GES, l'énergie, l'eau, les déchets et le pourcentage de produits biologiques et écologiques utilisés dans l'hébergement. A l'avenir, Evea souhaite coupler cet axe environnemental avec des éléments économiques et faire évoluer l'étiquette vers d'autres établissements.

Dernier outil mis en avant en cours de cette journée, **la démarche Respect**. Jean-Baptiste de Maigret (CCI Seine-et-Marne) comptabilise plus de 60 entreprises déjà pré-diagnostiquées. Dans le Loir-et-Cher, Objectif Tourisme Durable mis en place par la conseillère tourisme Véronique Farineau s'est également appuyé sur Respect (quinze audits réalisés entre 2011 et 2012). Enfin, à la CCI de Nantes Saint-Nazaire, le pré-diagnostic Respect constituera pour Annie Santerre Le Gal la première marche du Passeport vert.

Une stratégie consulaire à affiner

Les initiatives sont donc nombreuses. On pourrait aussi citer la région Auvergne qui a mis en place le **dispositif Nattitude** et les Pays de la Loire qui se sont appuyés sur la **Charte de Confiance**. Toutefois, au vu de la pluralité des outils utilisés, la question se pose d'un choix plus concerté de l'ensemble des CCI. Les échanges en journée ont fait émerger des interrogations légitimes et intéressantes. **Faut-il prioriser un outil ?** C'est la proposition de la CCI du Var qui souhaite mutualiser au niveau national Itinéraire Eco3 et a déjà réalisé un partenariat avec la CCI Guadeloupe. Le cabinet Evea a également fait une proposition globale à CCI France et est très ouvert à la mutualisation de la démarche auprès de toutes les CCI. La Charte de Confiance utilisée avec succès par les Pays de la Loire est également citée. D'autres régions, moins avancées, préfèrent disposer d'une palette plus ouverte, forme de boite à outils plus souple où chaque CCI pourrait prendre ce qui lui semble le plus adapté car comment choisir et que prioriser quand les CCI n'ont pas toutes les mêmes moyens financiers ni le même investissement temps disponible. De fait, la réalité de terrain d'une CCI à l'autre est extrêmement disparate entre des régions très touristiques et d'autres plus reculées.

> “ ***Le choix des opérateurs implique une certaine forme de neutralité voire d'équité et l'idée d'un arbitrage au plus haut niveau entre bureaux d'étude n'est peut-être pas à écarter.***

En outre, au niveau régional, certains départements sont partants quand d'autres rechignent et les **prises de décisions à plusieurs ne sont pas forcément faciles** avec souvent des champs de compétence mal définis sources de malentendus **entre CCI, CRT, CDT**. La représentante du Loir-et-Cher précise ainsi qu'elle aimerait fédérer les différents départements de sa région à la démarche Respect mais ce n'est pas si facile… Enfin, les compétences demandées aux conseillers tourisme des CCI dépassent parfois leur **niveau de formation**, impliquant l'externalisation des demandes à des cabinets de consultants or il est clair que les enjeux sont importants et qu'au-delà de l'engagement durable, le choix des opérateurs implique une certaine forme de neutralité voire d'équité et l'idée d'un arbitrage au plus haut niveau entre bureaux d'étude n'est peut-être pas à écarter. En bref, il va falloir faire des choix, des choix clairs…

Dépasser les freins

Au-delà de l'aspect financier, nerf de la guerre pour mettre en application les outils les plus adéquats, la journée a aussi permis de sensibiliser les conseillers tourisme présents à l'importance de **former, rassurer et orienter un grand nombre de ces professionnels** souvent perdus et hésitants sur les actions à engager. Il est clair qu'un des freins à l'action, outre les budgets, est le manque de repères sur les outils existants, le montage des dossiers, le chiffrage des projets, la sélection des fournisseurs. L'accompagnement est donc primordial pour aller vers un label puis pour communiquer afin que ces actions soient reconnues et mises en avant. Aujourd'hui, tout le monde a conscience que l'action sans communication perd malheureusement une partie de sa force. De même, la clientèle a besoin d'être rassurée face à la peur du greenwashing, de perdre en qualité de service, de voir les prix s'envoler quand il s'agit de tourisme responsable, etc.

Point sur la loi Handicap 2005

L'autre partie de l'après-midi a permis de faire le point sur la loi Handicap 2005 avec Marie Pros-Coletta, déléguée ministérielle à l'Accessibilité. Or, s'il est fondamental de rappeler l'importance de mettre les établissements aux normes pour une échéance 2015, il est également clair que là aussi, les professionnels seront obligés de faire des choix (et des non-choix). Or les budgets déjà bien entamés des Chambres ne pourront pas tout absorber. Pour les aider, CCI France a mis au point un outil d'aide à la décision en cas de demande de dérogation, qui pourra être utilisé dans les CCDSA. Il sera à la disposition de tous gratuitement.

Mise sur orbite de Planet 21 chez Accor

Geneviève Clastres | 13 avril 2012

Suite aux études de 2011 sur les attentes des clients dans l'hôtellerie et l'empreinte environnementale du groupe, disponibles en "open source" sur Earth Guest Research, Accor lance Planet 21, un nouveau programme d'action ambitieux visant à positionner l'entreprise comme le leader mondial de l'hôtellerie durable.

Des valeurs et des engagements incarnés

Programme ambitieux, Planet 21 est une référence claire à l'Agenda 21 de Rio 1992. Depuis 1994, ACCOR se penche sur ces questions de durabilité mais les arrivées successives de Sophie Flak, Directrice des Académies et du Développement Durable puis, il y a quinze mois, de Denis Hennequin, Président-directeur général du groupe, semblent avoir insufflé un nouveau souffle

> *Sur le carbone, Accor s'engage pour 2015 à réduire ses consommations d'énergie et ses émissions de CO_2 de 10% sur les hôtels filiales et à développer les énergies renouvelables de 10%.*

et une envie affirmée d'agir pour la planète. Ainsi, tout au long de l'année 2011, études et **enquêtes sérieuses sur la clientèle et l'empreinte environnementale** ont ponctué comme un nouveau départ 20 ans d'engagements chez Accor. Elles ont démontré que **les clients sont aujourd'hui prêts pour une hôtellerie responsable**. Elles ont aussi révélé que les priorités ne sont pas toujours là où on les imagine, à l'instar de la consommation d'eau dont la majeure partie ne vient pas des hôtels mais de l'amont agricole des produits consommés. C'est donc dans ce contexte volontariste que Planet 21 a été présenté hier dans l'un des hôtels du groupe.

Planet 21 recouvre 21 mesures, 21 objectifs chiffrés qu'Accor s'engage à atteindre d'ici 2015 pour 90% de son parc hôtelier, soit 4 600 hôtels à l'heure d'aujourd'hui. Pour cela, sept piliers ont été définis : la santé, la nature, le carbone, l'innovation, le local, l'emploi et le dialogue. Sur chacun de ces piliers, trois engagements précis.

Exemple concret : sur le carbone, Accor s'engage pour 2015 à réduire ses consommations d'énergie et ses émissions de CO_2 de 10% sur les hôtels filiales et à développer les énergies renouvelables de 10%. Autre exemple, sur le local, elle s'engage à protéger l'enfance face aux abus, développer des filières d'achats responsables, préserver les écosystèmes. Les résultats seront publiés chaque année lors du rapport annuel avec un bilan hôtel par hôtel. Ils seront en outre vérifiés par un audit interne. Le groupe précise que ces mesures seront déclinées en tenant compte des réalités locales. Ainsi, pour la santé, l'accent sera mis sur la lutte contre le VIH en Afrique, contre la lutte ou les maladies cardio-vasculaires en Europe.

Palmarès 2014 Pavillon Bleu

Romain Vallon | 20 mai 2014

Le Palmarès Pavillon Bleu 2014 des Communes sera annoncé le mardi 27 mai 2014 à 10h30 au Parc Vulcania (Puy-de-Dôme). Le Pavillon Bleu récompense et valorise chaque année les communes engagées dans une démarche d'excellence touristique et environnementale répondant à des critères bien spécifiques en matière de gestion de l'eau, des déchets et d'éducation à l'environnement. 2014 est une année record avec 150 communes labellisées Pavillon Bleu (389 plages) ! Il en existait 106 en 2009 et 144 en 2013.

Ces objectifs sont-ils toutefois réalistes ?

Sophie Flak de préciser : *"On ne part pas de zéro. Nous n'impliquerons nos équipes que si nous mettons en place des objectifs atteignables. Mais "You get what you measure". Pour cela, nous utilisons des outils de formation en E-learning. L'hôtel apparait sur l'écran, ce qui permet d'analyser pièce par pièce les enjeux principaux : écogestes, bon dosage des produits de ménage, etc. Planet 21 est donc une démarche de progrès et une stratégie factuelle".*

Territoires de demain, quels outils, quelles alliances pour la mise en tourisme durable ?

Geneviève Clastres | 15 février 2016

Lundi 8 février, quelques uns des acteurs et têtes de réseaux du tourisme responsable étaient réunis à Atout France pour réfléchir ensemble à un nouvel outil pour la mise en tourisme durable des territoires. A l'initiative d'Eric Raulet (Defismed) et de Pierre Torrente (Isthia), cette réunion a permis de découvrir un dispositif web, forme de diagnostic en ligne par les territoires de leurs potentiels touristiques à partir d'un sentier, soulevant une fois de plus l'opportunité de lier ensemble des initiatives diffuses afin de se présenter en rangs unis face aux élus territoriaux.

Quels outils pour quels territoires ?

Les années passent et la mise en tourisme durable des territoires avance peu à peu, pas à pas, outil par outil. Régulièrement, nous vous présentons des initiatives en ce sens, à l'image des Parcs naturels régionaux qui ont développé une mise en tourisme durable de leur territoire en trois volets qui s'appuie sur la CETD, à l'image des différents labels ou réseaux qui réunissent des hébergeurs, des restaurateurs, des sites, des opérateurs de voyage, des transporteurs. Chacun tente de moraliser ses pratiques, réfléchit à son impact sur l'environnement, le social, etc. Impossible ici d'être exhaustif tant les exemples sont nombreux, les outils diffus et complexes. Nous l'avions constaté en décembre 2012 lors d'une journée d'échanges autour des CCI visant à faire le point sur les outils et processus d'accompagnement possibles pour aider les entreprises en région à une meilleure gestion durable.

Lundi 8 février, c'était au tour de Defismed et de l'Isthia de présenter un nouvel outil. Defismed a pour objectif de développer une intelligence territoriale VERTueuse en Méditerranée et y travaille activement depuis trois ans. L'Isthia – l'Institut Supérieur du Tourisme de l'Hôtellerie et de l'Alimentation – sous la houlette de l'Université Toulouse-Jean Jaurès, développe depuis longtemps de nombreux outils pour aider les territoires dans leur transition touristique mais aussi, climatique.

> **“**
> ***Les années passent et la mise en tourisme durable des territoires avance peu à peu, pas à pas, outil par outil.***

Concurrents ou complémentaires ?

Une fois n'est pas coutume, l'idée de cet article n'est pas de relayer de façon exhaustive tout ce qui a pu être dit ou échangé lors de cette réunion. Nous y reviendrons, certains outils étant encore en chantier voire confidentiels. En revanche, ce qui nous a semblé intéressant de retenir des échanges, c'est cette **complexité à travailler ensemble sur un secteur à la fois complémentaire et concurrentiel**. Complémentaire dans ce qu'il sous-entend et cherche à construire pour et par les territoires dans ce champ du durable dont les valeurs mettent justement en exergue la solidarité et le faire-ensemble, mais concurrentiel car souvent, plusieurs outils se télescopent, arrivent sur le marché en même temps, et se mettent en quête de financement auprès des mêmes bailleurs de fonds.

Guillaume Cromer et Gérard Ruiz l'ont clairement exprimé lundi. Le premier a pointé **un outil risquant d'entrer en concurrence avec le travail des consultants en tourisme durable** : *"Je vais me faire l'avocat du diable mais va-ton se faire remplacer par un algorithme ? Faire un diagnostic, c'est justement une grande partie de notre travail et donc, sur une mission de 25 jours, cela peut nous manger 8 à 9 jours."* Quant à Gérard Ruiz, il s'est clairement inquiété du **télescopage entre l'outil présenté et la mise en place du Passeport Vert**, en cours d'expérimentation dans trois territoires avec le soutien des élus locaux, de la Caisse des Dépôts et Consignation et du PNUE : *"Si l'on arrive chacun avec des outils convergents mais concurrentiels, les élus locaux vont s'interroger sur leur pertinence. Il faut donc être attentif à être complémentaire et non concurrent, surtout lorsque l'on s'adresse à des territoires et donc des élus à qui l'on a besoin de faire sentir la valeur ajoutée de nos outils et des retombées économiques qu'ils engendreront".*

"*Si l'on arrive chacun avec des outils convergents mais concurrentiels, les élus locaux vont s'interroger sur leur pertinence. Il faut donc être attentif à être complémentaire et non concurrent.*"

D'autres acteurs présents, tels Nathalie Hoareau et Corinne Lespinasse-Taraba d'Atout-France ou Romain Le Pemp pour les Offices de Tourisme de France ont surtout besoin de **plus de précisions pour bien identifier l'outil présenté**, son échelle, ses indicateurs, mais restent à l'écoute. Julien Buot (ATR) et Gilles Bévilles (ATES) sont également en attente de la suite à donner et de son application à venir dans les pays du sud. Très à l'écoute, Eric Raulet s'est voulu rassurant, ouvert au dialogue, aux alliances. Il a aussi rappellé que les datas produits par le diagnostic auront avant tout une vocation universitaire et scientifique.

Au final, malgré les zones d'ombre et le travail qu'il reste à accomplir, on peut déjà saluer l'initiative de Defismed et de l'Isthia qui ont réussi à mettre autour de la table des acteurs à la fois engagés mais aussi, parfois, concurrents. L'étape suivante sera donc d'affiner l'outil mais aussi les alliances, afin de dépasser la concurrence pour trouver la complémentarité. La conclusion revient à Michèle Gendreau-Massaloux du GID : *"Plus j'avance, plus je constate qu'il est difficile pour les petites structures de piloter de grands outils. En revanche, elles peuvent participer au niveau d'une petite communauté, vis-à-vis de différents acteurs, et j'ai confiance en Defismed dans son rôle d'appui à la mutation sociale dans une démarche intégrée avec les Passeports Verts".*

Hôteliers et restaurateurs confirment leurs engagements pour le développement durable

Geneviève Clastres | 23 juin 2017

Réunis à l'Ecole Hôtelière de Paris (CFA Médéric) le jeudi 22 Juin, à l'occasion du premier Forum Développement Durable du Groupement National des Indépendants dans l'Hôtellerie et la Restauration (GNI), les professionnels du secteur ont fait un état des lieux des bonnes pratiques déjà mises en place dans nombre d'établissements devant un parterre d'étudiants et de professionnels. Mot d'ordre du jour : le développement durable oui, mais en assumant clairement l'intérêt économique des entreprises concernées. Un appel du pied répété à plusieurs reprises pour appeler notamment à la défiscalisation des efforts en matière de récupération des biodéchets, dans la droite lignée de ce qui se fait depuis quelques années dans la grande distribution.

Le développement durable ne doit pas être une punition !

Si l'urgence climatique et la cause environnementale ne font plus débat dans le secteur de l'hôtellerie et de la restauration, le Président du GNI, Didier Chenet, a ouvert le colloque par une allocution claire visant à rappeler l'ensemble des efforts consentis ces dernières années par un secteur qui souhaite à présent être récompensé. *"On a eu le bâton, maintenant on veut la carotte !"* a rappelé Stéphane Martinez, à la fois Président de la Commission Qualité & Développement Durable du GNI mais aussi ancien restaurateur fondateur de Moulinot Compost et Biogaz qui collecte les déchets alimentaires pour en faire du compost et du méthane. Des propos clairs visant à interpeller directement le gouvernement pour **obtenir un coup de pouce sur un ensemble de pratiques durables** mises en place, à l'image du recyclage des biodéchets qui, dans la grande distribution, permet aux acteurs concernés de bénéficier d'une défiscalisation de 0,5% du chiffre d'affaire.

> *Le développement durable oui, mais en assumant clairement l'intérêt économique des entreprises concernées !*

En ce sens, comme un gage de bonne foi, **un Guide du Développement Durable a été édité et présenté par le GNI**. Il livre quelques bonnes pratiques et éco-gestes faciles à mettre en application, compile les initiatives déjà existantes dans le secteur (recyclage des biodéchets, étiquette environnementale, digitalisation du papier, circuits courts, etc.), mais vise aussi à communiquer auprès du grand public une forme d'état des lieux des actions développement durable en cours.

Le consommateur s'est mû en consom'acteur !

Si le développement durable ne fait plus débat dans la profession, c'est aussi en grande partie parce que **le regard du consommateur a changé**. Or sans consommateur, pas d'économie, sans économie, pas d'entreprises, un cercle qu'il a fallu inverser pour retrouver un élan vertueux tournant

Le client est roi, et si le client veut du durable, on va devoir lui en servir, sans compter que c'est souvent bon pour le compte de résultat !

dans le bon sens pour tous. Aujourd'hui, d'après le Guide du Développement Durable du GNI, 64 % des personnes interrogées tiendraient compte de l'étiquette environnementale pour choisir un restaurant, 62% jugeraient la qualité des menus proposés à partir de cette même étiquette et 81% seraient sensibles à l'impact environnemental de leur alimentation. Autant dire que le secteur a compris qu'il n'était plus question de tergiverser. **Le client est roi, et si le client veut du durable, on va devoir lui en servir, sans compter que c'est souvent bon pour le compte de résultat**, puisqu'une entreprise qui gère de façon responsable ses dépenses en eau, énergie, ses déchets, s'y retrouve. Et qu'il vaut souvent mieux proposer moins de choix sur un menu que de se retrouver à gaspiller des tonnes de déchets (10 millions de tonnes par an) dont le montant s'élève à 16 milliards d'euros par an (138 g de déchets par repas préparé).

Au menu : Inventaire à la Prévert...

Fort de ces constats, le colloque est revenu sur plusieurs initiatives mises en place dans le secteur : le déploiement de l'affichage environnemental dans l'hôtellerie, la collecte des biodéchets chez les restaurateurs, la collaboration entre ESAT et maraîchers pour favoriser les circuits courts, la présentation du programme "Bon pour le climat", les efforts des traiteurs avec Calixir. Cet inventaire vertueux à la Prévert a aussi permis de faire prendre conscience aux étudiants en hôtellerie présents dans la salle que **demain, le métier se fera de façon différente**. Alain Fontaine, exposant la pêche durable et Ethic Océan, fantastique outil pour mieux comprendre comment utiliser les ressources halieutiques, n'a pas hésité à leur dire que *"proposer du bar sauvage sur une carte entre janvier et mars était tout simplement indécent"*, puisqu'il s'agit de la période de fraie de ce poisson, avec toutes les conséquences qui en découlent. Ainsi, l'empereur, le grenadier, sont des poissons que nos anciens consommaient en abondance et qui ont totalement disparu aujourd'hui. Où l'on réalise une fois de plus, que la recette du développement durable, c'est avant tout du bon sens, un pincée d'information, et une émulsion d'acteurs locaux rehaussée à la sauce durable. Bon appétit !

Comprendre le Réseau des Grands Sites de France

Geneviève Clastres | 8 août 2017

Depuis l'an 2000, le Réseau des Grands Sites de France coordonne et fédère 41 Grands Sites accueillant près de 32 millions de visiteurs. Objectif de ces différents lieux souvent soumis à de fortes pressions touristiques : assurer un accueil de qualité, mettre en place des actions de préservation du patrimoine tout en favorisant un développement social et économique propice au territoire. Et ce, au cœur de paysages exceptionnels, fragiles, qu'il est important de protéger afin de pérenniser "l'esprit du lieu". Afin de mieux connaitre ce réseau, nous sommes allés à la rencontre d'Anne Vourc'h, qui le dirige depuis sa création.

VA : Quelle est la particularité des sites du Réseau ?

Notre Réseau compte **41 Grands Sites** au sein desquels **14 sont déjà labellisés Grand Site de France**, les autres travaillant pour obtenir un jour le label. Inscrit au Code de l'environnement, le label "Grand Site de France" est attribué pour 6 ans. Il récompense une gestion conforme aux principes du développement durable, conciliant préservation du paysage et de "l'esprit des lieux", qualité de l'accueil du public et participation des habitants et des partenaires à la vie du Grand Site. Celui-ci peut être retiré en cas de manquement aux engagements. Les sites en question sont tous des paysages remarquables, classés au titre de la loi du 2 mai 1930 sur "la protection des monuments naturels et des sites de caractère artistique, historique, scientifique, légendaire ou pittoresque" et que nous visons à préserver. En outre, au-delà de leur caractère remarquable, **nos sites sont tous des lieux de forte attractivité touristique**. Toutefois, au-delà du tourisme, nous gérons surtout un patrimoine et notre travail consiste à trouver un équilibre entre la préservation d'un lieu, la vie des habitants qui vivent dans ce territoire et le tourisme qui s'y développe avec parfois des flux très importants. Il nous faut alors maîtriser cette attractivité touristique afin que le territoire ne devienne pas invivable pour les habitants et que le tourisme n'entre pas en concurrence avec la vie locale. Il s'agit donc d'une préservation à long terme, qui se fait dans le cadre d'une politique publique nationale.

> **"** ***Trouver un équilibre entre la préservation d'un lieu, la vie des habitants qui vivent dans ce territoire et le tourisme qui s'y développe avec parfois des flux très importants.***

VA : Vous travaillez donc dans une continuité avec l'Etat et les collectivités publiques territoriales ?

Tout à fait. Et la protection des sites n'est pas une nouveauté, elle existe depuis le début du 20e siècle. On oublie parfois que des organismes comme le "Touring Club de France", ou que les premiers touristes ont eu un rôle dans la "découverte" de ces paysages. Ils font partie de ceux qui ont demandé la protection des magnifiques lieux qu'ils découvraient en sillonnant la France. La loi de 1930 sur la protection des sites fonde l'implication de l'Etat dans une politique nationale de protection et de valorisation de ces sites. A la fin des années 1970, la politique des Grands Sites de France a amplifié cette action en tentant de mieux gérer et de préserver des paysages remarquables qui commençaient à être soumis à des pressions touristiques de plus en plus fortes, l'asphyxie des sites par la voiture... Certaines petites communes ont vite été dépassées, comme au Cirque de Sixt Fer à Cheval dans la Vallée du Giffre (Haute-Savoie) où il y a dix ans encore, le cœur du site était occupé par un vaste parking. Il a fallu réfléchir à mieux gérer, préserver, trouver un tourisme équilibré, responsable et durable pour ces sites. Aujourd'hui, le Cirque de Sixt Fer-à-Cheval a été réhabilité dans le cadre d'une Opération Grand Site, le parking reculé, les cheminements sont agréables...

VA : Concrètement, dans quel sens doivent travailler les sites pour obtenir le label Grand Site de France ?

L'idée est de **redonner une qualité au site, offrir un accueil agréable**, d'autres clés de découvertes que la seule appréhension d'un tourisme concentré dans le temps et dans l'espace et du tout voiture. On prend le temps de comprendre un site et on met en place un travail de réhabilitation des lieux, une stratégie d'accueil, un cahier des charges. D'un point de vue technique et financier, les budgets sont importants pour ces projets de réhabilitation. Le financement est assuré par les collectivités locales, avec l'appui de l'Etat, de l'Europe. Sur chaque Grand Site, il est important de **faire émerger la structure garante de la gestion du lieu, le plus souvent une émanation des collectivités locales, qui portera l'ensemble de ces projets**, réalisera les travaux et travaillera avec les inspecteurs des sites qui ont en charge la protection des paysages remarquables. Au final, l'objectif est de mettre en place une gestion dans l'esprit du développement durable, tant pour les visiteurs que pour les habitants, et donc dans une vision à très long terme du lieu. Quant au Réseau, il s'agit d'une association animée par une petite équipe de 4,5 salariés, qui coordonne ces structures gestionnaires, chacune restant toutefois autonome. Nous favorisons l'échange d'expérience entre sites, nous éditons des documents cadres qui visent à accompagner les territoires sur des bases et des valeurs communes.

> **“ *Nous travaillons à la transition touristique de demain : comment imaginer le tourisme du 21e siècle en des lieux qui ont été parmi les premiers lieux du tourisme au 19e siècle !***

VA : Le label “Grand Site de France” a-t-il pour vocation d'attirer plus de visiteurs sur les sites ?

L'objectif n'est pas d'accueillir plus de monde mais d'accueillir beaucoup mieux. Nous ne sommes pas un label de promotion mais un label qui reconnaît la qualité d'un site préservé offrant un accueil à la hauteur des lieux. Notre objectif consiste donc à ce que lorsque l'on parle d'un Grands Sites de France, il n'y ait pas un décalage entre l'image du site et la réalité à vivre, que ce soit sur la qualité de paysage, celle du patrimoine ou quant à l'aménagement de ces lieux. Nous accueillons un grand nombre de visiteurs mais, même face au grand nombre, nous souhaitons accueillir chaque personne individuellement.

VA : Et de fait, pensez-vous que le grand public connaisse votre action ?

Non, notre label ne parle pas encore au grand public. Il faut toutefois préciser que le premier label Grand Site de France a été décerné en 2004, c'est encore récent, or il faut du temps pour être connu. Nos 14 Grands Sites de France labellisés sont bien plus connus que le label lui-même. Ce que l'on souhaite, au travers du label, c'est indiquer aux visiteurs qu'il y a là un souci particulier en faveur de la gestion du site, sa réhabilitation, sa préservation, un “esprit” particulier. Et de fait, **si notre label est encore peu connu, notre souci est qu'il gagne peu à peu en notoriété pour ce qu'il est : une autre manière d'aborder le tourisme dans des lieux exceptionnels**. Nous travaillons à la “transition touristique” de demain : comment imaginer le tourisme du 21e siècle en des lieux qui ont été parmi les premiers lieux du tourisme au 19e siècle.

VA : Quels seront les prochains sites à candidater au label Grand Site de France ?

Vraisemblablement les Gorges du Gardon (Gard) et le Cirque de Navacelles (à cheval entre l'Hérault et le Gard). Certains sites entrent également dans la démarche, comme Vézelay en Bourgogne, qui comprend l'ensemble de la colline et du site classé et inscrit du vézelien, soit plus de 18 000 hectares englobant 18 communes. L'approche va donc bien au-delà de la seule basilique de Vézelay, elle concerne tout le territoire, l'ensemble du paysage remarquable. L'idée est justement de desserrer le périmètre afin de déconcentrer un lieu en montrant qu'autour aussi, il y a plein de choses intéressantes.

VA : Un site a-t-il déjà été menacé du retrait du label ?

Pas encore mais ce label est très récent, et il est renouvelable tous les six ans. Il faut alors entièrement recommencer la procédure. Il faut savoir que c'est le ministère de l'Ecologie qui attribue le label. Les sites passent devant la Commission supérieure des sites composée de représentants de services de l'Etat, d'élus, de personnes issues de la société civile qualifiées en matière de protection des sites. Le Réseau donne également un avis sur la candidature. Notre rôle est aussi d'accompagner les sites vers le label, d'aider tous ceux qui se sont investis dans ces projets, qui sont souvent des passionnés et qui seraient vraiment déçus d'échouer. Toutefois, ce label est très difficile à obtenir et il peut être retiré en cas de manquement aux engagements de protection, de mise en valeur, de développement durable, et d'accueil.

VA : La plupart des sites étant déjà très connus, quelle est leur motivation dans l'obtention du label ?

La reconnaissance de l'action menée, qui est une action exigeante, innovante, gage de qualité. Et pour chaque site, un "plus" distinctif, très valorisant pour les territoires.

5

LES CHEVILLES OUVRIÈRES DU TOURISME DURABLE

Depuis les années 1960, nombre d'initiatives et d'acteurs ont peu à peu constitué une "histoire du tourisme durable" qui contrairement à ce que l'on pense souvent, ne date pas d'hier. L'objet de cet ouvrage n'est toutefois pas de faire l'historique de tous ceux qui se sont engagés depuis que le tourisme est devenu un phénomène de masse mais plutôt de mettre à l'honneur les réseaux les plus actifs de ces dix dernières années : associations, structures, formations, personnalités engagés, etc.

Des réseaux qui se structurent

Ils ont été maintes fois cités tout au long de cet ouvrage mais il était important de leur consacrer un focus plus spécifique pour mieux comprendre qui ils représentent et comment ils sont nés. Si l'ATES (Association pour le Tourisme Équitable et Solidaire), ATR (Agir pour un Tourisme Responsable) et VVE (Voyageurs et voyagistes éco-responsables) représentent principalement (mais pas uniquement) des opérateurs de voyages, ATD (Acteur du Tourisme Durable) est plutôt un réseau de réseau qui vise à fédérer l'ensemble des acteurs du tourisme durable en créant des évènements, de l'information avec aussi un rôle de lobbying plus politique. Enfin, nous rencontrons régulièrement des opérateurs engagés qui souhaitent garder leur indépendance et n'ont pas toujours le temps, l'envie ou les moyens d'intégrer les réseaux existants.

Extrait de l'ouvrage “Aux Voyageurs du Monde”

Geneviève Clastres | Automne 2008

En 2001, un petit groupe de voyagistes issus du monde de la randonnée et du voyage “aventure” décident de réfléchir à un engagement plus concret sur le tourisme responsable. Il se fait aider par l'AFIT (Agence Française d'Ingénierie Touristique) aujourd'hui intégrée à ODIT France (Observation, Développement et Ingénierie Touristiques). En mars 2004, après plusieurs réunions de concertation, l'association ATR (Agir pour un Tourisme Responsable) est créée et valide une grille de critères (gestion des déchets, préservation du patrimoine local, partage plus équitable des bénéfices, respect de l'environnement, etc.) sanctionnée par un label que ses membres s'engagent à respecter.

Dans le même temps, des associations de voyage engagées depuis longtemps sur le terrain se réunissent autour de l'UNAT (Union Nationale des Associations de Tourisme). En 2006, elles créent l'Association pour le Tourisme Équitable et Solidaire (ATES) que sanctionne également une grille de critères. Actuellement, l'association travaille à une définition plus précise de cette grille en essayant de rapprocher ces critères de ceux de la Plateforme du Commerce Equitable (membre de l'ATES). A terme, elle espère évaluer deux à trois structures par an sur le terrain.

Ces deux associations s'appuient sur un cahier des charges précis (label ATR et grille de critère UNAT), gage d'un réel engagement des professionnels en faveur d'un tourisme plus équitable. Néanmoins, on est en droit de se poser quelques questions. Pourquoi plusieurs grilles de critères et non une action coordonnée de tous les acteurs ? De plus, ces deux associations s'engagent-elles à mettre en place une autorité compétente apte à vérifier l'application de ces différents critères ?

Julien Buot (ATES): "Le cap des 20 000 voyageurs solidaires est dépassé !"

Manuel Miroglio | 1er septembre 2011

L'ATES, Association pour le Tourisme Equitable et Solidaire, vient de souffler ses cinq bougies ! Que de chemin parcouru depuis ses débuts… D'un discret collectif d'associations engagées en faveur d'un autre tourisme, elle est devenue le 1er réseau national des acteurs du tourisme équitable et solidaire en France, faisant émerger un véritable secteur de voyages à part entière et un modèle à suivre en matière de tourisme responsable.
Interview de Julien Buot, son dynamique et infatigable coordinateur.

VA : Peux-tu nous donner quelques chiffres-clefs qui illustrent ce début de maturité ?

Le cap des 20 000 voyageurs solidaires est dépassé ! Au-delà de l'apport à l'économie locale, le collectif des associations de **l'ATES a récolté 1 million d'euros d'aide financière** depuis sa création, ce qui est un très bon ratio. A titre de comparaison, l'association *Tourism For Development* avait annoncé il y a 3 ans un montant total de 800 000 euros d'aide collectée en l'espace de 10 ans. De 14 membres à ses débuts, l'ATES est passée à 35 membres dont 19 voyagistes. Ces chiffres montrent que le secteur du Tourisme Equitable et Solidaire (TES) fait son chemin dans l'offre touristique française et séduit de plus en plus de voyageurs.

VA : Peux-tu nous éclairer sur les grandes missions de l'ATES et ce qui fait sa force ?

La première grande mission de l'ATES est de faire connaître le concept du TES et l'offre de voyages de ses membres. Cela se fait par l'animation de réseaux, le lobbying auprès des pouvoirs publics, la communication auprès des médias, la sensibilisation du grand public en participant à divers salons, le lancement de la Newsletter, etc. L'autre mission est de garantir au public que nos membre respectent bien les critères du TES pour qu'un partenariat équilibré s'établisse avec les partenaires des destinations d'accueil. La force de l'ATES réside dans sa cohérence d'être à la fois sur le métier de voyagiste tout en inscrivant son activité économique dans l'Economie Sociale et Solidaire.

VA : Comment l'ATES inscrit son mouvement dans les Objectifs du Millénaire pour le Développement ?

Notre objectif est ambitieux : faire du tourisme équitable et solidaire un outil de développement au bénéfice des populations locales. On répond ainsi au 1er OMD : la lutte contre la pauvreté et la faim. Aujourd'hui, l'un de nos voyagistes spécialisé sur le Sahel s'ouvre à la Tunisie et à la Turquie. Ces nouvelles destinations contribuent, par le biais des reversements solidaires, à soutenir des populations en difficulté comme celles du Niger et de la Mauritanie. Par nos actions avec les pays en voie de développement, nous agissons concrètement dans le sens de la Solidarité Internationale et de l'objectif n°8 des OMD : mettre en place un partenariat mondial pour le développement. Nous sommes solidaires des populations du Sud. Nous appuyons aussi les projets portés par les femmes, piliers de l'organisation communautaire dans de nombreux pays.

> ***Nous sommes solidaires des populations du Sud. Nous appuyons aussi les projets portés par les femmes, piliers de l'organisation communautaire dans de nombreux pays.***

VA : Comment s'impliquent les membres de l'ATES en faveur de l'environnement ?

Nous avons mis en ligne un document qui synthétise l'ensemble des bonnes pratiques environnementales de nos membres. Aujourd'hui, ces derniers se les approprient entre eux : Ecotours et ses techniques d'écoconstruction au Nicaragua, Vision du Monde et son système de compensation d'émissions de CO_2, Libertalia, Echangeons-le-Monde et leur partenariat avec l'ONG l'Homme et l'Environnement à Madagascar… Les voyages solidaires sont aussi un outil d'éducation à l'environnement et au développement durable. Par exemple, les voyageurs sont sensibilisés à la question de l'eau dans les territoires d'accueil. On peut voyager mieux mais moins fréquemment, c'est à dire rester plus longtemps sur place pour réduire son empreinte carbone et maximiser les retombées économiques sur le territoire.

VA : L'ATES a mis en place de nouveaux outils pour accroître sa notoriété auprès du grand public et mieux faire connaître ses actions, quels sont-ils ?

Pour ses 5 ans, l'ATES a refondu son site internet pour le rendre plus convivial et riche en contenu. Parmi les nouveautés, une carte interactive guidant l'internaute vers la destination et le voyagiste de son choix, les ressources accessibles en ligne pour le grand public… Nous proposons également un KIT européen sur le tourisme responsable et solidaire en trois langues contenant un CD-ROM, des revues, des films… Et enfin une exposition ATES "Le Tourisme en quête de sens", un outil pédagogique et ludique sous forme de panneaux illustrés par des croquis et images.

VA : Un des objectifs du tourisme équitable et solidaire étant de maximiser les retombées économiques dans les territoires d'accueil, comment se décompose concrètement le prix d'un voyage solidaire ?

Les premiers résultats du baromètre 2010 de l'ATES font ressortir un chiffre d'affaires de 6,5 millions d'Euros entre nos 19 voyagistes. La transparence étant l'un de nos engagements, nous pouvons ainsi décomposer le prix d'un voyage solidaire en quatre postes principaux: **38 %** sont affectés à l'achat des **prestations locales** (guides, hébergement, restauration…) ; **36%** correspondent à l'achat des **billets d'avion** ; **22%**

couvrent les **frais de fonctionnement** du voyagiste ; **4%** sont prélevés pour financer des **projets de développement** (soit 250 000 euros en 2010) qui bénéficient aux populations locales en matière d'accès à l'éducation, à la santé, au micro-crédit…

Le panier moyen par voyage est de 1 446 euros (avion compris) et de 72 euros/jour (hors aérien) pour des séjours qui se rallongent à 13 jours en moyenne. A retenir : plus l'on allonge le temps de séjour, plus l'impact économique est important sur place pour les populations.

VA : L'ATES ne propose pas de label mais s'inscrit dans une démarche de progrès. Comment cela fonctionne-t-il avec vos membres ?

L'ATES est née dans l'idée d'une démarche de progrès avec l'UNAT et LVT. La charte du Tourisme Équitable a été lancée par la PFCE en 2002, la grille d'identification des voyages solidaires par l'UNAT en 2004. La charte de l'ATES est issue de ces deux initiatives. Il a fallu deux ans pour mettre en place des critères précis avec un système de notation accepté par tous. Tous les membres de l'ATES sont signataires de la charte. **Depuis 2008, des évaluations internes croisées sont réalisées**. Celles-ci peuvent aboutir à l'exclusion des membres en cas de non respect des critères. Cette évaluation les amène à mieux se connaître entre eux et à apprendre à se faire confiance en toute transparence. En 2009, l'ATES a mis en place un programme triennal pour "rendre équitable" l'évaluation du TES en la partageant avec les partenaires du Sud. Concrètement, une recherche-action est actuellement menée par une doctorante pour évaluer le dispositif d'évaluation sur le terrain, en Afrique de l'Ouest, au Maroc, en Equateur et prochainement au Pérou. Ce dispositif d'évaluation nous garantit encore plus le sérieux de notre démarche.

Tourisme responsable en France : le point avec Julien Buot de l'ATES

Marie Secrétant | 6 janvier 2014

L'ATES dans les yeux de Julien Buot :
"Créée en 2006 avec le soutien de l'Union Nationale des Associations de Tourisme (UNAT) et la Plate Forme pour le Commerce Equitable (PFCE), l'ATES anime les échanges entre ses membres et la promotion des concepts et des produits du tourisme équitable et solidaire autour d'une Charte adoptée en 2008. Elle regroupe une **vingtaine de voyagistes** sélectionnés sur la base d'une grille de 56 critères éthiques et qui travaillent dans une même démarche : mettre en place une activité touristique qui participe au développement local des régions d'accueil, dans le cadre d'un partenariat équilibré avec les communautés locales. **Depuis six ans**, plus de **20 000 voyageurs** ont fait l'expérience de ces voyages, générant un chiffres d'affaires de plus **25 millions d'euros**, dont plus d'**un millions d'euros collectés** pour financer des projets de développement. Des formules de voyages sont proposées dans plus de **70 pays** pour prendre le temps de la rencontre avec les habitants, associés et bénéficiaires du développement touristique."

VA : VVE représente le 3e réseau français en faveur du tourisme responsable. Comment l'ATES se positionne-t-elle vis à vis de cette association ? Complémentarité ou partage d'un même territoire pour deux associations visant à fédérer des petits opérateurs de voyages responsables ?

L'ATES défend et soutient un modèle précis. Nous nous considérons complémentaires par notre approche. Notre cohérence, je le rappelle, est de rassembler un collectif de voyagistes engagés sur les principes du Tourisme Equitable et Solidaire et de la question du développement par le tourisme. Notre mouvement est porté par des associations, des bénévoles et des voyageurs. L'ATES est très orientée sur les rapports Nord-Sud alors que VVE l'est plus sur des destinations européennes. Toutefois, on peut envisager de créer des ponts.

VA : Un dernier mot pour encourager les voyageurs français à découvrir l'offre du Tourisme Equitable et Solidaire de l'ATES ?

Je leur suggère de commencer par découvrir le tourisme équitable et solidaire en pratiquant le tourisme responsable sur place, en Île-de-France, par exemple. Visiter son pays ou sa ville autrement, c'est peut-être le meilleur moyen de faire le premier pas... L'ATES est impliquée dans un réseau francilien d'acteurs du tourisme responsable qui regroupe une vingtaine de membres proposant des visites et des soirées d'information-sensibilisation : Ça se visite, Paris par Rues Méconnues, Meeting the French, la Fédération des Professionnels parisiens de la Chambre d'Hôtes, Douce Banlieue en Seine Saint Denis, Réseau Archimède, Ecotours, Taddart... une offre particulièrement accessible et originale au pas de sa porte !

Lancement de la première édition de Paris Ville Monde

Geneviève Clastres | 27 mai 2013

Il y a Paris, la tour Eiffel, Notre-Dame, le Louvre, Montmartre. Et puis il y a Paris, ses quartiers chinois, indiens, africains, serbes, juifs tunisiens, ses églises orthodoxes, américaines, portugaises, ses pubs irlandais, ses restaurants japonais. On peut passer un été à la Goulette, déguster un smorrebrod chez Nils ou profiter du hammam mauresque de la mosquée. Et tant de choses encore. Car Paris n'est pas seulement Paris, microcosme dans le macrocosme, Paris est bien-au-delà, un melting-pot bigarré qui, pour le promeneur attentif et curieux, offre des voyages à chaque détour de rue. Afin de faire honneur à cette capitale du monde, l'ATES et la cité parisienne ont décidé de lancer la première édition de "Paris Ville Monde". Elle débutera dès le 31 mai à la Mairie du 18e arrondissement. Détails et programmes...

Pourquoi un tel festival ?

Pour inciter tout un chacun à aller à la rencontre des habitants, à percevoir Paris au-delà de ses pierres et de ses musées, mais aussi pour ses quartiers, ses saveurs, ses moments festifs, ses temps forts. Depuis plusieurs années déjà, plusieurs associations de l'ATES à l'image de Bastina proposent des **promenades dans la capitale à la rencontre d'autres cultures**, tels "les Maliens de la Goutte d'Or". Pour cette opération, la mairie de Paris, le Comité Départemental du Tourisme de Seine Saint Denis, le Parc de la Villette, l'émission de France Inter "L'Afrique enchantée" et son bal, et bien d'autres acteurs franciliens se sont associés afin que la fête soit encore plus belle. Elle sera marquée par plusieurs temps forts : la soirée d'ouverture du 31 mai, des balades et animations dans Paris les 1er et 2 juin, la Journée Mondiale du Tourisme Responsable (JMTR) la journée du 3 juin et enfin, le dimanche 16 juin, une après-midi Destinations Solidaires au Petit Bain.

Focus sur Migrations & Développement

Geneviève Clastres | 3 novembre 2012

Pilier et co-organisateur du Forum International du Tourisme Solidaire (FITS), Migrations & Développement est une association franco-marocaine créée en 1986 regroupant des collectifs de migrants du sud de la France.
Elle a notamment accueilli et animé les ateliers de Taliouine tenus le 20 octobre, ce qui a permis de revenir sur l'aventure extraordinaire de ces migrants marocains qui ont su utiliser le tourisme solidaire comme levier de développement pour leur territoire.

Caroline Mignon, nouvelle directrice de l'ATES

Marie Secrétant | 27 février 2014

L'ATES (Association Tourisme Equitable et Solidaire) a accueilli mi-janvier une nouvelle directrice, Caroline Mignon, qui remplace Julien Buot qui s'en va quant à lui poursuivre l'aventure chez ATR (Agir pour un Tourisme Responsable).

VA : En tant que nouvelle directrice de l'ATES, quelles sont les priorités de développement du réseau pour les prochains mois? Les défis à relever ?

Ma première action sera de rencontrer chaque membre de l'ATES individuellement. Je veux comprendre les organisations et les personnes pour qui et avec qui je vais être amenée à travailler. Je veux aussi qu'ils sentent que leurs attentes sont essentielles dans le projet de l'ATES. Pour cette année, j'ai ensuite prévu **3 grands chantiers**. Tout d'abord, la mise en place d'une **communication efficace** pour promouvoir l'intense travail de l'ATES sur l'évaluation. C'est un processus déjà bien avancé qui mérite une diffusion la plus large possible. Ensuite, nous souhaitons **développer le réseau et accueillir de nouveaux membres !** Cela passe par la création d'outils professionnels. Ainsi, la procédure d'adhésion devrait être plus accessible et plus lisible. Par exemple, certains aspects d'évaluation seront intégrés dans les conditions d'adhésion !

Sur la deuxième partie de l'année, nous souhaitons mener une large réflexion pour aboutir à l'élaboration d'**une stratégie marketing**. Aujourd'hui, il y a une réelle demande des membres pour la promotion du réseau et de leur offre. Mon idée est de créer une stratégie commune qu'ils puissent décliner et utiliser à leur niveau. Le projet conclu avec "l'Agence Française de Développement (AFD)" qui vise la structuration du milieu associatif et l'éducation au développement en France, constitue une base pour les actions à mettre en place. Et enfin, outre les membres, je vais dédier du temps à rencontrer nos partenaires. Dans le fond, toutes ces missions sont intimement liées les unes aux autres. Mes missions de l'année à l'ATES en un mot ? **Structuration** !

VA : Qu'apportez-vous de nouveau à l'ATES ?

Je possède une importante expérience en matière de **communication, promotion et marketing**, ainsi qu'en animation de réseaux, compétences qui seront largement mobilisées pour développer le collectif ATES. Ensuite, mon réseau professionnel,

> ***Le développement durable, cela fait quelques années que j'y baigne. A l'ATES, je monte encore une marche en termes d'exigence !***

constitué tout au long de ma carrière notamment dans le cadre de mes fonctions chez Ethic étapes, sera un atout pour **faire rayonner l'ATES** dans les secteurs du **tourisme social et durable**, en France et à l'étranger.

VA : Le tourisme responsable, un secteur nouveau pour vous ?

De par mon parcours, j'ai toujours travaillé sur le réceptif en France. A l'ATES, nous faisons partir les personnes principalement à l'étranger. Les destinations et les réalités

locales sont très différentes d'un pays à l'autre, cette nouveauté est l'un des aspects motivants de ma mission ! Je découvre aussi le lien de l'ATES avec le monde du **commerce équitable** ainsi qu'avec le **développement et la coopération internationale** qui ne sont pas des secteurs directs du tourisme. Cependant, j'ai travaillé pendant longtemps dans le tourisme durable. En 1995, j'ai débuté dans le tourisme social, à l'UNAT (Union Nationale des Associations de Tourisme) ! Ensuite, j'ai occupé pendant 13 ans des fonctions successives au sein du réseau d'associations d'hébergement Ethic Etapes. Ma plus importante contribution a porté sur le marketing et la communication. Durant les dernières années, nous avons beaucoup travaillé sur le développement de stratégies portant sur le **développement durable**, spécialement sur la formation et la sensibilisation des publics mais aussi sur l'obtention de labels européens. En 2011, j'ai repris des études pour obtenir le master "Tourisme culturel et territoires : ingénierie de projets" à Paris, à l'occasion duquel j'ai réalisé un stage passionnant au Comité Régional du Tourisme d'Île-de-France dans le département du développement durable.

Le développement durable, cela fait quelques années que j'y baigne. A l'ATES, je monte encore une marche en terme d'exigence.

EARTH : 1er réseau européen des acteurs privés du tourisme solidaire et responsable

Alphée Edwige Adimi | 28 mai 2009

Lancé en 2008 à Bruxelles, European Alliance for Responsible Tourism and Hospitality (EARTH) est le premier réseau européen créé par des experts du tourisme durable. L'association à but non lucratif (ASBL régie par la loi belge), est composée d'organisations issues du secteur privé présentes dans 7 pays européens (Autriche, Belgique, Irlande, Italie, Allemagne, France et Espagne).

Ce réseau a été fondé par des professionnels du tourisme durable et responsable afin de créer une action commune et cohérente pour promouvoir les valeurs de la solidarité, de l'équité et de la durabilité appliquées au Tourisme.

Basé à Bruxelles, le réseau se veut être l'un des représentants principaux du tourisme responsable au niveau européen ainsi qu'un interlocuteur privilégié des institutions et organisations européennes.

L'environnement au cœur de l'action du tourisme équitable et solidaire

Geneviève Clastres | 8 septembre 2017

Le tourisme est par nature un secteur transversal qui permet de tirer des fils pour nous relier à l'histoire et aux cultures du monde. Toutefois, certains de ses effets se font aussi ressentir de façon problématique. Parmi eux, il y a évidemment la question de l'impact du tourisme sur l'environnement et les moyens que nous nous donnons pour tenter de les réduire voire de les maîtriser.

Les 17 Objectifs de Développement Durable (ODD) au cœur de l'enjeu "nature" !

Tout au long de l'année 2017, Année Internationale du Tourisme Durable pour le Développement, l'Organisation des Nations Unies (ONU) associée à l'Organisation Mondiale du tourisme (OMT) invitent à une réflexion profonde avec pour base les 17 Objectifs de Développement Durable (ODD). Or il est à noter que **si aucun de ces Objectifs n'aborde directement la question de l'environnement, cette dernière revient en filigrane dans la plupart d'entre eux** avec notamment l'ODD 14 sur la question des mers et océans. En outre, l'ODD 2, "Faim Zéro", insiste sur la façon dont nous cultivons, partageons et consommons notre alimentation et précise que : *"L'agriculture, la sylviculture et la pêche peuvent fournir une alimentation nutritive pour tous et générer des revenus décents, tout en soutenant le développement rural et la protection de l'environnement"*. Cet ODD insiste également sur le respect de la biodiversité et la préservation des ressources, un sujet au cœur de la réflexion des professionnels engagés pour le tourisme équitable et solidaire, qui privilégient systématiquement les producteurs locaux et les produits du terroir aux denrées importées du nord.

> *“*
> ***Le respect de la biodiversité et la préservation des ressources, un sujet au cœur de la réflexion des professionnels engagés pour le tourisme équitable et solidaire !***

Dans le même esprit, l'ODD 6 vise à *"garantir l'accès de tous à l'eau et à l'assainissement et à assurer une gestion durable des ressources en eau"*. **La pénurie d'eau affecte plus de 40% de la population mondiale** et plus d'1,7 milliard de personnes vivent actuellement dans des bassins fluviaux où l'utilisation de l'eau est supérieure à la quantité disponible. Or, **le tourisme de masse peut venir intensifier cette pression sur l'eau avec ses grands hôtels assoiffés d'or bleu**. Conscient de cette problématique, beaucoup d'acteurs du tourisme équitable et solidaire ont d'ores et déjà centré leurs projets de développement sur la construction d'équipements visant à faciliter l'accès à l'eau. En ce sens, "A'Tibo", a financé en 2015 un puits dans le village de Dikouenteni au Bénin. De même, "Au cœur des Peuples" a cofinancé la réhabilitation d'un château d'eau dans le village d'Ouriz (Maroc) et ce notamment grâce au voyage sur place d'un groupe de cinq personnes. Autant d'actions positives qui démontrent combien le tourisme solidaire est habile à trouver des solutions pragmatiques et concrètes avec des moyens souvent modestes.

Les acteurs du tourisme équitable et solidaire s'engagent....

Quant à l'accès aux ressources énergiques, l'ODD 7 préconise de ***"garantir l'accès de tous à des services énergiques fiables, durables et modernes, à un coût abordable"*** quand aujourd'hui encore, une personne sur cinq n'a pas accès à l'électricité moderne. A noter là aussi les nombreux projets de terrain qui cherchent à s'appuyer sur le tourisme pour en faire un levier de développement local. Ainsi, en 2012, c'est en grande partie par ses activités que Rencontres au Bout du Monde a pu contribuer au financement de l'éclairage solaire public des villages de Vidasar, Singha San, et Kathrata au Rajasthan (Inde).

En sus, si le tourisme est un utilisateur gourmand en énergies de toutes sortes, il est aussi un important émetteur de Gaz à Effet de Serre (GES), 5% de la totalité des GES étant émis par le secteur. L'ODD13, qui préconise de *"prendre d'urgence des mesures pour lutter contre les changements climatiques et leurs répercussions"* prend alors tout son sens. Toutefois, **comment faire en sorte que les touristes prennent moins l'avion quand on sait le goût de tout un chacun pour aller à la rencontre des terres et cultures éloignées ?** Vaste dilemme, la compensation carbone est une première réponse que nombre d'acteurs du tourisme solidaire ont mise en œuvre mais elle ne suffit pas. En ce sens, ils s'engagent également à ce que les séjours long courrier proposés aient un minimum de quinze jours (huit jours pour un moyen courrier). Les avancées technologiques sont aussi des pistes explorées mais là aussi, le temps presse. Les énergies

durables (ODD7) et modes de consommation et de production durable (ODD12) sont donc inévitables.

Economiser toujours plus l'eau, l'énergie, les ressources !

Enfin, impossible de conclure ce premier tour d'horizon sans parler de notre planète d'une façon plus globale, chaque jour sujette à de nouvelles agressions dont le tourisme est en partie responsable. L'ODD 14, qui vise à conserver et exploiter durablement mers et océans, inclut bien sûr les ressources marines. Or, **40% des océans sont fortement touchés par les activités humaines**, y compris la pollution, l'épuisement des ressources halieutiques et la disparition des habitats côtiers. **Chaque seconde, 206 kg de déchets plastiques sont déversés dans les océans du monde entier**. Tous sont d'origine humaine. Ces déchets aquatiques sont une menace grave non seulement pour le milieu marin mais plus largement pour l'ensemble de l'écosystème. On sait par exemple combien les tortues ont à souffrir des nombreux sacs plastiques abandonnés chaque année par des vacanciers peu scrupuleux, qu'elles prennent pour des méduses puis avalent avant de mourir étouffées.

> **« *Si le tourisme est un utilisateur gourmand en énergies de toutes sortes, il est aussi un important émetteur de Gaz à Effet de Serre (GES), 5% des GES étant émis par le secteur.* »**

Enfin, au sol, les écosystèmes terrestres sont chahutés quotidiennement, à l'image de nos forêts, de nos déserts, de nos paysages. En ce sens, l'ODD 15 préconise de *"préserver et restaurer les écosystèmes terrestres, en veillant à les exploiter de façon durable, gérer durablement les forêts, lutter contre la désertification, enrayer et inverser le processus de dégradation des sols et mettre fin à l'appauvrissement de la biodiversité."* Conscients de ces écueils, les acteurs du tourisme équitable et solidaire membres de l'ATES respectent une grille de 54 critères précis et objectifs dont le recours maximum aux ressources locales (critère 26), le fait de privilégier des choix techniques respectueux de l'environnement en cas d'investissement touristique (critère 33), le respect de biodiversité (critère 34) et l'aménagement de temps de sensibilisation pour permettre aux voyageurs d'effectuer leur séjour dans le plus grand respect des populations, des cultures et de leur environnement (critère 37). Ces derniers sont également sensibilisés en amont et en aval à l'ensemble de ces problématiques.

10 ans de tourisme équitable et solidaire… et demain? Rendez-vous le 25 octobre pour en savoir plus

Guillaume Chassagnon | 11 octobre 2016

Rendez-vous le 25 octobre prochain à Paris dans le prestigieux cadre de l'hôtel de ville pour participer à la conférence très attendue sur **l'avenir du tourisme équitable et solidaire**. Une journée organisée par **l'Ates** (réseau d'acteurs et de spécialistes du tourisme équitable et solidaire) et placée **sous l'égide de Mathias Fekl**, secrétaire d'Etat chargé du commerce extérieur, de la promotion du Tourisme et des Français de l'Étranger ; mais aussi du ministère des Affaires étrangères, de l'Agence Française de Développement et de la Ville de Paris, et avec la participation de l'Organisation Mondiale du Tourisme. Celle-ci est ouverte aux acteurs du tourisme équitable, aux médias, aux associations, aux acteurs locaux, aux ONG, aux voyageurs… Et tout cela sonnera comme un préambule à l'année 2017, déclarée "Année Internationale du Tourisme Durable pour le Développement".

ATR : Le Tourisme responsable par Voyageurs Du Monde : Ne pas faire des voyages à n'importe quel prix, ni à n'importe quelles conditions !

Geneviève Clastres | 26 juillet 2010

Dix questions à Jean-François Rial, PDG de Voyageurs Du Monde, groupe français qui propose des voyages sur mesure, en individuel, ou d'aventure. Il se décline en 5 marques : Voyageurs du Monde, Terres d'Aventure, Comptoir des Voyages, Déserts et Nomade Aventure.

VA : A quel moment avez-vous commencé à réfléchir à un tourisme plus responsable ?

Je dirais qu'on y a réfléchi naturellement, pratiquement depuis le début. Après, c'est un problème de progression et d'étapes. Au départ, le sujet le plus crucial pour nous a été la politique sociale de l'entreprise, que l'équipe soit correcte pour un travail valorisant et motivant. Puis, progressivement, on est entré dans une démarche consistant à faire en sorte de rendre les voyages plus soucieux de la durabilité et de l'ensemble des populations visitées, d'utiliser correctement les ressources naturelles et enfin, de maximiser les retombées nord-sud, surtout dans les pays les plus démunis.

VA : Quelles sont les actions engagées par VDM en matière de tourisme solidaire ?

Je vais plutôt utiliser le terme de tourisme responsable parce qu'à mon sens, solidaire renvoie à autre chose. Voyageurs Du Monde (VDM) n'est pas une ONG. C'est une entreprise normale qui a pour objectif de faire du profit. En revanche, VDM ne veut pas faire des voyages à n'importe quel prix ni à n'importe quelles conditions. Pour l'illustrer, nous avons entrepris une démarche de labellisation. Il existe aujourd'hui en France un label qui s'appelle **Agir pour un Tourisme Responsable (ATR)**, certifié et validé par l'AFNOR, un label qui est d'abord un contenu d'informations et de sensibilisation auprès des clients. Il possède quelques éléments d'actions concrètes sur le terrain

> *Cette démarche de certification avec ATR a permis à l'entreprise de progresser, de sensibiliser ses collaborateurs et ses clients.*

mais ce n'est pas là-dessus que ce label est le plus costaud. Nous avons commencé cette démarche de labellisation et certification avec ATR courant 2007, ce qui a permis à l'entreprise de progresser, de sensibiliser ses collaborateurs et ses clients. Nous avons été certifiés en 2008 et pour la troisième année, nous sommes confirmés dans cette certification. Aujourd'hui, une dizaine de voyagistes sont ainsi certifiés ATR.

VA : Le fait d'être confirmé fait référence à l'audit annuel réalisé par l'AFNOR pour les voyagistes labellisés ? En quoi consiste cet audit annuel ?

Tout à fait, cela fait deux fois de suite que nous sommes confirmés. On vient de l'être au mois de juillet. Cet audit consiste à vérifier que l'on respecte bien les critères du label mais aussi, à vérifier que les engagements de progression que l'on s'est engagé à faire sont effectifs. Par exemple, au départ, la démarche ATR concerne autant les engagements des réceptifs, soit les agents de voyage locaux, nos partenaires, qui s'engagent avec nous à respecter un certain nombre de choses…

A Voyageurs, on a voulu aller plus loin en faisant tout un travail d'information sur les hôtels, un travail délirant car nous travaillons avec près de 5 000 hôtels, puisqu'on fait du voyage sur mesure. Et donc, on s'engage à progresser sur le nombre d'hôtels et sur le contenu de l'information que l'on collecte.

VA : Qui collecte ces informations et de quoi s'agit-il précisément ?

C'est nous, nos équipes, les réceptifs et nos conseillers, tous ceux que j'appelle des référents. Nous n'avons pas de chef de produit. J'ai banni ce mot parce que je le trouve inadapté au monde d'aujourd'hui, surtout pour le voyage sur mesure où l'on produit avant tout ce que le client nous demande. Il n'y a pas de produit catalogue et on choisit son produit. Nous, le produit, c'est celui que le client veut. Donc il est différent pour chaque personne, de la découverte des ethnies au fin fond de villages reculées à la vie sociale et culturelle du pays. Chacun son goût et son style. Et ce sont nos référents, souvent des gens originaires du pays, nos conseillers, qui, en synergie avec les clients qui reviennent, récupèrent l'info.

VA : Pour revenir sur l'audit ATR, comment se fait la vérification concrète du respect des critères ?

En fait, on est obligé d'apporter des preuves. C'est un des grands outils de l'AFNOR, parfois très agaçant d'ailleurs, certaines demandes n'ont pas beaucoup de sens, mais c'est la règle. Par exemple, nous devons avoir diffusé à nos clients qui partent ce que l'on appelle la fiche environnementale type du pays.

Ainsi, nous devons leur dire précisément dans tel pays il y a tel problème, telle chose qui marche, etc. Et nous devons prouver que nous avons donné cette information à nos clients. Et ainsi de suite pour un tas de choses.

VA : Cela veut aussi dire vérifier les fiches de paie et salaires des réceptifs ?

Il n'y a rien de prévu sur le salaire des réceptifs. C'est une illusion qui trompe tout le monde mais qui n'existe pas. Il n'y pas de normes salariales prévues par ATR sur les pays pour les réceptifs ou nulle part ailleurs. Il n'y a que sur le Maroc où il existe quelques normes salariales. Nous, on pousse pour qu'il y ait beaucoup plus d'informations de ce type mais on n'est pas toujours suivi par les membres d'ATR. Donc plutôt que d'aller au clash, on tâche d'y aller de façon progressive.

ATR, dix ans et des envies de grandir encore...

Geneviève Clastres | 29 mars 2014

ATR a dix ans, dix ans et des envies de le faire savoir, dix ans et des envies de communiquer, dix ans et des envies de grandir encore. Alors, au soir du 27 mars, ils étaient nombreux à s'être déplacés pour une soirée oscillant entre le bilan et la marche vers demain, un bilan en dix victoires qui revient sur les grandes dates du réseau mais aussi, un regard vers l'horizon avec des ambitions nouvelles : déployer la certification ATR et devenir un acteur incontournable du tourisme responsable.

Dix ans et dix victoires !

Dix ans, dix victoires et toutes celles à venir...! C'est le dossier de presse qu'ont reçu un parterre de journalistes pour tenter de faire comprendre et d'ouvrir à une presse plus large les actions et les engagements des différents membres d'ATR. Le ton est donné. Après des années de réunions (AFIT), de coordination, de certifications (AFNOR), de chartes et grandes messes éthiques dans le microcosme du tourisme responsable, **ATR veut changer d'échelle**, faire savoir et clamer au grand public combien ces années de réflexions et d'engagements ont permis de faire évoluer tout un pan d'une profession vers une certaine maturité. Guidés par tout un panel de critères à respecter, **ces T.O responsables pèsent aujourd'hui 357 millions d'euros, 205 000 voyageurs,** que se partagent à présent (il y a eu des départs et des arrivées) **onze voyagistes**. Parmi eux, le groupe Voyageurs du Monde (Voyageurs du Monde, Terres d'Aventure, Chamina, Comptoir des voyages et Nomade Aventure) mais aussi Atalante, l'un des pionniers d'ATR, qui a rejoint le groupe Geophyle. Enfin, d'autres T.O d'aventure et spécialistes de marches à pied tels La Balaguère, Allibert trekking, Tirawa, Terre Voyages et Grand Angle, le seul des onze à n'avoir pas obtenu la certification AFNOR.

Des réalisations concrètes

Parmi les nombreuses réalisations de ce groupe peu banal, à la fois soudé et concurrent, où des personnalités très fortes se côtoient, il faut saluer, au-delà de **la certification AFNOR** (la base du "label" ATR), le développement de **fiches pays** qui ont permis de mettre en commun les informations dont disposaient les uns et les autres sur des points touchant autant au juridique, à l'environnemental, au social qu'au marché touristique. Autre initiative à souligner, **la mise en place d'une Commission Sécurité** dont les objectifs sont d'échanger de l'information en toute transparence sur les destinations à risque, d'évaluer parfois les dangers réels d'un territoire en menant des enquêtes poussées de terrain, ce, en coordination avec le MAE qui a appris à respecter ces acteurs peu classiques qui vont se faire leur propre idée sur place. Certes, les débats sont parfois vifs au sein du groupe mais il y a une vraie transparence et des échanges constants. **Parfois, la Commission va jusqu'à mener des missions de sécurité**, tel ce rapatriement de 150 touristes

> **"** ***Grossir et risquer de perdre de vu ses objectifs premiers ou rester petit et cantonner ses engagements responsables à un public restreint ?***

coincés dans le sud libyen mené en février 2011 au moment de l'attaque de Tripoli par Kadhafi, une opération aéroportée organisée en collaboration avec le MAE. Enfin, ATR et chacun de ses membres soutiennent **de nombreuses actions de solidarité**, que ce soit vis-à-vis des communautés locales, pour préserver l'environnement ou pour valoriser le patrimoine culturel.

Le dilemme de la grenouille

Le réseau a toutefois de nouvelles ambitions et notamment, **l'envie de s'ouvrir à des T.O plus classiques** (Asia, Kuoni, Vacances Transat…) ou plus petits (que le coût de la certification AFNOR avait pu écarter), ce, avec une labellisation qui se verrait assouplie. **Ouvrir également le collectif ATR à d'autres partenaires** (universités, écoles, médias, voyageurs, etc.) afin de devenir, comme l'a expliqué Julien Buot, son nouveau directeur, la référence du tourisme responsable en France. Alors, certes, le défi est conséquent, d'autant qu'il est également présenté de manière chiffrée avec, à l'horizon 2016, un objectif de 500 000 voyageurs, 1 000 000 pour 2020… On ne s'étonnera donc pas que d'ores et déjà, nombre d'acteurs du tourisme responsable, éthique, solidaire… s'inquiètent de ces envies de grossir, de cette volonté de faire prospérer un réseau où les critères de certification risqueraient d'être de moins en moins faciles à maîtriser sur le terrain, où la qualité initiale d'un label serait diluée par une profusion de "sous label" pas toujours facile à saisir (c'est déjà complexe !).

D'un autre côté, les membres du réseau ATR désirent sortir des schémas militants et faire venir le grand public au tourisme responsable. Et il faut reconnaitre que le tourisme responsable a besoin de s'émanciper, de quitter son petit monde pour être mieux connu et compris du grand public. Bref, un dilemme que l'on pourrait s'amuser à résumer ainsi : grossir et risquer de perdre de vue ses objectifs premiers ou rester petit et cantonner ses engagements responsables à un public restreint. On pourrait conclure en se disant que le tourisme "responsable" est un peu au tourisme ce que le bio est à l'agriculture, il y a les purs et durs, les militants plus raisonnés, les inconscients, les désinformés, les "empesticidés"… On pourrait également ajouter que le tourisme est par nature une activité ambivalente, avec ses effets pervers mais aussi ses effets bénéfiques pour les peuples et les territoires visités. On pourra toujours trouver du pour et du contre, alors, tenter de faire un peu mieux, se battre pour sensibiliser la profession et le grand public, **tenter de fédérer un réseau plus vaste reste un combat à saluer, porter, et soutenir**, et l'on ne peut que souhaiter aux membres d'ATR d'arriver à faire passer auprès du plus grand nombre les bonnes pratiques et le respect des peuples visités.

ATR lance son Observatoire du Tourisme Responsable

Geneviève Clastres | 8 avril 2015

Depuis son **dixième anniversaire** célébré en 2014, ATR, Agir pour un Tourisme Responsable, a décidé de passer à la vitesse supérieure et d'agrandir son cercle autant que son volet d'actions. Première réalisation concrète dans ce nouvel élan, la création d'un observatoire du tourisme responsable qui vise à développer des partenariats avec les universités et les écoles de tourisme, mais également à apprendre des travaux des chercheurs. La participation au premier MOOC en écotourisme en est la toute première déclinaison…

Village Ways : au cœur des villages indiens avec La Balaguère

Geneviève Clastres | 7 mars 2014

On connaissait la Balaguère comme spécialiste des randonnées pyrénéennes, puis comme organisateur de voyages engagés vers des ailleurs du bout du monde tels le Maroc, la Mauritanie, le Népal ou le Cap Vert... Aujourd'hui, l'agence lance une nouvelle forme de voyages mêlant randonnées et immersions dans les villages et visant à utiliser l'activité touristique comme levier de développement local.

Village Ways ou les chemins de rencontre

Le concept est malin et finalement assez proche de certaines formes de tourisme solidaire. Toutefois, la vraie valeur ajoutée est de monter un produit clef en main entièrement basé sur les ressources locales et ayant pour objectif d'**intégrer le tourisme aux revenus de villages jusque là encore peu touchés par les vagues voyageuses**, et ce, sans pour autant faire concurrence aux ressources traditionnelles du territoire (agriculture, élevage, pêche, vannerie, etc.). Pour cela, la recette est simple : des **voyages limités et en petits groupes** (six personnes maximum), qui allient la randonnée à la vie de village, en séjournant dans des chambres d'hôtes entièrement gérées par des comités villageois. Les revenus du tourisme revenant avant tout au territoire, on comprend la motivation des locaux pour accueillir les randonneurs, et leur ouvrir d'autant plus naturellement leur porte.

En route pour l'Inde

Pour l'heure, deux formules coexistent sur le site internet du groupe, deux aventures indiennes qui proposent un programme alléchant de randonnées et d'immersions villageoises. La première invite à une **découverte de plusieurs villages du Kerala** dont les villages communautaires des "backwaters" accessibles uniquement par bateau de pêche et canoë. Les voyageurs auront l'occasion d'alterner entre terre et eau, entre plantations de café ou de poivre et navigation au fil des rivières pour découvrir l'animation des villages "backwaters". **La deuxième amène les visiteurs hôtes dans les contreforts de l'Himalaya**, au cœur de sommets enneigés et de villages agrippés aux montagnes. A nouveau, la randonnée de villages en villages alterne avec les moments de partage avec les communautés villageoises.

Les petits plus responsables

Au-delà de l'objectif initial de permettre aux populations de rester sur leur territoire grâce à un complément de revenu généré par le tourisme, **Village Ways se veut un concept responsable jusqu'au bout des**

Conférence Grand Bivouac : Tous acteurs d'un tourisme responsable ?

Geneviève Clastres | 13 octobre 2014

Vendredi 17 octobre à 16h, sous le chapiteau du village du Grand Bivouac d'Albertville, l'association ATR organise une table ronde/débat afin de faire connaitre son action et son implication en faveur d'un tourisme toujours plus responsable. Voyageons-Autrement sera présent et prendra part à la table ronde.

ongles : participation des locaux d'un bout à l'autre de la chaine (hébergement, restauration, guidage, transport, porteurs, activités annexes), formation spéciale des guides locaux, association de la population au projet, utilisation de matériaux traditionnels pour la construction des maisons d'hôtes, activité touristique maîtrisée, randonnée douce et respectueuse, accent sur la rencontre et l'échange entre touristes et hôtes.

A la rencontre des peuples du monde avec Simone Allibert

Jérôme Bourgine | 26 août 2016

Découvrir à pied d'autres paysages, d'autres peuples et d'autres cultures, depuis sa création il y a 40 ans, Allibert Trekking parcourt le monde dans le respect des populations et de l'environnement. A l'heure où plusieurs T.O. ont fait de *"la rencontre"* une thématique phare de leurs propositions de voyages, Voyageons-Autrement.com a rencontré Simone Allibert, pour qui cette "dimension" du voyage coule de source…

VA : Quelle dimension la rencontre avec les autres peuples occupe-t-elle dans vos voyages ?

Je ne saurais pas définir la dimension occupée par les rencontres dans nos voyages car **celles-ci s'y inscrivent de manière naturelle et spontanée depuis le tout début**. Gardiens de refuge dans les premières sorties en montagne, bergers et muletiers croisés, cuisiniers du campement puis, partout ailleurs, ces guides qui vous font faire halte dans leur famille pour vous faire goûter huile d'olive et cerneaux de noix dans l'Atlas marocain ou chez un agriculteur ami dans les Hautes Terres de Madagascar parce qu'un voyageur s'intéresse à tel type de culture… Et puis tous ces habitants chez qui l'on passe la nuit ! En Birmanie, récemment, dormant dans un monastère, nous nous sommes retrouvés à partager la vie des moines durant plusieurs heures, certains participants connaissant alors des moments d'échange vraiment privilégiés. C'est quelque chose d'omniprésent, depuis toujours, contenu dans notre ADN et que l'on ne calcule pas, n'organise pas, parce que cela découle tout naturellement de notre manière d'envisager le monde.

VA : Quelles destinations se prêtent particulièrement à ces rencontres ?

J'allais dire : peut-être moins en Europe… mais là encore, en montagne, on l'a vu, les rencontres sont rares mais de qualité. Mais c'est surtout l'identité même de certaines régions : géographie, infrastructures, culture, qui fait qu'un voyage est davantage orienté vers la rencontre ou, en tout cas, plus riche en rencontres. En Afrique, au Maroc, par exemple, en Asie, surtout centrale, dès lors que vous cheminez à pied, vous allez être systématiquement invité par les gens que vous croisez à boire un verre de thé, du lait fermenté…

En Ouzbékistan, où l'on dort chez des familles, arrivant en fin d'après-midi, on partage le thé de bienvenue, puis les femmes accompagnent souvent leurs hôtes en cuisine ; ensuite, il y a le repas, la veillée. Dans le nord du Vietnam, même chose avec la traversée de ces petits villages jusqu'à celui où l'on dormira ; les fins de journée, à l'étape, se montrant souvent propices aux échanges…

Sans oublier cette multitude d'invitations "de hasard" qui, comme nous l'avons évoqué, se proposent toujours en chemin : fête religieuse locale, mariage, simple invitation à boire un verre d'eau…

VA : Comment parvenez-vous à préserver le caractère "authentique" des rencontres, leur spontanéité ? Est-ce seulement possible ?

L'authenticité, le meilleur moyen de la préserver est de continuer à ne rien programmer : **pas de village pour touristes, pas de femmes girafes qui disparaissent aussitôt la photo faite et la main tendue**. Nous nous "contentons" des rencontres qui se présentent… naturellement. Et cela existe encore, partout, des habitants curieux des voyageurs de passage, sans idée préconçue de profit, souhaitant simplement, comme nous, échanger.

VA : Allibert s'est engagé de bonne heure dans une démarche responsable. Pouvez-vous nous rappelez les grandes étapes de cet engagement ?…

L'aventure Allibert est partie de balades en montagne, ces endroits préservés par excellence que l'on ne souhaite traverser et quitter que d'une seule manière : sans y avoir laissé la moindre trace, sans avoir entaché en rien leur magie. Puis ce furent les premiers voyages dans le désert, autre espace préservé majeur, au Maroc et en Algérie. Nous y avons été si bien accueillis ; comment aurait-on pu vouloir autre chose que préserver ces trésors naturels et humains ? Alors on l'a fait. **On a fait du tourisme durable et responsable avant même que ces mots n'existent. Du tourisme solidaire, également**, car comment ne pas s'attacher ou vouloir aider ces personnes avec qui l'on travaille sur place et qui nous ont si bien ouvert leur pays, leurs connaissances et leur cœur ? Qu'il s'agisse de formation, d'aide technique ou de projets, nous essayons donc d'être actifs auprès des populations avec lesquelles nous travaillons. Avec le temps, naturellement, les choses se sont un peu structurées, ***via* notre association Globetrekkeurs** entre autres ; les voyageurs Allibert ayant par exemple formidablement répondu à notre appel aux dons après le séisme survenu au Népal l'an passé.

> **“ *On a fait du tourisme durable et responsable avant même que ces mots n'existent. Du tourisme solidaire, également…* **

VA : La première rencontre effectuée par un voyageur est bien souvent… son guide. On sait combien un bon guide est un élément ca-pi-tal de la réussite d'un voyage. Comment choisissez-vous les vôtres ? Qui sont-ils et qu'ont-ils en commun ?

Un élément capital, oui, car **le guide est le lien, le pont entre la culture du voyageur et celle qu'il souhaite découvrir**. Aussi est-il essentiel que le guide soit une personne qui possède les clés et ouvre les portes de notre compréhension, pour nous donner accès à ce monde nouveau, le rendre intelligible. Nous choisissons nos guides d'abord sur leurs compétences techniques s'il s'agit de montagne ou sur leur connaissance du pays ailleurs mais, surtout, nous les choisissons pour leur ouverture d'esprit et leurs qualités humaines, leur désir de faire partager leur amour d'un territoire et de ses habitants et leur capacité à transmettre cela, à tisser ce lien constant avec la réalité locale. S'ils ont ce talent, peu importe qui ils sont : hommes, femmes, jeunes, vieux…

ADN "Tourisme durable" : Vincent Fonvieille

Geneviève Clastres | 22 février 2017

Fondateur de La Balaguère et président du réseau ATR, Vincent Fonvieille est un homme ancré dans son territoire, les Pyrénées, qui a peu à peu construit un projet de vie rassemblant ses attaches, ses passions et ses convictions, soit un triangle vertueux où la montagne joue un rôle-pivot. Passionné de randonnée mais aussi ouvert sur l'ailleurs et les cultures du monde, l'homme a depuis toujours multiplié les engagements en faveur du tourisme durable, essentiellement parce que le durable, c'est avant tout une façon de vivre, de penser, du bon sens bien au-delà des mots, une éducation au-delà des combats militants, qui n'en restent pas moins présents. Tout est parfois question d'échos.

Trente ans déjà !

En 2015, le capitaine de La Balaguère a fêté ses trente ans, trente ans à faire marcher, voyager, sillonner, rencontrer, réfléchir. Trente ans et trente-cinq salariés, quelques soixante guides-accompagnateurs qui, depuis le Val d'Azun (Hautes-Pyrénées), mettent le monde à portée de tous. **La Balaguère, c'est aussi près de 800 destinations au catalogue, un chiffre d'affaire autour de 12 millions d'euros, 15 000 clients en 2015, le tout sans pour autant perdre son indépendance**. Aujourd'hui, 82% de l'entreprise appartient toujours à ses fondateurs et pour Vincent Fonvieille, c'est à la fois un gage de qualité mais aussi d'indépendance : *"Être indépendant nous donne cette liberté d'entreprendre sans toujours avoir en tête l'objectif de rentabilité. Certes, c'est important, mais on a aussi envie de s'engager sur des projets moins rentables qui nous passionnent comme Eldorando ou les Randos Philos. A un moment, Voyageurs du Monde s'est intéressé à nous et j'ai sérieusement réfléchi. Je me sentais un peu seul, j'ai beaucoup de respect pour ce groupe, mais j'ai fini par dire non. Au final, je ne le regrette pas, cela a donné un coup de peps à l'équipe et depuis, on se porte très bien."*

La parabole de la montagne

Elevé en Ariège, Vincent Fontvieille a intimement lié son destin à celui des Pyrénées. Un temps fonctionnaire à l'Office des Forêts, il crée un gîte à Arrens-Marsous puis une association qui propose des randonnées, La Balaguère. Nous sommes en 1984, l'année du lancement du Salon de la randonnée. Peu à peu, l'association va prendre ses marques. En 1988, La Balaguère est présente sur l'ensemble du massif pyrénéen. Le cercle des accompagnateurs et de guides de haute montagne s'élargit. Certes, le temps passant, certaines années sont plus compliquées que d'autres, mais **les bonnes personnes apparaissent toujours au juste temps, à l'instar de Maurice Freund** qui, en 1995, après une année difficile, incite le voyagiste à proposer la Mauritanie et à en

> **“ *Les bonnes personnes apparaissent toujours au juste temps, à l'instar de Maurice Freund qui, en 1995, incite le voyagiste à proposer la Mauritanie et à en devenir le spécialiste français.***

devenir le spécialiste français. Ce sera déterminant. Jusqu'en 2004, la progression est fulgurante. Devenu le **cinquième TO français d'aventure, la Balaguère** se diversifie au fil des ans. Aujourd'hui, au-delà de la randonnée, elle propose des circuits à vélo, des découvertes plus culturelles, mais son cœur de métier reste le voyage à pied.

On dure parce que l'on est durable…

Et le tourisme durable ? Sûrement pas un vain mot dans la bouche de Vincent Fonvieille, à se demander d'ailleurs si ce n'est pas l'un des secrets de l'incroyable longévité de son entreprise. **Fort de son ancrage en montagne, le respect de l'environnement sonne presque comme un réflexe**. Il va de pair avec le respect des populations visitées et le souci du territoire, des territoires… En outre, dans les années 2 000, La Balaguère participe à la création du réseau ATR, dont Vincent Fonvieille est aujourd'hui président. *"Si pour nous le respect de l'environnement sonnait comme une évidence, ATR nous a beaucoup aidé à progresser sur les champs du social, du sociétal. Car si on veut que toute la chaine soit vertueuse, de nos bureaux jusqu'au chamelier, il faut vraiment engager des procédures et la certification AFNOR des débuts nous a vraiment poussé, même si elle a demandé beaucoup de travail. Après, nous souhaiterions aller plus loin sur certains engagements mais nous n'en avons pas toujours les moyens. Je m'interroge aussi sur la question des GES. On en est à peine au stade de la prise de conscience. Il reste beaucoup à faire et il faut sans cesse se remettre en question…"*

La feuille retombe toujours au pied de l'arbre

Cet engagement pour le durable, on le retrouve aussi dans le combat plus local que mène l'homme au cœur de son territoire. Elu consulaire, Vincent Fonvieille est soucieux du développement économique de sa vallée, du maintien des emplois, et **se bat pour créer une marque "Pyrénées" afin d'accroître la notoriété du massif et fédérer les énergies**. *"La Marque Pyrénées a pour objectif de rassembler tous les acteurs derrière une même bannière pour communiquer d'une même voix. Nous travaillons avec un cabinet spécialisé qui a mis en exergue un socle de valeurs communes qui rassemblent tous les Pyrénéens. Il y a une vraie attente. Les Pyrénéens se sentent Pyrénéens et ont besoin de faire mieux connaitre leur territoire"*. Et pour aller au bout de cette logique, **La Balaguère souhaite à présent développer le réceptif et accueillir plus massivement la clientèle étrangère** au cœur des Pyrénées, avec entre autres projets la création d'un hôtel. *"Cela facilitera l'hébergement sur place au moment où l'investissement hôtelier reste difficile."* Ouverture prévu au printemps prochain. Une invitation de plus pour retrouver le plaisir des sentiers et mettre ses pas dans les traces des hommes simples.

VVE : Tourisme et Territoire – L'expérience de Jean-Pierre Lamic

Geneviève Clastres | 12 septembre 2011

Jean-Pierre Lamic est un baroudeur et un grand voyageur, véritable praticien du tourisme culturel et d'aventure depuis vingt-cinq ans. Il est aussi le fondateur de VVE, l'Association des Voyageurs et Voyagistes éco-responsables et auteur de plusieurs ouvrages dont "Tourisme durable : utopie ou réalité ?". Il revient ici pour nous sur la question de territoire qui lui tient à cœur.

VA : Vous réfléchissez beaucoup à la notion de territoire pour fédérer des énergies locales et utiliser le tourisme comme un levier de développement, avez-vous quelques exemples concrets qui permettent à la fois d'espérer mais peuvent également servir de modèles voire inspirer d'autres régions ?

Nous avons beaucoup d'exemples sans distinguer forcément le Sud du Nord. Ce qui incombe, c'est la méthodologie employée pour la création des circuits. Prenons celle mise au point par Pascal Lluch pour RandoPays. **RandoPays est un exemple de démarche qui intègre dès la conception des itinéraires les notions de mobilité douce, approvisionnement local, filières biologiques, choix des gîtes engagés dans ces mêmes démarches**. Les objectifs sont à la fois que l'activité et ses composantes génèrent le moins d'émissions de gaz à effet de serre possible, et d'autre part de favoriser les initiatives locales intéressantes, les savoir-faire du territoire. Ce sont en général deux aspects d'une même médaille, puisque acheter la nourriture bio et locale évite du transport et permet à ceux qui cultivent de vivre sur leur territoire, renforçant ainsi toute une filière, un tissu de vie.

Prévoir un rendez-vous de début et de fin de séjour dans une gare incite fortement les clients à prendre le train. Ce qui est très positif à la fois pour l'environnement, le maintient des lignes secondaires, et la perception de la mobilité par les personnes qui viennent en vacances. Notons au passage que dans le bilan carbone d'un territoire touristique, les émissions de gaz à effet de serre des visiteurs sont mises au crédit du territoire…

> *« Favoriser les initiatives locales intéressantes, les savoir faire du territoire.*

La solidarité du visiteur avec le territoire d'accueil s'exprime aussi par les rencontres qu'il va faire. Discuter avec le maraîcher, le paysan boulanger, le constructeur de maison bioclimatique, l'association de sauvegarde de tel ou tel savoir-faire traditionnel, est un véritable échange, et pas une visite soit de musée, soit d'activité disneylandisée. Le voyageur devient le meilleur ambassadeur dont le territoire puisse rêver…

A RandoPays, le tourisme n'est pas seulement la consommation de paysages emblématiques et connus, mais une **découverte en profondeur, de toutes les dimensions du territoire**. Vu comme cela, n'importe quel territoire devient attractif ; et le tourisme diffus devient le meilleur irrigateur de richesses, profitant à un nombre important d'acteurs, qui ne dépendent pas d'un tourisme prédateur, et consommateur des attractivités du territoire. Ce tourisme-là nécessite de la part des régions un minimum d'infrastructures dédiées et d'investissement. **L'existant est utilisé en premier lieu. C'est ainsi que les effets leviers économiques générés par le tourisme sont le plus importants**. On est donc loin du centre de vacances tout intégré, auquel on accède en avion ou en voiture ; tourisme que l'on peut qualifier de hors sol. Le rôle d'intermédiation que s'est donné RandoPays implique de ne proposer que des séjours sur des zones que l'accompagnateur connait parfaitement, où il est impliqué (membre des associations porteuses de valeurs abordées ci-dessus, client des filières biologiques, etc.).

Cette méthodologie et ces principes sont utilisés par la plupart des adhérents de V.V.E, pour tout ou partie de leur gamme. C'est ainsi que **Vercors Escapades** par exemple, peut afficher plusieurs séjours établis en partenariat avec le Parc naturel régional du Vercors. De même, Languedoc Nature s'est associé avec le Parc naturel des Grands Causses. Enfin, selon ces mêmes principes, Vanoise et Val d'Aoste Ecotourisme vient de concevoir un voyage co-conçu en partenariat avec le Parc national de la Vanoise. Une première en France en ce qui concerne les Parcs nationaux.

Transat France, certifié TravelLife, s'est engagé à poursuivre ses efforts dans le sens du label. Hervé Guillon, responsable Tourisme durable et adapté à l'Office du Tourisme et des Congrès de Paris, a précisé qu'il valoriserait l'action de ses membres tout au long de l'année notamment en sensibilisant les hôtels parisiens et franciliens sur le tourisme durable, en mettant l'accent sur **l'accueil des publics handicapés** via la marque "Destination pour tous" et le label "Tourisme et Handicap" dans la perspective d'accueillir les Jeux paralympiques en 2024. Le Groupe Barrière lance un **challenge anti-gaspillage alimentaire** dans ses 80 restaurants et compte bien poursuivre l'affichage environnemental déjà expérimenté au Naoura Marrakech lors de la Cop 22.

Franck Laval, directeur du Solar Hôtel, prévoit la création de **quatre "Ecoles-Hôtel Solar"** (Bagnolet, Bondy, Bobigny et Evry) afin d'accentuer la part du durable et l'insertion professionnelle dans la formation des élèves hôteliers. Le Groupe Pierre & Vacances – Center Parcs, a annoncé l'ouverture l'été prochain **d'un "Village Nature Paris"** qui se veut une destination innovante avec 916 cottages sur un site de 259 hectares essentiellement composé d'espaces naturels, comptant de nombreuses innovations durables. Chez la Clef Verte, on précise que l'année 2017 sera l'occasion pour le label, porté par l'association Teragir, d'évoluer vers de nouveaux critères axés sur la **RSE et la restauration responsable**. Enfin Pascaline Deshayes, **Viatao**, a annoncé la parution de **six nouveaux guides Tao** et de nombreux évènements pour ponctuer l'année à l'image d'une exposition photos sur la Colombie.

Et du côté du réseau ATD...

Evidemment, rien d'exhaustif ici mais la profusion des acteurs invités et la multiplicité des actions engagées permet de se faire une bonne idée du volontarisme des acteurs du tourisme. **Fort aujourd'hui de 85 membres et bien déterminés à passer la barre des 150 à l'issue de l'année, le réseau ATD souhaite également faire de cette année du tourisme durable un tremplin pour les acteurs qu'il représente**. En ce sens, il a présenté un **panel d'actions** : la constitution d'un Village du Tourisme Durable en mars lors du Salon mondial du Tourisme à Paris ; en juin, une campagne d'images et de sensibilisation du grand public sur Youtube et les réseaux sociaux intitulée "Tous acteurs du tourisme durable" ; l'organisation de la 3e édition des Universités du Tourisme Durable au mois d'octobre et la création en décembre des "Victoires du Tourisme Durable". Bien des évènements à suivre, sur lesquels nous ne manquerons pas de revenir et auxquels Voyageons-Autrement.com s'associe en vous préparant, tout au long de l'année, une galerie de portraits des acteurs qui s'engagent pour le durable.

Si je n'avais qu'une palme à décerner...

Sophie Squillace | 14 novembre 2017

Les huiles du tourisme durable vont enfin se voir décerner leur première palme, et c'est bien mérité. Dans le cadre de l'Année Internationale du Tourisme Durable pour le Développement déclarée par l'Organisation Mondiale du Tourisme (OMT), TourMag.com et l'association ATD (Acteurs du Tourisme Durable) ont décidé d'organiser ce concours pour récompenser les professionnels du tourisme engagés dans une démarche de développement durable. 16 candidats ont été sélectionnés pour le caractère innovant et exemplaire de leurs actions. Vous avez jusqu'au 30 novembre pour voter en ligne parmi 6 catégories : hôtels, voyage, loisir, territoire, transport et information.

Une multiplicité d'acteurs et de personnalités engagées

On ne pourra jamais faire le tour de l'ensemble des acteurs et structures engagées, les initiatives sont extrêmement variées, portent sur des champs parfois très spécifiques, d'autrefois plus larges. Chaque semaine, notre portail met en ligne différents articles pour donner le maximum de visibilité à chacun, presque un article par jour, autant dire qu'au-delà des textes sélectionnés ci-dessous, nous vous invitons vivement à nous suivre en ligne. Ce conseil, nous le dispensons également aux nombreux étudiants qui nous lisent et nous accompagnent. Petit tour d'horizon tout azimut !

Rencontre avec Laurent Arcuset : professeur responsable de la Licence Professionnelle Tourisme et Economie Solidaire

Geneviève Clastres | 13 février 2012

Professeur responsable de la Licence Professionnelle Tourisme et Economie Solidaire à l'Université d'Avignon et des Pays de Vaucluse, Laurent Arcuset est aussi un passionné qui met en pratique les enseignements qu'il dispense.

VA : Pouvez-vous vous présenter et décrire brièvement votre parcours ?

Je suis géographe de formation, j'ai un DEA (Master) "Structures et Dynamiques Spatiales" et un DESS "Tourisme en Espace Rural". En 1995, j'ai fondé Géo-Système, une SARL de consulting sur le tourisme rural appliqué aux territoires et aux entreprises. Depuis sept ans, je suis également professeur associé à l'Université d'Avignon et des Pays de Vaucluse. J'ai donc un statut mi-public/mi-privé (PAST), qui me permet de développer des activités de recherche sous la responsabilité de Philippe Bachimon.

VA : Depuis combien de temps la licence Pro Tourisme et Economie Solidaire existe-t-elle et dans quelle but a-t-elle été créée ?

La licence existe depuis quatre ans. C'est une jeune formation que nous avons monté en partenariat avec le lycée agricole de Carpentras (BTS Services en Espace Rural) ainsi qu'avec Jean-Paul Teyssandier de la Bergerie Nationale de Rambouillet. Cela nous offre un ancrage territorial, la licence apportant la compétence et le plus universitaire. L'idée : donner des débouchés à des BTS dans la perspective d'une licence pro, notamment depuis la réforme LMD.

Parmi les étudiants que nous recrutons, 80% viennent d'un BTS tourisme ou agricole. Mais nous avons aussi des étudiants issus de formations universitaires, et quelques candidatures de personnes en reconversion ou qui veulent reprendre des études. En revanche, nous avons du mal à assurer la parité fille/garçon, la grande majorité des étudiants étant de fait des étudiantes. Enfin, autre particularité de nos enseignements, la multiplicité des intervenants extérieurs, à l'image de Jean-Paul Teyssandier (cité plus haut). Ainsi, mis à part Philippe Bachimon, P. Derioz et moi-même, l'ensemble des cours sont assurés par des intervenants extérieurs.

VA : Quel type de partenariat avez-vous mis en place avec les acteurs régionaux pour aider les étudiants à tisser leur réseau professionnel ?

Notre principal partenaire est l'UNAT PACA (Union Nationales des Associations de Tourisme en Provence – Alpes – Côte d'Azur), l'acteur principal du tourisme associatif et de plein air. Il s'agit d'une structure qui fait le lien avec les principales associations de la région. Nous avons aussi un partenariat avec l'ATES, qui intervient au niveau de la formation (3H), avec l'UCPA (3H de formation), avec les CRESS (Chambres régionales de l'Economie Sociales et Solidaires), la DDJS (Direction Départementale de la Jeunesse et des Sports), etc. En outre, nous sommes toujours en cours de prospection et pensons étoffer peu à peu la diversité des partenariats et intervenants.

Se former au tourisme durable

Il existe de plus en plus de formations aux tourisme durable, solidaire, engagé, à l'image de la licence pro "Tourisme et Economie Solidaire" pilotée par Laurent Arcuset où Voyageons-Autrement.com a le plaisir d'intervenir depuis plusieurs années et dont certains étudiants, une fois diplômés, nous ont rejoint (Mélusine !). A l'image aussi de l'Isthia et de Pierre Torrente qui propose un Master Tourisme et Développement entre Toulouse et Foix. A noter aussi l'IREST (Paris Sorbonne) où Maria Grabari Barbas fait un travail remarquable et enfin l'ESTHUA d'Angers où le Master Monde du Tourisme animé par Yves Dolais et Benjamin Taunay nous permet également d'intervenir régulièrement pour présenter notre portail et les nombreux acteurs engagés.

VA : La licence se faisant dans le cadre d'ERASMUS, existe-t-il également des partenariats avec des établissements à l'international ?

Sur la licence, ce n'est pas possible car il s'agit d'une formation unique qui n'a pas vraiment d'équivalent à l'étranger. En outre, le fait qu'elle se déroule sur une année pose le problème du temps. En revanche, des échanges ont lieu avec le MASTER. Et pour ce qui est de la Licence, nous avons signé une convention avec AMESTOUR (Association Mexicaine qui regroupe des établissements supérieurs dans le secteur du tourisme) – ce qui permet d'envoyer de temps en temps des étudiants en stage chez des T.O ou des hébergeurs mexicains. Evidemment, il faut obligatoirement que les étudiants en question soient hispanophones. Nous aurons une étudiante concernée cette année.

VA : Comment appréhendez-vous l'économie solidaire et avez-vous mis au point un "référentiel" ou des critères précis afin de créer des outils pour vos étudiants ?

On n'a pas fait le choix de mettre en place un référentiel. En revanche, on a construit toute la maquette, on connait bien le secteur, l'équipe pédagogique se connait et partage les mêmes valeurs. En sus, on ne veut pas se cantonner à l'économie sociale et solidaire. Les outils que donne la licence se doivent d'être adaptables à tout le secteur économique, et donc, on a également envie de pénétrer les secteurs plus classiques du tourisme. L'important, c'est les valeurs, mais rien **n'empêche de changer les choses de l'intérieur**. Ainsi, si on rentre chez ACCOR, à l'intérieur de ce groupe, on peut aussi transmettre nos valeurs. Si on reste entre nous, on aura peu d'impact.

VA : Avez-vous des liens avec les réseaux du tourisme responsable, qu'il soient associatifs, plus professionnels, ou tout autre ?

De nombreuses associations au niveau local font appel à nous pour des stages. Beaucoup ont également embauché nos étudiants. Il faut savoir qu'en France, au niveau universitaire, nous sommes les seuls sur cette thématique du tourisme social et solidaire. Nous avons donc vocation à recruter des étudiants de toute la France. Il faut faire connaitre ce secteur auprès des employeurs, faire aussi connaitre nos valeurs. Derrière, nous apportons des personnes formées et performantes.

VA : Voyez vous le tourisme solidaire comme un levier de développement local et au niveau du territoire avignonnais, quelles sont les initiatives et acteurs déjà fédérés autour de cette dynamique ?

Evidemment, cette dimension est très importante à l'intérieur de notre formation. C'est vraiment son esprit. **Le tourisme social**

et solidaire est l'avenir de nos territoires et des territoires étrangers. Il offre aussi de nouvelles perspectives pour les entreprises touristiques qui veulent développer un tourisme de qualité parfaitement intégré à leur destination. Pour nous, le tourisme social et solidaire est synonyme de créativité, d'innovation et plus globalement de qualité au crible du développement durable.

Aujourd'hui, les exemples dans la région, en France ou à l'étranger sont nombreux et d'une très grande variété. C'est cela la force de ce tourisme qui va à l'encontre du tourisme standardisé. En France, les **offres proposées par le tourisme associatif, ou encore au sein des Parcs naturels sont certainement les plus significatives**. Mais, les destinations plus classiques ou encore certains grands groupes nationaux et internationaux innovent en proposant des prestations et des services basés sur des valeurs et sur l'intégration territoriale en allant au-delà de la gestion environnementale.

VA : Pourriez-vous citer quelques exemples d'étudiants qui suite à la licence, se sont insérés dans le tissu économique régional ?

En 2010/2011, nous avons eu une promotion de 20 étudiants. Sur ces 20 étudiants, la majorité a réussi à trouver un emploi dans le milieu associatif, majoritairement des CDD. Nous avons par exemple un "chargé d'éducation et de développement du commerce équitable" à Gap, deux jeunes qui sont partis en Service Volontaire au Pérou avec "Enfants des Andes", un chargé de mission tourisme et développement durable à l'UNAT PACA, un chargé de mission, agent de développement local pour une auberge de jeunesse à Québec. Deux étudiants ont également fait le choix de poursuivre leur étude avec un Master, l'un est en STAPS, management du sport, à Aix-en-Provence ; l'autre en Administration des Institutions Culturelles à Arles.

De fait, **notre formation étant généraliste, elle ne ferme aucune porte**. Il est très rare que nos étudiants ne trouvent pas de débouchés. D'ailleurs, quand on les sélectionne, on est surpris par l'expérience qu'ils ont déjà derrière eux, les nombreux voyages, l'intérêt pour les cultures du monde, etc. Nous n'avons pour l'heure qu'une personne qui cherche encore sur la dernière promotion ; elle vient toutefois de postuler chez un T.O spécialisé sur l'Asie mais aussi dans un office du tourisme du Lauragais. Toutefois, nous ne pouvons pas nous contenter de ces résultats. **Il est impératif que les employeurs potentiels reconnaissent davantage cette formation** et que les diplômés trouvent plus facilement des contrats moins précaires.

GAME : les trois mousquetaires du tourisme durable

Geneviève Clastres | 5 mai 2015

Tels les trois mousquetaires, Géo-Système, Ethicalia et MaHoC ont adopté la devise du "Un pour tous! Tous pour un", doublant ce mythe de l'amitié par un engagement solidaire à fonctionner sur les mêmes bases saines reposant sur des valeurs qu'ils défendent et guident leurs actions. **Ces trois cabinets d'ingénierie en tourisme durable ont décidé de s'unir un jour de 2006 pour former GAME** – anagramme d'union en grec – parce qu'à plusieurs on est plus fort, et parce que le tourisme durable est fondé sur des valeurs de partages, de solidarité et de rencontres.

Eric Raulet, président de Défismed, un engagement pour une Méditerranée plus VERTueuse

Alphée Edwige Adimi | 5 août 2013

Voyageons-Autrement.com est allé à la rencontre d'Éric Raulet, initiateur du projet Take The Med. Il nous raconte son parcours professionnel, nous parle de ses ambitions pour la Méditerranée et des objectifs de son projet.

La méditerranée, c'est une longue histoire. Habitant de Nice, Eric Raulet est un passionné de cette mer et des patrimoines culturels des pays qui la bordent. Diplômé de Paris I (maîtrise en droit public et sciences politiques), il a exercé pendant 14 ans la fonction de cadre dans une commune. Alerte sur les questions sociétales soulevées par les avancées de la Recherche, il s'attache à proposer avec le concours des collectivités locales ou des associations des événementiels dans lesquels des chercheurs viennent partager leurs questionnements avec un public profane. Depuis 2002, il dirige l'entreprise Inexens, spécialisée dans les rencontres "sciences et société". Il est également le président de l'association Defismed, qui porte l'opération Take the MED. Ses missions : développer les échanges culturels et scientifiques entre les pays méditerranéens et créer une collaboration efficace pour relever les défis environnementaux et sociétaux de notre époque.

VA : Quels sont ces défis et challenges que les pays méditerranéens doivent relever ?

Le changement climatique est certainement le plus important, auquel s'ajoutent la croissance démographique et notre empreinte négative sur le plan environnemental. L'ampleur et la complexité de ces problématiques ne peuvent être résolues que par la mise en place d'une intelligence collective. Cette dernière doit associer étroitement les sociétés civiles et exploiter les nouvelles technologies collaboratives. Bien des patrimoines locaux jouent leur devenir dans cette équation. Toutes les initiatives locales préservant et valorisant ces patrimoines doivent être révélées et mutualisées. L'économie sociale et solidaire conjuguée au tourisme responsable sont des moteurs dont il est nécessaire d'augmenter l'efficacité sur le pourtour méditerranéen.

> *L'économie sociale et solidaire conjuguée au tourisme responsable sont des moteurs dont il est nécessaire d'augmenter l'efficacité sur le pourtour méditerranéen.*

VA : En ce qui concerne le tourisme en Méditerranée, comment se présente-il ?

Le tourisme "soleil, mer" est en train de s'effriter dans une conjoncture qui ne lui est pas favorable actuellement, et ce même si la Méditerranée demeure une destination privilégiée dans le monde. Ce tourisme "de masse" impacte négativement l'environnement et délaisse de nombreux patrimoines dans les terres. Parallèlement à cette conjoncture de crise, **une demande croissante** cible des **séjours "authentiques"**, des projets de vie à partager, et la volonté de contribuer directement par ses ressources à développer ces projets. Là est le grand défi du tourisme d'aujourd'hui, savoir s'adapter à ces nouvelles conditions pour optimiser ses richesses et préserver ses patrimoines, en se munissant des technologies mobiles.

VA : A votre avis, comment peut-on remédier aux faiblesses du tourisme méditerranéen ?

En sensibilisant les acteurs du tourisme, les pouvoirs publics et les éco-acteurs locaux sur les réelles opportunités de l'économie sociale et solidaire à l'échelle locale. C'est tout l'objectif de l'opération "Take the MED" et de sa plateforme TIC collaborative qui permet de révéler cette économie. Le tourisme solidaire peut devenir un moteur essentiel à ces développements.

VA : Le tourisme durable peut-il être une solution aux problèmes du tourisme méditerranéen ?

Il se présente plutôt comme une des solutions pour de nombreux territoires cherchant à valoriser leurs patrimoines naturels et culturels. Il représente une opportunité pour le tourisme actuel de s'ouvrir à de nouveaux champs et d'exploiter de nouvelles formes de séjours plus proches des aspirations environnementales des touristes, et plus proches des populations accueillantes.

Le **tourisme durable doit travailler de paire avec le tourisme classique**, conjuguer son essor en s'appuyant sur ce tourisme balnéaire tout en se démarquant des offres "mer, soleil". Il doit également se focaliser sur un tourisme de proximité, associant les populations du pays sur des séjours courts. Il doit se penser comme moteur d'une économie locale, sociale, et solidaire. Enfin, il doit saisir l'opportunité de l'essor du financement participatif pour appuyer de nombreuses expériences. Le crowdfunding ouvre ainsi des perspectives intéressantes de solidarité entre les rives et de suivi de projets remarquables. Tous ces éléments sont dans l'opération Take the M.E.D.

Philippe François : l'homme qui voulait remettre l'homme au centre de... tout !

Jérôme Bourgine | 21 septembre 2015

Pionnier d'un tourisme plus responsable, Philippe François a créé voici 20 ans un cabinet de conseils travaillant avec les petits Parcs naturels comme les plus grands groupes hôteliers et essaime aujourd'hui ses bonnes pratiques dans le monde entier. Passionné de pédagogie, créateur d'une vingtaine d'écoles hôtelières et convaincu que le Développement Durable devrait être enseigné dès le CAP, si vous demandez à François Philippe pourquoi il a choisi le DD, il vous répondra : *"Parce qu'il génère davantage de bonheur ; tout simplement"*. Rencontre avec un changemaker qui peut dormir du sommeil du Juste...

VA : Quel a été votre parcours et quel est aujourd'hui votre quotidien ? Qui sont les clients de votre cabinet ?

L'essentiel de mon parcours initial s'est effectué dans l'hôtellerie. J'ai commencé comme chef de rang et suis devenu quelques années plus tard directeur d'un Novotel avant de me diriger vers le conseil, à la Chambre de Commerce de Bordeaux, entre autres. Mon horizon s'y est élargi au tourisme tout entier et ma passion pour la formation et la pédagogie a pu prendre son envol. Comme j'avais mis au point un certain nombre de modules d'apprentissage, on m'a proposé de prendre en charge la création de l'École de Management Hôtelier de Savignac, près de Périgueux, qui est aujourd'hui devenue une référence. Ce furent sept années magnifiques, suite auxquelles je regagnais le domaine du conseil et me mis à créer d'autres écoles hôtelières, partout dans le monde, 20 ou 21 en tout, je crois, ainsi que des programmes hôteliers pour divers pays et régions. Président de l'AMFORHT, l'Association Mondiale de Formation Hôtelière et Touristique, je reste d'ailleurs très actif en matière de formation, mon domaine de prédilection.

Et puis, il y a 21 ans donc, j'ai créé ma propre agence, François Tourisme Consultants, spécialisée en gestion hôtelière et aménagement touristique. Nous sommes aujourd'hui une vingtaine à y travailler, sachant que, **dès le départ, j'avais clairement défini notre mission : aider les acteurs du tourisme à optimiser leurs résultats en intervenant *uniquement* à travers des solutions liées au développement durable**. Nos clients sont aussi bien des groupes hôteliers, casinos, resorts ou camping que des offices de tourisme, Parcs nationaux, stations de ski ou... pays. On a ouvert cinq ou six antennes à l'étranger, déjà.

Quant au quotidien... eh bien regardons simplement les mails du jour... *(Philippe François les fait défiler sur son mobile)*... et citons par exemple... l'aménagement du site du Piton de la Fournaise, à la Réunion – un gros dossier, comportant beaucoup de choses à prendre en compte)... le projet du groupe Partouche de créer une structure dédiée au mécénat... un restaurateur très en vue qui aimerait travailler sur la biodiversité dans la gastronomie – intéressant, non ?... et puis là, un office de tourisme qui envisage de labelliser sa station balnéaire en tourisme responsable. Parce qu'en cours de route, assez logiquement, j'ai créé une structure qui organise des salons professionnels dédiés au tourisme durable : Ecorismo ; ainsi qu'un label et une méthodologie pour avancer sur ce chemin.

VA : En dépit des aléas et des difficultés inhérentes à votre position de pionnier, est-ce que porter des valeurs fortes, centrées sur l'humain et essayer d'en faire la règle commune vous aide, vous, personnellement, au quotidien, à affronter cette masse de travail ?

Savoir que les commis de cuisine se coupent moins, que les serveurs portent des souliers adéquats et que les barmans entendent mieux m'aide un peu à m'endormir, oui, tout comme le fait d'œuvrer au service d'un tourisme responsable dont il est évident qu'il amène davantage de bonheur – pour tous ! Et c'est précisément pour cette raison qu'il est essentiel que les écoles s'en emparent dans leur enseignement, le plus tôt possible, dès le CAP, donc. Mais nombre de structures sont tellement rigides qu'il leur faut des années pour changer une seule ligne du programme. C'est aussi pour cela, pour pouvoir plus facilement entrer dans les écoles, que **toutes nos publications sont conçues sous un angle pédagogique, et téléchargeables gratuitement sur notre site !** C'est cela aussi la durabilité : cette économie de l'usage et du partage qui se met en place. Je crois beaucoup à cette économie collaborative de la gratuité. Elle réclame, certes, des règles et valeurs humaines fortes pour fonctionner, mais permet de créer de grandes choses, de manière non dévastatrice. D'évidence, il conviendrait de nos jours que chaque école hôtelière ou de tourisme soit elle-même labellisée durable !

Rencontre avec Étienne Coffin, président du Comité Français pour le Développement Durable du tourisme

Geneviève Clastres | 6 juin 2016

Directeur international du ministère de l'Industrie pendant quinze ans, Étienne Coffin préside depuis 2009 le Comité Français pour le Développement Durable du Tourisme (CFDD). Peu connu du grand public, ce comité fédère les acteurs impliqués dans le tourisme durable en favorisant le partage et la diffusion des connaissances mais aussi, en présentant, analysant des projets pilotes exemplaires. C'est notamment le CFDD qui a porté les positions de la France dans le Partenariat Mondial pour le Tourisme Durable.

> *Pour être issu du monde de l'industrie, je regrette que le secteur touristique, où il y a tant à faire et notamment en termes de durabilité, soit aussi l'un des moins innovants !*

VA : Le tourisme durable, c'est l'avenir du tourisme ?

La particularité du tourisme est d'être un secteur transversal, qui a une fonction structurante sur le développement économique et social. Le tourisme durable est donc une approche positive autant en termes de production que de consommation. **Malheureusement, pour être issu du monde de l'industrie, je regrette que le secteur touristique, où il y a tant à faire et notamment en termes de durabilité, soit aussi l'un des moins innovants**. A mon sens, avant 2009, le tourisme durable était surtout une affaire de bonne conscience, de communication. Mais ensuite, j'ai pu noter un changement de perspective. Depuis un an et demi, je dirais même que c'est devenu une nécessité. Les fameux trois piliers de tourisme durable sont aujourd'hui pris en compte par la majeure partie des acteurs du tourisme.

VA : Depuis 2006 et la création du Comité Français pour le Développement Durable du Tourisme issu du processus de Marrakech, quels principaux chantiers avez-vous noté quant au tourisme durable ?

Un des chantiers très concret, issu du processus de Marrakech, est la mise en place du **Partenariat Mondial pour le Tourisme Durable**. Géré alors transversalement par trois ministères, l'Ecologie et le Développement Durable (Nelly Olin), les Affaires Etrangères (Philippe Douste-Blazy) et le ministère de l'Industrie et du Tourisme (Léon Bertrand alors délégué au tourisme), il a bénéficié d'une collaboration rare de par sa qualité et sa cohérence entre les trois ministères. Et puis, **il faut aussi regarder ce que font des chaines comme ACCOR, Pierre et Vacances, le Club Med**, cela est très impressionnant. En revanche, ce qui me frappe, c'est qu'au niveau des ministères, on paraît parfois en retrait. Certes, il y a eu les Assises du Tourisme, un atelier sur l'Ecotourisme, mais le nécessaire effort de communication semble l'emporter sur le reste. Le Conseil Economique Social et Environnemental s'est toutefois saisi de la question et un **rapport a été publié en 2014** sous la direction de Christine Dupuis. La Délégation de l'Outre-Mer de ce Conseil mène en ce moment une étude sur le tourisme durable dans les Outre-Mers.

VA : Qu'en est-il aujourd'hui du Partenariat Mondial ?

Il a vécu, il s'est transformé. L'initiative était portée par le Programme des Nations Unies pour l'Environnement (PNUE), elle a bien fonctionné. Elle a permis d'informer et de sensibiliser de nombreux acteurs. **Le Passeport Vert en est une des émanations**. Le tout premier concernait le Brésil. On peut retrouver sur internet le Passeport vert réalisé avec les départements et territoires d'outre-mer sur la biodiversité. **Depuis 2014, il est repris par le 10YFP, le Programme Cadre Décennal sur les modes de consommation et de production durables**, issu de la Conférence des Nations Unies sur le développement durable (Rio+20), ce, sous l'égide du PNUE, avec un budget propre et des appels à projet.

VA : Est-il facile, au sein de votre comité, de mobiliser et de rassembler des membres divers aux intérêts parfois divergents ?

Oui car nous ne sommes pas une instance décisionnelle mais **surtout un lieu d'échange, de proposition**. Nous rassemblons autant les ministères que les organisations professionnelles, les collectivités territoriales, les ONG, les acteurs du tourisme durable. En moyenne, **nous nous réunissons quatre à cinq fois par an**, et participons également à différents évènements liés au tourisme durable.

VA : D'après vous, quels sont les principaux acteurs engagés pour le tourisme durable ?

J'ai été très frappé par la **mobilisation des collectivités territoriales** dans tous les domaines, que ce soit sur la protection des espaces, du patrimoine, dans la définition de pratiques, de stratégies mises en place spécifiquement pour les acteurs du tourisme. **Par exemple, la Loire-Atlantique est très active**. Elle a mis en place Le Passeport Vert et c'est aussi là qu'ont commencé les expérimentations autour de l'Etiquette Environnementale avec le cabinet Evea. Enfin, à partir de l'expérience conduite en Loire-Atlantique, **l'ANEL (Association Nationale des Elus du Littoral) est très active sur des projets outre-mer**. Les exemples abondent. Le Club Med a mis en place un programme très intéressant de circuits courts d'approvisionnement au Maroc. J'avais aussi été frappé, lors d'une JMTR passée, par le discours d'un élu de Mayotte qui dénonçait l'urbanisation forcenée des côtes au détriment de la barrière de corail. **La biodiversité est également un enjeu majeur**.

VA : Qu'en est il de la Cité Européenne de la Culture et du Tourisme Durable de Gréoux les Bains ?

Jean-Pierre Martinetti, son président, était justement présent lors de notre dernière réunion. Il est à l'initiative des Journées Multimédia du tourisme durable. Il **a aussi lancé un nouveau groupe de travail sur Tourisme durable et changement climatique**. Parmi les enjeux, celui de la gestion des risques me semble très intéressant, parce qu'il permet d'évoquer, bien sûr, les questions de sécurité, mais aussi des enjeux moins médiatisés comme l'érosion des plages, la fragilité de nos côtes.

Jean-Pierre Martinetti : “La mutation vers un tourisme durable est en marche, oui, mais à quelle vitesse ?”

Jérôme Bourgine | 12 décembre 2016

Cofondateur il y a dix ans de la Cité Européenne de la Culture et du Tourisme Durable et, plus récemment, de la “task force” ACToD21, Jean-Pierre Martinetti fait le point sur ses années d’engagement et les progrès effectués par le concept de durabilité dans le secteur du tourisme…

VA : Spécialiste du tourisme durable et du développement local, vous avez cofondé, il y a 10 ans, la Cité Européenne de la Culture et du Tourisme Durable. Quel bilan tirer de cette première décennie ?

Un bilan largement positif mais **la Cité est à un tournant**. Née au début des années 2000 de la volonté de quelques précurseurs, soutenus par des partenaires publics et privés, dans les Alpes de Haute Provence (territoire pionnier), de créer, à Gréoux-les-Bains, une plate-forme pluridisciplinaire de réflexion et d’action sur le tourisme durable et la culture. Labellisée **Pôle d’excellence rurale**, elle est devenue un véritable cluster. Outre un rôle de “développeur local” (création du Centre des congrès de l’Etoile, installation de l’éco-ciné Verdon, réalisation du film “Verdon Secret”, ou encore accompagnement du projet EDEN de destination d’excellence en Haute-Provence autour du pays de Giono), elle s’est impliquée dans la mise en œuvre **d’une dizaine de programmes européens** et a accompli toute une série de missions en France, en Europe autour de la Méditerranée et jusqu’en Asie… Un bilan conséquent mais aussi des contraintes fortes qui conduisent à une restructuration en termes de gouvernance comme de modèle économique pour aborder 2017 dans les meilleures conditions.

VA : ACToD21 (Agir pour le Climat et un Tourisme Durable), qui est labellisée COP21 et chargée de proposer “projets et programmes d’action” se réunissait pour la troisième fois en octobre dernier. Quels acteurs êtes-vous parvenus à fédérer au sein de cette “task force” et sur quels axe travaille-t-elle précisément ?

A partir de l’initiative lancée, fin 2014, de 4 acteurs : outre moi-même (la Cité), Gilles Berhault (Comité 21), Jacques Brégeon (Compétences 21) et Thierry Bégaud (Comité Bougainville), qui saisissent le directeur Général d’Atout France, Christian Mantei de la nécessité de prendre en compte les inter-relations entre Climat, tourisme et Territoires, ACToD21 est née du constat qu’il fallait réfléchir de manière appliquée aux relations entre l’activité touristique et le réchauffement climatique, un sujet capital. Après la Déclaration de Gréoux-les-Bains sur tourisme et réchauffement climatique adoptée en juin 2015 à l’occasion des Journées Multimédia du Tou-

> “
> ***ACToD21 est né du constat qu’il fallait réfléchir de manière appliquée aux interrelations entre l’activité touristique et le réchauffement climatique.***

risme durable, **ACToD21 a été labellisée par la COP comme un think-tank fédérant un nombre remarquable d'acteurs d'importance**, publics comme privés, qui participent à ses travaux : ministères concernés, Atout France, CCI, ONG et associations dont ATD et ATR, Energie 2050, mais également des acteurs privés engagés comme Philippe François.

VA : Expert auprès de la Commission Européenne sur le tourisme durable ; avez-vous l'impression que cette notion de durabilité effectue des progrès au niveau européen ? Qu'elle se traduise par des décisions et réglementations concrètes ?

J'ai été expert membre du Groupe de Durabilité Touristique (GTD/TSG) auprès de la Commission Européenne de 2006 à 2015. Ce qu'il faut savoir tout d'abord c'est que **le tourisme a longtemps été tenu hors du champ de la compétence européenne** et

> *Les gens sont prêts à consommer vertueux si le surcoût n'est pas excessif pour eux.*

ne l'est devenu qu'en 2007, et au troisième niveau encore (faible donc) qui s'inscrit dans la subsidiarité par rapport aux Etats membres. C'est d'ailleurs principalement par le biais des consommateurs et de la protection de ceux-ci que l'Union Européenne s'est intéressée au tourisme et a pris des directives dans ce secteur. Les Etats membres conservent donc globalement la main dans ce domaine. Ce qui n'empêche pas la Commission européenne de s'être intéressée très tôt au tourisme durable via le TSG : avec des groupes de travail (touristes, entreprises, destinations), un gros travail a été effectué ces dix dernières années qui a d'ailleurs débouché **dès 2007 sur un Agenda pour un Tourisme Européen Compétitif et Durable** et plusieurs travaux et initiatives de référence (indicateurs, appels à projets, destinations EDEN…)

VA : De manière plus générale encore, voyez-vous les mentalités des décideurs évoluer vers une prise en compte réelle des questions environnementales ?

Je pourrais répondre **qu'il y a encore, beaucoup plus de croyants que de pratiquants**, néanmoins, il me semble que la prise de conscience effective se généralise sur les enjeux du tourisme. En atteste le rattachement à un ministère "régalien" et son classement en Grande Priorité Nationale. Mais c'est sur le terrain surtout que **les opérateurs, plus encore que les visiteurs, ont pris conscience d'un phénomène où le cœur et la raison se rejoignent désormais** (voyez les 360 entreprises américaines qui, en l'espace de quelques jours, se sont fédérées pour rappeler au nouveau Président Donald Trump, l'importance du Traité sur le climat en seul terme de business). **On est entré dans le passage à l'acte**, qui va progressivement s'accélérer tandis que le surcoût entraîné par la mise à niveau "durable" va s'abaisser en même temps qu'il deviendra une impérieuse nécessité. Comme c'est déjà le cas pour le bio et les circuits courts : les gens sont prêts à consommer vertueux si le surcoût n'est pas excessif pour eux. Car, heureusement, ce phénomène, dépasse les questions environnementales pour concerner comme on l'a dit, la culture et le patrimoine, aux côtés de la performance économique et sociale.

Chez Viatao, le tourisme durable se décline aussi en vidéos

Geneviève Clastres | 9 février 2017

On connait bien les éditions Viatao dont les Guides Tao font peu à peu le tour de la planète pour présenter les acteurs du tourisme durable. Depuis quelques années, l'équipe de Viatao a décidé de diversifier ses offres. Outre la rédaction de contenus pour les professionnels du tourisme, elle propose désormais des vidéos sous forme de portraits ou en partenariat avec des acteurs engagés.

Silence on tourne !

Fort d'une vingtaine de Guides Tao édités, l'équipe de Viatao a décidé de prolonger son activité éditoriale en proposant des vidéos. Premier opus, depuis juin 2016, **les Portraits Tao**, qui visent à mettre en lumière des professionnels engagés pour le tourisme durable. Voyagistes, hébergeurs, têtes de réseau, consultants, associations, médias, ils vous livrent en face à face et en 3 minutes chrono leurs engagements et leur vision du tourisme responsable avec en guise de conclusion, une prospective sur le tourisme de demain. **De l'autre côté de la caméra, Ophélie Cohen n'en est pas à son coup d'essai**. Avec une centaine de films et d'émissions de radio produites pour altermusica.net – portail dédié aux cultures du monde – qu'elle avait alors lancé en 2005, Ophélie a su montrer qu'elle maîtrisait bien les techniques vidéastes. En 2010, elle rejoint l'équipe de Viatao. Aujourd'hui responsable de la production éditoriale, la voici naturellement revenue à ses premiers amours.

Dans la boîte !

Idéal pour faire connaissance avec une kyrielle d'acteurs engagés, **les portraits Tao défilent à la fois sur le portail de l'éditeur mais sont également valorisés sur les réseaux sociaux et la chaine Youtube**. On peut ainsi découvrir Julien Buot, Caroline Mignon et Sara Duong, qui nous présentent respectivement ATR, l'ATES et ATD, trois têtes de réseau incontournables du tourisme durable. Côté voyagiste, Sandra Mascrè – Un Monde Autrement et Damien Bérel – entre autres – se sont livrés à l'exercice. Ils présentent face caméra les engagements responsables de leurs structures. On découvre également des hébergeurs comme Frédérique Glainereau – Eden Lodge Paris. Difficile d'être exhaustif d'autant qu'il est facile d'aller retrouver les portraits en ligne pour se faire une idée de leur diversité. Autre avantage, mettre un visage sur des noms souvent familiers de personnes qui s'engagent pour le durable.

A suivre aussi…

A présent, Viatao souhaite également **développer son offre vidéo auprès des professionnels du tourisme**. Forte de son partenariat avec le CRT Bretagne dans le cadre du club Voyagez-Responsable, elle a pu ajouter à son travail éditorial et d'audits de terrain, deux nouveaux portraits vidéos qui présentent Nicolas Conreau le chef de l'hôtel-restaurant breton La Butte et Marie et Georges Ricard, propriétaires de la chambre d'hôte la Ricardière à Groix. Elle souhaite poursuivre en ce sens avec la **réalisation de vidéos promotionnelles sur le web**. Consciente que le tourisme durable a besoin de plus en plus d'images fortes et marquantes, Viatao entend jouer là une nouvelle partition plus visuelle, dans l'objectif, toujours et encore, de mettre en lumière les acteurs qui s'engagent.

Enquête 2017 : Formations post BAC & Tourisme Durable

Florie Thielin | 9 juin 2017

A l'occasion de 2017, "Année Internationale du Tourisme Durable pour le Développement", nous avons eu envie de faire un tour du côté des écoles, universités et organismes de formation. Les enjeux du tourisme durable sont-ils enseignés aux étudiants ? Et si oui, de quelle manière ? Nous avons mené l'enquête en collaboration avec ATD et Hopineo.

L'enseignement du tourisme durable, un sujet important ?

Suite à un formulaire envoyé par mail à 60 universités, écoles et organismes français proposant des formations post BAC (BTS, Licences, Master) en tourisme/hôtellerie. ***Dix réponses furent reçues de la part de 4 établissements publics*** *(ISTHIA-Université Toulouse Jean-Jaurès, Université de Perpignan, Université d'Avignon et Université Grenoble-Alpes)* ***et 6 écoles privées*** *: Institut Paul Bocuse (Lyon), ESCAET (Aix en Provence), Vatel (Bordeaux), IEFT (Lyon), La Rochelle School of Tourism & Hospitality, Azur Mercantour Nature (Nice).*

> **Le sujet du tourisme durable a sa place dans les programmes des étudiants en tourisme et hôtellerie, et il continue de gagner du terrain, une nouvelle encourageante pour le secteur !**

Malgré nos relances, seuls 17% des interrogés ont donc répondu à l'enquête. Cela montre-t-il un manque d'intérêt sur le sujet de la part des organismes d'enseignement ? **Les dix répondants ont cependant déclaré à l'unanimité que l'enseignement du tourisme durable leur semble très important et qu'ils l'abordent en effet au sein de leurs formations.** Huit d'entre eux proposent à leurs étudiants des interventions de professionnels sur le sujet. Sept d'entre eux en parlent de manière transversale à travers leurs différents cours et y consacrent aussi au moins un module dédié. Quatre déclarent souhaiter en parler encore davantage dans le futur.

Sous quel angle le sujet est-il abordé ?

Lorsque les écoles et universités parlent de tourisme durable, elles évoquent surtout le développement durable et la RSE (responsabilité sociétale des entreprises) appliqué au secteur. L'objectif est alors de sensibiliser les étudiants aux impacts environnementaux, économiques et sociaux des entreprises touristiques, développer leur esprit critique sur la question. Cela se fait souvent à travers l'analyse d'études de cas et exemples de bonnes pratiques.

Certaines universités proposent des spécialisations qui s'inscrivent complètement dans la thématique : telle la Licence professionnelle Tourisme et Économie Solidaire de l'Université d'Avignon, le Master Tourisme Innovation Transition de l'Université Grenoble-Alpes ou bien encore le Master professionnel en Tourisme Culturel de l'Université de Perpignan. *"Comment sensibiliser* *les touristes et le personnel d'une entreprise touristique à ces questions ? Comment le tourisme durable peut-il représenter un terrain fertile à la créativité et à l'innovation dans le secteur ? Ces deux notions sont abordées à* ***l'Institut Paul Bocuse de Lyon****"* témoigne Eléonore Vial, Directrice des Formations. *"Nous accueillons des conférenciers de l'ENAT (European Network for Accessible Tourism) et de l'OMT (Organisation Mondiale du Tourisme), réseaux dont nous sommes d'ailleurs membres à travers notre accréditation TED-QUAL. A noter que nous donnons aussi des cours de langue des signes."* souligne Marc Gibiat, **Directeur des Etudes à La Rochelle School of Tourism & Hospitality**.

"Nous avons diffusé le film Demain et animé ensuite des discussions et débats autour du thème du développement durable. Cela permet d'intégrer des notions de savoir être individuel et de responsabilisation." explique Constance Huckendubler, responsable pédagogique de l'ESCAET, où des entreprises telles que Vacances Ouvertes, Tourisme et Handicaps, ou encore VVF Villages, viennent aussi animer des ateliers sur les thèmes du tourisme social.

*"**A l'IEFT de Lyon** nous abordons les thèmes de la protection des espaces naturels, de l'aménagement de l'espace et du territoire, les questions d'arbitrage économique, de cohérence avec une logique de marketing territorial et comment conduire un projet d'aménagement du territoire durable."* illustre Julien Clément, Responsable Pédagogique. *"Nous faisons visiter notre hôtel-école éco-labellisé, et le contenu de nos cours est basé sur le management du tourisme en lien avec l'actualité."* partage Ludovic Glorieux, Directeur Académique de **Vatel Bordeaux**.

*"**A l'ISTHIA-Université Toulouse Jean-Jaurès**, la notion de tourisme durable est développée à travers l'économie, le droit, la stratégie et finance du développement durable, la sociologie du patrimoine, l'écotourisme, la transition touristique des stations, l'expertise de projet en tourisme durable et ses outils d'aide à la décision, la prospective territoriale, ainsi que des séminaires professionnels autour d'expérimentations de tourisme durable."* explique Frédéric Zancanaro, Directeur des Etudes. Il semblerait donc que le sujet du tourisme durable ait déjà sa place dans les programmes des étudiants en tourisme et hôtellerie, et que celui-ci continue de gagner du terrain, en diversifiant les thèmes et formats de cours proposés : une nouvelle encourageante pour le secteur !

*"**Et qu'en est-il de l'engagement même de ces écoles et universités** ? Leurs modèles de fonctionnement adoptent-ils des comportements cohérents pour refléter ces engagements en termes de développement durable dans leurs actes et prises de décision au quotidien ?"* questionne Guillaume Cromer, expert et consultant en tourisme durable. Le label DD&RS fut créé en ce sens en 2016. Seize établissements d'enseignement supérieur français sont déjà labellisés, mais aucun de ceux proposant des formations en tourisme/hôtellerie n'apparaît pour le moment dans la liste. Cette dernière piste de réflexion serait intéressante à creuser... sujet d'une prochaine enquête ?

Travailler dans le Tourisme durable ?

Florie Thielin | 25 janvier 2018

Selon une récente étude IPSOS, un étudiant sur deux des grandes écoles aimerait travailler pour l'économie sociale et solidaire (ESS). *"Je veux donner du sens à ma vie"*. Étudiants en tourisme, professionnels en cours de réorientation, le secteur n'échappe pas à cette tendance générale.

Le Tourisme durable, un secteur ?

Peut-on parler d'un "secteur du tourisme durable"? Clairement non ! Le tourisme durable, ou tourisme responsable, c'est avant tout un état esprit à adopter. Il s'agit de décider d'agir au quotidien en prêtant attention aux impacts positifs et/ou négatifs que peuvent engendrer nos décisions et comportements. Ainsi TOUS les professionnels du tourisme peuvent, ou plutôt devraient, s'inscrire dans un état d'esprit durable / responsable pour assurer la pérennité de ce pilier de l'économie : du modeste camping au grand hôtel de luxe. Et c'est bien là d'ailleurs le grand défi : faire du tourisme "durable" la norme, tourisme "durable" = tourisme tout court.

Le Tourisme durable, un marché de niche ?

Un marché de niche est un marché très étroit correspondant à un produit ou service très spécialisé. Pour les mêmes raisons que celles citées ci-dessus, nous ne considérons pas que le tourisme durable soit un marché de niche. Cependant, certains "types" de tourisme, appelés en marketing "segments de marché", se prêtent mieux à l'application de cette philosophie. Par exemple, les voyageurs passionnés par l'observation des oiseaux, ou bien les amateurs de randonnée, seront certainement plus sensibles aux problématiques environnementales. Ainsi, il peut être pertinent pour un étudiant en tourisme de se spécialiser sur un segment du marché lui tenant à cœur : écotourisme, tourisme d'aventure, sportif, culturel, communautaire, rural, gastronomique…

Quels métiers ? Quels débouchés ?

Une fois que l'on comprend que le tourisme durable n'est pas un secteur, ni un marché de niche, il est difficile d'imaginer une compétence spécifique "tourisme durable" liée directement à un corps de métier. Il y a bien sûr quelques exceptions, comme par exemple des professeurs faisant de la recherche sur le sujet ou bien encore des consultants pour des organismes de certification (Clef Verte, Pavillon Bleu…) ou en conseil d'ingénierie touristique (ID-Tourism, Betterfly Tourism…). Si vous souhaitez apporter votre pierre à l'édifice, participer vous-aussi à la co-construction d'un tourisme plus durable et responsable, les trois principales options qui s'ouvrent à vous sont alors :

1. Développez un set de compétences pour les appliquer au sein d'une entreprise engagée : marketing, gestion de projet, relation clients, finances… Libre à vous de choisir d'appliquer ces compétences au sein d'une association de tourisme communautaire en Amazonie plutôt que pour un grand hôtel de chaîne à New-York. Vous décidez ainsi d'accompagner avec des compétences solides une entreprise dont les valeurs vous correspondent. Faites un tour dans la rubrique offres d'emplois et de stages du réseau Acteurs du Tourisme Durable (ATD) par exemple

2. Aidez à rendre plus durables des entreprises peu engagées. Si l'entreprise au sein de laquelle vous travaillez actuellement n'est pas vraiment axée sur le "tourisme durable", peut-être pouvez-vous essayer de la faire évoluer dans ce sens ? Là aussi est le challenge : sans forcément travailler au sein d'entreprises déjà engagées, aider à faire évoluer celles qui ne le sont pas encore ou trop peu.

3. Lancez votre propre entreprise : eco-gîte, agence de voyage de tourisme solidaire, restaurant bio et vegan… Vous avez des idées plein la tête et l'envie d'entreprendre, lancez-vous ! Essayez d'intégrer un incubateur spécialisé Tourisme ou Économie sociale et solidaire (ESS) pour vous donner un bon coup de pouce pour les débuts !

Colloques & Festivals
& Grands Rendez-vous

Nous avons choisi ici de dérouler sous forme de brèves quelques-uns des grands évènements du tourisme durable que nous avons pu suivre sur notre portail : colloques, sommets, festivals, grands Rendez-Vous, Universités, concours, bourses aux étudiants, etc. Nous avons reproduit les chapeaux des articles sélectionnés sachant que comme toujours, l'intégralité de nos reportages est consultable en ligne.

La Bretagne confirme son engagement pour un tourisme durable

Geneviève Clastres | 26 novembre 2012

De nombreux acteurs du tourisme breton se sont réunis à Vannes le mercredi 21 novembre, à l'initiative du CRT Bretagne et de l'Ademe, avec pour objectif d'échanger et de **mutualiser les expériences sur l'engagement environnemental des différentes structures et organisations du secteur**. La journée était organisée autour de différents thèmes (déchets, déplacement, communication, etc.) qui ont permis aux intervenants de faire émerger nombre d'initiatives locales et d'en savoir un peu plus sur l'envie et les besoins des futurs visiteurs.

Sur les hauteurs de Top Resa

GC | 21 septembre 2012

A ceux qui pensent que Top Resa n'est qu'une immense foire au voyage où réceptifs, tours opérateurs, hébergeurs, transporteurs, bureaux du tourisme, régions et pays du monde tentent d'attirer au mieux l'attention des professionnels du secteur et de nouer de nouveaux partenariats commerciaux. A ceux qui s'épuisent à slalomer entre des stands qui concentrent sur quelques mètres carrées ce qui est censé faire l'essence d'un pays, d'une région, ou du moins d'en donner la représentation la plus attendue et la plus réjouissante. (...).On aimerait juste dire... mais pourquoi n'avoir pas pris un peu de hauteur ? Car juste au-dessus des marchands du temple et du marché du voyage s'est déroulé **un forum utile et salvateur s'interrogeant sur le rôle des institutions pour un tourisme culturel de qualité, compétitif et durable** puis sur la gestion touristique des sites culturels et naturels du patrimoine mondial. Animé par Hervé Barré, longtemps responsable du service Tourisme et Culture à l'Unesco et son compère Alain Voisot, journaliste et homme de terrain, les interventions, très intéressantes, ont visé à mettre la culture et le tourisme culturel au cœur des débats...

La biodiversité est-elle soluble dans le tourisme ?

GC | 8 octobre 2012

Comment valoriser et préserver des espaces sensibles dans des communes et sur des littoraux où la population est multipliée par dix pendant les mois d'été ? Comment rapprocher élus, gestionnaires d'espaces naturels, professionnels du tourisme et associations naturalistes qui œuvrent sur ces mêmes territoires ? Pour répondre et échanger autour de ces questions, la communauté de communes Océan-Marais de Monts et la SEM (Société d'Economie Mixte de Saint-Jean-de-Monts) avaient réuni le mercredi 3 octobre lors d'un **colloque portant sur "Tourisme et Biodiversité"** tout un panel d'associations et de professionnels venus témoigner de leur expérience.

Retour sur le FITS Maroc 2012

GC | 31 octobre 2012

Le FITS Maroc 2012 vient de s'achever. Il a été marqué par une semaine d'évènements, de caravanes, d'ateliers et de colloques tenus sur tout le territoire marocain entre le 15 et le 23 octobre. **Plus de 1 400 personnes ont été impliquées**. De nombreux acteurs des pays voisins et au-delà ont participé à l'aventure. A sa façon, chacun a vécu son propre FITS, grande réussite de la société civile qui a pris l'évènement à bras le corps pour échanger, tisser de nouveaux réseaux et réfléchir toujours et encore sur les bases et le développement du tourisme solidaire. VA était doublement présent sur l'évènement. Sur la caravane Nord, suivie et filmée par Grâce depuis Tanger jusqu'à Marrakech. Sur les ateliers de Taliouine, avec la caravane orientale qui a ensuite rejoint Tafraout puis Tiznit. Retour en images et en mots pour un "road récit" sur quelques moments forts de ce FITS en commençant par un Agadir – Taliouine, le 20 octobre, à l'heure où blanchit la campagne...

Grand Bivouac 2013 : préparez-vous à reprendre la route !

Sandra Bordji | 16 octobre 2013

Du 17 au 20 octobre, **Albertville** devient l'escale incontournable des Grands Voyageurs : la cité savoyarde **reçoit à nouveau le Festival du voyage et des découvertes partagées "Le Grand Bivouac"**. La programmation généreuse et consistante du Grand Bivouac sera une irrésistible invitation à "reprendre la route", thème de cette 12e édition : avec ses films et musiques du bout du monde, ses conférences, ses ateliers, ses rencontres, ses expos... le Grand Bivouac 2013 invite son public à "ne plus tourner en rond et à repartir sur les chemins de traverse, à la rencontre d'horizons nouveaux... et d'énergies nouvelles". Bref, à vivre le voyage et la découverte comme une réponse à l'apathie ambiante... En route !

Paris Ville Monde au Petit Bain !

Geneviève Clastres | 20 juin 2013

Dimanche 16 juin, **la barge flottante du Petit Bain s'est animée sous les couleurs des différentes cultures qui font de Paris une Ville Monde aux richesses infinies...** Atelier mandala, théâtre conté malien, initiation à la cuisine croate puis sénagalaise, réalisation de piñata à la mode colombo-mexicaine, danses folkloriques de Croatie mais aussi palabres dans le balancement de la Seine ont permis de multiplier les échanges et d'apprendre des uns et des autres. La soirée s'est achevée par un bal Italien suivi d'un banquet multi-culturel et d'un concert de Mazalda et d'Irshad Ali Qawwali Party. Retour en images et en mots.

L'Unesco jusqu'à la lie

GC | 8 septembre 2014

Le mardi 24 juin dernier, un colloque co-organisé par l'IREST, l'UNESCO et plusieurs universités partenaires s'interrogeait sur **"Sites mémoriels au patrimoine mondial. Quelle place pour le tourisme dans la définition de la valeur universelle exceptionnelle ?"**. Nous avons présenté la mondialisation des sites mémoriels dans un premier article, nous revenons à présent sur l'attractivité que représente la labellisation Unesco pour ces sites.

Les grands enjeux de la COP21

GC | 12 octobre 2015

Dans moins de deux mois, précisément du 30 novembre au 11 décembre prochain, se tiendra à Paris la COP21, la Conférence des Nations Unies sur le Climat. Difficile de passer à travers vu l'imminence de l'évènement et les nombreuses manifestations organisées en amont. Toutefois, si on entend beaucoup parler de cette Cop21, sait-on vraiment ce que cela recouvre et quels en sont les enjeux ? **Quelques clés de lecture pratiques et utiles** pour aborder en toute conscience ce rendez-vous incontournable.

L'OITS se rapproche encore de l'OMT lors du 8e forum européen du Tourisme pour Tous !

GC | 12 janvier 2016

Le 8e forum européen du Tourisme pour Tous s'est tenu du 21 au 23 octobre à Albufeira, au Portugal, sur le thème de l'innovation. Sous l'égide de l'OITS (Organisation internationale du Tourisme Social) et à l'invitation de la Fondation INATEL, il a réuni près de 200 participants provenant de 16 pays d'Europe mais aussi des Amériques. Rencontre avec Jean-Marc Mignon, président de l'OITS, pour découvrir les principaux points abordés.

La 1ère journée marocaine du Tourisme durable et responsable

Alphée Edwige Adimi | 9 mai 2016

"Tous acteurs d'un tourisme responsable", tel était le thème de la 1ère journée marocaine du tourisme durable et responsable organisée par le ministère du Tourisme marocain le 25 janvier dernier à Rabat. Entre conférence-débat, signature de la nouvelle charte Maroc durable, retours d'expériences et la remise des trophées Maroc du tourisme durable 2015, cet événement a rempli son objectif, celui de placer le Maroc comme référence sur les questions de durabilité dans le tourisme.

Les Journées Scientifiques du Tourisme Durable : focus sur la 7e édition

Mélusine Lau | 22 juin 2016

Du 27 au 29 avril derniers se tenaient les 7es Journées Scientifiques du Tourisme Durable, à Tunis. Organisées par des chercheurs et universitaires, ces journées, qui se présentent sous la forme de colloque, permettent chaque année de réunir ceux qui pensent, développent et encouragent le tourisme durable avec ceux qui le font. Liés autour d'une conviction profonde vis-à-vis d'un autre tourisme, axé autour de l'homme et de la nature, les acteurs des JSTD font aujourd'hui en sorte que leurs échanges participent concrètement à son émancipation.

NO MAD FESTIVAL 2017, le rendez-vous du voyage responsable en Île-de-France

Sophie Squillace | 26 mai 2017

Juste avant de fêter la musique et l'été, la ville de Cergy-Pontoise consacre deux jours entiers au voyage responsable et éthique. De la musique, des expositions, des randos, des conférences, des rencontres avec des artistes et des grands voyageurs et quelques nouveautés pour cette troisième édition prometteuse. Ne manquez (sous aucun prétexte) le No Mad Festival, les 17 et 18 juin prochains !

Retour sur la première édition du Festival International du Tourisme d'Angers

Geneviève Clastres | 6 juillet 2017

Démarrage en douceur pour cette première édition du Festival International du Tourisme d'Angers à l'initiative de l'Université d'Angers (ESTHUA) et avec le soutien d'AngersTourismLab. Malgré la diversité des manifestations proposées, il semble que le grand public ait eu du mal à s'y retrouver entre un **salon du livre et du voyage plutôt grand public et différents cycles de conférences** animés principalement par des chercheurs. Dommage car il n'est pas si fréquent qu'un festival de tourisme choisisse pour thématique le développement durable, et ce, à l'aune de l'Année Internationale du Tourisme Durable pour le Développement décrétée par l'Organisation Mondiale du tourisme (OMT) en 2017. Il n'en reste pas moins que l'élan est donné et après l'Indonésie, invité d'honneur de cette édition, ce sera au tour du Québec d'être sur le devant de la scène pour le FIT 2018.

Journées et Universités durables et responsables

> Organisées par la CITR (Coalition Internationale pour un Tourisme Responsable) puis par ATD, la Journée Mondiale du Tourisme Durable a connu neuf éditions entre 2007 et 2015. Depuis, elle a été remplacée par les Universités du Tourisme Durable dont la première édition s'est tenue en novembre 2015. Nous avons eu le plaisir de relayer de nombreuses JMTR et le lancement des Universités déjà à leur troisième opus. Mise en bouche…

Journée Mondiale pour un Tourisme Responsable – 5e édition

Sandra Bordji | 4 juin 2011

Organisée par la Coalition Internationale pour un Tourisme Responsable (CITR), la 5e édition de la Journée Mondiale pour un Tourisme Responsable (JMTR), visant à sensibiliser, au niveau mondial, l'ensemble des acteurs du tourisme, s'est tenue mercredi 1er juin au Conseil régional d'Île-de-France. Au même moment, à quelques jours d'intervalle, des colloques se tenaient au Mali, en Espagne, en Italie, au Cameroun, au Bénin ou encore à Madagascar. L'équipe de Voyageons-Autrement.com a couvert l'événement parisien, qui réunissait près de 250 représentants d'ONG, d'entreprises et d'institutionnels, acteurs du tourisme.

JMTR 2012 : Gérard Feldzer et les initiatives durables en Île-de-France

GC | 26 juillet 2012

Gérard Feldzer est le Président du Comité régional du Tourisme en Île-de-France. Il a **ouvert la 6e édition des JMTR consacrée à l'influence du changement climatique sur le tourisme**. Nous l'avons interrogé pour mieux connaître l'implication de la région quant aux émissions carbone mais aussi, pour qu'il nous explique les initiatives liées au tourisme durable dans la région, et notamment l'avènement d'un centre de ressource du Tourisme Durable en Île-de-France.

Les îles, laboratoire du tourisme durable ?

Geneviève Clastres | 11 juin 2013

La Journée Mondiale du Tourisme Responsable s'est tenue lundi 3 juin avec pour thème, les îles, et pour question centrale, **quelle gouvernance pour préserver les patrimoines insulaires** ? Parrain de cette édition 2013, Pascal Saffache, docteur en géographie et maître de conférence à l'Université des Antilles, a ouvert les débats par une brillante allocution mettant en lumière la grande vulnérabilité écologique et économique de territoires insulaires menacés par de fortes pressions humaines (densité de peuplement, tourisme mal planifié et envahissant, etc.) créatrices d'érosion côtière, de pollution et mettant finalement en péril ces territoires fragiles. Une fin en soi ? Pas forcément…

Bilan de la JMTR 2014 avec Guillaume Cromer, trésorier de la CITR

GC | 9 juillet 2014

Suite à la 8e édition de la JMTR consacrée cette année à la **thématique du tourisme social et solidaire sous le prisme de l'innovation**, nous avons eu envie de faire un premier bilan avec Guillaume Cromer, trésorier de la CITR, la Coalition Internationale pour le Tourisme Responsable qui organise chaque année cette manifestation devenue incontournable dans le monde du tourisme responsable.

9e Journée Mondiale pour un Tourisme Responsable – Focus sur le greenwashing et le greenmarketing !

GC | 16 octobre 2013

Pour sa neuvième édition, le mardi 2 juin prochain, la Journée Mondiale pour un Tourisme Responsable a décidé de centrer ses débats sur la **question de la communication responsable et du marketing**. Parmi les questions posées, quelques interrogations récurrentes qui agitent depuis toujours le landerneau du tourisme responsable : faut-il communiquer son engagement ? Comment le faire ? Est-ce plutôt utiles ou franchement maladroit ? Quid du greenwashing et du greenmarketing ? Le débat n'est pas nouveau mais pose de vraies questions car si on peut être irresponsable dans l'impunité la plus totale ; on peut aussi être responsable sans le clamer haut et fort. Deux tables rondes illustreront ces interrogations avec de nombreux invités et une marraine de choix, Agnès Rambaud-Paquin, directrice associée du cabinet Des Enjeux et des Hommes.

La communication responsable à l'honneur pour la 9e Journée Mondiale du Tourisme Responsable

GC | 11 juin 2015

En pointant plus particulièrement le green-marketing et le greenwashing pour illustrer sa neuvième édition, centrée sur la communication responsable, la Journée Mondiale pour un Tourisme Responsable (JMTR), avait trouvé là un thème fort au cœur des enjeux des professionnels du secteur. Le sujet a certes été abordé lors de la matinée du 2 juin mais sur le greenwashing notamment, le débat n'a pas vraiment démarré, cannibalisé par des présentations visant à faire connaitre des bonnes pratiques ou des initiatives certes vertueuses, mais trop souvent auto-centrées et s'éloignant des questions posées. Quand l'envie de communiquer prend le pas sur la question de la communication…

Université d'été du tourisme durable – 1ère édition

Romain Vallon | 28 juillet 2015

Les premières Universités d'été du Tourisme Durable se dérouleront sur 2 jours les 10 et 11 septembre prochains à l'université Sorbonne Nouvelle dans le 5e arrondissement de Paris. Organisées par l'association ATD, vous pouvez retrouver ci-dessous le programme détaillé mis à jour et les principaux liens utiles.

Une première édition des universités d'été du tourisme durable qui en appellera d'autres

Guillaume Chassagnon | 15 octobre 2015

Un petit mois après sa première édition, il nous semblait intéressant de faire un **bilan de l'Université d'été du Tourisme durable qui s'est déroulée mi-septembre sur Paris**. A cette occasion, nous avons interviewé Guillaume Cromer, président de l'association Acteur du Tourisme Durable, organisateur de cette première Université.

Université du Tourisme durable : Tous en marche vers des solutions concrètes !

GC | 1er décembre 2016

La deuxième édition des Universités du Tourisme Durable s'est tenue les jeudi et vendredi 24 et 25 novembre à Vannes, en Bretagne, dans une région emblématique qui s'est notamment illustrée en rejoignant le top 100 des destinations durables mondiales en octobre dernier. **Objectifs principaux de ces journées : aider l'industrie touristique à aller de l'avant pour intégrer toujours plus les engagements durables dans son ADN** et faire se rencontrer les acteurs en jouant sur la décentralisation et la multiplicité des thématiques qu'elles soient abordées en plénière ou en ateliers.

Tous à Clermont pour la troisième édition des Universités du Tourisme durable !

Geneviève Clastres | 25 septembre 2017

La semaine prochaine, les mardi et mercredi 3 et 4 octobre, auront lieu les prochaines Université du Tourisme durable. **Cette troisième édition qui s'inscrit au cœur de l'Année Internationale du Tourisme Durable pour le Développement et propose plusieurs ateliers et intervenants inédits**. La première journée vise à mettre en présence les professionnels du secteur afin de trouver ensemble des leviers aptes à aller durablement de l'avant. Elle sera suivie d'une journée de découverte au cœur du territoire auvergnat afin d'appréhender quelques initiatives concrètes de mise en tourisme durable.

Prix & Bourses & Trophées & Concours

Coup de pouce pour les plus entreprenants, coup de projecteur pour les plus accomplis, de nombreux prix, bourses, trophées et concours visent à soutenir ou récompenser les initiatives du tourisme durable. Ainsi, parmi les partenaires fidèles que nous relayons à chaque nouvelle édition, la Bourse Avi International & Culture Aventure permet chaque année à trois lauréats de consolider un projet de tourisme en lien avec un objectif humanitaire.

Ashden Awards, l'un des prix les plus prestigieux dans l'environnement et le développement durable

Sébastien Athané | 26 juin 2009

Chaque année, les **Ashden Awards récompensent des projets de développement qui réduisent les émissions de CO_2 tout en améliorant la qualité de vie des populations les plus pauvres**. Le déploiement de technologies favorisant l'efficacité énergétique et les énergies renouvelable (solaire, éolienne ou la biomasse), sont des critères que le comité des Ashden awards soutient pour encourager les porteurs de projets à prendre la voie de l'énergie durable. En 2009, le GERES Inde a remporté un Ashden Awards dans la catégorie "Énergie pour amélioration de la nutrition". Le projet des serres solaires dans les montagnes de l'Himalaya a été récompensé par le Prince Charles.

Mountain Wilderness France reçoit le prix Edouard Bonnefous, grand Prix de l'Académie des Sciences morales et politiques

Romain Vallon | 16 novembre 2011

Lundi 14 novembre 2011 à Paris, sous la coupole de l'Académie des Sciences morales et politiques, Jean Baechler - Président de l'Académie - a remis à **Frédi Meignan - Président de Mountain Wilderness** - le prix Edouard Bonnefous. Tous les deux ans, le grand Prix de l'Académie, doté de 3 500 euros, **récompense une œuvre consacrée à la défense de l'Homme et et de l'Environnement**. Après avoir été décerné, entre autres, au Conservatoire du Littoral, à la Fondation Nicolas Hulot puis à Jean Marie Pelt, c'est Mountain Wilderness qui a reçu le prix 2011 en récompense de l'ensemble de son action.

6e édition des Trophées du Tourisme Responsable – Appel à candidature

Romain Vallon | 15 mai 2012

Voyages-sncf.com et ses partenaires lancent aujourd'hui l'appel à candidature de la 6e édition des Trophées du Tourisme Responsable. **La vocation de ces Trophées : soutenir et récompenser celles et ceux qui se mobilisent pour un tourisme plus respectueux de l'environnement et des hommes.** Leur ambition : être un véritable "révélateur de voyages", et prouver au grand public que le voyage responsable est à la portée de tous, pour toutes les envies et tous les budgets. Cette année, les catégories "Restauration Responsable" et "Animations et Activités Solidaires" font leur apparition dans le palmarès. Les professionnels du tourisme peuvent candidater sur internet jusqu'au 30 juin 2012

L'Alsace remporte le 1er Trophée Destination Vélo

GC | 4 avril 2014

L'Alsace et plus spécifiquement le département du Bas-Rhin viennent d'être consacrés Destination Vélo 2014. Un tout **premier Trophée Destination Vélo à l'initiative de la Fédération Française de Cyclotourisme (FFCT)** qui souhaite ainsi faire entendre sa voix et valoriser les nombreuses réalisations et aménagements vélos qui se développent dans l'ensemble des départements et régions de France.

Quatre gagnants pour la bourse Avi International !

Geneviève Clastres | 10 juin 2013

Ce sont finalement quatre et non trois lauréats qui ont été récompensés lors de la remise des prix de la Bourse Avi International & Culture Aventure lundi 3 juin. Une soirée riche en émotion qui **outre la découverte des nouveaux projets gagnants, a permis de faire un retour sur deux des projets financés en 2012 et 2011**. La projection du magnifique documentaire "Un jour à Jérusalem" de Cécile Cusin a été une belle et juste conclusion pour une soirée émouvante riche en leçons de vie et de courage.

Trois lauréats pour la bourse Avi International cru 2015

GC | 22 mai 2015

Pour sa cinquième édition, la bourse Avi International rencontre toujours un vif intérêt. Cette année, 84 projets ont été soumis, 39 ont été sélectionnés, **des projets de solidarité internationale départagés mardi 19 mai par un jury élargi à des voyageurs, bloggeurs, et autres spécialistes de l'aventure et du voyage**. Après une journée de délibérations, trois lauréats sortent du lot. Ils seront récompensés et fêtés lors de la soirée de remise des prix le lundi 1er juin.

Cap sur l'Amérique latine pour la 6e édition de la bourse AVI International

GC | 19 mai 2016

Il semblerait qu'année après année, le jury de la bourse AVI ait un petit faible pour l'Amérique Latine voire le Pérou.... **Déjà, l'an dernier, il avait choisi deux projets péruviens sur les nombreux dossiers présélectionnés. Cette année, Pérou et Bolivie sont à nouveau à l'honneur** avec deux lauréats en piste pour la terre inca et un grand gagnant qui filera bientôt vers l'altiplano bolivien.

Candidater aux Tourism for Tomorrow Awards, c'est possible et c'est maintenant !

GC | 20 septembre 2017

Faire connaitre et reconnaitre son activité touristique à l'international, c'est possible ! Depuis 2004, le World Travel & Tourism Council (WTTC) organise chaque année les "Tourism for Tomorrow Awards" – **"Prix pour le Tourisme de Demain" – qui vise à récompenser cinq lauréats issus de cinq catégories distinctes, l'une des plus hautes distinctions de l'industrie touristique**. Pour 2018, les candidatures sont d'ores et déjà ouvertes et les dossiers acceptés jusqu'à la mi-novembre. Go !

Le projet "poule" lauréat de la bourse AVI 2017

GC | 17 juillet 2017

Lauréat de la **7e édition de la bourse AVI International**, Pierre Lefort, étudiant de l'EDHEC, est également président de l'association Schola Africa qui coordonne différents projets au **Burkina-Faso**. Parmi eux, le projet "poule" a séduit le jury de la bourse AVI, en ce qu'il permet à des enfants d'une école primaire de financer leur propre fournitures scolaires en élevant une trentaine de poules, dont la revente des œufs fournit ensuite les revenus nécessaires pour l'achat des cahiers, stylos, et autres matériels nécessaires.

6

POUR FINIR EN BEAUTÉ

Pour clore ce petit tour d'horizon qui balaie "dix années de tourisme durable", nous souhaitions revenir sur les fidèles de notre portail et en premier lieu, nos indéfectibles partenaires sans qui Voyageons-Autrement.com aurait depuis longtemps cessé d'exister. Autre fidèle parmi les fidèles, notre public, qui n'a cessé d'augmenter au fil des années puisque nous sommes à l'heure d'aujourd'hui à près de 3 901 766 visiteurs uniques pour quelques 11 600 000 de pages vues. Pour lui rendre hommage, nous avons sélectionné les dix articles les plus consultés au sein des 4 000 en ligne à ce jour. Enfin, pour que le triptyque soit complet, notre équipe de journalistes et rédacteurs a également choisi de vous faire découvrir son article coup de cœur, façon de boucler la boucle…

Nos plus fidèles partenaires
mis à l'honneur

Voyage à deux roues avec La Balaguère by Bike

Sébastien Répeto | 2 août 2013

Cet hiver, nous vous racontions dans le cadre de notre dossier montagne, l'histoire de La Balaguère qui guide aux quatre coins du monde depuis 1984 des voyageurs marcheurs à la recherche d'une expérience authentique. L'agence pyrénéenne vient tout juste d'ajouter une nouvelle ligne à sa belle histoire, en créant une série de séjours dédiée aux voyages à deux roues.

> *La pratique du vélo, à l'instar de la marche à pied, est une activité lente qui laisse le temps de découvrir des territoires dans leur intimité.*

Le développement des grands itinéraires cyclables en France et en Europe, des véloroutes ou encore des voies vertes, favorise la pratique et la promotion du vélo. Qu'on se le dise, le vélotourisme a le vent en poupe et le lancement d'une gamme dédiée aux deux roues par La Balaguère en est un nouveau signe. Nombreux sont aujourd'hui les voyageurs désireux de partir à vélo. Accompagnés ou en liberté, les séjours organisés par des spécialistes sont l'assurance de ne pas se tromper dans le choix de son itinéraire, car en fonction de son niveau technique, de sa condition physique, mieux vaut faire le bon choix pour s'assurer un voyage des plus agréables.

Un savoir-faire signé La Balaguère

L'agence pyrénéenne implantée au cœur du Val d'Azun compte en son sein bon nombre de rouleurs passionnés de randonnées cyclistes en montagne à l'image de David Sérano, responsable de la production vélo. Ainsi, mariant le plaisir de la pratique à une parfaite connaissance du terrain, La Balaguère s'est lancée dans cette aventure à deux roues : du VTT au cyclotourisme en passant par le VTC. La Balaguère s'est toujours positionnée comme une agence responsable, qui favorise le plaisir de la découverte et le respect de l'environnement. Et la pratique du vélo, à l'instar de la marche à pied, est une activité lente qui laisse le temps de de découvrir des territoires dans leur intimité. Forte de sa connaissance du terrain et de son réseau de partenaires, La Balaguère a accepté la demande d'une agence espagnole de produire un premier circuit. Puis, sur sa lancée, le tour-opérateur s'est positionné sur une pratique qui se développe à vitesse grand V.

Du Grand Raid au séjour en famille, avec la découverte comme priorité

La Balaguère a mis sur pied une offre à deux roues bien étoffée avec des séjours en France et en Espagne, ses terrains de prédilection. Son expérience dans la production de voyages, son large réseau de partenaires avec pour collaborateurs historiques certains hôteliers, gîtes d'étapes ou transporteurs ont réuni toutes les conditions du développement de cette nouvelle activité.

Cette fine connaissance de chaque itinéraire, de chaque sentier, est indispensable dans la **production de séjours en vélo, en particulier pour le VTT où le moindre détail a son importance, bien plus encore qu'en randonnée**. Par exemple, il est essentiel de savoir si l'on peut rester en selle sur telle montée ou s'assurer qu'une descente ne deviendra pas une véritable patinoire à la première pluie venue. Impossible donc de s'en tenir à des itinéraires existants sur le papier sans les connaitre véritablement.

Quatre gammes de séjours

Quatre gammes de séjours ont ainsi été créées, afin de proposer une offre qui soit la plus attractive possible. **La catégorie Grands Raids VTT** séduira les rouleurs avertis privilégiant le défi sportif, même si la notion de découverte n'est pas pour autant mise de côté. Le Grand Tour du Tourmalet en est le circuit le plus emblématique. Un parcours exceptionnel qui fait le grand Tour du Pic du Midi en grimpant plusieurs cols par les sentiers, et qui réserve de longues et superbes descentes. Des coteaux à la haute-montagne en passant par les villages de moyenne montagne.

Pour partir **rouler en famille**, la Balaguère by bike a prévu toute une gamme de séjours adaptés. Le Tour du Val d'Azun en est un bon exemple et propose un parcours facile avec au minimum 2 variantes, dont l'une est plus sportive pour les enfants motivés ou les adultes souhaitant se faire encore plus plaisir. Le parcours est jalonné de bons plans à savourer en famille : piscine aqualudique dans les villages étapes, visites de fermes, miellerie ou encore tyrolienne.

La découverte étant un élément essentiel des séjours de La Balaguère, l'équipe a fait le choix d'y consacrer plusieurs circuits. La traversée du Pays Cathare en vélo en est un bon exemple. On y découvre une région sublime, allant de la garrigue et des vignes des Corbières jusqu'aux profondes forêts de l'Ariège, le tout ponctué d'étapes chez des producteurs fermiers et de visites des châteaux cathares.

Les **grands itinéraires cyclables** ne sont pas en reste, et La Balaguère by Bike propose sa logistique et son savoir faire pour profiter pleinement de ces parcours, par exemple partir à la découverte des Châteaux de La Loire.

Cette déclinaison à deux roues d'une enseigne spécialiste des voyages à pied des Pyrénées aux confins du monde a tout pour séduire les vélovoyageurs. Souhaitons donc bonne route à La Balaguère by bike qui proposera à n'en pas douter toujours plus de destinations à vélo dans les mois à venir.

Eloge de la roue avec Terre Cambodge

Geneviève Clastres | 14 août 2013

Pourquoi le vélo sied-il si bien au Cambodge ? Peut-être parce que l'Asie est la destination du cercle, du samsara, de la cyclicité des choses. Au Cambodge, comme dans nombre de pays d'Asie, la roue n'est pas seulement cette invention magnifique qui permet aux hommes de se déplacer de façon fluide et discrète. Elle est aussi un symbole, un axe, une pensée circulaire, cyclique. Tel le samsara, les êtres et les choses sont reliés par un tout qui ne s'achève pas avec la fin de la vie. Loin de la verticalité de la pensée occidentale qui tend à vivre le temps sur une échelle qui l'amène du passé vers l'avenir, l'Asie pense le temps comme un processus circulaire qui emporte cycle après cycle la nature et les hommes. Chacun de nos actes a alors une résonance qui dépasse notre simple passage sur terre. La pratique du vélo peut alors sourdre comme une méditation au cœur des choses. La roue tourne, l'homme avance, la pensée défile, la nature se révèle, respectée et souveraine.

A vélo au pays des khmers !

De plus en plus à la mode de chez nous, le vélo a depuis longtemps conquis l'Asie où de longues flopées de deux roues inondent les chaussées des grandes villes, dévalent les chemins de traverses et défient les lois de l'équilibre sur les fils de terres qui jointent les rizières. Idéal pour sentir une terre, un pays, happer le sol et humer les odeurs, le vélo est devenu la nouvelle monture du visiteur curieux. Au pays des Khmers, Terre Cambodge et Biking Cambodia ont adopté ce destrier diaphane et éphémère qui permet de filer sans bruit au cœur des cités et des plaines. L'agence de Laurent Holdener et sa petite sœur proposent donc de nombreux circuits qui permettent de redécouvrir un pays en pleine croissance qui panse peu à peu les blessures du passé et offrent aussi aux Cambodgiens des activités rémunératrices pour relever la tête.

Biking Cambodia : spécialiste local du vélo !

Seul tour opérateur régional spécialisé dans les circuits vélos et les temples, Biking Cambodia est la petite sœur de Terre Cambodge. Elle existe depuis 1998 et s'est fixée à Siem Reap, capitale de la province éponyme située à deux pas du site d'Angkor. Gérée par une équipe suisse et cambodgienne, elle propose de nombreux circuits à deux roues, menés par des guides spécialisés en histoire de l'art. Afin d'alterner visites de temples et immersion dans les villages, les petits groupes sont privilégiés, garantissant des rencontres plus fortes et une sécurité mieux maîtrisée. De nombreuses formules sont possibles, du sur-mesure au circuit clé en main. Sur Angkor, des itinéraires journée ou mi-journée sont proposés, jusqu'à cinq jours sur place.

> *« Idéal pour sentir une terre, un pays, happer le sol et humer les odeurs, le vélo est devenu la nouvelle monture du visiteur curieux.*

Le quart d'heure de l'équipementier

Côté monture, les deux roues utilisés sont soit des vélos locaux, des VTT classiques ou, pour les circuits plus ardus, des VTT plus performants type Garry Fisher, Trek, Bridgestone ou Giant. Ces derniers sont tous équipés de freins et vitesses "Shimano" avec suspensions "avant" qui assurent les attaques et reprises en montée. Fixée au vélo, une sacoche permet de glisser appareil photo, bouteille d'eau et autres détails. Pièces de rechange et outils suivent dans le véhicule d'accompagnement. L'ensemble de ces deux roues s'adaptent à l'asphalte mais aussi aux chemins sablonneux ou terreux.

Côté équipement, il est idéal de prévoir une bonne paire de chaussures de course avec semelle dure, si possible un short léger en coton et surtout, un casque (fourni). Enfin, pour ceux qui le souhaitent et qui en ont la possibilité, il est possible de venir avec son propre vélo, de préférence un VTT avec suspensions "avant" pour les circuits "aventure". En revanche, pour les temples, un simple vélo de promenade fera l'affaire. La roue tourne, c'est à présent à vous de pédaler si vous souhaitez découvrir le Cambodge autrement.

Viventura : Vivre une aventure engagée en Amérique du Sud

Geneviève Clastres | 13 février 2014

Fondée en 2001 par une équipe de passionnés, Viventura propose une large gamme de circuits accompagnés pour découvrir huit pays d'Amérique du Sud (Pérou, Colombie, Bolivie, Brésil, etc.). L'agence, basée à Berlin et à La Paz, a toujours eu à cœur de développer des voyages centrés sur la rencontre avec les communautés locales, doublés d'un fort engagement social vis-à-vis de l'ensemble des acteurs concernés, une philosophie qui l'a conduite, quelques années plus tard, à la création de la fondation ViSocial, qui soutient des projets solidaires in situ.

Une aventure humaine

Ce n'est sûrement pas un hasard si Viventura signifie *"Vivre (vi) une aventure (ventura)"*. Et d'ailleurs, on aurait presque envie d'ajouter *"Vivre une aventure humaine"*. Les circuits, prévus pour des petits groupes de 4 à 16 personnes maximum, sont organisés de façon à entrer en contact avec les communautés locales. Ainsi, au Pérou, la visite du lac Titicaca se prolonge par une nuit chez l'habitant à Capachica. Les voyageurs sont accueillis par des agriculteurs et peuvent découvrir, s'ils le souhaitent, les trois écoles soutenues par la fondation Viventura (ViSocial). Les écoles ici concernées sont celles des villages d'Hilata, de Llachón et de Santa Maria. Les revenus du tourisme ne se concentrent donc pas en un unique lieu. Et au-delà de la découverte culturelle, l'approche se veut aussi humaine et sociale : les hébergements locaux sont préférés aux chaines hôtelières, les restaurants sélectionnés pour leur âme, les petites structures indépendantes valorisées, et les modes de transport restent équilibrés pour éviter le tout avion.

Des équipes soudées

On retrouve cet esprit positif et cet "ADN social" dans l'ensemble des équipes du groupe. Responsable produit pour la France, Mathilde Arnod précise combien chacun est sensibilisé et cite le mot d'ordre des équipes : "FRISP", *"Fun, Responsible, Innovative, South America et Personnal"*. Clara Béniac, chargée de la communication, se souvient que lors de son arrivée à Viventura, sa première formation comprenait entre autres un important volet social. Elle ajoute : *"Nous sommes très sensibilisés. Dans les bureaux, on utilise uniquement du papier recyclé, nous faisons attention à notre consommation d'énergie, et lors des recrutements, nous faisons très attention à ce que les valeurs de la personne soient cohérentes avec celles de l'entreprise"*. On pourrait ajouter que la filière allemande compense déjà les émissions de CO_2 d'une dizaine de circuits sans surcoût pour le voyageur. Et bientôt la filière française…

> **"*Lors des recrutements, nous faisons très attention à ce que les valeurs de la personne soient cohérentes avec celles de l'entreprise.*"**

La fondation ViSocial

Pour aller encore plus loin, Viventura a créé une fondation en 2006. Pour chaque voyage vendu, 30 € sont directement reversés à

ViSocial. L'idée, améliorer les conditions de vie de différentes régions d'Amérique du Sud en privilégiant quatre volets : l'éducation, la santé, l'environnement et le tourisme communautaire. Depuis 2006, les projets sont nombreux : maison des jeunes à Quito, reboisement en Colombie, écoles maternelles et primaires au Pérou. Des projets qu'il est possible de visiter lors des circuits, toujours à l'initiative des locaux, à l'image de l'association "Luz de Esperanza" à El Alto (Bolivie), qui aide des enfants des rues. En outre, la fondation recrute des bénévoles et volontaires. Certains projets initiés avant sa création sont financés par ViSocial, d'autres sont entièrement nouveaux, à l'instar du reboisement de la réserve forestière de Rio Guajalito en Equateur.

Des projets pour demain

Il est donc possible de s'engager aux côtés de Viventura de différentes façons et déjà, en découvrant les pays d'Amérique latine. Grâce à leurs équipes passionnées,

vous pourrez entrer en contact avec les communautés locales et les soutenir ne serait-ce qu'en dépensant intelligemment vos devises. Enfin, la fondation est en train de mettre en place un système innovant de parrainage, basé sur le soutien d'initiatives ou de projets dédiés à un ensemble d'enfants (école de foot, infirmerie, serres de culture, etc.). Autant d'idées pour découvrir une Amérique latine humaine et engagée, et *"Vivre une aventure autrement"* !

23 hôtels passent le cap via le groupement "Hôtels au naturel"

Mélusine Lau | 7 juillet 2014

Passer une nuit à l'hôtel est souvent synonyme de confort, de services modernes et de standardisation, moins souvent de respect de l'environnement et de cadre naturel. Pourtant, de tels hôtels existent ! Tenus par des passionnés, fervents défenseurs de leur terroir et du cadre de pleine nature qui les entoure, ils sont aujourd'hui 23 à avoir franchi le cap et à être entrés dans une démarche de labellisation via le groupement "Hôtels au naturel".

Des hôtels proches de leur territoire, et engagés pour sa préservation

Les conditions pour faire partie de ce réseau ? Etre situé sur un territoire privilégié et adapté au tourisme de nature et de découverte, c'est-à-dire au sein ou à proximité d'un Parc naturel régional, initier une démarche de préservation de l'environnement en limitant l'impact de son activité sur la biodiversité et la nature en général ou encore, œuvrer à la pérennisation des activités humaines et économiques de son territoire en favorisant les circuits courts, les produits locaux, etc. **Parmi ces 23 hôtels, deux d'entre eux viennent d'être labellisés :** Le Mas de la Grenouillère, situé dans le Parc naturel régional de Camargue, et Le Saut de la truite, implanté au sein du PNR des Ballons des Vosges.

« Le principal atout de la démarche Hôtels au naturel est son fonctionnement en réseau, qui permet le partage d'expériences et crée une dynamique intéressante et innovante !

Le Mas de la Grenouillère ou le tourisme vert par excellence

Pour le Mas de la Grenouillère, engagé autour de 32 critères liés à la nature, à la dépense carbone, à l'innovation écologique ou encore à l'encouragement de l'économie locale, **le développement durable n'a rien d'un effet de mode puisque l'hôtel défend ces valeurs depuis sa création dans les années 1980**. Marqué par le Parc naturel régional de Camargue, le Mas de la Grenouillère est également Refuge LPO, Etablissement branché (il permet la recharge des véhicules électriques) et travaille avec le label bio et équitable FairTrade ou encore avec WWF. Enfin, il est en cours de labellisation Clef Verte. A ces nombreux engagements s'ajoute l'adhésion à "Hôtels au naturel" : *"Cela nous permet de marquer davantage notre engagement vis-à-vis de la clientèle, et d'être visibles au sein d'un tourisme en voie de développement qu'est le tourisme vert. Le principal atout de la démarche Hôtels au naturel est son fonctionnement en réseau, qui permet le partage d'idées et d'expériences entre les différents hôteliers, la possibilité de se rencontrer et d'échanger qui crée une dynamique intéressante et innovante."*

Bien-être et ressourcement au Saut de la Truite

Petit hôtel à taille humaine (10 chambres seulement !), Le Saut de la Truite a préféré miser sur la qualité de son accueil et de ses prestations plutôt que sur une offre à grande échelle. Ici, pas de télévision ou de chambres impersonnelles, mais un bain nordique alimenté en eau de source et chauffé au bois, aussi un sauna avec vue sur le Parc naturel régional des Ballons des Vosges... Si, évidemment, la truite des viviers environnants est au menu du restaurant, vous trouverez également à la carte de nombreux produits locaux et biologiques garants de qualité. Et contrairement à son confrère, **l'obtention du label est une première pour le Saut de la Truite, qui ne bénéficiait jusqu'alors d'aucun agrément particulier**. Cela correspond à la démarche éthique prônée par les propriétaires, qui ont apprécié qu'Hôtels au naturel puisse valoriser leur engagement et leur démarche en faveur du développement durable. A présent, ils attendent de voir ce que le label va leur apporter et espèrent que la mise en réseau avec les autres hébergements labellisés leur permette d'avancer et d'innover toujours davantage en faveur d'une l'hôtellerie "verte".

5 idées pour une sortie au vert avec Naturabox

Sébastien Répeto | 27 août 2014

Après la présentation de cinq hébergements insolites "Naturabox", nous vous proposons une nouvelle sélection "week-end au vert" pour vos prochaines sorties au grand air, cinq idées d'eco-activités que vous allez adorer ! Ces sorties de plein air sont disponibles dans la Naturabox Eco-Activités qui en regroupe plus de 140 chez des partenaires sélectionnés pour le respect de leur environnement.

Découvrir l'activité vélo couché avec le Barjonaute

Vous aimez découvrir de nouveaux territoires à vélo, mais rester assis sur une selle pendant plus de deux heures n'est vraiment pas votre truc ? Vous devez alors absolument tester le vélo semi-couché ou le tricycle ! Aussi confortable que votre fauteuil Club, cette monture d'un jour vous mènera à la découverte des plus beaux paysages du Gard.

Surfer sur les vagues du Pays basque en Kayak

La vague de Belhara vous fait rêver mais votre seule expérience de glisse se résume à une plaque de verglas devant votre porte ? Il est temps d'essayer le Kayak de mer au Pays basque ! Cap au sud-ouest pour une randonnée sur l'eau à la découverte de la faune et de la géologie marine, puis laissez-vous glisser sur les déferlantes de l'Atlantique.

Survoler les montagnes d'Orcières à plus de 130 km / heure

Vous aimez la montagne et avez toujours rêvé de survoler une vallée tel un vautour : l'expérience Roll'Air Cable est faite pour vous ! Équipé d'un harnais, vous partirez sur la plus grande tyrolienne d'Europe à la découverte des paysages magnifiques du Parc national des Ecrins.

S'envoyer en l'air à l'aide d'un cerf-volant

Pour flotter à plus de dix mètres de haut en état d'apesanteur, vous pouvez aussi tenter l'expérience Sky Fly ! C'est attaché à un cerf-volant que les passionnés de sensations fortes peuvent s'élever dans les airs. Une pratique qui est aussi ouverte aux personnes à mobilité réduite.

Descendre les Gorges du Verdon

Partez faire du canyoning ou même du rafting dans le cadre exceptionnel des Gorges du Verdon ! Une immersion aux sens propre et figuré au cœur du Parc naturel régional du Verdon.

L'Arbre à voyages vous tend ses branches

Geneviève Clastres | 23 février 2015

Il était une fois un arbre dont les racines puisaient depuis longtemps dans les ressources de la terre, un arbre ancré pour une planète mouvante faite d'échanges, de découvertes et de partages. Cet arbre, c'est quelque part l'avatar de Christian Soubra, un arbre à voyages à l'image d'une vie riche de rencontres, depuis toujours tournée vers les autres et l'ailleurs. Depuis septembre dernier, le voyagiste propose une palette de destinations comme autant de petits cailloux qui ont marqué son parcours, l'assurance de voyages incarnés et de rencontres authentiques.

Des grands espaces comme autant de respirations

Ne cherchez pas une logique ou un liant géographique aux destinations proposées par l'Arbre à voyages, il n'y en a pas. Enfin si, toutes les destinations proposées sont des pays ou des régions du monde que Christian Soubra a longuement parcouru quand il montait des voyages en tant que directeur adjoint pour des centres de vacances d'adolescents puis pour des groupistes reconnus, un long passé à produire des circuits, à rencontrer des réceptifs, à créer des itinéraires, une expérience certaine dans le monde du tourisme sur des régions de cœur. Des destinations que l'on retrouve aujourd'hui au creux de son arbre : *"Je suis plutôt bon sur les grands espaces, les pays plutôt vides, en revanche, quand il y a beaucoup de monde, j'ai plus de mal comme sur les pays asiatiques par exemple. C'est pour cela que vous ne trouverez chez moi aucune destination que je ne maitrise pas... Je ne sais vendre que des destinations que je connais parfaitement..."*.

> **"*Je ne sais vendre que les destinations que je connais parfaitement...***

De fait, **pour l'heure, le site propose huit pays :** l'Afrique du Sud, le Bénin, les Etats-Unis, la Corse, le Corsa Rica, l'Islande, la Namibie et la Sibérie. D'autres seront proposées prochainement : le Canada, le Québec, l'Italie, la Sicile, le Burkina Faso, le Botswana **et quelques régions de France** (Cerdagne, Lozère, Baie de Somme, Vercors). Une quinzaine de destinations que Christian Soubra connait comme sa poche, où il a monté nombre de circuits et développé un bon réseau. *"En Cerdagne, je travaille avec un gîte d'Enveitg tenu par ma belle sœur. On propose des randonnées, de l'escalade, de l'équitation mais aussi des soirées conte et la visite des nombreuses églises romanes du coin."*

Pour que les vacances des uns fassent le bonheur des hôtes

Et ce n'est pas innocent si le proverbe détourné sur "le bonheur des hôtes" apparait en bandeau sur le portail de l'Arbre à voyages : au-delà des voyages proposés, il y a **toute une réflexion sur le tourisme responsable qui ne date pas d'hier**. *"Au début des années 2000, je travaillais chez Tours Opérators Associés (T.O.A), un petit groupiste qui tournait bien. Avec certains clients, j'avais réussi à proposer d'autres formes de tourisme, à démontrer que le tourisme responsable pouvait générer de l'économie. On me laissait faire tant que cela ne coûtait pas d'argent"*. En Namibie, aidé par la constitution du pays, il propose très tôt des séjours où tous les hôtels sont gérés par les communautés locales, où les transporteurs sont namibiens, se débrouillent pour que les visités aient un retour sur investissement. C'est également ainsi qu'il rencontre l'ONG Eco-Bénin et l'agence sibérienne Baïkal Voyages, très engagées dans le tourisme durable, avec qui il commercialise aujourd'hui des séjours.

Christian Soubra développe ainsi des relations privilégiées avec des clients tels l'Association Française d'Astronomie ou la Caisse d'Epargne : *"Ils m'achetaient des circuits parce que c'était moi, et je pouvais alors intégrer des éléments de tourisme durable et responsable. En Sibérie par exemple, je travaille depuis 2009 avec une jeune femme sibérienne d'Irkoutsk qui me fournit des hébergements gérés directement par des familles bouriates. On peut ainsi partager des activités avec eux."*

Aujourd'hui, **l'ensemble des séjours proposés s'appuient sur des partenaires engagés ou des contacts de longue date** pour être sûr que l'argent du tourisme profite bien aux territoires visités. Autre exemple, aux USA, dans le pays indien, le circuit est géré avec des partenaires institutionnels navajos. En Sicile, le prestataire, Addiopizzo – "Adieu l'impôt mafieux" – est une agence issue d'un mouvement antimafia créée en 2004 à Palerme, il regroupe des prestataires de services locaux refusant de se soumettre au racket de Cosa Nostra, la mafia sicilienne. On l'aura compris, **l'Arbre à voyages est bien campé sur ses racines et pense s'engager de plus en plus pour un tourisme plus responsable**. Membre d'Acteur du Tourisme Durable (ATD), le voyagiste s'intéresse aussi au réseau Agir pour un Tourisme Responsable (ATR). Pour l'heure, l'Arbre à voyages affûte ses atours, en attendant que les voyageurs viennent peu à peu se poser sur ses branches…

Dans les pas d'Abraham avec Arvel

Geneviève Clastres | 3 novembre 2016

Allier la marche à pied et la découverte d'un sentier qui traverse les terres sacrées des trois grandes religions monothéistes, c'est ce que proposent aujourd'hui plusieurs voyagistes à l'image d'ARVEL qui ont participé à la formidable aventure du sentier d'Abraham. Avec près de 400 km, 40 communautés reliées, quatre pays traversés, ce sentier s'ouvre aux marcheurs mais aussi aux cyclistes et d'une façon plus large à tous ceux qui souhaitent redécouvrir les territoires et les peuples de Palestine et Cisjordanie sous un autre jour que le seul faisceau réducteur de l'actualité.

Un chemin d'espoir et de paix

Dépasser le seul prisme d'un territoire complexe déchiré par des conflits récurrents depuis plus d'un demi-siècle et penser l'humain, c'est peut-être là et avant tout l'enjeu du sentier d'Abraham. Soutenu par la Banque Mondiale qui a investi plus de 2 millions de dollars dans sa mise en valeur et qui y voit aussi un levier pour "réduire la pauvreté et promouvoir une prospérité partagée", l'idée d'un sentier à la fois passerelle culturelle et route touristique retraçant les pas d'Abraham au cœur des pays de Terre Sainte a fait peu à peu son chemin… A terme, il devrait couvrir 5 000 km et 10 pays du Moyen-Orient. Pour l'heure, ses 400 kms offrent déjà de belles perspectives. En France, l'Agence Française de Développement, Tetraktys et l'AFRAT se sont emparés du projet et ont convié une dizaine de voyagistes à un repérage sur place pour imaginer des voyages ensemble.

« *Dépasser le seul prisme d'un territoire complexe déchiré par des conflits récurrents depuis plus d'un demi-siècle et penser l'humain, c'est peut être là et avant tout là l'enjeu du sentier d'Abraham !* »

ARVEL faisait partie de l'aventure, en la personne de Stéphane Lyonne, qui a participé à la reconnaissance et au balisage du sentier et livré un témoignage enthousiaste à son retour : " *Ce que nous retenons surtout, au-delà de la richesse culturelle et de l'hospitalité légendaire des Palestiniens, c'est l'implication totale de tous les acteurs pour tisser des liens, créer des ponts, valoriser les savoir-faire, développer les territoires et prendre en main leurs destins. Notre mission exploratoire n'est pas terminée mais nous sommes d'ores et déjà convaincus. Voyager sur le Sentier d'Abraham c'est comprendre le présent grâce à un projet résolument tourné vers l'avenir.* "

Dans les pas d'Abraham

D'ores et déjà, depuis 2008, ils sont plus de 4 000 voyageurs à avoir foulé ce sentier, découvrant des territoires encore vierges, des paysages naturels uniques entre terres et mers, un patrimoine historique et religieux exceptionnel avec la traversée de la Palestine, de Bethléem, des ruines de l'époque de Salomon, des temples, des mosquées, des monastères. Suite au repérage, Stéphane Lyonne raconte ses randonnées dans des paysages contrastés : profond canyon, wadi fleuri, désert minéral, lever de soleil sur la mer Morte mais aussi visite de l'Eglise de la Nativité, du Sanctuaire de Moïse, du Tombeau des Patriarches, sans compter les petites ruelles bruissantes de vie de villes millénaires telles Jéricho, Hébron et Jérusalem bien sûr.

La touche d'Arvel

En outre, fidèle à sa philosophie, Arvel a souhaité imprimer sa marque sur le sentier et au-delà des découvertes naturelles et patrimoniales, privilégier la rencontre et les échanges avec les populations locales. Ainsi, chemin faisant, le randonneur aura la possibilité de loger chez l'habitant ou de prendre des repas chez des hôtes palestiniens. Il pourra aussi rencontrer des acteurs locaux et échanger avec eux sur les différents projets qu'ils développent. Les savoir-faire des artisans locaux seront valorisés afin que le tourisme soit un levier de développement économique pour les populations rurales éloignées des gros centres touristiques. D'ores et déjà, il existe une tradition d'hospitalité avec par exemple, la fameuse soupe d'Abraham, un plat toujours disponible pour le pèlerin, le marcheur, ou l'ami qui en fait la demande.

Goûter à la "Pura Vida" avec Evaneos

Geneviève Clastres | 13 juin 2017

Au sein des 160 destinations proposées par EVANEOS, le Costa Rica se glisse à la troisième place. Plébiscité pour sa nature préservée, il est depuis longtemps le chef de file des destinations écotouristiques avec plus de la moitié du pays couvert de forêts et près de 6% de la biodiversité mondiale sur son sol. Agent local pour Evaneos, Aurélien propose près d'une trentaine de séjours variés qui mettent en valeur le territoire et confortent le succès de la "Pura Vida" auprès du public français.

Une destination plébiscitée

En 2016, trois millions de visiteurs dont plus de 50 000 touristes français ont fait le choix de partir à la découverte du Costa Rica, la "Pura Vida" comme disent les Ticos, les locaux ; un nombre qui croît de façon exponentielle et qui ne devrait pas se tarir de sitôt avec l'ouverture récente de vols directs Air France entre San José et Paris. Il faut dire que le pays a des arguments : plages de sable fin, nature luxuriante, plaines infinies. En outre, le Costa Rica compte de nombreux Parcs nationaux, près d'un tiers du territoire protégé, une véritable conscience verte qui a permis de préserver une faune et une flore remarquables, au point que sur place, les voyageurs jouent à celui qui visualisera le plus d'espèces, à l'image de ce commentaire glané sur le site d'Evaneos (1066 voyageurs en 2016 !) : *"Nous avons presque atteint la centaine d'animaux aperçus ou photographiés. Reptiles, singes, toucans, caïmans, aras, araignées, etc… nous ont réservé un accueil digne de ce nom. En prime, nous avons vu et photographié le fameux quetzal !!!"*

Des séjours qui épousent toute la gamme des verts

Dans cette "Suisse" de l'Amérique centrale, Evaneos dispose de séjours pour tous les goûts, à l'image du "Grand Tour" de trois semaines "Parcs, volcans et plongée" qui permet de passer par les deux océans, d'explorer le Parc national Tortuguero où l'on croise singes hurleurs, singes araignées, paresseux, toucans, iguanes, basilics et oiseaux de toutes les couleurs, de poursuivre dans les plaines du nord avec la découverte du volcan Arenal, le plus actif d'Amérique centrale depuis 50 ans, et de filer ensuite dans les forêts tropicales du volcan de Tenorio traversé par un long ruban bleu où la cascade du Rio Celeste invente des couleurs d'un autre monde. Le circuit se poursuit alors par d'autres volcans à explorer à l'image du Rincon de la Vieja, phare naturel pour les navigateurs du 19e siècle, puis se découvrent d'autres Parcs nationaux tel Carara où les plus grands crocodiles américains se dorent au soleil. Enfin, les plages ne sont pas oubliées, certaines comptant parmi les plus belles au monde, d'autres plus sauvages, celles du Parc national Marino Ballena par exemple, où il est possible de faire des sorties en bateau pour observer dauphins et baleines à bosses en saison. Les plus téméraires pourront même s'essayer à la plongée sous-marine ou parcourir des pans entiers de forêt vierge avant de pratiquer le farniente côté Caraïbe, et quoi de mieux que de paresser au milieu des paresseux…

AVI 2017 : une bande dessinée documentaire sur l'Equateur des oubliés !

Geneviève Clastres | 19 octobre 2017

Dessin, design, musique, photo, écriture, sérigraphie, Laetitia Ayrault a autant de cordes à son arc que d'associations à aller visiter ! Le tout en Equateur, mettant à profit cette bourse AVI qu'elle a décrochée et qui l'aidera à créer une bande dessinée documentaire. Objectif : montrer l'impact des acteurs locaux qui luttent au quotidien pour inverser le cours des choses en solidarité avec les populations difficiles ou défavorisées. Ces rencontres associatives lui permettront également d'aborder la question de la différence, et la nécessité d'aller au-delà de ses peurs pour apprendre des autres.

Au plus près de la vie associative de Quito

En quatrième année à l'école des Beaux-Arts de Valence (ESAD), la jeune étudiante n'a pas froid aux yeux. Décidée à partir sous d'autres cieux pour effectuer son stage à l'étranger, elle a choisi l'Equateur et Quito, sa capitale, et contacté l'ONG *"Une option de plus"* afin de s'appuyer sur leur réseau d'associations. L'idée : **bâtir une bande dessinée documentaire, fruit de la rencontre avec ces acteurs locaux et inspirée de ses six mois d'immersion sur place**, l'occasion aussi de donner la parole à ces associations qui travaillent dans des domaines très divers (santé, social, éducation, etc.) et ont pour points communs de s'adresser aux populations délaissées. De mars à fin août, Laëtitia a passé quinze jours dans chacune d'entre elles, le temps de s'imprégner de leur histoire, de leur façon de travailler, et de côtoyer au plus près travailleurs sociaux et habitants. Quatre stages artistiques de deux jours sont également prévus auprès de quatre de ces organismes sans compter quelques petites respirations voyageuses.

Changer le regard pour changer le monde

Convaincue que le dessin et en particulier la bande dessinée est un outil idéal pour transmettre des expériences, Laetitia a ainsi sélectionné six **associations aux champs d'actions très divers**. A Guayaquil, *Clave del Sur* enseigne la pratique d'un ou de plusieurs instruments de musique à des jeunes de quartiers populaires susceptibles d'être exposés de manière précoce à des situations de violences urbaines. A Muisne, *Creando Futuro* aide plus particulièrement les populations locales à reconstruire une économie dynamique suite aux destructions causées par le tremblement de terre du 16 avril 2016. Basée à San Vicente, la ludothèque de *Nueva Esperanza* propose des activités socio-éducatives pour les plus démunis. A Quito, *Ecuasol* soutient scolairement des enfants dans un quartier défavorisé au nord de la ville. *Patou Solidarité*, à Tena, assiste les femmes et familles victimes de violences intrafamiliales. Enfin, Casa de la *Juventud Mashi Pierre*, à Saraguro, organise des activités socio-culturelles pour favoriser la mixité et les échanges entre enfants et jeunes métisses locaux. Ce travail d'observation va permettre à la jeune femme de démontrer l'impact que peuvent avoir les initiatives locales, forme de plaidoyer pour un monde plus juste, plus engagé, plus solidaire.

Best of de nos lecteurs : les articles les plus lus en dix ans

Voici le top 10 des articles les plus lus de notre portail :

1. Traverser l'Europe à vélo, c'est maintenant possible avec EuroVelo
EuroVelo est le réseau des itinéraires cyclables européens :
14 routes longue-distance qui traversent 42 pays.
Taper "eurovélo voyageons autrement" dans un moteur de recherche ou
www.voyageons-autrement.com/traverser-l-europe-en-velo-avec-eurovelo

2. 30 labels pour un tourisme durable & responsable
Liste détaillée de 30 labels pour un tourisme responsable.
Taper "label tourisme responsable" ou
www.voyageons-autrement.com/30-labels-du-tourisme-responsable.html

3. Petit tour d'horizon des universités formant au tourisme alternatif
De nombreuses universités proposent des formations spécifiques, ouvertes à tous les profils et tous les âges, qui permettent de devenir un professionnel du tourisme de demain.
Taper "universités tourisme responsable" ou
www.voyageons-autrement.com/petit-tour-d-horizon-des-universites-formant-au-tourisme-alternatif

4. Des idées cadeaux pour un Noël Autrement
Et si on essayait un Noël différent, loin des sirènes des grands magasins et de la consommation à tout va.
Taper "Noel autrement Voyageons Autrement" ou
www.voyageons-autrement.com/des-idees-cadeaux-pour-un-noel-autrement

5. Impressions voyageuses : De Djibouti à Tadjourah
Nombreux sont les auteurs et artistes à avoir été tentés par l'aventure djiboutienne :
Henri de Monfreid, Arthur Rimbaud, Albert Londres, Ryszard Kapuscinski, Hugo Pratt…
Taper "De Djibouti à Tadjourah" ou
www.voyageons-autrement.com/impressions-voyageuses-de-djibouti-a-tadjoura

6. L'essor du Tourisme Mondial
"Le tourisme durable, ce n'est pas la réduction des voyages, qui serait une immense régression, mais c'est voyager autrement, à un rythme différent", estime Jean Viard.
Taper "l'essor du tourisme mondial voyageons autrement" ou
www.voyageons-autrement.com/tourisme-durable-defi-industrie-voyage.html

7. Les fjords de l'ouest, le secret le mieux gardé d'Islande
Les fjords de l'ouest ne reçoivent qu'une infime partie des 800 000 touristes qui viennent en Islande chaque année…
www.voyageons-autrement.com/les-fjords-de-l-ouest-le-secret-mieux-garde-d-islande

8. Le retour du loup : ce que l'on ne nous dit pas…
À l'image des grands prédateurs africains qui suivent les migrations des gnous, le loup, inexorablement s'est réinstallé dans nos forêts.
www.voyageons-autrement.com/le-retour-du-loup-ce-que-l-on-ne-nous-dit-pas

9. Développement touristique en montagne : le temps des choix est arrivé
Quels enjeux et menaces pour l'espace montagnard français.
www.voyageons-autrement.com/developpement-touristique-en-montagne-le-temps-des-choix-est-arrive

10. Bernard Ollivier : l'homme qui sauvait les jeunes en les faisant marcher…
Rencontre avec un être humain exemplaire… (voir article plus haut)
www.voyageons-autrement.com/bernard-ollivier-l-homme-qui-sauvait-les-jeunes-en-faisant-marcher

Les coups de cœur de l'équipe

Virée mythique au Costa Rica, le pays durable de la "Pura Vida"

Manuel Miroglio | 16 avril 2015

Le Costa Rica, "pays aux habitants les plus heureux du monde", "la petite Suisse d'Amérique latine", "la Mecque de l'écotourisme", "la nation sans armée" collectionne les qualificatifs sans rougir. Et pour cause, une des démocraties les plus stables du continent, un pays où l'on valorise plus l'éducation, la préservation de l'environnement et la santé publique que l'armée ou le développement du PIB, 25% de son territoire classé en aires naturelles protégées, 5 % de la biodiversité de la planète, leader mondial incontesté du tourisme durable, une expression populaire qui résume son état d'esprit : Pura vida ! "Nature, paix, bonheur" en trois mots, tout est dit.

Virée dans ce paradis vert pour assister à la tournée académique de fin du Master en Gestion du Tourisme Durable de la UCI (L'Université de la Coopération Internationale), une institution pionnière depuis 20 ans dans le domaine de l'enseignement du développement durable, basée à San José, la capitale. Au sein de la UCI, tout est pensé en faveur de l'environnement : poubelles de tri sélectif, signalétique visuelle pour encourager l'économie d'énergie, bac à compost, wc économes en eau, murs verts, jardín et étang forment une harmonieuse ambiance "Développement Durable". Le Directeur argentin du Master, Fabián Román, également co-fondateur de l'ITSALyC *(Instituto de Turismo Sostenible para América Latina y el Caribe)*, nous reçoit chaleureusement. Selon lui, la perte de la biodiversité est le plus grand défi actuel à relever, en découle l'urgence de conserver les paysages, les écosystèmes et les espèces animales comme végétales. Il termine sur les tendances du tourisme à venir : la recherche d'expériences authentiques, de cultures vivantes, d'observation de la biodiversité et…de solitude. L'Homme, face à lui et à Dame Nature.

> ***La perte de la biodiversité est le plus grand défi actuel à relever, de là l'urgence de conserver les paysages, les écosystèmes et les espèces animales comme végétales.***

Toujours à San José, **nous visitons ensuite Cooprena, un groupe coopératif spécialisé dans le développement du tourisme rural communautaire** qui travaille avec 26 organisations sociales de tout le pays, en leur fournissant des services d'assistance technique, de financement, de marketing à travers l'agence Simbiosis Tours. Leur publication *"Costa Rica authentique, le guide du tourisme rural communautaire"* me fait rêver, je pense à tous ces pays qui manquent cruellement de ce type d'outil pour valoriser ce segment si porteur du tourisme durable. **Cap vers le Volcan Poas qui abrite le Parc national le plus visité du Costa Rica** avec plus de 300 000 visiteurs annuels, et parfois des pics de fréquentation à 3 500 les fins de semaine. Nommé Réserve de la Biosphère en 1988, il fait partie d'une des 166 aires naturelles sylvestres du pays. S'y déroulent, outre l'écotourisme, des activités de recherche et d'éducation environnementale.

Visite suivante : la Finca Rosa Blanca, premier écolodge construit au Costa Rica il y a une vingtaine d'années par la famille de Glenn Jampol, un des pionniers de l'écotourisme du pays, sur ce que fut initialement un terrain de moto-cross ! Pionnière dans l'eco hôtellerie de luxe, la Finca Rosa Blanca abrite également une plantation de café bio qui peut se parcourir à pied pour s'initier aux subtilités de sa culture. Très avancée sur les questions de tourisme durable, la Finca Rosa Blanca détient la certification maximale de l'Institut Costaricien du Tourisme : 5 Feuilles. Et parmi les réalisations concrètes : panneaux solaires, système de nettoyage d'eau de la piscine par ionisation, potager bio qui alimente la cuisine du restaurant, tri des déchets, décoration intérieure et extérieure réalisée par des peintres locaux, soutien à une école publique voisine, organisation de nombreuses activités écotouristiques... les résultats sont palpables.

Le lendemain, nous sommes initiés au **modèle de certification du tourisme durable de l'ICT, l'Institut Costaricien du Tourisme : le Certificat pour la Soutenabilité Touristique (CST)**. Projet initialement porté par des biologistes, lancé officiellement en 1997, il marqua une véritable innovation en son temps comme instrument de mesure et de certification du secteur touristique en matière de soutenabilité. Aujourd'hui, ce système unique au monde peut évaluer et certifier hôtels, tour opérateurs, restaurants, loueurs automobiles et parcs thématiques. Les entreprises certifiées sont listées sur le site internet du CST facilitant leur identification par les touristes. Avantage en or pour les candidats : la procédure d'audit est gratuite et assurée par le personnel fonctionnaire de l'ICT. On croit rêver. Reflet d'une ferme volonté politique en faveur d'une avancée tangible du tourisme durable. Moyens, actes concrets, résultats, point barre ! Combien de pays en sont encore aux discours pompeux et creux ?

Pour l'étape suivante, **nous partons vers le Volcan Arenal** pour découvrir un cas d'entreprenariat original de tourisme durable. Au bord d'un chemin de terre, un panneau en bois indique : ***"Rancho Margot, self sufficient organic ranch"*: une ferme bio, un écolodge et... une université vivante**. Le cercle est incroyablement vertueux. 90% de ce que produit la ferme est consommé par le personnel et les hôtes de l'écolodge. Les meubles et cabanes ont été construits sur place avec du bois de récupération. L'électricité est produite grâce à des turbines hydroeléctriques alimentées par l'énergie des cours d'eau qui traversent la propriété, le gaz méthane utilisé pour la cuisine provient d'un biodigesteur qui fonctionne par anaérobie avec les eaux usées des porcheries. L'huile de la cuisine sert de matière première pour fabriquer le savon des hôtes, qui est ensuite recyclé en lessive pour la lavanderie.

L'eau qui alimente les hébergements et la piscine est chauffée naturellement dans d'immenses tuyaux recouverts de tonnes de compost. Les produits laitiers proviennent des vaches de la ferme, la viande de l'élevage de porcs, les légumes et fruits des jardins potagers, cultivés de manière biologique. Rancho Margot pratique une agriculture libre de substances chimiques. Le bétail est alimenté exclusivement par des produits naturels. La maîtrise du *"Just in time"* permet de préparer jusqu'à 15 000 repas mensuels avec un seul réfrigérateur et un congélateur.

L'impact socio-économique est de taille avec plus de 50 emplois locaux, 12 000 hôtes, 2 500 visiteurs et 60 000 repas servis annuellement. Rancho Margot possède une bibliothèque, paie des professeurs pour améliorer l'éducation de ses employés et construit une école. Côté activités touristiques, il propose des visites guidées de ses installations pour démontrer la soutenabilité de ses actions, des excursions à cheval et en kayak sur le lac Arenal, de nombreuses randonnées dans les environs. Côte santé, son environnement relaxant offre des activités de bien-être comme le yoga, les massages, la méditation, la médecine naturelle. Côté culture, des musiciens nationaux sont régulièrement invités pour animer les soirées, un artisan local élabore sous les yeux des visiteurs des céramiques de style Chorotega. Ces efforts ont permis à Rancho Margot d'obtenir le Certificat de Soutenabilité Touristique de plus haut niveau, tout comme le certificat d'excellence de Trip Advisor et la reconnaissance *"Best Place to stay"* du fameux guide Lonely Planet. Cerise sur le gâteau, il a été la première entreprise du Costa Rica à être évaluée "carbone négatif", absorbant plus de $C0_2$ que n'en génère son activité ! Electricité propre, système de chauffage d'eau par biomasse, compostage généralisé, biodigesteurs à gaz, production de la plupart des aliments sur place figurent parmi les bonnes pratiques soutenables qui contribuent à cette prouesse. Oui, comme me l'a confié un soir Juan Sostheim alors que je dégustais ses délicieuses pizzas au feu de bois, *"Le message de Rancho Margot, c'est qu'on peut faire les choses différemment"*. Et que ça marche !

Foresterie analogue : quand la biodiversité devient un projet humain

Chloé Goudenhoft | 14 août 2017 – pour TV5MONDE – portail partenaire

Défenseur de la biodiversité, le docteur sri lankais Ranil Senanayake a inventé une méthode de reforestation qui respecte les interactions entre les espèces. Ce faisant, elle permet aux fermiers et habitants de contrées reculées de subvenir à leurs besoins. Cette méthode s'appelle la foresterie analogue et se diffuse à l'échelle planétaire.

Pour restaurer les territoires qui ont souffert de déforestation, pourquoi ne pas s'inspirer de la forêt elle-même ? C'est l'idée qu'a eue Ranil Senanayake, herpétologiste (spécialiste des rampants) et docteur en écologie des systèmes, dans les années 1980. Alors qu'il appartient au gouvernement sri lankais de l'époque, l'État prône la plantation intensive de pins et d'eucalyptus en guise de programme de reforestation. Le docteur essaie de mettre en avant les bénéfices de la biodiversité, mais ne parvient pas à convaincre. Il démissionne pour mener sa propre expérience.

Objectif : montrer l'intérêt d'une forêt diversifiée pour l'environnement mais aussi pour l'agriculture et les populations environnantes. Après avoir racheté une plantation de thé en ruine à Belipola, dans les montagnes du Sri Lanka, il planifie un nouveau système en s'inspirant des puranagama, de vieux villages traditionnels sri lankais. *"Les lézards et grenouilles étaient en train de disparaître,* raconte-t-il. *Je me suis rendu compte que les seuls endroits où il en existait encore, c'était dans ces lieux, où on laisse les arbres s'épanouir largement."* En observant ces terrains, il comprend que la structure globale et la fonction de chaque végétal permettaient la création d'un équilibre.

Apparition de nouvelles espèces

La méthode qu'il établit alors s'inspire de cette observation. Il s'agit d'analyser la composition du sol en fonction de l'altitude,

> **"La méthode prend en compte les espèces endémiques mais incorpore aussi des espèces nouvelles et exotiques qui ont une utilité pour l'agriculture ou tout autre besoin humain.**

parcelle par parcelle, à l'aide d'une grille répertoriant les espèces constituant la végétation. En parallèle, il faut étudier la composition de la forêt primaire dans un contexte similaire. Sont prises en compte la structure architecturale et la fonction écologique du lieu. *"Il faut comparer ensuite ce qui se trouve dans le terrain à travailler et ce qui compose la forêt primaire dans les mêmes conditions environnementales"*, détaille-t-il. Le principe de base consiste à replanter les espèces selon le "cahier des charges" naturel ainsi établi, d'où le terme "analogue". *"Il faut commencer par les arbres qui constitueront la canopée pour qu'ils procurent l'ombrage nécessaire aux végétaux des autres strates de la forêt. Puis, au fur et à mesure qu'ils se développent, on plante les arbustes, les grimpantes et herbacés."* En suivant ces principes, le terrain voit réapparaître de nouvelles espèces de reptiles, d'oiseaux et d'amphibiens au bout de cinq à six ans. *"Doucement, la forêt mûrit,* explique le docteur. *Neuf à dix ans plus tard, vous voyez des espèces que vous n'aviez jamais observées sur place auparavant. La nature commence à prendre le dessus, il ne reste plus qu'à l'aider, en la comprenant."*

Cultures de haute valeur

Néanmoins, il ne s'agit pas uniquement de copier la nature dans le moindre détail. La méthode prend en compte les espèces endémiques mais incorpore aussi des espèces nouvelles et exotiques qui ont une utilité pour l'agriculture ou tout autre besoin humain. *"Les forêts analogues sont capables de répondre aux besoins extractifs de la population locale, comme le bois de chauffage, le fourrage, les fruits, les noix, les matériaux de construction, les médicaments et leur fournit des revenus grâce à des cultures de subsistance et commerciales cultivées dans la forêt"* explique par exemple un document diffusé sur le site du réseau international de foresterie analogue (IAFN - International Analog Forestry Network), créé par Ranil Senanayake. Le système peut inclure des cultures de haute valeur comme le café, le thé, le gingembre, le poivre, la noix de muscade, la mangue… *"La diversité des cultures contenues dans les parcelles de forêts analogues réduit la vulnérabilité de la communauté, la dépendance à un seul produit et les risques associés, en fonction des limites du marché, de la propagation des maladies, des périodes de récolte, etc."*

Une méthode appliquée dans 20 pays

Selon Ranil Senanayake, la méthode peut être utilisée sur n'importe quel type d'écosystème, qu'il soit tropical ou tempéré. Il faudra seulement adapter les principes de base à chaque situation. Par exemple, la Française Claudie Ravel s'est inspirée de cette expérience pour lancer l'entité sri lankaise de Guayapi (une entreprise d'importation de produits nobles et bio issus de la cueillette). Suivant le conseil du docteur, la forêt-jardin de Guayapi Lanka a aussi été reconstituée sur une plantation de thé abandonnée. Elle sert aujourd'hui de lieu de production naturelle pour l'entreprise et de site écotouristique. Des exemples ont émergé ailleurs en Asie, mais aussi en Amérique latine, en Afrique ou encore en Australie sous l'impulsion du réseau, qui siège désormais au Costa Rica. Aujourd'hui, l'IAFN est représenté dans plus de 20 pays. Un label (FGP - Forest Garden Product) a été créé pour certifier les produits issus des forêts-jardins respectant les critères définis par le réseau.

Le Viel Audon, hameau coopératif dans les gorges de l'Ardèche

Sandra Bordji | 27 février 2013

Niché au flanc d'une falaise des gorges de l'Ardèche, à proximité de Balazuc, le hameau du Viel Audon, inaccessible en voiture (comptez 1km de marche pour y accéder), abandonné et oublié pendant des décennies, était voué à la disparition pure et simple... Pourtant, il est devenu aujourd'hui un lieu riche d'activités, de partage et de solidarité. Un véritable village coopératif et écologique où l'on accueille et vit "autrement" depuis 40 ans.

Quand "l'utopie" s'ancre dans un territoire

La nature généreuse du site du Viel Audon en a fait un lieu idéal de vie et d'activité humaine pendant des siècles, les premières traces de peuplement remontant à la préhistoire. Pourtant, dans un mouvement d'exode économique, il est totalement abandonné par sa population au début du XIXe siècle. Durant des décennies, il subit les outrages de l'oubli et disparaît peu à peu sous la végétation qui comble le vide laissé par l'homme. Il aurait sans doute été définitivement rayé de la carte si quatre jeunes gens n'avaient, dans les années 70, conçu le projet fou de le faire revivre, en le reconstruisant pierre par pierre sans autres moyens que leur enthousiasme, guidé par une vision du monde et de la vie que d'aucuns qualifieraient d'"utopiste".

N'en déplaise aux grincheux pourfendeurs d'utopies, cela fait maintenant près de 40 ans que le hameau du Viel Audon vit et se développe, grâce à la contribution de 10 000 jeunes volontaires qui ont apporté leur pierre à l'édifice dans le cadre de chantiers coopératifs. Car, au fil des années, ce projet un peu fou qui aurait pu rester au stade d'une lubie de quelques copains, s'est

> Un lieu où l'apprentissage du "vivre-ensemble" passe par le "faire-ensemble" et où "la sobriété heureuse" chère à Pierre Rabhi prend tout son sens.

mué en une véritable aventure humaine qui a abouti à la résurrection d'un site devenu lieu de découverte et de partage, de formation et de transmission. Un lieu où l'apprentissage du "vivre-ensemble" passe par le "faire-ensemble" et où "la sobriété heureuse" chère à Pierre Rabhi prend tout son sens. Là où certains se contentent d'en rester au stade du concept, le hameau du Viel Audon s'ancre dans son territoire pour mettre en action et en cohérence les trois piliers du développement durable, le triptyque environnement- économie-social.

Education à l'environnement, développement durable, coopération…

Quatre structures participent à la vie du hameau : **L'association AJC**, "Association des Jeunes de Chantiers", qui porte l'idée de *"se construire en construisant"*, et qui organise les chantiers de jeunes de dimension internationale en période estivale. Chaque année, ce sont 200 à 250 jeunes qui se retrouvent sur le site pour vivre et faire ensemble. **L'association Le Bateleur** qui porte la dynamique "Les Bocaux Locaux" dont les bénévoles ont remis en culture les terrasses environnantes, développent la production en circuits-courts, et proposent des animations sur ce thème et sur l'agriculture biologique. **La ferme**, portée par la Société Civile d'Exploitation Agricole du Viel Audon, dont les 5 salariés s'occupent de l'élevage (chèvres, vaches, cochons) et de la culture des oliviers et des aromatiques, en en assurant la transformation (produit fini ou restauration) et la commercialisation dans la boutique du hameau. **L'association le Mat**, la plus ancienne, centre d'éducation à l'environnement, au développement durable et à la coopération. Elle assure la gestion de l'hébergement de groupe (50 places), proposent des animations à l'attention des scolaires et des particuliers (éco-jardinage, gastronomie de la garrigue, etc.) et également des formations à destination des animateurs ou encadrants de structures associatives, MJC, mouvements d'éducation populaire…

L'accompagnement de projets en économie sociale et solidaire est également un volet de l'action de l'association, dans le cadre d'un compagnonnage mis en place avec le Réseau d'Échanges et de Pratiques Alternatives et Solidaires REPAS. *"Le hameau est un corps vivant, explique Yann Sourbier, directeur de l'association Le Mat. Il est composé de différentes structures, de différents métiers, qui ont chacun leurs fonctions propres, comme les organes d'un corps. Malgré leurs différences de fonctions, ces structures et leurs acteurs concourent tous au même objectif, celui de transmettre des valeurs et des savoir-faire liés à l'identité du territoire ardéchois et à un certain art de vivre en paix, ensemble et avec notre environnement."*

Les femmes et le vélo, une histoire passionnante… et passionnée !

Mélusine Lau | 10 novembre 2015

Je suis une femme, et je fais du vélo. D'ailleurs, aussi loin que je me souvienne, j'ai toujours fait du vélo – et aujourd'hui, il fait partie de mon quotidien : mes déplacements de tous les jours, mes balades et une partie de mes sorties sportives se font à vélo. Des rituels, des habitudes, et un "objet" qui fait partie intégrante de ma vie… quelle ne fut donc pas ma surprise, en m'attaquant à ce sujet, de découvrir que les femmes et le vélo, c'est une longue et tumultueuse histoire !

Le vélo, symbole d'affranchissement féminin

Hé oui, le vélo fait partie de ces éléments qui ont participé à l'émancipation des femmes ! En effet, il serait à l'origine, ni plus ni moins, du fait que nous portions aujourd'hui des pantalons… Apparu à la fin du XIXe siècle, le vélocipède, premier ancêtre de notre chère bicyclette, était à la base destiné aux hommes : les femmes, occupées à la maison et auprès des enfants, n'en avaient nul besoin. Peu mobiles, rarement indépendantes, elles n'allaient pas, en plus, risquer de soulever leurs jupes pour enfourcher le cadre d'un deux-roues ! La société de l'époque voyait en la bicyclette une menace pour la situation féminine, et surtout pour l'équilibre homme-femme : problèmes d'hygiène (!), indécence, possibilité de s'approprier enfin la vitesse, le mouvement et le déplacement… Les femmes, pédaler ? La bonne blague !

Pour monter sur un vélo, les femmes ont dû franchir bien des obstacles…

Et donc, on préféra, au début du XXe siècle, face au nombre croissant de femmes désireuses d'emprunter ce moyen de transport, créer un vélo adapté plutôt que de risquer des scènes d'indécence publique. C'est ainsi que sont nés les premiers vélos au cadre en "col de cygne", permettant aux femmes d'enfourcher leur monture avec une jupe longue. Ainsi, si la morale a longtemps empêché les femmes de monter à vélo, elle a fini par se plier aux évolutions de la société et à admettre le port du pantalon pour éviter, une fois de plus, de choquer les consciences : c'est donc grâce au vélo si nous pouvons aujourd'hui enfiler nos jeans !

Le vélo au féminin, version XXIe siècle

Toutefois, il subsiste toujours, en 2015, des problèmes d'adaptation du vélo aux femmes : difficile, pour certaines, de se rendre à leur travail à vélo dans une tenue adaptée… Les femmes étant généralement désignées pour aller chercher les enfants à l'école ou faire les courses, de nouveaux obstacles viennent encore assombrir les envies de pédaler librement : à l'heure actuelle, il reste plus pratique de mettre les enfants sur les sièges arrière de la voiture et les courses dans le coffre, que… les enfants sur le porte-bagage et les courses dans son petit panier !

Faites de votre vélo un accessoire coloré qui vous ressemble !

Et pourtant, tout est fait aujourd'hui pour encourager les femmes à franchir le pas : cours de vélo pour adultes via des vélo-écoles, création de vélos ultra-féminisés et tendance, apparition de vêtements adaptés… Le marketing actuel joue beaucoup sur le vélo 100% féminin : couleurs, formes, accessoires…

le vélo est quasiment devenu un objet à la mode, un accessoire que l'on personnalise et adapte à ses envies. Du deux-roues flambant neuf rose bonbon au vieux vélo de la grand-mère repeint et dépoussiéré, les femmes ont su faire de leur monture non seulement un moyen de locomotion, mais également un complément de leur féminité, adapté à leur look et à leurs envies.

Les paniers, sacoches et autres accessoires sont également apparus dans le but d'adapter le vélo aux déplacements quotidiens : il est aujourd'hui tout à fait possible de faire ses courses à vélo (bon ok, pas le plein du mois !), d'emporter ses affaires et ses outils de travail, ou encore d'aller chercher les enfants. On voit désormais se développer les vélos biporteurs, triporteurs ou encore "vélos cargo", qui permettent d'ajouter une remorque au deux-roues. Équipés de sièges pour les enfants ainsi que de protection contre les intempéries, ces équipements permettant de se déplacer à vélo en emmenant toute la petite famille !

Les vélos cargo, venus de Hollande, peuvent s'acheter tels quels, ou être conçus soi-même : les remorques seules peuvent s'amarrer à tous les types de vélos ! Quant à la pluie, elle n'est plus un obstacle : il existe sur de nombreux sites internet, français ou étrangers, des capes et autres "boucliers" anti-pluie, que l'on porte sur soi ou que l'on fixe sur son vélo. Accessibles à des prix raisonnables, ces accessoires vous permettront de vous rendre au travail quelle que soit la météo !

Une Vélorution féminine ?

Si environ 46% des cyclistes sont des femmes, il est important de noter que plus la pratique du vélo augmente (dans une ville ou un lieu donné), plus elle se féminise. En réalité, cela est surtout dû à l'adaptabilité des villes : si celles-ci offrent suffisamment d'infrastructures sécurisées pour se déplacer à vélo, la pratique féminine se développe. La circulation et l'insécurité font en effet partie de ces derniers obstacles à franchir : moins téméraires que les hommes, les femmes préfèrent emprunter des voies et pistes réservées au vélo, et s'aventurent moins dans le trafic... D'où une part de cyclistes masculins bien plus marquée à Paris ! A contrario, dans les villes où tout est fait pour le vélo, on s'approche de la parité, voire la tendance s'inverse : à Strasbourg, on frôle le 50-50, et dans certaines villes scandinaves, les femmes sont plus nombreuses que les hommes à pédaler.

"*La circulation et l'insécurité font partie des derniers obstacles à franchir : moins téméraires que les hommes, les femmes préfèrent emprunter des voies et pistes réservées au vélo, et s'aventurent moins dans le trafic...*"

Des chiffres qui se retrouvent aujourd'hui dans les actes : magazines, sites et autres initiatives portent le mouvement des femmes à vélo et participent à la disparition des clichés. Sur Internet, on peut constater qu'un mouvement en faveur du vélo au féminin est en marche : sur le site "Elles font du vélo", les rédacteurs (et surtout rédactrices) référencent toute l'actualité liée au vélo féminin, partagent leurs expériences et leurs bons plans, dénichent les bonnes affaires et les tendances... Une référence pour toutes celles qui pratiquent la petite reine ou qui voudraient s'y mettre !

Une Slovénie plus verte que jamais

Florie Thielin | 19 octobre 2016

La Slovénie serait-elle à l'Europe ce qu'est le Costa Rica aux Amériques, c'est-à-dire le leader de l'écotourisme sur son continent ? Ljubljana a été élue Capitale Verte 2016 par la Commission Européenne ; et cette destination, encore très méconnue des voyageurs français, se positionne dans le top 10 des destinations touristiques éco-responsables *(selon Green Destinations)*. Mais pourquoi donc ? Découvrez ci-dessous six nuances de vert de ce petit trésor des Balkans.

Le vert-bronze du dragon de Ljubljana

Le dragon est l'emblème de la capitale slovène, on le retrouve un peu partout : depuis le haut de la tour du château au fameux pont des Dragons. S'il incarne bien le riche patrimoine culturel et historique du pays, sa couleur verte illustre aussi les nombreux changements entrepris par la ville pour un avenir plus écologique. Les habitants de Ljubljana font partie des citadins les plus chanceux d'Europe avec une moyenne de 542 m² d'espaces verts par habitant (équivalent à deux courts de tennis). *"Si les locaux sont heureux, les visiteurs le seront aussi !"* ; Jana Apih, responsable de l'association slovène Good Place résume ici l'état d'esprit général quant à cette volonté de positionnement "éco-touristique" de la Slovénie. Des parkings transformés en parcs, des fontaines d'eau potable naturelles, une stratégie zéro déchet, Ljlublaja multiplie les initiatives depuis ces cinq dernières années.

Le vert-pomme des gentlemen du centre-ville

Le centre-ville de la capitale est devenu complètement piétonnier. Comment faire alors pour, par exemple, transporter son lourd cabas de fruits et légumes depuis le marché central jusqu'à chez soi, ou bien même jusqu'à la plus proche station de bus ? Les *Kavalirs* (gentlemen en slovène) ont investis les rues du centre-ville. Ces véhicules électriques sont à disposition de tous : un signe de la main ou un coup de téléphone et ils vous transportent gratuitement. Leurs chauffeurs sont très aimables et ce nouveau mode de transport a été largement adopté par les ljubljanais et les visiteurs ! Cette initiative d'éco-mobilité n'est pas isolée. Vous pouvez aussi explorer la Slovénie à vélo : grâce au système BicikeLJ à Ljubljana, ou à travers le pays en suivant l'un des itinéraires décrits sur le portail de l'office de tourisme. Dans la région voisine de Bohinj, on invite aussi les visiteurs à se déplacer sans voiture : la *free guest card* permet de visiter les petits villages alentours en prenant le bus gratuitement et en bénéficiant de réductions sur les billets de train.

Le vert-sapin du Parc national Triglav

Triglav signifie en slovène trois têtes. C'est aussi l'une des appellations du principal dieu de la mythologie slave, Svarog. Il représente les trois forces régissant l'univers : expansion, rétention et équilibre. Du haut de ses 2 864 m, la montagne Triglav est le point culminant de Slovénie et a donné son nom à l'unique Parc national du pays. *"Qui n'a pas gravi Triglav, n'est pas un vrai slovène"* confie Rok Zibrat, guide chez Slovenia Getaway. Il existe au moins vingt circuits différents. Les plus fous le tentent parfois sur une journée (comptez 10h de marche), mais la plupart passe au moins une ou deux nuits en montagne. La randonnée est très populaire en Slovénie et les slovènes n'ont pas froid aux yeux. Le premier aventurier à avoir osé la descente complète en ski du Mont Everest était un slovène, "Davo"

Karničar. Et plusieurs de ses compatriotes ont déjà gagné le fameux prix annuel des Piolets d'Or récompensant les ascensions alpines exceptionnelles.

Le vert-émeraude de la rivière Soča

La Slovénie est égale à la moitié de la Suisse en superficie mais avec quatre fois moins d'habitants. Le pays est parsemé de villages. La rivière Soča tire elle aussi son nom de la mythologie slave. L'histoire raconte que trois dieux, aussi frères, auraient tracé le cours de la rivière en faisant la course des Alpes Juliennes jusqu'à la mer Adriatique. La rivière Soča est connue pour la force et la rapidité de son courant, ainsi que pour la pureté et la transparence de son eau. Elle traverse la vallée émeraude sur 92 kilomètres et fait le bonheur des amoureux d'écotourisme et de sports d'aventures : kayak, rafting, hydrospeed, saut à l'élastique... On y retrouve de nombreuses activités typiques des Alpes, mais à des tarifs plus attractifs. Méconnue des Français, la destination est très prisée de nos voisins germanophones. Le pont de Solkan et les gorges de Tolmin font partie des nombreux joyaux de la vallée. La rivière représente aussi un sacré garde-manger... mais grâce aux efforts de ces dernières années, la pêche et la consommation de ses poissons sont devenues plus responsables. La truite marbrée, espèce endémique, a pu ainsi passer du statut d'espèce "menacée" à "moins inquiétant" sur la liste rouge de l'IUCN.

Le vert-bouteille des grappes de Zelèn

Peut-être choisirez-vous un verre de Zelèn pour accompagner une délicieuse truite panée au sarrasin ou au maïs ? La Slovénie produit chaque année entre 80 et 100 millions de litres de vin. Au niveau international cela peut paraître peu, mais le pays joue la carte de la qualité. Près de 70 % des vins slovènes remplissent les critères d'appellation. Le Zelén, dont le nom signifie vert en slovène, est un cépage originaire de la région viticole de Primorski, à l'ouest du pays. Il s'agit d'un vin blanc que le site wine-searcher qualifie de "léger, vif et herbacée". Malgré une production ancestrale, le cépage a failli disparaître au cours du XXe siècle. Depuis une quinzaine d'années, un collectif de viticulteurs slovènes s'est rassemblé pour lui redonner vie.

Le vert-très-vert du label "Slovenian Green"

"Une Slovénie verte, active et bonne pour la santé", tel est le slogan de l'office de tourisme slovène. Pour réaliser cette belle promesse, un système de certification a été développé au niveau national pour les municipalités et acteurs du tourisme (hébergements, agences de voyage, etc...). L'Hostel Celica, par exemple, est une ancienne prison transformée en auberge de jeunesse dans le quartier vibrant, artistique et alternatif du centre-ville de Ljubljana. Quatre-vingt artistes ont travaillé à la transformation du lieu afin de lui redonner sa liberté. Chacune des vingt cellules, constituant aujourd'hui les chambres, est devenue une œuvre d'art.

Chaque détail raconte une histoire. L'Hôtel Park, à deux pas de l'Hostel Celica, a quant à lui des ruches sur son toit pour favoriser la pollinisation au cœur de la ville et produire son propre miel. Ces deux établissements sont également certifiés Travel Life. A l'entrée du Parc national Triglav, le luxueux Bohinj Eco Hotel est le premier hôtel de Slovénie à avoir été complètement construit à partir de matériaux écologiques en utilisant une myriade de technologies modernes pour optimiser sa consommation énergétique.

Les six nuances de vert présentées dans cet article ne sont qu'une introduction à une plus large palette de belles pratiques. L'office de tourisme de Slovénie s'est fixé pour ces prochaines années l'objectif de transformer son slogan en une "Slovénie, 100% verte"...

Les peuples autochtones au secours de la planète !

Jérôme Bourgine | 26 janvier 2017

A l'initiative du cacique (chef) amazonien Raoni, plusieurs dizaines de représentants des peuples et tribus autochtones de la planète se rassembleront du 20 au 25 juin prochain au Brésil pour lancer un grand cri d'alerte et fédérer leurs combats... Rencontre avec celui qui a rendu l'évènement possible et soutient la cause amazonienne depuis 25 ans : Gert Peter Bruch...

VA : Pouvez-vous vous présenter ainsi que l'association Planète Amazone dont vous êtes le fondateur ?

Je suis réalisateur. En 1989, j'ai suivi et photographié une partie de la tournée mondiale du chanteur Sting et du cacique Raoni en soutien à la cause amazonienne puis organisé plusieurs expositions sur le sujet. Je suis alors devenu un fervent défenseur de cette cause. En 2010, le chef Raoni a engagé un combat contre la construction du barrage de Belo Monte, au Brésil, et le président Sarkozy qui devait le recevoir s'est décommandé au dernier moment sous la pression du président Lula et en raison des entreprises engagées sur le futur chantier. Nous avons alors compris que pour relayer l'appel de ceux qui veulent sauver la planète, la voie officielle ne suffirait pas. Il devenait donc essentiel de **sensibiliser le plus grand nombre non seulement au problème majeur de la déforestation**, mais également de faire savoir qu'à l'heure de l'indispensable transition énergétique, **des solutions existaient déjà**, les autochtones pratiquant par exemple une **agro-foresterie productive** dont il est possible de s'inspirer pour l'avenir. Ainsi est né Planète Amazone.

> *A l'heure de l'indispensable transition énergétique, les autochtones pratiquent une agro-foresterie productive dont il est possible de s'inspirer pour l'avenir.*

VA : Quelles ont été, depuis, les différentes actions de Planète Amazone ?

Nous sommes une toute petite équipe de bénévoles. Nos actions sont donc dictées par les urgences et vont de la livraison de médicaments au développement de projets audiovisuels comme le film sur lequel nous travaillons depuis 2 ans et qui raconte la mobilisation des indigènes, leur combat, les manifestations et les négociations, la présence à la COP 21 et surtout ce qui se tient caché derrière le pillage actuel de notre patrimoine naturel ! Nous avons également organisé trois tournées en Europe pour que le chef Raoni puisse rencontrer des dirigeants, le prince Charles et le roi de Norvège, entre autres. Malheureusement, les médias n'en parlent pas. Nous organisons également des actions citoyennes de soutien aux peuples indigènes. Sans négliger une sensibilisation via Facebook où nous avons déjà rassemblé quelques 200 000 supporters.

VA : Comment s'est achevé le combat contre la construction du barrage de Belo Monte ?

Le combat a été perdu et le barrage construit, en violation de toutes les lois ! Ce qui fait que le combat juridique, lui, se poursuit. Un énorme scandale lié à la corruption a d'ailleurs éclaté depuis qui éclabousse beaucoup de monde. L'action menée a au moins rendu impossible la mise en œuvre d'un énorme complexe supplémentaire qui devait être lancé juste après, sur le rio Tapajos cette fois…

VA : En juin se tiendra l'assemblée historique des Gardiens de Mère Nature. Parlez-nous d'eux et de l'Alliance qu'ils ont créée, à l'Elysée même, lors de la COP 21.

Cette Alliance, le chef Raoni en rêvait depuis longtemps. En 1954, déjà, les pionniers de la lutte environnementale en Amérique du Sud avaient appris la langue indigène, réuni et formé les chefs de différentes ethnies pour qu'ils puissent résister. Puis, lorsque Sting s'est désintéressé de leur cause, le chef Raoni a compris qu'il fallait passer à autre chose. Nous avons alors mis en place un "SOS Amazônia Tour" en Europe. Le chef Raoni a de nouveau rencontré des dirigeants occidentaux. Fort des quelques étincelles médiatiques jaillies à cet occasion, nous avons contacté d'autres chefs indigènes et les avons convaincus de se joindre à nous pour la création d'une grande Alliance, lors de la COP 21.

Malheureusement, les attentats du 13 novembre en ont découragé plus de la moitié. Nous avons malgré tout tenu notre assemblée constituante et officialisé le résultat en le remettant au président François Hollande à l'Elysée ainsi qu'à Ban Ki-Moon, alors Secrétaire Général de l'ONU. Ce coup de projecteur a relancé l'intérêt que portaient à notre mouvement quelques chefs amérindiens et nous sommes d'autant plus ravis de leur ralliement que le but de l'Alliance est d'arriver à une vraie représentativité géographique des problèmes rencontrés : forêts, savanes, déserts… Néanmoins, pour pouvoir organiser ce grand rassemblement, encore nous fallait-il disposer des moyens financiers ! Nous avons alors eu l'idée de lancer une campagne de crowdfunding et nous avons récolté plus de 200 000 € ! De quoi faire converger 50 personnes du monde entier vers le Brésil en juin prochain.

VA : 200 000 €, c'est déjà une belle somme. Davantage que vous n'escomptiez ?

Plus du double. Et heureusement, car nous avons au moins besoin de cela. En dépit des congés, s'est tissé durant l'été un engouement incroyable autour des vidéos de Nicolas Hulot, Hugues Aufray, Bernard Lavilliers, Paul Watson ou encore Pierre Richard dont l'appel, par exemple, a été visionné plus de 2 millions de fois ! Ce large soutien populaire nous a vraiment fait chaud au cœur.

VA : 17 propositions fondent l'Alliance. Quelles sont les plus importantes ?

Nous avons commencé par répertorier toutes les règles vertueuses déjà décidées ou votées mais qui ne sont absolument pas respectées ou dont la mise en œuvre est bloquée par certains lobbies. Nous ne voulons pas tout révolutionner et il existe déjà, en théorie, des outils et des solutions… qui ne sont pas appliquées ! Dans un second temps, nous proposerons par exemple la sanctuarisation des forêts encore habitées. Ce qui implique de donner aux populations qui y vivent les moyens de s'y maintenir de manière indépendante. Il existe également un volet reforestation, essentiel, ainsi qu'une partie sur la protection des océans, urgentissime, comprenant la création de zones tabou liées à la surpêche. Ce que pratiquent déjà les Polynésiens depuis des siècles et qui, jadis, condamnait à mort ceux qui transgressaient l'interdit, tant ce pillage pouvait avoir des conséquences catastrophiques pour l'ensemble de la communauté.

> *Il faut être conscient que cette cause a beaucoup d'ennemis. Des enjeux financiers considérables sont en jeu !*

VA : Quand et où se tiendra cette première Assemblée des Gardiens de Mère Nature et quel est son but ?

Du 20 au 25 juin prochain dans un village kayapo de l'état du Mato Grosso. Le but étant de créer une internationale des Gardiens de Mère Nature et de fonder juridiquement cette Alliance : mettre au point son fonctionnement, les premiers projets portés, définir les moyens mis et œuvre et désigner ceux qui les défendront.

VA : L'idéal, ce serait que l'Assemblée débouche sur… un mouvement plus vaste ?

Bien sûr. Mais déjà, réunir tous ces gens sera une victoire formidable ! L'essentiel est que les gens sachent que quelque chose d'important pour les générations futures est en train de se mettre en place. Ensuite, il faut être conscient que cette cause a beaucoup d'ennemis. Des enjeux financiers considérables sont en jeu. Traités de "djihadistes verts", dénigrés et harcelés, les gens qui défendent leur territoire sont parfois assassinés dans leur pays et leurs ONG infiltrées pour être bloquées. C'est une véritable guerre que se livrent aujourd'hui les forces de protection de l'environnement et certains groupes financiers. Un combat de longue haleine qui ne pourra être gagné qu'avec le soutien du public. C'est pourquoi si la reconnaissance par la loi du crime d'écocide constitue l'un des objectifs majeurs des fondateurs de l'Alliance, le véritable enjeu, au fond, est de faire de chacun d'entre nous un Gardien de Mère Nature. Que faudrait-il pour cela ? Rien d'autre qu'évoluer, chacun, un tout petit peu dans nos comportements quotidiens et agir à son échelle. La fameuse métaphore du colibri…

Alpine Pearls : des vacances en montagne en mode durable et doux !

Guillaume Chassagnon | 3 août 2016 – pour TV5MONDE – portail partenaire

En pleine saison estivale, certains d'entre vous vont partir écumer les alpages, sommets et chemins de randonnées. Savez-vous que dans tout l'arc alpin se nichent des Perles ? De vrais lieux protégés, authentiques, à la pointe en matière d'éco-tourisme, de déplacements doux et d'initiatives durables. Entre coopérations internationales et innovations écologiques, partons à la rencontre d'un label vraiment pas comme les autres, fruit d'un travail européen qui mérite d'être mieux reconnu, notamment en France.

Une coopération montagnarde novatrice et saute-frontière

Faisant fi des dissensions européennes, Alpine Pearls se pose en chef de file d'un tourisme doux, regroupant des villages de montagne au sein de 6 pays : Autriche (fer de lance du projet), Allemagne, Suisse, Italie, Slovénie et France. Le projet du label est né au début des années 2000, puis, en 2006, a été créée l'association de promotion pour un tourisme respectant l'environnement montagnard, et visant plus particulièrement à encourager et améliorer la mobilité douce dans les "Perles" retenues. En 2016, elles sont au nombre de 25.

La Suisse, et notamment Interlaken, utilise massivement le train

Ces villages-Perles ont la particularité d'être engagés sur la voie du développement durable, d'avoir réalisé des projets significatifs, ou d'avoir, dans les mois et années qui suivent leur labellisation, une volonté marquée d'avancer sur l'éco-mobilité, la valorisation du patrimoine et une qualité d'accueil irréprochable. Dans "le réseau", pas de place pour les stations huppées dévouées corps et âmes au tout-ski ou à la sacro-sainte voiture, non, Alpine Pearls (même si, attention, le ski n'y est pas renié) préfère mettre en avant les villages préservés aux grandes constructions anarchiques. D'ailleurs, on ne parle pas de stations mais bel et bien de villages, et cela prend tout son sens. Alpine Pearls met en avant des lieux privilégiant un tourisme plus authentique, porté sur la nature.

> ***Dans le réseau, pas de place pour les stations huppées dévouées corps et âmes au tout-ski ou à la sacro-sainte voiture, non, Alpine Pearls préfère mettre en avant les villages préservés aux grandes constructions anarchiques.***

Qu'est-ce exactement qu'une Perle ?

De Val-Cenis en Vanoise à Hinterstoder en Autriche, Berchtesgaden en Allemagne, Bled en Slovénie ou Arosa en Suisse, les Perles ont toutes en commun d'avoir une une gare soit dans la ville soit à moins de 20 km. Il faut aussi posséder un quartier ou un centre-ville piétonnier, mettant en valeur un patrimoine pittoresque, renforçant la sécurité et privilégiant des zones 0 carbone tout en évitant les "bouchons" pendant les périodes touristiques. Chacune doit privilégier une accessibilité favorisant les transports en commun mais aussi de véritables politiques en matière de transports au sein même du territoire (bus, service de transports à la demande, stations vélos, vélos électriques...).

La commune adhérente se doit aussi d'être leader dans les démarches éco-environnementales. Ainsi, Val-Cenis va mettre en place un procédé de méthanisation. D'autres créent leur propre unité de production énergétique solaire ou sont modèles dans la gestion du tri. Dans le val de Funes (Trentin, Italie), soulignons la création d'un sentier et d'alpages culinaires. On ne devient pas Perle automatiquement. Il faut respecter des critères drastiques, être évalué, proposer des avancées ou des chantiers précis. Et attention, si label il y a, pas question de s'endormir sur ses lauriers, l'idée est de progresser et surtout, de garder en tête ses objectifs, tout en attirant les voyageurs responsables : une noble tâche.

Des offres vacances adaptées à la philosophie Alpine Pearls

Sur le site internet de l'association, il est d'ores et déjà possible de chercher un séjour à la saison que l'on souhaite. Ils bénéficieront à des hébergeurs engagés. C'est d'ailleurs l'une des batailles des dirigeants d'Alpine Pearls : faire en sorte que les hébergeurs, les professionnels du tourisme, et donc les habitants du territoire s'approprient le label et le fassent vivre au quotidien. Que ce soit un hôtel engagé dans une démarche durable ou une chambre d'hôte proposant un service de navette, les Perles Alpines valorisent les prestataires qui jouent la carte d'un autre tourisme. Enfin, chacune des Perles a choisi de valoriser une spécificité propre à son territoire et de communiquer en ce sens. Val-Cenis Termignon mise sur la randonnée, Bad-Reichenhall sur le bien-être, Werfenweng en Autriche est, elle, spécialisée dans le parapente et le voyage en train. A vous de découvrir le village-destination de vos rêves, et sa spécialité.

Un label qui cherche à "se francophoniser"

Il faut le reconnaître, l'Autriche, la Suisse et l'Allemagne sont moteurs dans le fonctionnement du label. Les touristes germanophones ont depuis longtemps une longueur d'avance en terme de mobilité douce (SaMo pour Sanfte Mobilität dans la langue de Goethe) et dans la manière d'appréhender les vacances, notamment en montagne. Partant de ce constat et en vue de valoriser ses Perles francophones (Val-Cenis Termignon en France et les Diablerets en Suisse), Alpine Pearls est devenue membre d'ATD (Acteurs pour un Tourisme Durable) début 2016, ce qui permettra une visibilité et une reconnaissance des projets à venir de l'association et de ses membres. La France étant à la traîne en matière de tourisme montagnard responsable, Alpine Pearls compte y consolider sa présence. Le chantier est long, dépend aussi des budgets et des choix politiques mais petit à petit, l'idée fait son nid.

En guise de conclusion

Dix ans après sa création, le réseau Alpine Pearls a d'ores et déjà effectué un maillage significatif de l'arc alpin et par là-même un travail considérable profitant de l'engouement pour des vacances zen, sans voiture. Ses acteurs : les villages Perles, qui fonctionnent désormais en réseau européen. Toutefois, beaucoup restent à faire pour convaincre, expliquer, inciter. Le tourisme doux est plus que jamais d'actualité en montagne : solidifier les liens entre les Perles, les promouvoir et pourquoi pas, augmenter le réseau, autant d'objectifs qu'Alpine Pearls devra réaliser en étroite collaboration avec ses villages-destinations.

Quand Kevin Girard fait le Point…

Geneviève Clastres | 16 décembre 2016

Point Afrique, Point Afrique-Voyages, Point-Voyages, il était temps de faire un point avec Kevin Girard qui a pris la suite de Maurice Freund, pour mieux comprendre et appréhender les nouvelles routes d'un voyagiste pas comme les autres, qui a ouvert le ciel puis la voie à bien des parcours, voyageurs ou voyagés, pour le bonheur des hôtes. Echanges avec Kevin Girard.

VA : Pouvez- vous présenter votre parcours pour nos lecteurs ?

J'ai commencé tout jeune comme guide pour la Fédération Unie des Auberges de Jeunesse (FUAJ). Puis, quand la FUAJ a mis la clef sous la porte, j'ai créé ADEO avec deux collègues. A l'époque, on n'avait pas un sou, pas de licence, et nous sommes allés voir Maurice Freund à Point Afrique pour qu'il nous aide à faire une extension de licence. Mais au final, comme j'étais surtout passionné d'Afrique, j'ai rejoint Maurice qui a proposé de m'engager. J'avais 23-24 ans, une belle opportunité. En 2005, j'ai eu besoin d'aller voir si l'herbe était plus verte ailleurs et j'ai travaillé trois ans chez Terres d'Aventures, de très bonnes années, fastes, où l'Afrique avait le vent en poupe. Je suis finalement retourné à Point Afrique mais cette expérience a été très structurante pour moi.

VA : Point Afrique qui est devenu Point Afrique-Voyages puis finalement Point-Voyages…

Tout à fait, nous avons décidé de devenir Point-Voyages lorsque nos destins africains et sahariens n'ont plus été viables et qu'il a fallu nous internationaliser pour ne pas nous enfermer géographiquement, ce qui aurait signé notre arrêt de mort. En plus, il était plus facile de repartir sur une nouvelle structure. Il faut savoir qu'avec Point Afrique, nous sommes passés de 40 millions d'euros de chiffre d'affaire à 1 million, et de 100 employés à 3. L'explication est géopolitique mais les financiers n'en ont cure, et repartir sur une nouvelle structure nous permettait de nous dégager de cette histoire douloureuse pour redémarrer sur des bases saines. Aujourd'hui, je suis le président de Point-Voyages, dans la continuité de Point Afrique Voyages qui existe toujours et dont je suis aussi président.

VA : En octobre 2014, lorsque Maurice Freund quitte ses fonctions et vous passe le flambeau, c'est un sacré challenge non ?

C'est déjà un grand privilège. De sa très longue carrière, je suis le seul à qui il ait passé le flambeau. Et un énorme challenge, oui et non, car on avait tellement touché le

> ***« Si le nom a évolué, l'esprit n'a pas changé. Ce qui nous intéresse, c'est les échanges avec les autres, que le tourisme devienne une manne pour permettre à une communauté de vivre….***

fond que lorsqu'il me lègue la boutique, elle a encore une excellente image mais a juste pâti d'un mauvais positionnement géographique, d'une zone qui s'est peu à peu fermée. Or, si on souffrait d'avoir les mauvaises destinations, on avait en revanche un fichier client gigantesque, près de 47 000 personnes qualifiées et réactives, une sacrée expérience et donc une excellente image… restait à proposer autre chose ! C'est ce que j'ai tout de suite eu envie de faire, par exemple avec l'Ouzbékistan, une rencontre avec un prestataire qui m'a plu de suite, un programme bouclé, et en trois jours, une première date remplie…

VA : Quelle a été votre première décision pour trancher avec une personnalité aussi forte que celle de Maurice Freund ?

Ma première décision a été l'extension de notre zone d'action, soit une internationalisation dans le principe. Nous ne pouvions plus nous limiter à la seule Afrique, il fallait ouvrir partout. Et c'est ainsi qu'est né Point-Voyages. Ma deuxième décision a été de développer les outils de communication et de marketing. Jusque là, on n'utilisait très peu d'outils, or on peut avoir de beaux produits mais cela ne suffit pas. Sans les monopoles incontournables de nos avions, nous avons dû apprendre à jouer dans la cour des autres, et donc à nous vendre. Avant, on ne savait pas ce que c'était, on avait un excellent produit, des billets d'avion directs, avec atterrissages sur site, prix imbattable. On était incontournable. Puis courant 2015, il a fallu transformer Point Afrique en Point-Voyages, pour la simple raison que lorsque l'on vend de la Birmanie et que l'on s'appelle Point-Afrique, on n'est pas crédible…

VA : Face à la terrible crise qui touche l'Afrique et notamment le Sahel, ce continent est-il encore une des vos destinations phare ?

Oui et non, on a une zone de compétence africaine, et les mêmes personnes qui nous faisaient confiance pour le Sahel nous font aujourd'hui confiance pour l'Ethiopie, l'Afrique australe, etc. L'Afrique reste de fait le continent que je vends le plus, à plus de 40%, parce que les 47 000 clients de notre fichier sont très qualifiés sur l'Afrique, même s'ils nous suivent aujourd'hui sur bien d'autres destinations. Or, nous proposons 51 destinations, dont certaines qui marchent très bien comme le Moyen-Orient, la Palestine, mais aussi l'Inde et des pays plus à la mode comme la Birmanie, le Vietnam, le Sri Lanka, l'Iran, Cuba, la Bolivie, le Pérou, la Colombie… Je ne suis pas non plus surpris de voir que la Mongolie ou l'Asie centrale se vendent très bien chez nous, car on est dans cette logique des pays nomades, des grands espaces, des déserts.

VA : Et le tourisme durable pour Point-Voyages ?

Si le nom a évolué, l'esprit n'a pas changé. Le tourisme pour le tourisme ne nous passionne pas. Ce qui nous intéresse, c'est les échanges avec les autres, que le tourisme devienne une manne pour permettre à une communauté de vivre, un moyen d'échange… **Pendant très longtemps, l'aérien a été chez nous un très bon outil de désenclavement absolu**, une manne surpuissante pour désenclaver les régions et les faire vivre à part entière. On prône évidemment le tourisme en petits groupes qui se dispersent ensuite sur le territoire. On fait appel à des petits acteurs locaux, des structures locales, des guides, chauffeurs, etc.

On s'est toujours engagé. On a toujours soutenu nos communautés. Par exemple, en essayant de doter de moyens logistiques nos interlocuteurs. Si un chauffeur nous a tapé dans l'œil et n'a pas son matériel, on va lui proposer un marché : *je te finance une voiture, puis, tu me la rembourses sur les clients que je t'amène*. C'est un peu le principe du microcrédit sans intérêts, et ça permet à ce petit chauffeur d'avoir quelque chose à lui. En sus, si on n'amène de clients, le chauffeur n'est pas obligé de nous rembourser. Ainsi, on évite la caricature de l'assistanat. On veut

de la dignité, que les gens travaillent sérieusement. Et on fonctionne sur ce modèle pour des 4X4, des pinasses sur le fleuve Niger, avec des chameliers, etc. En Palestine, on aide des campements à mettre en place des douches et des panneaux solaires, ils remboursent sur la base des clients qu'on amène. Ils sont très motivés, cela permet une espèce de fidélisation, offre un gage de qualité, et tout le monde est gagnant.

VA : Un label ?

Surtout pas. On ne veut pas se faire récupérer. L'ATES a toujours voulu que l'on fasse partie du réseau. Aujourd'hui, c'est ATR qui nous drague. On ne veut pas être encarté. Le tourisme alternatif ne consiste pas à dire mais à faire. Or Maurice Freund est sur le terrain depuis les années 1970 et n'a pas envie d'être récupéré à des fins "marketing". Certes, il y a des gens très bien dans ces réseaux, mais d'autres juste intéressés par l'aspect marketing des labels.

VA : Vous étiez récemment au Maroc avec Maurice Freund, comment va-t-il et suit-il toujours l'activité de son "bébé" ?

Maurice a décroché, mais pas de tout, et notamment pas de la coopérative Point-Afrique-Développement dont nous faisons partie et qui est notre maison mère. Maurice Freund en reste le président. Aujourd'hui, il s'intéresse de plus loin à ce que nous faisons ; en revanche, dès lors que nous avons des activités aériennes, ça l'amuse. Par exemple, son projet en cours est de faire changer les couleurs apposées par le ministère des Affaires Etrangères en Mauritanie et sortir du rouge pour pouvoir réinstaurer le tourisme sur place. Depuis 2007, la Mauritanie est le bon élève de la bande Sahélo-Saharienne, le pays est sécurisé, on pourrait réinstaurer du tourisme là bas. Malheureusement, suite au kidnapping des Français, le principe de précaution consiste à tout mettre en rouge, quitte à déstabiliser des régions qui vivaient alors du tourisme.

Idée circuit pour découvrir autrement le Bénin

Alphée Edwige Adimi | 27 octobre 2015

Vous êtes à la recherche d'authenticité ? De découvertes hors des sentiers battus ? De véritables rencontres pendant votre voyage? Ne cherchez plus, chez L'Arbre à voyages, on fait tout *"pour que les vacances des uns fassent le bonheur des hôtes"*. Chaque destination que constitue cet arbre magique est une histoire d'amour entre Christian Soubra, le fondateur aux mille vies, et sa passion pour le tourisme durable. Une nouvelle branche de son arbre s'est envolée pendant 11 jours, du 25 octobre au 4 novembre (et l'année prochaine du 16 au 26 février 2016) vers le Bénin, seul pays d'Afrique de l'Ouest proposé pour le moment par le voyagiste. Portrait d'une destination au cœur d'argile.

Réussir à faire venir deux fois les mêmes touristes est un exploit souvent réservé aux grands pays tels les USA, l'Australie, la France etc… Mais certains petits pays peuvent se targuer de faire partie de cette catégorie, et c'est le cas du Bénin. Cela traduit sans aucun doute la grande diversité de ses atouts. Petit pays d'Afrique de l'ouest, niché entre le Togo et le Nigéria, le Bénin s'étend sur 700 km du sud au nord et 150 km de l'est à l'ouest. Au delà de sa petite superficie, il brille depuis des années par sa stabilité politique. Cela en fait l'un des pays les plus sûrs de la région. Une stabilité qui va de pair avec l'hospitalité des Béninois. A la fois uniques et variés, les atouts touristiques du pays permettent de vivre une véritable expérience africaine.

Petit pays aux mille charmes

Entre histoire, traditions, nature et culture, le séjour navigue au gré des richesses du territoire. Vous vous laisserez entraîner au coeur d'un voyage dans le temps en arrivant à Abomey, la cité historique des rois. La période faste du Bénin, autrefois royaume de Danhomé, vous sera contée dans les anciens palais royaux abritant désormais le musée historique d'Abomey, inscrit sur la Liste du Patrimoine Mondial de l'Unesco. Mais ce voyage au Bénin est aussi idéal pour les amoureux de la faune : safari au coeur du parc de la Pendjari comptant antilopes, buffles, lions et éléphants… Et si pour certains, les vacances riment absolument avec randonnée, celle prévue sur la colline de Camaté Shakaloké sera l'un des points forts du séjour. Après l'effort, le réconfort aura lieu à Tanongou et sa cascade, baignade et détente assurées !

Un engagement sans faille pour le tourisme durable

Résolument ancré dans une démarche de tourisme durable, l'Arbre à voyages met un point d'honneur à travailler avec des structures engagées telle Eco Bénin. Depuis près de 15 ans, cette ONG s'implique dans le développement de l'écotourisme tant au niveau de la mise en valeur des ressources naturelles et culturelles que dans l'aide apportée à l'auto gestion des populations locales. Au fil des années, Eco Bénin a aidé les communautés locales à mettre en place des infrastructures et équipements de qualité pour l'accueil des voyageurs. Des éco-guides ont également bénéficié de formations adéquates. Les guides et hébergements proposés lors de ce voyage sont membre de l'association locale d'écotourisme et d'éducation à l'environnement. Le Bénin, un vrai choix pour des vacances africaines autrement.

En guise de conclusion

En guise de conclusion, cette envie d'être positif, enthousiaste, encourageant, de poursuivre cet élan du tourisme durable qui peu à peu dessine un paysage mutant, un mouvement vers l'avant, une volonté de changement. Certes, beaucoup reste à faire. Mais beaucoup a été fait aussi. Sûrement bien plus que le citoyen lambda ne l'imagine. Et les nombreuses initiatives réunies au cœur de nos pages n'en sont qu'un modeste témoignage.

Le tourisme a changé, il faut l'accepter, le voir, le comprendre, ne pas refuser la nouveauté mais s'adapter pour mieux grandir. Une révolution invisible est en marche. On ne peut la nommer, ni l'appréhender mais, tel le Tao des maîtres de Chine, il faut tenter de la percevoir, la comprendre, l'aider à émerger, oser appliquer des recettes qui fonctionnent, les idées qui font du bien, les innovations qui émergent.

De nombreux outils sont d'ores et déjà sur la table, reste à changer de lunettes, de regard. La société civile a déjà précédé les politiques. Les solutions sont en chacun de nous. Notre ouvrage n'est qu'une pierre de plus pour donner à voir tout ce qui se fait et tout ce qui pourrait se faire encore. Pour la planète, pour la société, pour nos enfants, parce qu'il faut connaitre tout ce qui a été mis en place avant de crier aux loups sur tout ce qu'il faudrait faire.

Alors, non, pas une conclusion mais plutôt une continuité, la poursuite du mouvement, l'espérance du cercle, de l'effet d'entraînement. Durable, responsable, éthique, solidaire, social, l'essentiel n'est pas là, l'essentiel, il est dans les mille et une petites actions qui au jour le jour amèneront peut-être ce juste temps où l'on oubliera les épithètes "durables" pour ne garder que le principal, le tourisme, mais pas n'importe quel tourisme, un tourisme dédiabolisé, un tourisme facteur de rencontre, un tourisme porteur de paix, d'échanges, respectueux des hommes et de leur environnement.

Geneviève Clastres
Février 2018

ANNEXES

Petite bibliographie sélective

Si vous voulez aller plus loin en livres et en lectures, voici quelques pistes. A noter aussi que nous chroniquons régulièrement des ouvrages sur notre portail.

- Abovici. R., *Betenza, vagabondage au pays des anciens*, 2017.
- Aisner. P & Pluss Ch, *La ruée vers le soleil. Le tourisme à destination du Tiers Monde*, l'Harmattan, 1983.
- Amirou Rachid, *Imaginaire touristique et sociabilités du voyage*, PUF, Le sociologue, 1995.
- Astruc L, *Echappées vertes*, Terres Vivantes, 2009.
- Autrement, *Les vacances*, janvier 1990
- Bertho Lavenir C., *La roue et le stylo. Comment nous sommes devenus touristes,* Coll Le Champ Médiologique, Odile Jacob, 1999, 148 p.
- Blangy S., SECA, *Sustainable Tourism and Natura 2000, Initiatives, guidelines, and good practices*. European Union Publications Office. DG Environment, 2000.
- Blangy S & Lemelin, *Special Issue on "aboriginal ecotourism"* Journal of Ecotourism, 2009.
- Bourgine J., *Yaka aller voir les baleines*, Editions Bréal, juin 2012.
- Bourgine J., *Le tour du monde en famille*, Presses de la Renaissance, 2017.
- Bouvier N., *L'usage du monde*, Poche Edition, 1992.
- Boyer M., *L'invention du tourisme*, Découvertes Gallimard, 1996.
- Boyer M., *L'Histoire du tourisme de masse*, Que sais-je, PUF, 1999.
- Chabloz N, *Désirs altruistes sous les tropiques*, Éducation permanente, numéro spécial "Rencontres interculturelles et formation", 186 (1), 2011
- Chabloz N, *L'étude de la rencontre touristique en 'terrains' africains. De l'enquête à sa restitution*, EspacesTemps.net, Textuel, 2010

Espaces est le spécialiste de l'information touristique professionnelle. Il propose **livres et revues** avec un catalogue qui vous permettra de retrouver l'ensemble des ouvrages parus, qu'ils soient professionnels, engagés, ou spécialisés. Il publie également une revue bimestrielle, ESPACES, référence en matière d'ingénierie et de développement touristique ainsi que des cahiers thématiques (Cahiers Espaces). **https://www.tourisme-espaces.com/**

- Christin R, *Manuel de l'anti-tourisme*, Ecosocieté Ed, juin 2014.
- Clastres G., *Aux Voyageurs du Monde*, Editions Voyageurs du Monde. Octobre 2000.
- Collombon JM, Barlet S, Ribier D, *Tourisme solidaire et développement durable* (Broché), Les Editions du Gret, janvier 2005.
- Escourrou P., *Tourisme & Environnement*, SEDES, 1993.
- Groupe Développement, *Protéger les enfants du tourisme sexuel. Cinq ans pour gagner*, Actes du Colloque du 10 et 11 mars 1997.

- Lamic JP, *Tourisme durable, utopie ou réalité ?*, Harmattan, 2008.
- Lamic JP, *Sports d'hiver durables : Les pistes du possible* – Yves Michel, 2010
- Lanquar R., *Tourisme et environnement en Méditérranée. Enjeux et prospective*, Economica, 1994.
- Lanquar R., *Sociologie du tourisme et des voyages*, PUF, 1994, 127 p (Que Sais-Je n° 2213).
- Laurent A. Veirier L., *Culture, tourisme et lutte contre la pauvreté au Sahara : une approche territoriale du développement.* Guide méthodologique. UNESCO, 2007.
- Collectif sur la direction de Laurent. A, *Tourisme responsable et développement territorial durable : un guide pour la réflexion et l'action*, Collection Comprendre la société, Editions Chronique sociale, 2009.
- Le Naire O, *Nos voies d'espérance ; Entretiens avec 10 grands témoins pour retrouver la confiance*, Actes Sud & LLL Les Liens qui Libèrent, 2014.
- Levesque C., *Randonner responsable*, Coll. Rando Pratique, Rando Editions, 2010.
- Lozato-Giotart JP., *Le chemin vers l'écotourisme, Impacts et enjeux environnementaux du tourisme aujourd'hui*, Delachaux et Niestlé, 2006.
- Martin B, *Voyager autrement : Vers un tourisme responsable et solidaire* (Broché, Charles Léopold Mayer, Septembre 2004. Collectif sous la direction de Louÿs G. et Sauvage E. : *De la singularité dans la communication interculturelle : approches transdisciplinaires*, L'Harmattan, 2014.
- Mercier. S ; Fonovich M., *Ils ont fait le tour du monde. 32 portraits de blog-trotters*, Editions de la Martinière, octobre 2012
- Michel F., *Désirs d'Ailleurs*, Armand Colin, mars 2000.

La collection "Tourisme et Sociétés" de l'Harmattan

Le professeur Georges Cazes est à l'origine de cette collection mêlant études de cas et ouvrages collectifs permettant à des universitaires ou chercheurs de témoigner de l'influence du tourisme sur les régions du monde qu'ils connaissent. Une vingtaine d'ouvrages y ont été publiés entre les années 1980 et 2010 dont…

- Cazes G., *Les nouvelles colonies de vacances ? Le tourisme international à la conquête du Tiers-Monde.* 1989-1992, 2 vol.
- Clastres G., *Tourisme ethnique en ombres chinoises, la province du Guizhou*, 1999.
- Deperne H., *Le Tourisme Durable*, novembre 2007.
- Kibicho W., *Tourisme en pays Masaï* (Kenya), février 2007.
- Michel F., *Tourisme-.Touriste-. Sociétés*, 1998.

- Michel F., *Planète Sexe. Tourisme sexuel, marchandisation et déshumanisation des corps*, Homnisphères, 2006. Collectif sous la direction de Furt J.M et Michel F. : *Tourismes & Identités*, Harmattan. Mai 2006.
- Urbain J.-D., *L'Idiot du Voyage, Histoires de touristes*. Payot. 1993.
- Urbain J.-D., *Secrets de Voyage, Menteurs, imposteurs et autres voyageurs invisibles*, Coll. Essais Payot, Payot, 1998, 461 p.
- Urbain J.-D., *Sur la plage : mœurs et coutumes balnéaires aux XIXe et XXe siècles*, éditions Payot, 2002
- Valayer D., *Le respect des hôtes. Tourisme, ravages et promesses*, Ed. Labor Fides, 1993. 81p.

- Vellas F., *Le Tourisme mondial*, Economica, 1996.
- Vialfont S., *Tourisme équitable : A la découverte de l'autre... et de soi*, JouVence, 2008
- *Le tourisme durable par l'expérience, Le terrain commande*, ODIT France, 2006
- *Mini-guide : l'évaluation de la durabilité des entreprises touristiques*, ODIT France, 2006
- Tourisme en Actions – *20 exemples de politiques sociales et programmes à travers le monde*, Publication OITS, 2017.

VIATAO, des ouvrages durables

Viatao est une maison d'édition spécialisée dans le tourisme durable qui a pour objectif principal de sensibiliser les touristes aux enjeux économiques, environnementaux, sociaux et politiques de chaque destination et les impliquer dans une démarche plus responsable vis-à-vis des acteurs locaux. Elle publie Les Guides Tao, également disponibles en pdf et en epub, qui proposent des adresses pratiques pour organiser son voyage de façon écologique et éthique. A ce jour, elle a édité 25 Guides Tao (Montréal, Thaïlande, Inde du Nord, Guadeloupe, Bretagne, Provence...).

Pour les plus jeunes

Le Goût des Voyages

Le "Goût des Voyages" est paru chez Gallimard Jeunesse courant 2013 et a obtenu le prix Amerigo Vespucci 2013 du Festival International de St Dié des Vosges. Destiné en priorité aux enfants, il vise à leur donner l'envie et le goût du voyage tout en les faisant réfléchir aux enjeux du tourisme, à la fragilité de la planète et à la fantastique aventure que représente la rencontre d'autres peuples et d'autres cultures.

Le Goût des Voyages, Geneviève Clastres, Gallimard Jeunesse 2013.

- Clastres G, *Le Journal d'un Enfant. Aujourd'hui au Japon. Keiko. Tokyo*, Gallimard Jeunesse, 2010.
- Clastres G, *Le Journal d'un Enfant. Aujourd'hui en Chine. Lanhua. Shanghai*, Gallimard Jeunesse, 2005.
- Granier L., Derreumiaux A., Boutin A-L., *La France en sac à dos : 6 000 km pour découvrir ses trésors*, Belin Jeunesse, 2013.
- Dumontet A. & Durand E., *Vivre ensemble !*, Milan, 2016.
- Dussaussois S., Azam J., *C'est quoi l'Ecologie ? C'est quoi ?*Documentaire, Milan, 2016.
- ankeliowitch A., Azam J., *Agir rend heureux*, De La Martinière Jeunesse, 2016.
- Rousseau E., Jost D., *Ecolo en herbe pour une planète au top*, De La Martinière Jeunesse, 2016.
- Roman-Amat B., *Les Quatre Trésors de Prakash*, 2016

Paroles sincères de journalistes engagés

Mélanie Darrieumerlou | 21 septembre 2017

A l'aube des 10 ans du site, nous avons souhaité donner la parole à nos camarades journalistes pour connaître leur rapport au portail. Ils ont joué le jeu en toute sincérité !

Caroline Dudziak
"Le touriste est un consom'acteur"

Tel le consom'acteur qui reste perplexe devant les étalages pléthoriques des supermarchés et s'attaque à la lecture minutieuse des étiquettes, le touriste qui se pose des questions sur l'impact de son achat peut trouver des éclairages sur le portail Voyageons-Autrement.com. Loin de nous l'idée de distribuer des bons points aux voyagistes ou de se poser en juges de ce que serait être un "bon touriste en 2017". Le site propose juste de répertorier toutes les actions, les petits pas, ces petits riens que mettent en œuvre les professionnels pour développer un tourisme respectueux de l'environnement et des populations locales. Voyager autrement, oui, mais pas pour se distinguer des autres, faire mieux ou faire différemment. *"Sois le changement que tu veux voir dans le monde !"*

Jérôme Bourgine
"Interagir pour voyager autrement"

Non seulement Voyageons-Autrement.com est une mine pour trouver des idées de voyages, mais c'est essentiellement via le témoignage d'acteurs ou de voyageurs inspirants que l'on y entre en contact avec le reste du monde. Une approche volontairement focalisée sur des initiatives, faits et propositions positives qui fait que l'on a forcément la banane en consultant le site. Les problèmes n'y sont pas écartés, au contraire, mais toujours abordés sous l'angle des porteurs de solution, montrant à voir que les solutions sont non seulement possibles, mais existent… Et puis, le fait que l'on y parle du voyage autrement (pas uniquement sous l'angle d'une destination, d'un vol ou d'un hôtel) ; un autrement qui ouvre sur des affinités et raisons de voyager très variées. Sans oublier de ne pas se prendre trop au sérieux comme le rappelle avec un certain humour "Les titres des voyage les plus drôles"…

Geneviève Clastres
"Une formidable boîte à outils durables !"

Voyageons-Autrement.com est à mon sens une formidable boîte à outils pour s'informer sur le tourisme durable, solidaire, éthique, social, les bonnes pratiques, les actions des territoires, les labels et une multitude d'activités en lien comme la montagne, le vélo-

tourisme, la randonnée, le tout enrichi par de nombreux exemples en France et à l'international. Outre son volet rédactionnel, un énorme travail de fond qui ne compte pas d'équivalent en France quant au suivi du tourisme durable depuis dix ans, le site offre un précieux carnet d'adresses pour les étudiants, les professionnels, et bien sûr les futurs voyageurs en quête d'ailleurs. Portail bienveillant visant à créer de l'exemplarité plus que de la polémique, Voyageons-Autrement.com retient avant tout ce qui aide à grandir et construire sans œillère et avec la certitude que les plus beaux voyages sont à l'orée de chez nous…

Sophie Squillace
"S'informer pour mieux voyager !"

Un portail d'info créé par un ostéopathe laisse présager une démarche qui vous veut du bien. Et vous ne vous êtes pas trompés. Chez Voyageons-Autrement.com, on aime et on partage. Un site d'information sur l'actualité du tourisme responsable devrait être remboursé par la sécurité sociale ! Ça aide le grand public, les voyageurs et les professionnels du tourisme à y voir plus clair dans la grande marmite du développement durable, ses concepts, ses labels… A l'heure de la grande mouvance du "tout vert, tout bio", il est souvent difficile de cerner les initiatives de qualité. On a donc besoin d'avoir des pros qui relaient de l'info sur des projets solides et engagés tout en laissant une place à l'évasion et au rêve ! Et puis Voyageons-Autrement.com donne une voix aux plus discrets, aux acteurs du tourisme responsable qui ont à priori beaucoup de qualité mais pas toujours celles d'élaborer des stratégies de communication et de marketing.

Guillaume Chassagnon :
"Partager pour voyager plus serein"

Voyageons-Autrement.com démontre que le tourisme durable, éthique, responsable ou social est possible, vivant, dynamique et plein d'avenir. Notre site met en lumière depuis 10 ans celles et ceux pour qui un autre tourisme est possible. Le portail web, infomédiaire permet à toutes et tous de savoir à qui faire confiance pour ses vacances, de connaitre l'avancée des lois, les initiatives et ressources des territoires. Voyageons-Autrement.com, c'est une mine d'or pleine d'idées, de contenus, que l'on a plaisir à vous faire partager. Bonne(s) lecture(s), bonne(s) découverte(s) et que vive le voyage autrement, celui que l'on aime et que l'on soutient… au quotidien !

Mélusine Lau :
"Avancer dans le bon sens"

Voyageons-Autrement.com est avant tout un portail utile à tous ceux qui s'intéressent au tourisme alternatif et durable, que l'ensemble de ses acteurs considèrent comme le tourisme de demain, porteur d'espoir et de valeurs éthiques. Mais c'est également un site qui évoque plus largement les comportements responsables à travers le monde et cherche à valoriser celles et ceux qui veulent avancer "dans le bon sens" : de nombreuses initiatives peuvent y apparaître, tant qu'elles prouvent que l'on peut, à l'autre bout du monde comme tout près de chez soi, agir en voyageur et donc en citoyen responsable.

Comment nous soutenir

La première façon de nous soutenir est très simple : lire nos articles, les relayer dans vos réseaux, faire connaître notre média et prolonger ainsi notre action. Vous pouvez également vous abonner à notre lettre d'informations et nous suivre sur les réseaux sociaux.

Et pour les professionnels du tourisme, il y a de nombreuses autres possibilités plus concrètes : être partenaire de l'un de nos articles ou dossiers, se référencer sur notre carte du monde interactive - http://pro.voyageons-autrement.com - publier votre catalogue de séjours, etc.

L'équipe de Voyageons-Autrement.com est constituée uniquement de journalistes et rédacteurs professionnels, sans compter toute la partie plus technique du site et la coordination de l'ensemble.

N'hésitez pas à nous contacter pour connaître nos tarifs :

IDCROISE / voyageons-autrement.com
Contact : Romain Vallon
7 allée Camille Pissaro
26500 Bourg-lès-Valence
Tél. : 06 72 73 25 24
romain.vallon@idcroise.fr

#TourismeDurable
VOYAGEONS-
AUTREMENT.COM

Merci à tous les acteurs du tourisme durable : réceptifs, hôtes, guides, accompagnateurs, voyagistes, voyageurs, hébergeurs, restaurateurs, transporteurs, sites et gérants de sites, réseaux, associations, personnalités engagées....

Merci à tous ceux qui nous lisent, professionnels, étudiants, universitaires, touristes et voyageurs....

Merci à nos précieux partenaires et à nos financeurs...

Merci enfin à tous les rédacteurs du portail qui ont apporté leur pierre et leur sensibilité pour ce beau projet collectif que nous souhaitons, plus que jamais, durable...

IMPRIM'VERT 2017

PEFC™ 10-31-1985

Coordination partenariats et projet : Romain Vallon
Direction et coordination éditoriale : Geneviève Clastres
Avec les contributions de : Alphée Adimi, Sébastien Athané, Sandra Bordji, Jérôme Bourgine, Guillaume Chassagnon, Geneviève Clastres, Mélanie Darrieumerlou, Valérie Desaint, Caroline Dudziak, Aurélia Dumté, Chloé Goudenhoofft, Mélusine Lau, Sébastien Repéto, Marie Secrétant, Sophie Squillace, Florie Thielin, Romain Vallon.
Merci appuyé à : Alexandra, Audrey, Aurélie, David, Ingrid, Martine, Nicole, Rose, Stéphanie, Vanessa.
Avec le concours technique de : Christophe Luce.
Création graphique : Redline - Riccardo Ceriani.
Recherche iconographique : Romain Vallon, Riccardo Ceriani et Geneviève Clastres.
Crédits photos : Christopher William Adach (p. 233), C. Arnal/Cybelle Planète (p. 69), Association Le Mat (p. 370), A tibo Timon (p. 303), JM. André (p. 290), Chris Becker (p. 92), Frédéric Bisson (p. 266), Jérôme Bon (p. 149), J.P. C. (p. 232), Joanne Caselyn-Suarez (p. 42), M. Castillo (pp. 108, 288), Edgar Castrejon (p. 85), Olivier Catrou (p. 162), Riccardo Ceriani (couv, pp. 21, 29, 112, 116, 139, 324), Guillaume Chassagnon (p. 111), Geneviève Clastres (pp. 25, 31, 34, 48, 49, 60, 64, 71, 75, 87, 119, 120, 142,144, 145, 146, 163, 185, 188, 192, 202, 209, 210, 211, 216, 218, 220, 228, 244, 252, 282, 283, 336), Trevor Cole (p. 235), James Connolly (p. 41), Nicolas Cool (p. 261), Rafael Vianna Croffi (p. 52), DR (pp. 165, 179), Kalen Emsley (p. 237), Erredehierro/Vitoria-Gasteiz Tourism and Convention Bureau (p. 54), ESC Saint-Etienne (p. 335), E. Gasteau (p. 152), Kévin Girard (pp. 7, 382), Toa Heftiba (p. 208), Patrick Hendry (p. 99), Inf-Lite teacher (p. 128), Isabella Juskova (p. 234), Max Kukurudziak (p. 214), Pierre Lannes (p. 190), Simeon Levaillant (p. 104), Simon Matzinger (p. 38), Jamie R. Mink (p. 102), Mirabella (p. 313), Philippe Pataud Célérier (pp. 20, 78, 97, 155, 269, 274), Bruno Pérousse/La Balaguère (p. 148), Servane Rigault (p. 343), Deanna Ritchie (p. 334), Ishan seefromthesky (p. 132), SMGS (p. 291), Brigitte Sombié (p. 224), Mickaël T. (p. 46), G. Tessier (p. 275), Veroyama (p. 222), Nicolas Vigier (p. 315), Viventura (pp. 6, 355).
Impression : Imprimerie Chirat. Ce guide a été imprimé sur du papier issu de forêts gérées durablement.
Partenaires diffuseurs : Parcs naturels régionaux de PACA, AVI, Acteurs du Tourisme Durable (ATD), Hôtels au Naturel, Tourism for Help, Greeters France, DEFISMED, Val de Loire Ecotourisme, Les Editions Ecothentic, En Savoir Plus.